全国高校安全工程专业本科规划教材

机械安全工程

高等学校安全工程学科教学指导委员会组织编写

主　编　徐格宁　袁化临
主　审　孙桂林

中国劳动社会保障出版社

图书在版编目(CIP)数据

机械安全工程/徐格宁，袁化临主编. —北京：中国劳动社会保障出版社，2007
全国高校安全工程专业本科规划教材
ISBN 978-7-5045-6814-4

Ⅰ.机… Ⅱ.①徐…②袁… Ⅲ.机械工程:安全工程-高等学校-教材 Ⅳ.TH188

中国版本图书馆 CIP 数据核字(2007)第 182418 号

中国劳动社会保障出版社出版发行

（北京市惠新东街 1 号 邮政编码：100029）

出 版 人：张梦欣

*

北京隆昌伟业印刷有限公司印刷装订 新华书店经销

850 毫米×960 毫米 16 开本 24.25 印张 423 千字

2008 年 1 月第 1 版 2023 年 1 月第 13 次印刷

定价：48.00 元

营销中心电话：400-606-6496

出版社网址：http://www.class.com.cn

内 容 简 介

本书以安全系统的基本理论和安全工程技术人员应具备的思维方式为主线，在阐述各类机械在安全方面的基本知识和共性问题的基础上，以危险性较大的机械和以起重运输机械为代表的机电类特种设备以及相应的作业过程为主要对象，介绍各类危险机械和机电类特种设备的组成及工作原理，分析识别机械危险有害因素及作用机理，机械事故发生原因、条件、过程及规律，阐述进行机械安全风险评价的理论与程序，通过机电类特种设备典型事例分析，较全面地体现出机械安全技术的体系和内容。

本书是“全国高校安全工程专业本科规划教材”之一，院校安全工程专业及其相关专业的教材，也可作为安全监察人员、安全工程技术人员、企业管理人员、环境保护工程技术人员，以及机械设备制造操作技术人员的参考用书。

序　　言

党的十六届五中全会确立了“安全发展”的指导原则，极大地促进了我国安全科学事业的发展，同时为安全工程学科提供了良好的发展机遇。据初步统计，到目前为止，全国开设安全工程专业的高校已达百余所，安全工程专业已成为我国高等教育中重要的新兴专业之一。

加强教材建设，是促进我国安全工程专业健康发展的重要基础工作。本届（2004—2008年）高等学校安全工程学科教学指导委员会在充分吸收现有教材成果和借鉴上届教指委安全工程专业教材成功编写经验的基础上，于2006年启动了“全国高校安全工程专业本科规划教材”的组织编写和出版工作。第一批安全工程专业本科规划教材包括《安全学原理》《安全管理学》《安全人机工程学》《安全系统工程》《职业卫生概论》《工业通风与除尘》《化工安全》《工业防毒技术》《机械安全工程》《电气安全工程》《防火防爆技术》《锅炉压力容器安全》《安全经济学》《安全心理学》《风险管理与保险》等15种。

本套规划教材的编写力求满足安全工程专业课程体系和课程教学的新发展，立足现实，反映前沿，力求创新，既包括已经成熟并被公认的理论与学术思想，又反映安全工程学科领域具有前瞻性与代表性的最新理论、技术和方法，并借鉴吸收世界上发达国家的先进理论、理念与方法。

在本套教材开发过程中，全国30余所高等学校、科研院所的近百名专家和学者积极参与了教材的编写和审订工作，教指委秘书处、教材开发分委会和中国劳动社会保障出版社做了大量的组织工作，在此向他们表示衷心的感谢！

本套教材的编写和出版，是我国安全工程学科在教材建设方面又迈出的重要一步。虽然我们尽了最大努力，但仍有不足，恳请安全工程领域的专家学者和广大师生提出宝贵意见。

高等学校安全工程学科教学指导委员会

2007年7月

前　　言

本书是根据高等学校安全工程学科教学指导委员会和教材开发分委会2006年“全国高校安全工程专业本科规划教材”出版规划和该专业机械安全技术课程教学要求而编写的。本书2002年曾获教育部全国优秀教材二等奖，此次是在高等院校安全工程学科教学指导委员会的指导下，经过总结充实和提高重新编写。

本书共分七章，第一章为绪论，主要介绍机械安全的重要性，人类对机械安全的认识，采用安全系统方法解决机械安全问题以及本课程研究对象、任务、学习方法；第二章为机械安全基础，力图从安全的角度和观点阐述各类机械安全的基本规律与共性问题；第三章为危险机械安全技术，主要介绍常见危险机械如磨削机械、木工机械、压力机械等危险性较大的机械设备的安全技术；第四章为起重机械安全技术，主要介绍起重机的基本知识、安全防护装置、常见故障及重要零部件的报废标准、安全作业管理及检验、安全操作技术与要求、常见事故类型及防范；第五章为厂（场）内机动车辆安全技术，主要介绍厂（场）内机动车辆的基本知识、重要安全部件、常见故障及重要零部件的报废、安全作业管理及检验、安全与操作技术要求、常见事故类型及防范等；第六章为电梯安全技术，主要介绍电梯的基本知识、安全防护装置、常见故障及重要零部件的报废标准、安全作业管理及检验、安全操作技术与要求、常见事故类型及防范等；第七章为客运索道安全技术，主要介绍客运索道的基本知识、安全防护装置、常见故障及重要零部件的报废标准、安全作业管理、安全操作技术与要求、常见事故类型及防范等。

本书的特点是用安全系统的认识方法解决机械安全问题，重点是探讨如何从物（机）的安全状态来保障人的安全，侧重于危险机械和机电类特种机械设备安全技术方面的有关知识的阐述，内容翔实，注重实例，便于教学，易于理解。

学生通过课程学习和现场实践，能较好地建立起安全系统的理念和思维方法，掌握机械安全的基本概念、原理和方法，研究机械设备的设计、制造和使用等全寿命周期各环节应遵守的安全卫生原则，明确实现机械本质安全的基本途径，学会检测检验机电类特种设备状态与故障诊断的手段和方法。根据不同机械的特点，有针对性地提出控制事故的手段和方法、应急救援和安全运行的对策和措施。运用所学的知识和技能，增强安全意识，掌握安全技能，了解安全法规，提高综合安全素质和分析、解决机械安全问题的能力。

本书由太原科技大学徐格宁担任第一主编，首都经济贸易大学袁化临担任第二主编。太原科技大学卫良保、杨明亮、谢建林参加了编写工作。其中，徐格宁编写前言、第四章、第七章的第一、二节，并对全书进行了统稿和校正；袁化临编写第一、二、三章；卫良保承担编写第五章、第六章的第一、二节；谢建林编写第六章的第三、四、五节；杨明亮编写第七章的第三、四、五、六节。

本书由首都经济贸易大学孙桂林担任主审，对书稿进行了认真细致的审阅，提出宝贵意见和建议，在此对孙先生认真负责的精神和付出的辛劳表示衷心的感谢。

限于编者的水平，书中难免存在不妥之处，恳请读者批评指正。

编　者

2007年10月

目　　录

第一章 绪论

本章学习目标

通过本章的学习，应当：

1. 了解机械安全的重要性。现代机械系统是集多种技术于一身的复杂机械系统，使用范围大，在人们生产和生活的各个领域都无处不在，是人类进行生产经营活动不可或缺的重要工具。了解机械安全对生产和生活的重要性对研究机械安全具有重要的意义。

2. 了解人类对机械安全的认识。人类对机械安全的认识是与经济发展的不同形态和劳动方式紧密相关的，大致经历了安全自发认识阶段、安全局部认识阶段、系统安全认识阶段和安全系统认识阶段。

3. 掌握如何应用安全系统的认识方法解决机械安全问题。在机械系统中，与安全相关的要素可归结为人的行为、物（机械、作用对象或物料和作业场所环境）的状态、安全管理水平三要素。机械安全是由组成机械的各部分及整机的安全状态，使用机械的人的安全行为，机械和人的和谐关系来保证的。因此必须采用系统安全的观点和方法，从人、物，以及物人关系三方面来解决机械系统的安全问题。

4. 掌握本课程的研究对象、主要任务和学习方法。

一、机械安全的重要性

人类通过活动表现自己的存在，机械延伸了人类自身的功能，强化了改造大自然的能力，推动了人类文明和社会的发展。20 世纪以来，科学极大地促进了高新技术的进步。现代机械的特点是科技含量提高，成为机、电、光、液等多种技术集成的复杂机械系统；绝对数量增加，使用范围扩大，从传统的生产运输领域，扩大到人们生活的住、行、娱乐、健身等各个领域。机械设备无处不在、无时不用，是人类进行生产经营活动不可或缺的重要工具和手段，以机械制造为主的装备制造业是一个国家的基础性、战略性产业，体现了国家的综合国力、科技实力和国际竞争力。

利用机械在进行生产或服务活动时都伴随着安全风险。新技术、新工艺和新材料的采用，使复杂机械系统本身和机械使用过程中的危险因素表现形式复杂化——能量积聚增加、作用范围扩大、伤害形式出现了新的特点等。机械在减轻劳动强度，给人们带来高效、方便的同时，也带来了不安全因素。我国在事故多发的作业中，机械事故发生率高、涉及面广，特别是机电类特种设备事故多、后果严重、死伤比例大，不仅对受害人生命个体及其家庭带来巨大的痛苦，使国家蒙受经济损失，破坏正常的生产、生活秩序，而且对我国的国际形象造成负面影响，成为影响实现社会和谐目标的不和谐因素。随着人们生活质量的提高，安全意识的增强，“关注安全、珍爱生命”的安全氛围日渐浓厚，人们对机械设备的安全期望越来越强烈。在经济全球化的今天，安全性也成为机械产品竞争的重要方面，对机械产品进出口贸易产生十分重要的影响，机械安全问题理所当然地越来越受到人们的重视。所以，必须全方位提高机械装备的科技自主创新和安全技术水平，加强检测方法、设备研发和监管工作的技术支持能力，完善机械安全标准体系，在安全风险评估、检验检测与预警等方面取得突破，从根本上提高抵御机械伤害的能力。

二、人类对机械安全的认识

以科学技术和生产力发展水平以及相应的生产结构为标准，人类社会可划分为农业社会、工业社会和信息社会三个发展阶段。人类对安全的认识与社会经济发展的不同时代和劳动方式密切相关，经历了自发认识和自觉认识两个时代的四个认识阶段，即安全自发认识阶段、安全局部认识阶段、系统安全认识阶段和安全系统认识阶段。机械是进行生产经营活动的主要工具，各阶段由于人类对机械安全有相应的认识而表现出不同的特点。

1. 安全自发认识阶段

在自然经济（农业经济）时期，人类的生产活动方式是劳动者个体使用手用工具或简单机械进行家庭或小范围的生产劳动，绝大部分机械工具的原动力是劳动者自身，由手工生物能转化为机械能，人能够主动对工具的使用进行控制，但是，无论是石器、木器，还是金属工具的使用都存在一定的危险。在这个时期，人类不是有意识地专门研究机械和工具的安全，而是在使用中不自觉附带解决了安全问题（例如刀具，刀刃和刀柄的分离）。这个阶段人们对机械安全的认识存在很大的盲目性，处于自发和凭经验的认识阶段。

2. 安全局部认识阶段

第一次工业革命时代，蒸汽机技术直接使人类经济从农业经济进入工业经济，人类从家庭生产进入工厂化、跨家庭的生产方式。机器代替手用工具，原动力变为蒸汽机，人被动地适应机器的节拍进行操作，大量暴露的传动零件使劳动者在使用机器过程中受到危害的可能性大大增加。卓别林的著名电影《摩登时代》反映的劳动情节正是那个时期工业生产的真实写照。为了解决机械使用安全，针对某种机器设备的局部、针对安全的个别问题，采取专门技术方法去解决，例如，锅炉的安全阀、传动零件的防护罩等，从而形成机械安全的局部专门技术。

3. 系统安全认识阶段

当工业生产从蒸汽机进入电气、电子时代，以制造业为主的工业出现标准化、社会化以及跨地区的生产特点，生产更细的分工使专业化程度提高，形成了分属不同产业部门的相对稳定的生产结构系统。生产系统的高效率、高质量和低成本的目标，对机械生产设备的专用性和可靠性提出更高的要求，从而形成了从属于生产系统并为其服务的机械系统安全，例如，起重机械安全、化工机械安全、建筑机械安全等，其特点是，机械安全围绕防止和解决生产系统发生的安全事故问题，为企业的主要生产目标服务。

4. 安全系统认识阶段

信息技术——数字化网络化的技术，把人类直接带进知识经济时代，反过来极大地改变了传统的工业和农业生产模式，解决安全问题的手段出现综合化的特点。机械安全问题突破了生产领域的界限，机械使用领域不断扩大，融入人们生产、生活的各个角落，机械设备的复杂程度增加，出现了光机电液一体化，这就要求解决机械安全问题需要在更大范围、更高层次上，从“被动防御”转向“主动保障”，将安全工作前移。对机械全面进行安全系统的工程设计包括从设计源头按安全人机工程学要求对机械进行安全评价，围绕机械制造工艺过程进行安全、技术、经济性综合分析，识别机器使用过程中的固有危险和有害因素，针对涉及人员的特点，对其可预见的误用行为预测发生危险事件的可能性，对危险性大的机械进行从设计到使用全过程的安全监察等，即用安全系统的认识方法解决机械系统的安全问题。

三、用安全系统的认识方法解决机械安全问题

按照系统工程的理论，系统是指具有特定功能，由数个相互作用且依赖的要素构成的有机整体。系统的基本特征是集合性、相关性、目的性、环境适应性、动态特

性、反馈特性和随机特性。机械系统是以机械为工具或手段，对作用对象实施加工或服务的系统，由机械本身（包括量、夹、刃具）、被加工工件（或物料）、操作人员及加工工艺等多个基本要素组成的相互联系、相互制约、不可分割的有机整体。系统过程是生产资源输入和有形财富（产品或服务）不断输出的过程，时刻伴随着物料流、信息流、能量流的运动。系统目的是产品的优质、高产、低成本。机械系统作为安全存在的领域，存在着需要解决的安全问题，实现机械系统安全是安全工作的目标。

根据安全系统理论，安全系统由人、物、关系三个要素组成。具体讲，在机械系统中，可归结为人的行为、物（机械、作用对象或物料和作业场所环境）的状态、安全管理水平三要素。人、物是安全系统过程中的直接要素；关系（以安全管理为外在表现形式）是安全的本质与核心，协调人与人、物与物、人与物之间的关系，是机械系统正常运转的必要条件，同时又是实现安全的手段。各要素在表现形式上有不同的特点，既有联系又互相制约，独立存在、互相不可取代、缺一不可，表现为动态过程的系统整体。系统的突变或某一要素的恶化往往会引起系统安全状态的劣化，进而可能导致机械伤害事故的发生。

机械系统安全是指从人的需要出发，在使用机械的全过程的各种状态下，达到使人的身心免受外界因素危害的存在状态和保障条件。机械的安全性是指机器在预定使用条件下，执行其预定功能，以及在运输、安装、调整、维修、拆卸、报废处理时，不产生损伤或危害健康的能力。机械伤害事故泛指在生产经营活动中，由于技术失控或管理缺陷，机械系统能量逆流所导致的伤害事故。事故可能为人的不安全行为、机器的不安全状态和作业环境的不安全条件、安全管理缺陷，三者综合作用失衡的结果。机械安全是由组成机械的各部分及整机的安全状态，使用机械的人的安全行为，机械和人的和谐关系来保证的。简而言之，就是要用安全系统的理论和方法，从人、物，以及人与物的关系三方面来解决机械系统的安全问题。

四、本课程的研究对象和任务

本课程是以实现机械设备安全为目的的综合性工程技术课程，是大学本科四年制安全工程专业的主要必修专业课之一。

本课程的主要内容是以安全系统的基本理论和安全工程技术人员应具备的思维方式为主线，在阐述各类机械在安全方面的基本知识和共性、规律性问题的基础上，以危险性较大的机械、机电类特种设备［起重机械、厂（场）内机动车辆、电梯、客运架空索道］以及相应的作业过程为主要对象，介绍各类机械设备的组成及工作原理，识别机械危险有害因素及作用机理，分析机械事故发生的原因、条件、过程及规律，研究进行机械安全风险评价的理论与程序。重点是探讨如何从物（机）的安全状态来保障人的安全，侧重于机电类特种机械设备安全技术方面的有关知识。

本课程的主要任务，是在使学生掌握机械安全的基本概念、原理和方法的基础上，探讨机械设备的设计、制造和使用等全寿命周期各环节应遵守的安全卫生原则，研究实现机械本质安全的基本途径，学会检测、检验机电类特种设备状态与故障诊断的手段和方法。根据不同机械的特点，有针对性地提出控制事故的手段和方法，以及应急救援和安全运行的对策和措施。

本课程的学习方法是通过实践认识、课堂讲授、综合实验和课程设计等教学环节，培养学生建立安全系统的理念和思维方法，运用所学的知识和技能，增强安全意识、掌握安全技能、了解安全法规，提高学生的综合安全素质和分析、解决机械安全问题的能力。

本章小结

本章主要介绍了研究机械安全对我们生产和生活的重要意义，大型复杂机械系统所采用的新技术新方法，人类研究机械安全所经历的几个主要阶段，从系统安全的角度研究机械安全的方法以及从人机系统“以人为本”角度对机械安全提出的要求。最后是本门课程的研究对象、主要任务和学习方法，使同学们在详细学习本课程前对所学内容和需要达到的目标有一个基本的认识。

复习思考题

1. 本课程的学习方法是什么？
2. 本课程的研究对象是什么？
3. 本课程的主要任务是什么？
4. 人类对机械安全的认识分为哪几个阶段？
5. 如何认识机械安全的重要性？
6. 如何用安全系统方法解决机械安全问题？

第二章　机械安全基础

本章学习目标

通过本章的学习，应当：

1. 掌握机械安全的基本概念、机械的组成规律和工作原理、使用环节、状态与安全要求。

2. 掌握危险有害因素识别的方法，学会对机械事故进行原因分析。

3. 掌握实现机械安全的途径以及实现机械安全所采取的相关措施。

4. 了解机械安全风险评价程序、方法及工具。

第一节　基本概念

一、基本术语与定义

研究机械安全的基本术语与定义，是为了建立机械安全的认识基础，运用基本理论去研究、解决机械安全实际问题。

1. 机械的定义

机械是若干零部件连接而成的组合体，其中至少有一个零件是运动的，并且具有制动、控制和动力系统等。这种组合体为一定应用目的服务，如物料加工、搬运或包装以及质量检测等。

(1) 机械的涵盖范围。机械包括单台的机械、有联系的一组机械或大型成套设备及其可更换设备。

1) 单台的机械。指目的唯一的机械设备，如木材加工机械、金属切削机床、消防设备等。

2）实现完整功能的机组或大型成套设备。指为同一目的由若干台机械组合成综合整体，如自动生产线、加工中心、组合机床等。

3）可更换设备。指可以改变机械功能的、可拆卸更换的非备件或工具设备，这些设备可自备动力或不具备动力，如装在机床上的车端面装置。

（2）机械、机器与机构。机械、机器和机构在使用上既有联系又有区别：

1）机构。机构一般指机器的某组成部分，可传递、转换运动或实现某种特定运动，如四连杆机构、传动机构等。

2）机器。机器常常指某种具体的机械产品，如起重机、数控车床、注塑机等。

3）机械。机械是机器、机构等的泛称，往往指一类机器，如工程机械、加工机械、化工机械、建筑机械等。此外，一些具有安全防护功能的零部件组成的装置（当该装置发生故障时，将危及暴露于危险中人员的安全或健康）也属广义的机械，如确保双手控制安全的逻辑组件、过载保护装置等。

一切机器都可以看做机构或复合机构。从安全角度，我们对机械、机器和机构三者可以不进行严格区分。生产设备是更广义的概念，指生产过程中，为生产、加工、制造、检验、运输、安装、储存、维修产品而使用的各种机器、设施、工机具、仪器仪表、装置和器具的总称。

2. 机械的功能

（1）机械的使用功能。机械的功能主要指机械的使用功能，可以概括为制造和服务两个功能。

1）机械的制造功能。指利用机械通过加工和装配手段，改变物料的尺寸、形态、性质或相互配合位置，如制造汽车、修铁路、盖房子等。用来制造其他机器的机械常称为工作母机或工具机，如各种金属切削机床等。

2）机械的服务功能。机械也可以完成某种非制造作业，虽然没有改变作用对象的性质，但提供了某种服务，如运输、包装、信息传输、检测等。

（2）机械的安全性。一切机械在规定的使用条件下和寿命期间内，应该满足可靠性要求；在按使用说明书规定的方法进行操作，在执行其预定使用功能和进行运输、安装、调整、维修、拆卸及处理时，不应该使人员受到损伤或危害人员健康。

有些机械或装置本身就是专门为保障人的身心安全健康发挥作用的，它们的使用功能同时也就是它们的安全功能，如安全防护装置、检测检验设备等。

3. 机械的分类

出发点不同，机械设备的分类方法也很不一样。从不同的角度，机械设备可有多种分类方法。

（1）按机械设备的使用功能分类。从行业部门管理角度，机械设备通常按特定的功能用途分为十大类：

1）动力机械。例如，锅炉、汽轮机、水轮机、内燃机、电动机等。

2）金属切削机床。例如，车床、铣床、磨床、刨床、齿轮加工机床等。

3）金属成型机械。例如，锻压机械（包括各类压力机）、铸造机械、辊轧机械等。

4）起重运输机械。例如，起重机、运输机、卷扬机、升降电梯等。

5）交通运输机械。例如，汽车、机车、船舶、飞机等。

6）工程机械。例如，挖掘机、推土机、铲运机、压路机、破碎机等。

7）农业机械。用于农、林、牧、副、渔业各种生产中的机械。例如，插秧机、联合收割机、园林机械、木材加工机械等。

8）通用机械。广泛用于生产各个部门甚至生活设施中的机械。例如，泵、阀、风机、空压机、制冷设备等。

9）轻工机械。例如，纺织机械、食品加工机械、造纸机械、印刷机械、制药设备等。

10）专用设备。各行业生产中专用的机械设备。例如，冶金设备、石油化工设备、矿山设备、建筑材料和耐火材料设备、地质勘探设备等。

（2）按能量转换方式不同分类。

1）产生机械能的机械。例如，蒸汽机、内燃机、电动机等。

2）转换机械能为其他能量的机械。例如，发电机、泵、风机、空压机等。

3）使用机械能的机械。这是应用数量最大的一类机械。例如，起重机，工程机械等。

（3）按设备规模和尺寸大小分类。可分为中小型、大型、特重型三类机械设备。

（4）从安全卫生的角度分类。根据我国对机械设备安全管理的规定，借用欧盟机械指令危险机械的概念，从机械使用安全卫生的角度，可以将机械设备分为三类：

1）一般机械。事故发生概率很小，危险性不大的机械设备。例如，数控机床、加工中心等。

2）危险机械。危险性较大的、人工上下料的机械设备。例如，木工机械、冲压剪切机械、塑料（橡胶）射出或压缩成型机械等。

3）特种设备。涉及生命安全、危险性较大的设备设施，包括承压类设备（锅炉、压力容器和压力管道）、机电类设备（电梯、起重机械、客运索道和大型游乐设施）和厂内运输车辆。

二、机械的组成规律和工作原理

了解机械的组成规律和实现使用功能的工作原理，是搜集机械基础信息程序的要求。这些信息对于确定机械作业危险区，分析工艺过程中人员暴露于危险作业区的时间和频次，以及作业人员介入的操作方式和性质，从而进行危险识别、安全风险评价，以及采取针对性安全管理措施和提出技术整改建议都是极为重要的，这也是安全工作者的专业技能基本功之一。

1. 机械的组成规律

由于应用目的不同，不同功能的机械形成千差万别的种类系列，它们的组成结构差别很大，必须从机械的最基本的特征入手，把握机械组成的基本规律。其组成结构如图 2—1 所示。

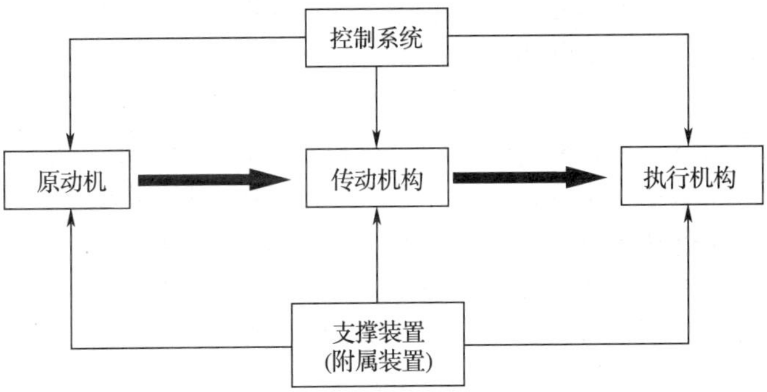

图 2—1　机械的组成结构

2. 机械的一般工作原理

机械的原动机将各种能量形式的动力源转变为机械能输入，经过传动机构转换为适宜的力、速度和运动形式，再传递给执行机构，通过执行机构与物料或作业对象的直接作用，完成制造或服务任务。控制系统对整个机械的工作状态进行控制调整，组成机械的各部分借助支撑装置连接成一个有机的整体。机械各组成部分的功能如下。

（1）原动机。原动机提供机械工作运动的动力源。常用的原动机有电动机、内燃机、人力或畜力（常用于轻小设备或工具，作为特殊场合的辅助动力）和其他形式等。

（2）执行机构。执行机构也称为工作机构，是实现机械应用功能的主要机构。通过刀具或其他器具与物料的相对运动或直接作用，改变物料的形状、尺寸、状态或位置。执行机构是区别不同功能机械的最有特性的部分，它们之间的结构组成和工作原理往往有很大差别。执行机构及其周围区域是操作者进行作业的主要区域，称为操作区。

（3）传动机构。传动机构用来将原动机与执行机构联系起来，传递运动和力（力矩），或改变运动形式。对于大多数机械，传动机构将原动机的高转速低转矩，转换成执行机构需要的较低速度和较大的力（力矩）。常见的传动机构有齿轮传动、带传动、链传动、曲柄连杆机构等。传动机构包括除执行机构之外的绝大部分可运动零部件。不同功能机械的传动机构可以相同或类似，传动机构是机械具有共性的部分。

（4）控制系统。控制系统是人机接口部位，可操纵机械的启动、制动、换向、调速等运动，或控制机械的压力、温度或其他工作状态，包括各种操纵器和显示器。显示器可以把机械的运行情况适时反馈给操作者，以便操作者通过操纵器及时、准确地控制、调整机械的状态，保证作业任务的顺利进行，防止发生事故。

（5）支撑装置。用来连接、支撑机械的各个组成部分，承受工作外载荷和整个机械的质量，是机械的基础部分，有固定式和移动式两类。固定式支撑装置与地基相连（例如机床的基座、床身、导轨、立柱等），移动式支撑装置可带动整个机械运动（例如可移动机械的金属结构、机架等）。支撑装置的变形、振动和稳定性不仅影响加工质量，还直接关系到作业的安全。

附属装置包括安全防护装置、润滑装置、冷却装置、专用的工具装备等，它们对保护人员安全、维持机械的稳定正常运行和进行机械维护保养起着重要的作用。

三、机械使用环节、状态与机械安全

在机械使用的各个环节和不同状态下，都存在表现不同的危险有害因素，既可能在机械实现预定功能运行期间存在（危险运动件的运动、焊接时的电弧等），也可能意外地出现，使操作者不得不面临这样或那样的损伤或危害健康的风险。这种风险在机械使用的任何阶段和各种状态下都有可能发生。

1. 机械的使用环节

机械的全寿命周期可以分为机械产品形成和使用两个阶段。机械安全也体现在两个方面，一是产品安全，一是使用安全。

机械产品形成阶段，包括概念设计、产品设计、制造工艺设计、零件加工和装配总成。机械的使用环节不仅仅指执行预定使用功能的运转，广义的使用还包括编程和技术参数设定、示数、过程转换调整，清理、保养、查找故障和维修，由于转移作业场地而进行的拆卸、运输、安装，以及停止使用或报废处理等各个环节。机械安全的源头在设计，质量保证在制造。机械的安全性集中体现在使用阶段的诸环节的各种状态。

2. 机械的状态

（1）正常工作状态。人们往往存在认识的误区，认为在机械的正常工作状态不应该有危险，其实不然。在机械完成预定功能的正常运转过程中，具备运动要素并产生直接后果，运转期间仍然存在着各种不可避免的危险，例如零部件的相互配合运动、刀具锋刃的切割、重物在空中起吊、机械运转噪声和振动等，分别存在着绞碾夹挤、切割、重物坠落、环境恶化等危险有害因素。

（2）非正常工作状态。在机械作业运转过程中，由于各种原因引起的意外状态。原因可能是动力突然丧失（失电），也可能是来自外界的干扰等，如意外启动或速度变化失控，外界磁场干扰使信号失灵，瞬时大风造成起重机倾覆等。机械的非正常工作状态往往没有先兆，可直接导致或轻或重的事故危害。

（3）故障状态。是指机械设备（系统）或零部件丧失了规定功能的状态。设备的故障，会造成整个机械设备的正常运行停止，有时关键机械的局部故障会影响整个流水线运转、甚至使整个车间停产，给企业带来经济损失。

从人员的安全角度看，故障状态可能会导致两种结果。有些故障的出现，对所涉及机械的安全功能影响很小，不会出现什么大的危险。例如，当机械的动力源或某零部件发生故障时，使机械停止运转，机械处于故障保护状态，一切由于运动所导致的危险都不存在了。而有些故障的出现，会导致某种危险状态。例如，由于电气开关故障，会产生不能停机的危险；砂轮轴的断裂，导致砂轮飞甩的危险；速度或压力控制系统出现故障，会导致速度或压力失控的危险等。

（4）非工作状态。机器停止运转，处于静止状态。在大多数情况下，机械基本是安全的。但不排除由于环境照度不够，导致人员与机械悬凸结构的碰撞、跌入机坑的危险；结构坍塌，室外机械在风力作用下的滑移或倾覆；堆放的易燃易爆原材料在适宜环境条件下的燃烧爆炸等。

（5）检修保养状态。是指维护和修理所进行的作业活动，包括保养、修理、改装、翻建、检查、状态监控和防腐润滑等。尽管检修保养一般在停机状态下进行，但其作业的特殊性往往迫使检修人员采用一些超常规的操作行为，例如，攀高、钻坑、解除安全装置，或进入正常操作不允许进入的危险区等，使维护或修理很容易出现一些在正常操作时不会出现的危险。

3. 机械的危险区

危险区是指使人员面临损伤或危害健康风险的机械内部或周围的某一区域。就大多数机械而言，机械的危险区主要在传动机构和执行机构及其周围区域。

传动机构和执行机构集中了机械上几乎所有的运动零部件。它们种类繁多，运动方式各异，结构形状复杂，尺寸大小不一，即使在机械正常状态下进行正常操作时，在传动机构和执行机构及其周围区域也有可能由于机械能遗散或非正常传递而形成危险区。

由于传动机构在工作中不需要与物料直接作用，在作业前调整好后，作业过程中基本不需要操作者频繁接触，所以常用各种防护装置隔离或封装起来，只要保证防护装置的完好状态，就可以比较好地解决防止接触性伤害的安全问题。而执行机构及周围的操作区情况较为复杂，由于在作业过程中，需要操作者根据观察机器的运行状况不断地调整机械状态，人体的某些部位不得不经常进入或始终处于操作区，使操作区成为机械伤害的高发主要危险区，因此成为安全防护的重点；又由于不同种类机械的工作原理区别很大，表现出来的危险有较大差异，因此又成为安全防护的难点。

另外，采用移动式支撑装置机械的安全防护，较固定式支撑装置的机械更应引起重视。

第二节　危险有害因素识别及机械事故原因分析

一、危险有害因素

1. 危险的定义

危险是指客观存在、可能损伤或危害健康的起源。

由于危险是引起伤害的外界客观因素，所以人们常称之为危险因素。客观危险对人身心的不利作用和影响的后果由其种类、性质状态、量值大小、作用强度以及作用时间与方式等因素决定。

2. 危险有害因素

根据外界因素对人的作用机理、作用时间和作用效果，在狭义概念上，通常分为危险因素和有害因素。

(1) 危险因素。是指直接作用于人的身体，可能导致人员伤亡后果的外界因素，强调危险事件的突发性和瞬间作用。例如，物体打击、刀具切割、电击等。直接危害即狭义安全问题。

（2）有害因素。是指通过人的生理或心理对人体健康间接产生的危害，可能导致人员患病的外界因素。强调在一定时间范围的累积作用效果。例如，粉尘、噪声、振动、辐射危害等。间接危害即狭义卫生问题。

机械设备及其生产过程中存在的危险因素和有害因素，在很多情况下是来自同一源头的同一因素，由于转变条件和存在状态不同、量值和浓度不同、作用的时间和空间不同等原因，其后果有很大差别。有时表现为人身伤害，这时常被视为危险因素；有时由于影响健康引发职业病，又被视为有害因素；有时两者兼而有之，是危险因素还是有害因素，容易造成认识混乱，反而不利于危险因素的识别和安全风险分析评价。为便于管理，现在对此分类的趋势是，对危险因素和有害因素不加更细区分，统称为危险有害因素，或将二者并为一体，统称危险因素。

3. 危险有害因素产生的原因

危险有害因素造成事故或灾难后果，本质上是由于存在着能量和有害物质，且能量或有害物质失去控制（泄漏、散发、释放等）。因此，能量和有害物质存在并失控是危险有害因素产生的根源。

二、危险有害因素的分类

“危险”一词常常与其他词联合使用，来限定其起源或预料其具体的损伤及危害健康的性质。但是，对危险因素表述的随意性，往往会给机械危险因素识别工作造成混乱，应该按标准进行规范的分类。我国现行有效的相关安全标准有《企业职工伤亡事故分类》（GB 6441—1986）、《生产过程危险和有害因素分类与代码》（GB/T 13861—1992）和《机械安全　基本概念与设计通则》(GB/T 15706—2007）等。

1. 按事故类别分类

《企业职工伤亡事故分类》（GB 6441—1986）综合起因物、诱导性原因、致害物、伤害方式，从物的不安全状态导致的直接伤害后果，将危险因素分为物体打击、车辆伤害、机械伤害、起重伤害、触电、淹溺、灼烫、火灾、高处坠落、坍塌、冒顶片帮、透水、放炮、火药爆炸、瓦斯爆炸、锅炉爆炸、压力容器爆炸、其他爆炸、化学爆炸、物理爆炸、中毒窒息和其他伤害等 20 类。其中，与机械相关度比较高的危险有以下几种。在利用该标准对机械设备及其生产过程中存在的危险进行识别时，应注意危险因素的概念界定范围。

(1) 物体打击。物体在重力或其他外力的作用下产生运动，引发打击伤亡事故。不包括机械设备、车辆、起重机械、坍塌引发的打击。

(2) 车辆伤害。企业机动车辆在行驶中引起伤亡事故，例如，人体坠落、物体倒塌、下落、挤压等。不包括起重设备提升、牵引车辆和车辆停驶时引发的车辆伤害。

(3) 机械伤害。机械设备运动或静止部件直接与人体接触引起伤害，例如，机械零部件、工具、加工件造成的夹击、碰撞、剪切、卷入、绞、碾、割、刺等伤害。不包括车辆、起重机械引起的机械伤害。

(4) 起重伤害。各种起重作业（起重、安装、拆卸、检修、试验等作业）中发生挤压、坠落、(吊具、吊重) 物体打击和触电等伤害。

(5) 触电。电击、电伤，雷击、静电伤害事故。

(6) 灼烫。火焰烧伤、高温物烫伤、化学灼伤（酸、碱、盐、有机物)、物理灼伤（光、放射性物质）等，不包括电灼伤和火灾引起的烧伤。

(7) 火灾。包括火灾引起的烧伤和死亡。

(8) 高处坠落。在高处作业发生的坠落伤亡，不包括触电坠落事故。

(9) 坍塌。物体在外力或重力作用下，超过自身强度极限或因结构稳定性破坏造成的事故，如土石塌方、脚手架坍塌、堆置物倒塌等，不包括矿山冒顶、片帮和车辆、起重机械、爆破引起的事故。

(10) 化学爆炸。指可燃气体、粉尘等与空气混合形成爆炸混合物，接触引爆源发生的爆炸事故。

(11) 物理爆炸。包括锅炉、容器超压爆炸等。

(10) 中毒和窒息。包括中毒、缺氧窒息、中毒性窒息。

(11) 淹溺。包括高处坠落淹溺，不包括矿山、井下透水淹溺。

(12) 其他伤害。指除上述情况以外的伤害，如摔、扭、挫、擦等伤害。

2. 按导致事故和职业危害的原因分类

《生产过程危险和有害因素分类与代码》(GB/T 13861—1992) 将生产过程中的危险有害因素分为物理性、化学性、生物性、生理—心理性、行为性及其他六大类。该标准把物的危险有害因素按性质进行了分类，并将外在于人的其他生物性危害作为一个类别提出。同时，将人的不安全因素（心理、生理及行为）也作为危险有害因素来考虑。

(1) 物理性。设备设施缺陷、防护缺陷、电危害、噪声危害、振动危害、辐射、运动物危害、明火、高温物质、低温物质、粉尘与气溶胶、作业场所环境、信号缺陷、标志缺陷、其他物理性因素。

(2) 化学性。易燃易爆物质、反应活性物质、有毒物质、腐蚀性物质、其他化学性危险和有害因素。

(3) 生物性。致病微生物（细菌、病毒、其他致病微生物)、传染病媒介物、致害动植物及其他有生命活动的产物。

(4) 心理—生理性。负荷超限、健康异常、心理异常、识别功能缺陷等。体力过重负荷（静态或动态)、神经—精神过度负荷（脑力及个别器官过度紧张)、劳动单调乏味造成心理松懈等。

(5) 行为性。指挥、操作、监护、其他行为错误（失误、违章等)。

(6) 其他。包括搬举重物、作业空间、工具、标志缺陷等。

3. 按机械设备自身的特点分类

《机械安全　基本概念与设计通则》(GB/T 15706—2007) 根据 ISO 国际标准，参考工业发达国家的普遍作法，按机械设备自身的特点、能量形式及作用方式，将机械加工设备及其生产过程中的不利因素，分为机械的危险有害因素和非机械的危险有害因素两大类。

(1) 机械的危险有害因素。指机械设备及其零部件（静止的或运动的）直接造成人身伤亡事故的灾害性因素。例如，由钝器造成挫裂伤、锐器导致的割伤、高处坠落引发的跌伤等机械性损伤。

(2) 非机械的危险有害因素。指机械运行生产过程及作业环境中可导致非机械性损伤事故或职业病的因素。例如，电气危险、热危险、噪声和振动危险、辐射危险，由机械加工、使用或排出的材料和物质产生的危险，在设计时由于忽略人类工效学产生的危险等。

无论是导致直接危害还是间接危害的影响因素，标准不再细分危险因素与有害因素，一律称为危险因素。标准第一次将未履行安全人机学原则产生的危险明确为危险因素之一。本教材将根据此标准，对这一分类方法进行深入探讨。

三、由机械产生的危险

由机械产生的危险，是指机械本身和在机械使用过程中产生的危险，可能来自机械自身、燃料原材料、新的工艺方法和手段、人对机器的操作过程，以及机械所在的场所和环境条件等多方面。根据《机械安全　基本概念与设计通则》(GB/T 15706—2007)标准，由机械产生的机械危险和非机械危险主要有以下方面。

1. 机械危险

由于机械设备及其附属设施的构件、零件、工具、工件或飞溅的固体、流体物质等的机械能（动能和势能）作用，可能产生伤害的各种物理因素，以及与机械设备有关的滑绊、倾倒和跌落危险。

2. 电气危险

电气危险的主要形式是电击、燃烧和爆炸。

电气危险产生的条件有人体与带电体的直接接触或接近高压带电体，静电现象，带电体绝缘不充分而产生漏电，线路短路或过载引起的熔化粒子喷射、热辐射和化学效应，由于电击所导致的惊恐使人跌倒、摔伤等。

3. 温度危险

人体与超高温物体、材料、火焰或爆炸物接触，以及热源辐射所产生的烧伤或烫伤；高温生理反应；低温冻伤和低温生理反应；高温引起的燃烧或爆炸等。

产生温度危险的条件有环境温度，冷、热源辐射或直接接触高、低温物体（材料、火焰或爆炸物等）。

4. 噪声危险

主要危险源有机械噪声、电磁噪声和空气动力噪声等。

根据噪声的强弱和作用时间不同，可造成耳鸣、听力下降、永久性听力损伤，甚至暴震性耳聋等；再有是对生理的影响（包括对神经系统、心血管系统的影响）；还可能使人产生厌烦、精神压抑等不良心理反应；干扰语言和听觉信号从而可能继发其他危险等。

5. 振动危险

按振动作用于人体的方式，可分为局部振动和全身振动。振动可对人体造成生理和心理的影响，严重的振动可能产生生理严重失调等病变。

6. 辐射危险

某些辐射源可杀伤人体细胞和机体内部的组织，轻者会引起各种病变，重者会导致死亡。各种辐射源可分为电离辐射和非电离辐射两类。

（1）电离辐射包括 X 射线、γ 射线、α 粒子、β 粒子、质子、中子、高能电子束等。

（2）非电离辐射包括电波辐射（低频、无线电射频和微波辐射）、光波辐射（红外线、紫外线和可见光辐射）和激光等。

7. 材料和物质产生的危险

（1）接触或吸入有害物，可能是有毒、腐蚀性或刺激性的液、气、雾、烟和粉尘等。

（2）生物（如霉菌）和微生物（病毒或细菌）、致害动物、植物及动物的大机体等。

（3）火灾与爆炸危险。

（4）料堆（垛）坍塌、土/岩滑动造成淹埋所致的窒息危险。

8. 未履行安全人机工程学原则产生的危险

由于机械设计或环境条件不符合安全人机工程学原则，存在与人的生理或心理特征、能力不协调之处，可能产生以下危险：

（1）对生理的影响。超负荷、长期静态或动态操作姿势、超劳动强度导致的危险。

（2）对心理的影响。由于精神负担过重而紧张、生产节奏过缓而松懈、思想准备不足而恐惧等心理作用而产生的危险。

（3）对人操作的影响。表现为操作偏差或失误而导致的危险等。

（4）其他影响。不符合卫生要求的气温、湿度、气流、照明等作业环境。

9. 综合性危险

存在于机械设备及生产过程中的危险有害因素涉及面很宽，既有设备自身造成的危害，又有材料和物质产生的危险，也有生产过程中人的不安全因素，还有工作环境恶劣、劳动条件差（如负荷操作）等原因带来的灾害，表现为复杂、多样、动态、随机的特点。有些单一危险看起来微不足道，当它们组合起来时就可能发展为严重危险。

四、机械危险的主要伤害形式和机理

1. 机械危险与机械能

机械危险对人员造成伤害的实质，是机械能（动能和势能）的非正常做功、传递或转化，即机械能量失控导致人员伤害。机械能是物质系统由于相互之间存在作用而具有的能量。

（1）动能。物体由于做机械运动而具有的能量。

1）单纯移动机械零件的动能可用式 2—1 计算：

$$T=\frac{1}{2}mv^2 \tag{2—1}$$

式中　m——机械零件的质量，kg；

　　　v——机械零件的速度，m/s。

2）绕定轴单纯转动机械零件的动能可用式 2—2 计算：

$$T=\frac{1}{2}J\omega^2 \tag{2—2}$$

式中 J——机械零件的转动惯量，kg·m^2；

ω——机械零件的转动角速度，rad/s。

3）机械上既移动又转动、做复杂运动的机械零件，其总动能可用式 2—3 计算：

$$T = \frac{1}{2}m_c v^2 + \frac{1}{2}J_c\omega^2 \tag{2—3}$$

式中 v_c——机械零件质心的速度，m/s；

J_c——机械零件对通过质心且垂直于运动平面的轴的转动惯量，kg·m^2。

（2）势能。亦称位能，指物质系统由于各物体之间（或物体内各部分之间）存在相互作用而具有的能量。可分为引力势能（在重力场中也称重力势能）、弹性势能等。系统的势能由各物体的相对位置决定。

1）重力势能取决于位置的高度差，可用式 2—4 计算：

$$V = mgh \tag{2—4}$$

式中 g——重力加速度，m/s^2；

h——物体的离坠落地高度，m。

2）弹性势能是因物体发生形变而产生。以弹簧为例，其弹性势能可用式 2—5 计算：

$$V = \frac{1}{2}k(r_0 - r)^2 \tag{2—5}$$

式中 k——弹簧的弹性力，N/m；

r_0、r——分别为弹性体的弹簧变形前原长及变形后的长度，m。

物体的动能和势能可以通过力的做功实现互相转化。无论机械危险以什么形式存在，总是与质量、速度、运动形式、位置和相互作用力等物理量有关。

2. 机械伤害的基本类型

（1）卷绕和绞缠的危险。引起这类伤害的是做回转运动的机械部件。如轴类零件，包括联轴器、主轴、丝杠等；回转件上的突出形状，如安装在轴上的凸出键、螺栓或销钉、手轮上的手柄等；旋转运动的机械部件的开口部分，如链轮、齿轮、皮带轮等圆轮形零件的轮辐，旋转凸轮的中空部位等。旋转运动的机械部件将人的头发、饰物（如项链）、手套、肥大衣袖或下摆随回转件卷绕，继而引起对人的伤害。

（2）挤压、剪切和冲击的危险。引起这类伤害的是做往复直线运动的零部件。其运动轨迹可能是横向的，如大型机床的移动工作台、牛头刨床的滑枕、运转中的带链等；也可能是垂直的，如剪切机的压料装置和刀片、压力机的滑块、大型机床的升降台等。两个物件相对运动状态可能是接近型，距离越来越近，甚至最后闭合；也可能是通过型，当相对接近时，错动擦肩而过。做直线运动特别是相对运动的两部件之间、运动部件与静止部件之间产生对人的夹挤、冲撞或剪切伤害。

（3）引入或卷入、碾轧的危险。引起这类伤害的主要危险是相互配合的运动副，例如，啮合的齿轮之间以及齿轮与齿条之间，带与带轮、链与链轮进入啮合部位的夹紧点，两个做相对回转运动的辊子之间的夹口引发的引入或卷入；轮子与轨道、车轮与路面等滚动的旋转件引发的碾轧等。

（4）飞出物打击的危险。由于发生断裂、松动、脱落或弹性位能等机械能释放，使失控的物件飞甩或反弹对人造成伤害。例如，轴的破坏引起装配在其上的带轮、飞轮等运动零部件坠落或飞出；由于螺栓的松动或脱落，引起被紧固的运动零部件脱落或飞出；高速运动的零件破裂，碎块甩出；切削废屑的崩甩等。另外，还有弹性元件的位能引起的弹射，例如，弹簧、带等的断裂；在压力、真空下的液体或气体位能引起的高压流体喷射等。

（5）物体坠落打击的危险。处于高位置的物体具有势能，当它们意外坠落时，势能转化为动能，造成伤害。例如，高处掉落的零件、工具或其他物体（哪怕是质量很小）；悬挂物体的吊挂零件破坏或夹具夹持不牢引起物体坠落；由于质量分布不均衡、重心不稳，在外力作用下发生倾翻、滚落；运动部件运行超行程脱轨导致的伤害等。

（6）切割和擦伤的危险。切削刀具的锋刃，零件表面的毛刺，工件或废屑的锋利飞边，机械设备的尖棱、利角、锐边，粗糙的表面（如砂轮、毛坯）等，无论物体的状态是运动还是静止的，这些由于形状产生的危险都会构成潜在的危险。

（7）碰撞和刮蹭的危险。机械结构上的凸出、悬挂部分，如起重机的支腿、吊杆，机床的手柄，长、大加工件伸出机床的部分等。这些物件无论是静止的，还是运动的，都可能产生危险。

（8）跌倒、坠落的危险。由于地面堆物无序或地面凸凹不平导致的磕绊跌伤；接触面摩擦力过小（光滑、油污、冰雪等）造成打滑、跌倒；人从高处失足坠落，误踏入坑井坠落等。假如由于跌落引起二次伤害，后果将会更严重。

机械危险大量表现为人员与可运动件的接触伤害，各种形式的机械危险或者机械危险与其他非机械危险往往交织在一起。在进行危险识别时，应该从机械系统的整体出发，综合考虑机械的不同状态、同一危险的不同表现方式、不同危险因素之间的联系和作用，以及显现或潜在危险的不同形态等。

3. 机器产生机械危险的条件

机械能（动能和势能）传递和转化失控、运动载体或容器的破坏，以及人员的意外接触等，是机械危险事件发生的条件。在对机械本身和机械使用过程中产生的危险进行识别时，一定要分析产生机械危险的条件，从而消除产生危险的根源或降低事故发生频率，减小伤害程度。

（1）形状和表面性能。切割要素、锐边利角部分、粗糙或过于光滑的表面。

（2）相对位置。与运动零部件可能产生接触的危险区域、相对位置或距离。

（3）质量和稳定性。重力影响下可运动零部件的位能，由于质量分布不均造成重心不稳和失衡。

（4）质量和速度（加速度）。可控或不可控运动中的零部件的动能、速度和加速度的冲量。

（5）机械强度。由于机械强度不够，零（构）件断裂、容器破坏或结构件坍塌。

（6）位能积累。弹性元件（弹簧）以及在压力、真空下的液体或气体的势能。

五、事故原因分析

安全隐患可存在于机械的设计、制造、运输、安装、使用、报废、拆卸及处理等全寿命的各个环节和各种状态。机械事故的发生往往是多种因素综合作用的结果，用安全系统的认识观点，可以从物的不安全状态、人的不安全行为和安全管理上的缺陷找到原因。

1. 物的不安全状态（技术原因）

物的不安全状态构成生产中的客观安全隐患和危险，是引发事故的直接原因。广义的物包括机械设备、工具，原材料、中间与最终产成品、排出物和废料，作业环境和场地等。物的不安全状态可能来自机械设备寿命周期的各个阶段。

（1）设计阶段。机械结构设计不合理、未满足安全人机工程学要求、计算错误、安全系数不够、对使用条件估计不足等导致的先天安全缺陷。

（2）制造阶段。零件加工超差、粗制滥造，原材料以次充好、偷工减料，安装中的野蛮作业等，使机械及其零部件受到损伤而埋下隐患。

（3）使用阶段。购买无生产许可的、有严重安全隐患或问题的机械设备；设备缺乏必要的安全防护装置，报废零部件未及时更换带病运行，润滑保养不良；拼设备，超机械的额定负荷、额定寿命运转，不良作业环境造成零部件腐蚀性破坏、机械系统功能降低甚至失效等。

2. 人的不安全行为

在机械使用过程中，人的不安全行为是引发事故的另一个重要的直接原因。人的行为受到生理、心理等多种因素的影响，表现是多种多样的。缺乏安全意识和安全技能差，即安全素质低下是人为引发事故的主要原因，例如不了解所使用机械存在的危险、不按安全规程操作、缺乏自我保护和处理意外情况的能力等。指挥失误（违章指挥）、操作失误（操作差错、在意外情况时的反射行为或违章作业）、监护失误等是人的不安全行为常见的表现。在日常工作中，人的不安全行为常常表现在不安全的工作习惯上，例如工具或量具随手乱放、测量工件不停机、站在工作台上装夹工件、越过运转刀具取送物料、攀越大型设备不走安全通道等。

3. 安全管理缺陷

安全管理是一个系统工程，包括领导者的安全意识水平，健全的安全管理组织机构和明确的安全生产责任制，对设备（特别是对危险设备和特种设备）的监管，对员工的安全教育和培训，安全规章制度的建立，制定事故应急救援预案，建立“以人为本”的职业安全卫生管理体系等。

物的不安全状态、人的不安全行为往往是事故发生的直接原因，安全管理缺陷是事故发生的间接原因，但却是深层次的原因。安全管理是生产经营活动正常运转的必要条件，同时又是控制事故、实现安全的极其重要的手段，每一起事故的发生，总可以从管理的漏洞中找到原因。

第三节　实现机械安全的途径与措施

一、采用本质安全技术

本质安全技术是指利用该技术进行机器预定功能的设计和制造，不需要采用其他安全防护措施，就可以在预定条件下执行机器的预定功能，满足机器自身安全的要求。

1. 合理的结构形式

结构合理可以从设备本身消除危险与有害因素，避免由于设计的缺陷而导致发生任何可预见的与机械设备的结构设计不合理有关的危险事件。为此，机械的结构、零部件或软件的设计应该与机械执行的预定功能相匹配。

（1）在不影响预定使用功能的前提下，避免锐边、利角和悬凸部分。

（2）不得由于配合部件的不合理设计，造成机械正常运行时的障碍、卡塞、松脱或连接失效。

（3）不得因为软件的设计瑕疵，引起数据丢失或死机。

（4）满足安全距离的原则，防止可及危险部位伤害和避免受挤压或剪切的危险。

2. 限制机械应力以保证足够的抗破坏能力

组成机械的所有零件，通过优化结构设计来达到防止由于应力过大破坏或失效、过度变形或失稳坍塌引起故障或引发事故。

（1）专业符合性要求。机械设计与制造应满足专业标准或规范符合性要求，包括选择机械的材料性能数据、设计规程、计算方法和试验规则等。

（2）足够的抗破坏能力。各组成受力零部件应保证足够的安全系数，使机械应力不超过许用值，在额定最大载荷或工作循环次数下，应满足强度、刚度、抗疲劳性和构件稳定性要求。

（3）可靠的连接紧固方法。诸如螺栓连接、焊接、铆接、销键连接或粘接等连接方式，设计时应特别注意提高结合部位的可靠性。可通过采用正确的计算、结构设计和紧固方法来限制应力，防止运转状态下连接松动、破坏而使紧固失效，保证结合部的连接强度及配合精度和密封要求。

（4）防止超载应力。通过在传动链预先采用“薄弱环节”预防超载，如采用易熔塞、限压阀、断路器等限制超载应力，保障主要受力件避免破坏。

（5）良好的平衡和稳定性。通过材料的均匀性和回转精度，防止在高速旋转时引起振动或回转件的应力加大；在正常作业条件下，机械的整体应具有抗倾覆或防风、抗滑的稳定性。

3. 采用本质安全工艺过程和动力源

本质安全工艺过程和本质安全动力源，是指这种工艺过程和动力源自身是安全的。

（1）爆炸环境中的动力源安全。对在爆炸环境中使用的机械，应采用全气动或全液压控制操纵机构，或采用“本质安全”电气装置，避免一般电气装置容易出现火花而导致爆炸危险。防爆电气设备类型有本质安全型、隔爆型、增安型、充油型、充砂型、正压型、无火花型、特殊型等。

（2）采用安全的电源。电气部分应符合有关电气安全标准的要求。例如，限制最大额定电压或失效情况下的最大电流、与具有较高电压的电路分开或隔离、采用保护电路或漏电保护装置、加强带电体的绝缘、手动控制或密闭容器采用特低安全电压等，预防电击、短路、过载和静电的危险。

(3) 防止与能量形式有关的潜在危险。采用气动、液压、热能等装置的机械，应避免与这些能量形式有关的各种潜在危险，按以下要求设计：借助限压装置防止管路或元件超压，不因压力损失、压力降低或真空度降低而导致危险；所有元件（尤其管子和软管）及其连接密封和有效的防护，不因泄漏或元件失效而导致流体喷射；气体接吸器、储气罐或承压容器及元件，在动力源断开时应能自动卸压，提供隔离措施或局部卸压及压力指示措施，保持压力的元件提供识别排空的装置和注意事项的警告牌，以防剩余压力造成危险。

4. 控制系统的安全设计

机械控制系统的设计应与所有电子设备的电磁兼容性相关标准一致，防止潜在的危险工况发生，例如不合理的设计或控制系统逻辑的恶化、控制系统的元件由于缺陷而失效、动力源的突变或失效等原因导致意外启动或制动、速度或运动方向失控等。控制系统的安全设计应符合下列原则：

(1) 统一机构的启、制动及变速方式。例如，启动或加速运动采用施加或增大电压或流体压力，或采用二进制逻辑元件由 0 状态到 1 状态等方式去实现；制动或减速运动则采用相反的状态去实现。

(2) 提供多种操作模式。不仅考虑执行预定功能的正常操作需要的控制模式，还要考虑非正常作业的需要（例如，必须移开、拆除防护装置，或抑制安全装置的功能才能进行的设定、示教、过程转换、查找故障、清理或维修等操作），提供检修调整的操作模式。通过设置模式选择器来转换并锁定对应的单一操作控制模式，确保检修调整操作不出危险。

(3) 手动控制原则。无论是正常操作还是其他操作，当采用手动控制模式时，控制器应配置于危险区外、操作者伸手安全可达的位置，并应使操作者可以看见被控制部分以便在发现险情时及时停机，设计和配置应符合安全人机工程学原则。

(4) 考虑复杂机器的特定要求。例如，动力中断后重新接通时的自保护系统或重新启动装置，采用重新启动的原则、“定向失效模式”的部件或系统，“关键”件的加倍（或冗余）设置，可重新编程控制系统中安全功能的实现，防止危险的误动作措施，以及采用自动监控系统等其他措施。

(5) 控制系统的可靠性。控制系统零部件的可靠性是安全功能完备性的基础，在规定的使用期限内，控制系统的零部件应能承受在预定使用条件下各种应力和干扰（如静电、磁场和电场，绝缘失效，零部件功能的临时或永久失效等）作用，不因失效使机械产生危险的误动作。

5. 材料和物质的安全性

生产过程各个环节所涉及的各类材料（包括制造机器的材料、燃料加工原材料、中间或最终产品、添加物、润滑剂、清洗剂，以及与工作介质或环境介质反应的生成物及废弃物等），只要在人员合理暴露的场所，其毒害物成分、浓度应低于安全卫生标准的规定，不得危及人员的安全或健康，不得对环境造成污染。此外，还必须满足下列要求：

（1）材料的力学性能和承载能力。如抗拉强度、抗剪强度、冲击韧性、屈服点等，应能满足承受预定功能的载荷（诸如冲击、振动、交变载荷等）作用的要求。

（2）对环境的适应性。材料应具有良好的对环境的适应性，在预定的环境条件下工作时，应考虑温度、湿度、日晒、风化、腐蚀等环境影响，材料物质应有抗腐蚀、耐老化、抗磨损的能力，不致因物理性、化学性、生物性的影响而失效。

（3）材料的均匀性。保证材料的均匀性，防止由于工艺设计不合理，使材料的金相组织不均匀而产生残余应力，或由于内部缺陷（如夹渣、气孔、异物、裂纹等）给安全埋下隐患。

（4）避免材料的毒性和火灾爆炸的危险。在设计和制造选材时，优先采用无毒和低毒的材料或物质；防止机械自身或在使用过程中产生的气、液、粉尘、蒸气或其他物质造成的火灾和爆炸风险；在液压装置和润滑系统中，使用阻燃液体（特别是高温环境中的机械）和无毒介质（特别是食品加工机械）。

（5）对可燃、易爆的液、气体材料，应设计使其在填充、使用、回收或排放时减小风险或无危险。对不可避免的毒害物（如粉尘、有毒物、辐射物、放射物、腐蚀物等），应在设计时考虑采取密闭、排放（或吸收）、隔离、净化等措施。

6. 机械的可靠性设计

机械各组成部分的可靠性都直接与安全有关，机械零件与构件的失效最终必将导致机械设备的故障。关键机件的失效会造成设备事故和人身伤亡事故，甚至大范围的灾难性后果。提高机械的可靠性可以降低危险故障率，减少查找故障和检修的次数，不因失效使机械产生危险的误动作，从而可以减小操作者面临危险的概率。

（1）机械的可靠性的概念。机械的可靠性是指机械系统或机械产品在规定的条件下和规定的时间内，完成规定功能的能力。规定的条件包括产品所处的环境条件（温度、湿度、压力、振动、冲击、尘埃、日晒等）、使用条件（载荷大小和性质、操作者的技术水平等）、维修条件（维修方法、手段、设备和技术水平等）；规定的时间是广义的概念，既可以是时间，也可以用距离或循环次数等参数表示；规定的功能，是指机械设备的性能指标，是该机械若干功能全体的总和。

机械的可靠性一般可分为结构可靠性和机构可靠性。结构可靠性主要考虑机械结构的强度以及由于载荷的影响使之疲劳、磨损、断裂等引起的失效；机构可靠性考虑的不是强度问题引起的失效，而是机构在动作过程中由于运动学问题而引起的故障。

（2）机械可靠性指标。常用的机械产品可靠性指标包括产品的无故障性、耐久性、维修性、可用性和经济性等几个方面。通常用可靠度、故障率、平均寿命（或平均无故障工作时间）、维修度等指标。可靠性设计涉及两个方面，一是机械设备要尽量少出故障，二是出了故障要容易修复，即设备的可靠性和维修性，这是在设计时赋予产品的。

（3）可靠性设计方法。包括预防故障设计、结构安全设计、简单化和标准化设计、储备设计（冗余设计）、耐环境设计、人机工程设计、概率设计等方法。

二、履行安全人机工程学原则

工作系统是指为了完成工作任务，在所设定的条件下，由工作环境（人周围的物理的、化学的、生物学的、社会的和文化的因素）、工作空间、工作过程中共同起作用的人和机械设备（工具、机器、运载工具、器件、设施、装置等）组合而成的系统。安全人机工程学是从工作系统设计的安全角度出发，运用系统工程的理论方法，研究人—机系统各要素之间的相互作用、影响以及它们之间的协调方式，通过设计使系统的总体性能达到安全、准确、高效、舒适的目的。

1. 违反安全人机工程学原则可能产生的危险

在人—机系统中，人是最活跃的因素，始终起着主导作用，但同时也是最难把握、最容易受到伤害的。据资料统计，生产中有58%～70%的事故与忽视人的因素有关。人的特性参数包括人体特性参数（静态参数、动态参数、生理学参数和生物力学参数等）、人的心理因素（感觉、知觉和观察力、注意力、记忆和思维能力、操作能力等）及其他因素（性格、气质、需要与动机、情绪与情感、意志、合作精神等），在机械设计时，应充分考虑人的因素，从而避免由于违反安全人机工程学原则导致的安全事故。忽略安全人机工程学原则的机械设计可能产生的危险是多方面的：

（1）由于生理影响产生的危险。例如，不利于健康的操作姿势、用力过度或重复用力等体力消耗产生的疲劳所导致的危险。

（2）由于心理—生理影响产生的危险。在对机器进行操作或维护时，由于精神负担过重、缺乏思想准备以及过度紧张，或节奏过缓造成的操作意识水平下降等原因而导致的危险。

(3) 由于人的各种差错产生的危险。受到不利环境因素的干扰、人—机界面设计不合理、多人配合操作协调不当，使人产生各种错觉引起误操作所造成的危险。

2. 人—机系统模型

在人—机系统中，显示装置将机器运行状态的信息传递给人的感觉器官，经过人的大脑对输入信息的综合分析、判断，做出决策，再通过人的运动器官反作用于机器的操作装置，实施对机器运行过程的控制，完成预定的工作目的。人与机器共处于同一环境之中。人—机系统模型如图 2—2 所示。

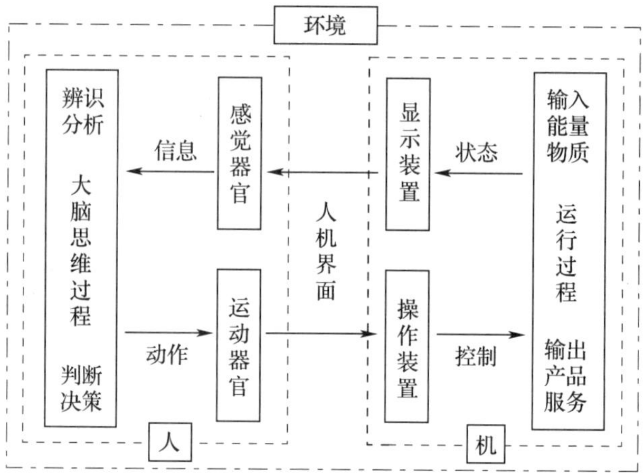

图 2—2　人—机系统模型

人—机系统的可靠性是由人的操作可靠性和机械设备的可靠性共同决定的。由于人的可靠性受人的生理和心理条件、操作水平、作业时间和环境条件等多种因素影响且变化随机，具有不稳定的特点，在机械设计时，更多地从“机宜人”理念出发，同时综合考虑技术和经济的效果，去提高人—机系统的可靠性。

在机械设计中，应该履行的安全人机工程学原则，通过合理分配人机功能、适应人体特性、优化人机界面、作业空间的布置和工作过程等方面的设计，提高机械的操作性能和可靠性。

3. 合理分配人机功能

人与机械的特性主要反映在对信息及能量的接受、传递、转换及控制上。在机械的整体设计阶段，通过分析比较人与机各自的特性，充分发挥各自的优势，合理分配人机功能。将笨重的、危险的、频率快的、精确度高的、时间持久的、单调重复的、操作运算复杂的、环境条件差的等机器优于人的工作，交由机器完成；把创造研究、推理决策、指令和程序的编排、检查、维修、处理故障以及应付不测等人优于机器的工作，留给人来承担。

在可能的条件下，用机械设备来补充、减轻或代替人的劳动。尽量通过实现机械化、自动化，减少操作者的干预或介入危险的机会，使人的操作岗位远离危险或有害现场，但同时也对人的知识和技能提出了较高的要求。

无论机械化、自动化程度多高，人的核心和主导地位是不变的。随着科学技术的发展，人机功能分配出现操作向机器转移，人从直接劳动者向监控或监视者转变的趋势，这将把人从危险作业环境中解脱出来，使生产过程更加安全化。

4. 友好的人机界面设计

人机界面即在机器上设置的供人、机进行信息交流和相互作用的界面。从物理意义上讲，人机界面是人机相互作用所必需的技术方案的一部分，集中体现在为操作人员与设备之间提供直接交流的操纵器和显示装置上。借助这些装置，操作人员可以安全有效地监控设备的运行。

（1）显示器的安全人机学要求。显示器是显示机械运行状态的装置，是人们用以观察和监控系统运行过程的手段。显示装置的设计、性能和形式选择、数量和空间布局等，应符合信息特征和人的感觉器官的感知特性，保证迅速、通畅、准确地接受信息。

按人接受信息的途径不同，显示器可分为视觉装置（借助视亮度、对比度、颜色、形状、尺寸或排列传送的信息）、听觉装置（通过发于声源的音调、频率和间歇变化传送的信息）和触觉装置（借助表面粗糙度、轮廓或位置传送的信息）。其中，由于视觉信号容易辨识、记录和储存，因而视觉装置得到了广泛应用。听觉装置常用于报警。

显示装置应满足安全人机工程学要求：

1）信号和显示器的种类和设计应保证清晰易辨，指示器、度盘和视觉显示装置的设计应在人能感知的参数和特征范围之内；显示形式（常见的有数字式和指针式）、尺寸应便于察看；信息含义明确、耐久、清晰易辨。

2）信号和显示器的种类和数量应符合信息的特性。种类和数量要少而精，不可过多过滥，淹没主要信息，提供的信息量应控制在不超过人能接受的生理负荷限度内；信号显示的变化速率和方向应与主信息源变化的速率和方向相一致；当显示器数量很多时，其空间配置应保证清晰、可辨，迅速地提供可靠的信息。

3）当信号和显示器的数量较多时，应根据其功能和显示的种类不同，根据重要程度、使用频度和工艺流程要求，适应人的视觉习惯，按从左到右、从上到下或顺时针的优先顺序，布置在操作者视距和听力的最佳范围内；此外，还可依据工艺过程的机能、测定种类等划分为若干组排列。

4）危险信号和报警装置。对安全性有重大影响的危险信号和报警装置，优先采用声、光组合信号，应考虑其强度、形状、大小、对比度、显著性和信噪比，要明显区别并突出于其他信号，报警装置应与相关的操纵器构成一个整体或紧密相连，应配置在机械设备相应的易发生故障或危险性较大的部位。

5）在以观察和监视为主的长时间的工作中，应通过信号和显示器的设计和配置来避免超负荷和负荷不足的影响。

（2）操纵（控制）器的安全人机工程学要求。操纵装置是受到人作用而动作的执行部件，用来对机械的运行状态进行控制。按人体执行操纵的器官不同，可分为手控、脚控和声控等多种类型。由于手比脚的动作更精细、快速、准确，所以，手控操纵器占有重要位置；脚控操纵器由于动作快速且需较大的力，一般只作为手控方式的补充。操纵器的选择、设计和配置应适合于控制任务，与人体操作部分的运动器官的运动特性相适应，与操作任务要求相适应。

操纵装置应满足的安全人机工程学要求：

1）操纵器的形状、尺寸和触感等表面特征的设计和配置应符合人体测量学指标，便于操作者的手或脚准确、快速地执行控制任务；手握操纵器与手接触部位应采用便于持握的形状，表面不得有尖角、毛刺、缺口、棱边等可能伤及手的缺陷。

2）操纵器的行程和操作力应根据控制任务、人体生物力学及人体测量参数确定，操纵力不应过大而使劳动强度增加；行程不应超过人的最佳用力范围，避免操作幅度过大引起疲劳。

3）在任何情况下，操纵器的布置应在操作者肢体活动范围可达区域内，重要和经常使用的操纵器应配置在易达区，使用频繁的应配置在最佳区，同时应符合操作的安全要求。

4）当操纵器数量较多时，其布置与排列应以能够安全、准确、迅速地操作为原则进行配置。应布置为成组排列，功能相关的操纵器、显示装置应集中安放；在满足控制器功能的前提下，按重要度和使用频率、操作顺序和逻辑关系配置，同时兼顾人的操作习惯；当考虑操作顺序要求时，应按照由左向右或自上而下的顺序排列；控制动作、设备响应和信息显示应相互适应或形成对应的空间关系。

5）各种操纵器的功能应易辨认，避免混淆，必要时应辅以符合标准、容易理解的形象符号或文字加以说明；当执行几种不同动作采用同一个操纵器时，每种动作状态应能清晰地显示；同一系统有多个操纵器时，为使操作者能够迅速准确地识别以防止误操作，应对操纵器进行识别编码。

6）操纵器的控制功能与动作方向应与机械系统过程的变化运动方向一致，控制动作、设备的应答和显示信息应相互适应和协调；同样操作模式的同类型机械应采用标准布置，以减少操作差错（参见表 2—1）。

表 2—1　　　　操纵器的控制功能与动作方向

动作/功能	开通	关闭	增加	减少	前进	后退	向左	向右	开车	刹车
向　上	√		√		√		—	—	√	
向　下		√		√		√	—	—		√
向　前	√		√		√		—	—	√	
向　后		√		√		√	—	—		√
向　右	√		√		√			√	√	
向　左		√		√		√	√			√
顺时针	√		√		—	—		√	√	
逆时针		√		√	—	—	√		√	√
提　拉	√		—	—	—	—	—	—	—	—
按　压		√	—	—	—	—	—	—	—	—

7）多挡位的操纵器应有可靠的定位及自锁、联锁措施，防止操作越位、意外触碰移位或由于振动等原因自行移位；在同一平面上相邻且相互平行配置时，操纵器内侧间距应保证不产生相互干涉；在特殊条件下（如振动、冲击或颠簸环境）进行精细调节或连续调节时，应提供相应的依托支撑以保证操作平稳准确；对关键控制器应有防止误动作的保护措施，使操作不会引起附加风险。

5. 工作空间的设计

工作空间是指为了完成工作任务，在工作系统中分配给一个或多个人的空间范围。在工作空间设计时，应满足以下安全人机工程学要求：

（1）应合理布置机械设备上直接由人操作或使用的装置或器具，包括各种显示器、操纵器、照明器等。显示器的配置，应使操作者可无障碍观察；操纵器应设置在机体功能可及的范围内，并适合于人操作器官功能的解剖学特性；对实现系统目标有重要影响的显示器和操纵器，应将其布置在操作者视野和操作的最佳位置，防止或减少因误判断、误操作引起的意外伤害事故。

（2）工作空间（必要时提供工作室）的设计应考虑到工作过程对人身体的约束

条件，为身体的活动（特别是头、手臂、手、腿和足的活动）提供合乎心理和生理要求的充分空间；工作室结构应能防御外界的危险有害因素作用，其装潢材料必须是耐燃、阻燃的；有良好的视野，保证在无任何危险情况下使操作者在操作位置直接看到，或通过监控装置了解到控制目标的运行状态，并能确认没有人面临危险；存在安全风险的作业点，应留有在意外情况下可以避让的空间或设置逃离的安全通道。

(3) 设计注重创造良好的与人的劳动姿势有关的工作空间。工作高度、工作面或工作台应适合于操作者的身体尺寸，并使操作者以安全、舒适的身体姿势进行作业，并得到适当的支撑；座位装置应可调节，适合于人的解剖、生理特点，其固定须能承受相应载荷不破坏，将振动降低到合理的最低程度，防止产生疲劳和发生事故。

(4) 若操作者的工作位置在坠落基准面 2 m（含 2 m）以上时，必须考虑脚踏和站立的安全性，配置供站立的平台、梯子和防坠落的栏杆等；若操作人员经常变换工作位置，还须设置安全通道；由于工作条件所限，固定式防护不足以保证人员安全时，应同时配备防高处坠落的个人防护装备（如安全带、安全网等）；当机械设备的操作位置高度在 30 m 以上（含 30 m）时，必须配置安全可靠的载人升降设备。

6. 工作过程的设计

工作过程是指在工作系统中，人、机械设备、材料、能量和信息在时间和空间上相互作用的工序过程。工作过程设计、操作的内容和重复程度，以及操作者对整个工作过程的控制，应避免超越操作者生理或心理的功能范围，保持正确、稳定的操作姿势，保护作业人员的健康和安全。当工作系统的要求与操作者的能力之间不匹配时，可通过修改工作系统的作业程序，或要求其适合操作者的工作能力，或提供相应的设施以适应工作要求等多种途径，将不匹配现象减少到最低限度，从而提高作业过程的安全性。

(1) 负载限度。减少操作时来回走动的距离和身体扭转或摆动的幅度，使操作时动作的幅度、强度、速度、用力互相协调，避免用力过度、频率过快或超载使人产生疲劳，也要防止由于工作负载不足或动作单调重复而降低对危险的警惕性。

(2) 工作节奏。应遵循人体的自然节奏来设计操作模式或动作，避免将操作者的工作节奏强制与机器的自动连续节拍相联系，使操作者处于被动配合状态，防止由于工作节奏过分紧张产生疲劳而导致危险。

(3) 作业姿势。身体姿势不应由于长时间的静态肌肉紧张而引起疲劳，机械设备上的操作位置，应能保证操作者可以变换姿势，交替采用坐姿和立姿。若两者必择其一，则优先选择坐姿，并配备带靠背的坐椅以供坐姿操作；身体各动作间应保持良好的平衡，提供适宜的工作平台，防止失稳或立面不足跌落，尤其是在高处作业时要特别注意。

7. 工作环境设计

工作环境是指在工作空间中，人周围的物理的、化学的、生物学的诸因素的综合。当然，社会的和文化的因素也属于广义的环境范畴（这不是本书讨论的重点从略）。工作环境设计应以客观测定和主观评价为依据，保证工作环境中的外在因素对人无害。

（1）工作场所总体布置、工作空间大小和通道应适当。

（2）应避免人员暴露于危险及有害物质（温度、振动、噪声、粉尘、辐射、有毒）的影响中。根据现场人数、劳动强度、污染物质的产生、耗氧设备等情况调节通风。

（3）应按照当地的气候条件调节工作场所的热环境。在室外工作时，对不利的气候影响（如热、冷、风、雨、雪、冰等）应提供适当的遮掩物。

（4）应提供达到最佳视觉感受的照明（亮度、对比度、颜色及其反差、光分布的均匀度等），优先采用自然光，辅之以局部照明，避免眩光、耀斑、频闪效应及不必要的反射引起的风险，提供事故状态下的应急照明设施。

（5）工作环境应避免有害或扰人的噪声和振动的影响，同时应兼顾语言信号的清晰度和人员对警示声信号的感觉。传递给人的振动和冲击不应当引起身体损伤和病理反应或感觉运动神经系统失调。

三、安全防护措施

安全防护是指采用特定的技术手段，防止人们遭受不能由设计适当避免或充分限制的各种危险的安全措施。安全防护措施的类别主要有防护装置、安全装置及其他安全措施，前两者统称为安全防护装置。

安全防护是从人的安全需要出发，在各个生产要素处于动态作用的情况下，针对可能对人员造成伤害事故和职业危害，特别是一些危险性较大的机械设备以及事故频繁发生的部位，对机械危险和有害因素进行预防的安全技术措施。

对机械危险安全防护的重点是机械的传动部分、操作区、高处作业区、机械的其他运动部分、移动机械的移动区域，以及某些机械由于特殊危险形式而需要特殊防护等。采用何种防护手段，应根据对具体机械进行风险评价的结果来决定。

1. 采用安全防护装置可能存在的附加危险

安全防护装置达不到相应的安全技术要求，有可能带来附加危险，即使配备了安全防护装置也不过是形同虚设，甚至比不设置更危险；设置的安全防护装置必须使用方便，否则，操作者就可能为了追求达到机械的最大效用而避开甚至拆除安全防护装置。在设计时，应注意以下因素带来的附加危险并采取措施予以避免：

（1）安全防护装置出现故障会立即增加损伤或危害健康的风险。

（2）安全防护装置在减轻操作者精神压力的同时，也容易使操作者形成心理依赖，放松对危险的警惕性。

（3）由动力驱动的安全防护装置，其运动零部件产生的接触性机械危险。

（4）安全防护装置的自身结构存在安全隐患，如尖角、锐边、凸出部分等危险。

（5）由于安全防护装置与机器运动部分安全距离不符合要求导致的危险。

2. 安全防护装置的一般要求

在人和危险之间构成安全保护屏障，是安全防护装置的基本安全功能。为此，安全防护装置必须满足与其保护功能相适应的安全技术要求。基本安全要求如下：

（1）结构形式和布局设计合理，具有切实的保护功能，确保人体不受到伤害。

（2）结构应坚固耐用，不易损坏；结构件无松脱、裂损、变形、腐蚀等危险隐患。

（3）不应成为新的危险源，不增加任何附加危险。可能与使用者接触的部分不应产生对人员的伤害或阻滞（如避免尖棱利角、加工毛刺、粗糙的边缘等），并应提供防滑措施。

（4）不应出现漏保护区，安装可靠，不易拆卸（或非专用工具不能拆除）；不易被旁路或避开。

（5）满足安全距离的要求，使人体各部位（特别是手或脚）无法逾越接触危险，同时防止挤压或剪切。

（6）对机械使用期间各种模式的操作产生的干扰最小，不因采用安全防护装置增加操作难度或强度，视线障碍最小。

（7）不应影响机器的使用功能，不得与机械的任何正常可动零部件产生运动抵触。

（8）便于检查和修理。

在设计安全防护装置时，必须保证装置的可靠性，其功能除了能防止机械危险外，还应能防止由机械产生的其他各种非机械危险；安全防护装置应与机械的工作环境相适应而不易损坏。

3. 防护装置

防护装置是指采用壳、罩、屏、门、盖、栅栏等结构作为物体障碍，将人与危险隔离的装置。

常见的防护装置有用金属铸造或金属板焊接的防护箱罩，一般用于齿轮传动或传输距离不大的传动装置的防护；金属骨架和金属网制成的防护网，常用于带传动装置的防护；栅栏式防护适用于防护范围比较大的场合，或作为移动机械移动范围内临时作业的现场防护，或用于坠落风险的高处临边作业的防护等。

（1）防护装置的功能。

1）隔离作用。防止人体任何部位进入机械的危险区，触及各种运动零部件。

2）阻挡作用。防止飞出物打击、高压液体的意外喷射或防止人体灼烫、腐蚀伤害等。

3）容纳作用。接受可能由机械抛出、掉落、发射的零件及其破坏后的碎片以及喷射的液体等。

4）其他作用。在有特殊要求的场合，还应对电、高温、火、爆炸物、振动、放射物、粉尘、烟雾、噪声等具有特别阻挡、隔绝、密封、吸收或屏蔽等作用。

（2）防护装置的类型。有单独使用防护装置，只有当防护装置处于关闭状态时才能起防护作用；还有与联锁装置联合使用的防护装置，无论防护装置处于任何状态都能起到防护作用。按使用方式可分为以下几种：

1）固定式防护装置。保持在所需位置（关闭）不动的防护装置。不用工具不可能将其打开或拆除。常见的形式有封闭式、固定间距式和固定距离式。其中，封闭式固定防护装置将危险区全部封闭，人员从任何地方都无法进入危险区；固定间距式和固定距离式防护装置不完全封闭危险区，凭借安全距离来防止或减少人员进入危险区的机会。

2）活动式防护装置。通过机械方法（如铁链、滑道等）与机器的构架或邻近的固定元件相连接，并且不用工具就可打开，常见的有整个装置的位置可调或装置的某组成部分可调的活动防护门、抽拉式防护罩等装置。

3）联锁防护装置。防护装置的开闭状态直接与防护的危险状态相联锁，只要防护装置不关闭，被其“抑制”的危险机器功能就不能执行，只有当防护装置关闭时，被其“抑制”的危险机器功能才有可能执行；在危险机器功能执行过程中，只要防护装置被打开，就给出停机指令。

（3）防护装置的安全技术要求。

1）固定防护装置应该用永久固定（通过焊接等）方式，或借助紧固件（螺钉、螺栓、螺母等）固定方式固定，若不用工具（或专用工具）就不能使其移动或打开。

2）防护结构体不应出现漏保护区，并应满足安全距离的要求，使人不可能越过或绕过防护装置接触危险。

3）活动防护装置或防护装置的活动体打开时，尽可能与被防护的机械借助铰链或导链保持连接，防止挪开的防护装置或活动体丢失或难以复原而使防护装置丧失安全功能。

4）活动联锁式防护装置当出现丧失安全功能的故障时，被其“抑制”的危险机器功能不可能执行或停止执行，装置失效不得导致意外启动。

5）防护装置应设置在进入危险区的唯一通道上。

6）防护装置结构体应有足够的强度和刚度，能有效抵御飞出物的打击或外力的作用，避免产生不应有的变形。

7）可调式防护装置的可调或活动部分的调整件，在特定操作期间应保持固定、自锁状态，不得因为机械振动而移位或脱落。

4. 安全装置

通过自身的结构功能限制或防止机械的某种危险，或限制运动速度、压力等危险因素。常见的有联锁装置、双手操作式装置、自动停机装置、限位装置等。

（1）安全装置的技术特征。

1）安全装置零部件的可靠性应作为其安全功能的基础，在规定的使用期限内，不会因零部件失效使安全装置丧失主要安全功能。

2）安全装置应能在危险事件即将发生时停止危险过程。

3）重新启动的功能，即当安全装置动作第一次停机后，只有再次重新启动，机械才能开始工作。

4）光电式、感应式安全装置应具有自检功能，当安全装置出现故障时，应使危险的机械功能不能执行或停止执行，并触发报警器。

5）安全装置必须与控制系统一起操作并与其形成一个整体，安全装置的性能水平应与之相适应。

6）安全装置的设计应采用“定向失效模式”的部件或系统，考虑关键件的加倍冗余，必要时还应考虑采用自动监控。

（2）安全装置的种类。按功能不同，安全装置可大致分为以下几类：

1）联锁装置。是防止机械零部件在特定条件下（一般只要防护装置不关闭）

运转的装置。可以是机械的、电动的、液压的或气动的。

2）使动装置。是一种附加手动操纵装置，当机械启动后，只有操纵该使动装置，才能使机械执行预定功能。

3）止—动操作装置。是一种手动操纵装置，只有当手对操纵器作用时，机械才能启动并保持运转；当手放开操纵器时，该操作装置能自动回复到停止位置。

4）双手操纵装置。是两个手动操纵器同时动作的操纵装置。只有两手同时对操纵器作用，才能启动并保持机械或机械的一部分运转。这种操纵装置可以强制操作者在机器运转期间，双手没有机会进入机器的危险区。

5）自动停机装置。当人或人体的某一部分超越安全限度，就使机械或其零部件停止运转（或保持其他的安全状态）的装置。自动停机装置可以是机械驱动的，如触发线、可伸缩探头、压敏装置等；也可以是非机械驱动的，如光电装置、电容装置、超声装置等。

6）机械抑制装置。是一种机械障碍（如楔、支柱、撑杆、止转棒等）装置。该装置靠其自身强度支撑在机构中，用来防止某种危险运动发生。

7）限制装置。防止机械或机械要素超过设计限度（如空间限度、速度限度、压力限度等）的装置。

8）有限运动控制装置。也称为行程限制装置，只允许机械零部件在有限的行程范围内动作，而不能进一步向危险的方向运动。

9）排除阻挡装置。通过机械方式，在机械的危险行程期间，将处于危险中的人体部分从危险区排除；或通过提供自由进入的障碍，减小进入危险区的概率。

安全装置种类很多，防护装置和安全装置经常通过联锁成为组合的安全防护装置，如联锁防护装置、带防护锁的联锁防护装置和可控防护装置等。

5. 安全防护装置的设置原则

（1）以操作人员所站立的平面为基准，凡高度在 2 m 以内的各种运动零部件应设置防护。

（2）以操作人员所站立的平面为基准，凡高度在 2 m 以上的物料传输装置、皮带传动装置以及有施工机械施工处的下方，应设置防护。

（3）以操作人员所站立的平面为基准，凡在坠落高度的基准面 2 m 以上的作业位置，必须设置防护。

（4）为避免挤压和剪切伤害，直线运动部件之间或直线运动部件与静止部件之间的间距应符合安全距离的要求。

（5）运动部件有行程距离要求的，应设置可靠的限位装置，防止因超越行程运动而造成伤害。

(6) 对于可能因超负荷发生部件损坏而造成伤害的机械，应设置负荷限制装置。

(7) 对于惯性冲撞运动部件，必须采取可靠的缓冲装置，防止因惯性而造成伤害事故。

(8) 对于运动中可能松脱的零部件，必须采取有效措施加以紧固，防止由于启动、制动、冲击、振动而引起松动。

6. 安全防护装置的选择原则

选择安全防护装置的形式应考虑所涉及的机械危险和其他非机械危险，根据机械零部件运动的性质和人员进入危险区的需要来决定。对特定机械的安全防护，应根据对该机械的风险评价结果进行选择。

(1) 对于机械正常运行期间操作者不需要进入危险区的场合，优先考虑选用固定式防护装置，包括进料、取料装置，辅助工作台，适当高度的栅栏，通道防护装置等。

(2) 对于机械正常运转时需要进入危险区的场合，当需要进入危险区的次数较多，经常开启固定防护装置会带来不便时，可考虑采用联锁装置、自动停机装置、可调防护装置、自动关闭防护装置、双手操纵装置和可控防护装置等。

(3) 对于非运行状态的其他作业期间需进入危险区的场合，如机械的设定、示教、过程转换、查找故障、清理或维修等作业，需要移开或拆除防护装置，或人为使安全装置功能受到抑制，可采用手动控制模式、止—动操纵装置或双手操纵装置、点动—有限的运动操纵装置等。有些情况下，可能需要几个安全防护装置联合使用。

四、安全信息的使用

机械的安全信息由文字、标志、信号、符号或图表组成，以单独或联合使用的形式向使用者传递信息，用以指导使用者安全、合理、正确地使用机械，警告或提醒危险、危害健康的机械状态和应对机械危险事件。安全信息是机械的组成部分之一。

提供安全信息应贯穿机械使用的全过程，包括运输、试验运转（装配、安装和调整）、使用（设定、示教或过程转换、运转、清理、查找故障和维修），如果有特殊需要，还应包括解除指令、拆卸和报废处理的信息。这些安全信息在各阶段可以分开使用，也可以联合使用。

1. 安全信息概述

(1) 安全信息的功能。

1）明确机械的预定用途。安全信息应具备保证安全和正确使用机械所需的各项说明。

2）规定和说明机械的合理使用方法。安全信息中应说明安全使用机器的程序和操作模式，对不按要求而采用其他方式操作机械的潜在风险提出适当警告。

3）通知和警告遗留风险。对于通过设计和采用安全防护技术均无效或不完全有效的那些遗留风险，通过提供信息通知和警告使用者，以便采用其他的补救安全措施。

应当注意的是，安全信息只起提醒和警告的作用，不能在实质意义上避免风险。因此，安全信息不可用于弥补设计的缺陷，不能代替应该由设计解决的安全技术措施。

（2）安全信息的类别。

1）信号和警告装置等。

2）标志、符号（象形图）、安全色、文字警告等。

3）随机文件，如操作手册、说明书等。

（3）信息的使用原则。

1）根据风险的大小和危险的性质，可依次采用安全色、安全标志、警告信号和警报器。

2）根据需要信息的时间。提示操作要求的信息应采用简洁形式，长期固定在所需的机械部位附近；显示状态的信息应尽量与工序顺序一致，与机械运行同步出现；警告超载的信息应在负载接近额定值时提前发出警告信息；危险紧急状态的信息应即时发出，持续的时间应与危险存在的时间一致，持续到操作者干预为止或信号随危险状态解除而消失。

3）根据机械结构和操作的复杂程度。对于简单机械，一般只需提供有关安全标志和使用操作说明书；对于结构复杂的机械，特别是有一定危险性的大型设备，除了配备各种安全标志和使用说明书（或操作手册）外，还应配备有关负载安全的图表、运行状态信号，必要时提供报警装置等。

4）根据信息内容和对人视觉的作用采用不同的安全色。为了使人们对存在不安全因素的环境、设备引起注意和警惕，需要涂以醒目的安全色。需要强调的是，安全色的使用不能取代防范事故的其他安全措施。

5）应满足安全人机工程学的原则。采用安全信息的方式和使用的方法应与操作人员或暴露在危险区的人员能力相符合。只要可能，应使用视觉信号；在可能有人感觉缺陷的场所，例如盲区、色盲区、耳聋区或使用个人保护装备而导致出现盲区的地方，应配备感知有关安全信息的其他信号（如声音、触摸、振动等信号）。

2. 安全色

安全色是表达安全信息的颜色，表示禁止、警告、指令、提示等意义。统一使用安全色，能使人们在紧急情况下，借助所熟悉的安全色含义，识别危险部位，尽快采取措施，提高自控能力，防止发生事故。

(1) 安全色的颜色含义和适用范围。安全色采用红、蓝、黄、绿四种。

1）红色。表示禁止和停止、消防和危险。凡是禁止、停止和有危险的器件、设备或环境，均应涂以红色标志；红色闪光是警告操作者情况紧急，应迅速采取行动。

2）黄色。表示注意、警告。凡是警告人们注意的器件、设备或环境，均应涂以黄色标志。

3）绿色。表示通行、安全和正常工作状态。凡是在可以通行或安全的情况下，均应涂以绿色标志。

4）蓝色。表示需要执行的指令、必须遵守的规定或应采用防范措施等。

安全色的含义和用途见表 2—2。

表 2—2　　安全色的颜色含义

颜色	颜色含义	
	人员安全	机械/过程状况
红	危险/禁止	紧急
黄	警告	异常
绿	安全	正常
蓝	执行	强制性

(2) 安全色的对比色。安全色有时采用组合或对比色的方式，常用的安全色及其相关的对比色是红色一白色，黄色一黑色，蓝色一白色，绿色一白色。

例如，黄色与黑色相间隔的条纹，比单独使用黄色更为醒目，表示特别注意的意思，常用于起重吊钩、平板拖车排障器、低管道等场合。

3. 信号和警告装置

信号的功能是提醒注意，如机器启动、起重机开始运行等；显示运行状态或发生故障，如故障显示灯；危险状态的先兆或发生的可能性的警告，而且要求人们做出排除或控制险情的反应。险情包括人身伤害或设备事故风险，例如，机器事故信号、超速报警、有毒物质泄漏报警等。

（1）信号和警告装置的类别

1）视觉信号。特点是占用空间小、视距远、简单明了，可采用亮度高丁背景的稳定光和闪烁光。根据险情对人危害的紧急程度和可能后果，险情视觉信号分为警告视觉信号（显示需采取适当措施予以消除或控制险情发生的可能性和先兆的信号）和紧急视觉信号（显示涉及人身伤害风险的险情开始或确已发生并需采取措施的信号）两类。

2）听觉信号。利用人的听觉反应快的特性，用声音传递信息。听觉信号的特点是可不受照明和物体障碍的限制，强迫人们注意。常见的有蜂鸣器、铃、报警器等，其声级应明显高于环境噪声的级别。当背景噪声超出 110 dB（A）时，不应再采用听觉信号。

3）视听组合信号。其特点是光、声信号共同作用，用以强化危险和紧急状态的警告功能。

（2）信号和警告装置的安全要求。在信号的察觉性、可分辨性和含义明确性方面，险情视觉信号必须优于其他一切视觉信号；紧急视觉信号必须优于所有的警告视觉信号。

1）险情视觉信号应在危险事件出现前或危险事件出现时即发出，在信号接收区内任何人都应能察觉、辨认信号，并对信号做出反应。

2）信号和警告的含义确切，一种信号只能有一种特定的含义。

3）信号能被明确地察觉和识别，并与其他用途信号明显相区别。

4）防止视觉或听觉信号过多引起混乱，或显示频繁导致“敏感度”降低而丧失应有的作用。

4．安全标志

标志也称标识、标记，用于明确识别机械的特点和指导机械的安全使用，说明机械或其零部件的性能、规格和型号、技术参数，或表达安全的有关信息。可分为性能参数标志和安全标志两大类。

性能参数标志用于识别机械产品的类别和机械的某些特点。包括机械标志（标牌），应有制造厂的名称与地址、所属系列或形式、系列编号或制造日期等；机械安全使用的参数或认证标志，如最高转速、加工工件或工具的最大尺寸、可移动部分的质量、防护装置的调整数据、检验频次、“CCC”标志或“CE”标志等；零件性能参数标志，机械上对于安全有重要影响的易损零件，如钢丝绳、砂轮等必须有性能参数标志等。

安全标志在机械上的用途很广，例如，用于安全标志牌，机器上的危险部位，紧急停止按钮，安全罩的内面，起重机的吊钩、滑轮架和支腿，防护栏杆，梯子或楼梯的第一和最后的阶梯，信号旗等。

(1) 安全标志的功能分类。安全标志分为禁止标志、警告标志、指令标志和提示标志四类。

1) 禁止标志。表示不准或制止人们的某种行动。

2) 警告标志。使人们注意可能发生的危险。

3) 指令标志。表示必须要遵守，用来强制或限制人们的行为。

4) 提示标志。示意目标地点或方向。

(2) 安全标志的基本特征。安全标志由安全色、图形符号和几何图形构成，有时附以简短的文字警告说明，用以表达特定的安全信息。安全标志和辅助标志的组合形式、颜色和尺寸以及使用范围见表 2—3，并应符合安全标准规定。

表 2—3　　安全标志基本特征

标志含义	标志形状	图案颜色	衬底颜色	边框颜色	备注
禁止	圆形	黑色	白色	红色	红色斜杠
警告	三角形	黑色	黄色	黑色	
指令	圆形	白色	蓝色		
紧急出口或急救	矩形或正方形	白色	绿色		

(3) 安全标志应满足的要求。

1) 含义明确无误。在预期使用条件下，安全标志要明显可见，易从复杂背景中识别；图形符号应由尽可能少的关键要素构成，简单、明晰，合乎逻辑；文字应释义明确无误，不使人费解或误会；使用图形符号应优先于文字警告，文字警告应采用机械设备使用国家的语言；标志必须符合公认的标准。

2) 内容具体，有针对性。符号或文字警告应表示危险类别，具体且有针对性，不能笼统写“危险”；可附有简单的文字警告或简要说明防止危险的措施，例如，指示佩戴个人防护用品，或具体说明“小心夹挤”、“小心碰撞”等。

3) 标志的设置位置。机械设备易发生危险的部位，必须有安全标志。标志牌应设置在醒目、与安全有关的地方，并使人们看到后有足够的时间来注意它所表示的内容。不宜设在门、窗、架或可移动的物体上。

4) 标志检查与维修。标志在整个机械寿命内应保持连接牢固、字迹清楚、颜色鲜明、清晰、持久，抗环境因素（如液体、气体、气候、盐雾、温度、光等）引起的损坏，耐磨损且尺寸稳定。应半年至一年检查一次，发现变形、破损或图形符号脱落以及变色等影响效果的情况，应及时修整、更换或重涂，以保证标志正确、醒目。

5. 随机文件

主要是指操作手册、使用说明书或其他文字说明（例如保修单等）。

（1）随机文件应包括的内容。机械设备必须有使用说明书等技术文件。说明书内容包括：安装、搬运、储存、使用、维修和安全卫生等有关规定，应该在各个环节对遗留风险提出通知和警告，并给出对策建议。

1）关于机械设备的运输、搬运和储存的信息。机械设备的储存条件和搬运要求，尺寸、质量、重心位置，搬运操作说明（如起吊设备施力点及吊装方式）等。

2）关于机械设备自身安装和交付运行的信息。装配和安装条件，使用和维修需要的空间，允许的环境条件（温度、湿度、振动、电磁辐射等），机械设备与动力源的连接说明（特别是防止超负荷用电），机械设备及其附件清单，防护装置和安全装置的详细说明，电气装置的有关数据，机械设备的应用范围，包括禁用范围等。

3）劳动安全卫生方面的信息。机械设备工作的负载图表（尤其是安全功能图解表示），产生的噪声、振动的数据和由机械发出的射线、气体、蒸气及粉尘等数据，所用的消防装置形式，环境保护信息，证明机械设备符合有关强制性安全标准要求的正式证明文件等。

4）有关机械设备使用操作的信息。手动操纵器的说明，对设定与调整的说明，停机的模式和方法（尤其是紧急停机），关于使用某些附件可能产生的特殊风险信息以及所需的特定安全防护装置的信息，有关禁用信息，对故障的识别与位置确定、修理和调整后再启动的说明，关于遗留风险的信息，关于可能发射或泄漏有害物质的警告，使用个人防护用品和所需提供培训的说明，紧急状态应急对策的建议等。

5）维修信息。需要进行检查的性质和频次，是否要求有专门技术或特殊技能的维修人员或专家执行维修的说明，是否可由操作者进行维修的说明，提供便于执行维修任务（尤其是查找故障）的图样和图表，关于停止使用、拆卸和由于安全原因而报废的信息等。

（2）对随机文件的要求。

1）随机文件的载体。可提供电子音像制品，同时提供纸质印刷品。文件要具有耐久性，可经受使用者频繁地拿取使用和翻看。

2）使用语言。采用机械设备使用国家的官方语言；在少数民族地区使用的机械设备应使用民族语言书写，对多民族聚居的地区还应同时提供各民族语言的译文。

3）多种信息形式。尽可能做到图文并茂（如插图和表格等），文字说明不应与相应的插图和表格分离；采用字体的形式和大小应保证最好的清晰度，安全警告应采用符合标准的相应颜色和符号加以强调，以便引起注意并能迅速识别。

4）面向使用者，有针对性。提供的信息必须明确针对特定型号的机械设备，而不是泛指某一类机械；面对所有合理的机械设备使用者，采用标准的术语和量纲（单位）表达；对不常用的术语应给出明确的说明；若机械设备是由非专业人员使用，则应以容易理解并不发生误解的形式编写。

五、附加预防措施

附加预防措施是指在设计机械时，除了通过设计减小风险，采用安全防护措施和提供各种安全信息外，还应另外采取的有关安全措施。例如，急停措施，当陷入危险时的人员躲避和援救措施，机械的维修措施，断开动力源与能量泄放措施，机械及其重型零部件安全搬运措施，安全进入机器的措施等。这些附加预防措施是在设计机械时应当考虑的。

附加预防措施要根据机械的具体情况，考虑是否需要一种或几种附加预防措施的组合。

1. 急停装置着眼紧急状态的预防措施

每台机械都应装备有一个或多个急停装置，以使已有或即将发生的危险状态得以避开，但用急停装置无法减少其风险的机械除外。急停装置应满足以下安全要求：

（1）清楚可见，便于识别，明显区别于其他控制装置。一般采用红色的掌形或蘑菇头形状。

（2）设置在使操作者或其他人员在合理的作业位置可无危险地迅速接近并触及的位置，同时还要有防止意外操作的措施。

（3）急停装置的控制机构和被操纵机构应采用强制机械作用原则，以保证操作时能迅速停机。

（4）急停装置应能迅速停止危险运动或危险过程而不产生附加风险，急停功能不应削弱安全装置或与安全功能有关的装置的效能。急停装置被启动后应保持接合状态，在用手动重调之前应不可以恢复电路。

（5）急停装置的零部件及其装配应遵循可靠性原则，能承受预期的操作条件和耐环境影响。

（6）电动急停装置的设计应符合相应电气装置标准的规定。

2. 人们陷入危险时的躲避和援救保护措施

设计机械时应考虑一旦出现危险时，操作者如何躲避；当伤害事故发生时，如何进行救援和解脱等。保护措施的例子如下：

（1）在可能使操作者陷入各种危险的设施中，应有逃生路线和屏障。

（2）紧急停机后，可用手动方式使某些零部件运动，或使某些零部件反向运动以解脱危险。

3. 保证机械的可维修性

维修是指为保持或恢复机械设备规定功能采取的技术措施，包括设备运行过程中的维护保养、设备状态监测与故障诊断以及故障检修、调整和最后的验收试验等，直至恢复正常运行的一系列工作。维修性是指对故障机械设备修复的难易程度，即在规定条件和规定时间内，完成某种产品维修任务的难易程度。维修的安全性是通过机械的可维修性和维修作业的安全设计来实现的。

（1）机器的可维修性。可维修性是指通过规定的程序或手段，对出现故障的机械实施维修，以保持或恢复其预定的功能状态。设备的故障会造成机械预定功能丧失，给工作带来损失，危险故障还会引发事故。通过零部件的标准化与互换性设计，采用故障识别诊断技术，使机械一旦出故障时能容易地发现，易拆换、易检修、易安装，解除危险故障，恢复安全功能，消除安全隐患。

（2）维修作业的安全。在按规定程序或手段实施维修时，从易检易修的角度出发考虑设计机械结构形状、零部件的合理布局和安装空间，以保证维修人员的安全。设计机械时，应考虑以下可维修性因素：

1）将调整、维修点设计在危险区外，减少操作者进入危险区的频次。

2）在设计上考虑维修的可达性，包括安装场所可达、设备外部可达和设备内部可达，提供足够的检修作业空间，便于维修人员观察和检修并以安全、稳定的姿态进行维修作业。

3）在控制系统设置维修操作模式，在安全防护装置解锁或人为失效情况下，防止意外启动，保证维修安全。

4）断开动力源和能量泄放措施，使机械与所有动力源断开，保证在断开点的“下游”不再有势能或动能，使机械达到“零能量状态”。

5）随机提供专用检查、维修工具或装置，方便安全拆除和更换报废失效的零部件。

6）在较笨重的零部件上设计方便起吊设备吊装搬运的附属装置，从而减少操作者手工搬运所面临的危险。

4. 安全进出机械的措施

机械设计应提供执行预定操作和日常调整、维修的人员安全进入机器的途径和作业场地。

（1）机械的设计尽可能使高处作业地面化，避免高处作业的危险。

（2）应设计有机内平台、阶梯或其他设施，为执行相应任务提供安全通道。

（3）对于一些大型设备，如重型机械、起重运输设备等，由于有不可避免的高处作业，应根据其距地面的高度提供适当的扶手、栏杆、踏板和（或）把手，高于3 m的直梯还应有安全护笼，当操作位置高于30 m时，还应提供升降设备。

（4）在工作条件下涉及的步行区应尽量用防滑材料铺设；在大型自动化设备和运输线中，应特别注意设计如安全进出的通道、跨越桥等。

5. 发现和纠正故障的诊断系统

故障诊断是指根据机械设备运行状态变化的信息，进行识别、预测和监视机械运行状态的技术。大多数机械事故是可以通过采取故障诊断等预先识别技术加以防范的。

为了避免或减少因不能及时发现和纠正潜在故障而引发的危险，在设计阶段应考虑有助于发现故障的诊断系统，以及时发现和纠正故障，改善机械的有效性和可维修性，减少维修工作人员面临的危险。

六、实现机械安全的综合措施和实施阶段

机械安全可以概括地分为机械的产品安全和机械的使用安全两个阶段。机械的产品安全阶段主要涉及设计、制造和安装三个环节。机械的使用安全阶段是指机械在执行其预定功能，以及围绕保证机械正常运行而进行的维修、保养等多个环节，这个阶段的机械安全主要是由使用机械的用户来负责。机械设备安全应考虑其“寿命”的各个阶段，任何环节的安全隐患都可能导致使用阶段的安全事故发生。机械安全是由设计阶段的安全措施和由机械用户补充的安全措施来实现的。当设计阶段的措施不足以避免或充分限制各种危险和风险时，则由用户采取补充安全措施最大限度地减小遗留风险。不同阶段的安全措施如图 2—3 所示。

1. 由设计者采取的安全措施

机械的产品安全通过设计、制造和安装三个环节实现，设计是机械安全的源头，制造是实现产品质量的关键，安装是制造的延续，三者的结合是机械产品安全的重要保证。机械设计安全遵循以下两个基本途径：选用适当的设计结构，尽可能

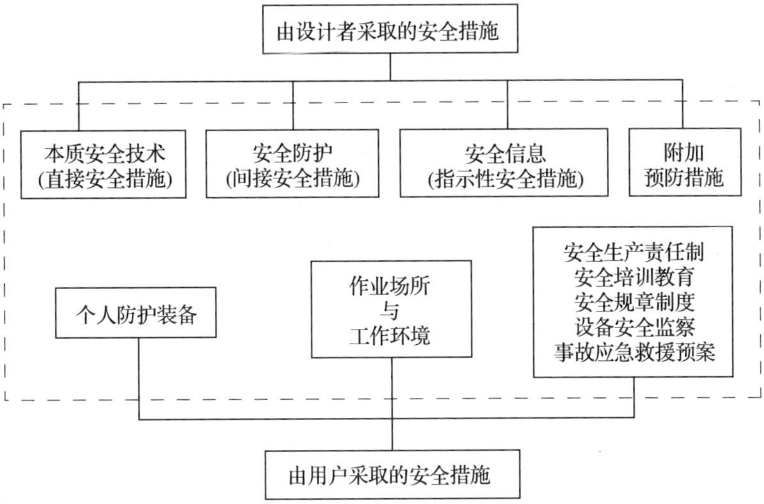

图 2—3　实现机械安全的措施及实施阶段

避免危险或减小风险；通过减少对操作者涉入危险区的需要，限制人们面临危险。决定机械产品安全性的关键是设计阶段采取安全措施。选择安全技术措施应根据安全措施等级按下列顺序进行：

（1）直接安全技术措施。也称为本质安全技术，是指机械本身应具有本质安全性能，是在机械的功能设计中采用的，不需要额外的安全防护装置，直接把安全问题解决的技术措施，是机械设计优先考虑的措施。选择最佳设计方案，并严格按照专业标准制造、检验；合理地采用机械化、自动化和计算机技术，最大限度地消除危险或限制风险；履行安全人机学原则来实现机械本身具有本质安全性能。

（2）间接安全技术措施。当直接安全技术措施不能或不完全能实现安全时，则必须在机械设备总体设计阶段，设计出一种或多种专门用来保证人员不受伤害的安全防护装置，最大限度地预防、控制事故或危害的发生。要注意，当选用安全防护措施来避免某种风险时，警惕可能产生另一种风险；安全防护装置的设计、制造任务不应留给用户去承担。

（3）指示性（说明性）安全技术措施。在直接安全技术措施和间接安全技术措施对完全控制风险无效或不完全有效的情况下，通过使用文字、标志、信号、安全色、符号或图表等安全信息，向人们做出说明，提出警告，并将遗留风险通知用户。

（4）附加预防措施。着眼于紧急状态的预防措施和附加措施。如急停措施，陷入危险时的人员躲避和援救措施，机械的可维修性措施，断开动力源和能量泄放措施，机械及其重型零部件装卸、安全搬运的措施，安全进出机械的措施，机械及其零部件稳定性措施等。

在产品设计中采取的安全技术措施对策参见图 2—4。

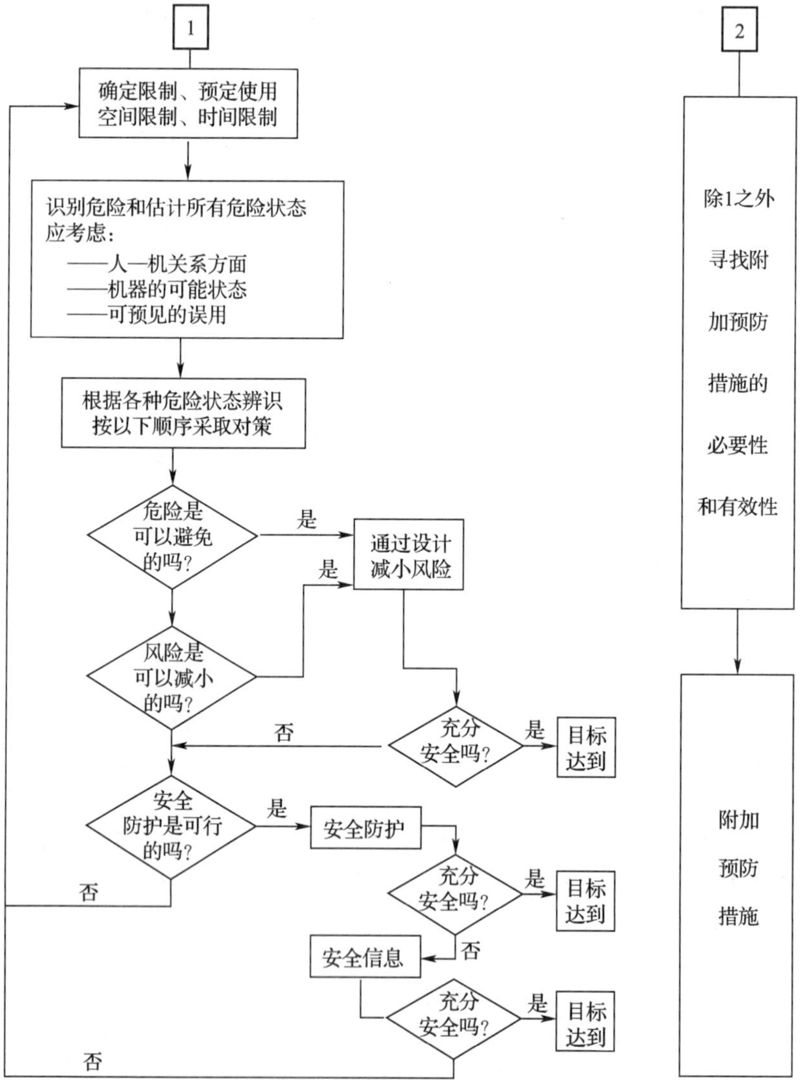

图 2—4　在产品设计中选择安全措施对策

2. 由用户采取的安全措施

如果设计者根据上述方法采取的安全措施不能完全满足基本安全要求，这就必须由使用机械的用户采取安全技术和管理措施加以弥补。用户的责任是考虑采取最大限度减小遗留风险的安全技术措施。

（1）个人防护用品。个人防护用品是劳动者在机械的使用过程中保护人身安全与健康所必备的一种防御性装备，在意外事故发生时对避免伤害或减轻伤害程度起一定作用。按防护部位不同，我国的个人劳动防护用品分为九大类：安全帽、呼吸护具、眼防护具、听力护具、防护鞋、防护手套、防护服、防坠落护具和护肤用品。使用时应注意，根据接触危险能量和有害物质的作业类别和可能出现的伤害，按规定正确选配；个人劳动防护用品的规格、质量和性能必须达到保护功能要求，并符合相应的技术指标。

必须明确个人防护用品不是、也不可取代安全防护装置，它不具有避免或减少面临危险的功能，只是当危险来临时起一定的防御作用。必要时，可与安全防护装置配合使用。由于质量问题或配置不当，按规定该提供的而没能提供，不该提供的反而提供并造成伤害事故，将负相应的法律责任。

（2）作业场地与工作环境的安全性。作业场地是指利用机械进行作业活动的地点、周围区域及通道。

1）功能分区。生产场所功能分区应明确，划分毛坯区，成品、半成品区，工位器具区及废物垃圾区；通道宽敞无阻，充分考虑人和物的合理流向和物料输送的需要，并考虑紧急情况下便于撤离。

2）机械设备布局。机械设备之间、机械设备与固定建筑物之间应保持安全距离，避免机械装置之间危害因素的相互影响和干扰；有潜在危险设备，如振动噪声大、加热、爆炸敏感等设备，应采取分散、隔离或防护、减振、降噪等措施，并设置必要的提示和警告标志。

3）物料、器具堆放。工、夹、量具按规定摆放，安全稳妥；加工场所存放的坯料、成品、半成品应限量，并堆放整齐、稳固、不超高，防止坍塌或滑落。

4）地面。生产场所地面应平坦、无凹坑，避免凸出的管线等障碍；坑、壕、池应有可靠的防护栏杆或盖板；凸出悬挂物及机械可移动范围内应设防护装置或加醒目标志。

5）满足卫生要求。保证足够的作业照度，符合作业环境的通风、温度、湿度要求，严格控制尘、毒、噪声、振动、辐射等危害不超过规定的卫生标准。

（3）安全管理措施。当通过各种技术措施仍然不能解决存在的遗留风险时，就需要采用安全管理措施来控制生产中对人员造成的危害。安全管理措施包括：

1）落实安全生产组织和明确各级安全生产责任制，建立安全规章制度和健全安全操作规程。

2）加强对员工的安全教育和培训，包括安全法制教育、风险知识教育和安全技能教育，以及特种作业人员的岗位培训（要求持证上岗）。

3）对机械设备实施监管，特别是对安全有重要影响的重大、危险机械设备和关键机械设备及其零部件，必须进行全程安全监测，对其检查和报废实施有效的监管。

4）制定事故应急救援预案等。

必须指出，由用户采取的安全措施对减小遗留风险是很重要的，但是这些措施与机械产品设计阶段的安全技术措施相比，可靠性相对较低，因此，不能用来代替应在设计阶段采取的用来消除危险、减小风险的措施。

机械系统是复杂系统，每一种安全技术管理措施都有其特定的适用范围，并受一定条件制约而具有局限性。实现机械安全靠单一措施难以奏效，需要从机械全寿命的各个阶段采取多种措施，考虑各种约束条件，综合分析、权衡、比较，选择可行的最佳对策，最终达到保障机械系统安全的目的。

第四节　机械安全风险评价

一、基本概念

1. 风险

在危险状态下，可能损伤或危害健康的概率和程度的综合。

2. 风险评价

为了选择适当的安全措施，对在危险状态下可能损伤或危害健康的概率和程度进行全面评价的过程。

3. 机械风险评价

以机械或机械系统为研究对象，用系统方式分析机械使用阶段可能产生的各种危险，一切可能的危险状态，以及在危险状态下可能发生损伤或危害健康的危险事件，并对事故发生的可能性（概率）和一旦发生后果的严重程度进行全面评价的一系列逻辑步骤和迭代过程。

4. 风险要素

与机械的特定状态或技术过程有关的风险由以下两个要素组合得出：

（1）发生损伤或危害健康的可能性或概率，这种概率与人员暴露于危险中的频次和面临危险的持续时间有关，与危险事件发生的概率有关。

（2）损伤或危害健康的可预见的最严重程度，这种严重程度有一定的随机性，与多种因素的综合影响和作用有关，这些因素如何影响和如何作用具有很大的偶然性，有时难以预见。

在进行风险评价时，应考虑可能出自每种可鉴别危险导致的损伤或对健康危害的最严重程度，即使这种损伤或对健康的危害出现概率不高，也必须考虑。风险与风险要素之间的关系可以用公式表示：

风险＝危险可能伤害的程度×伤害出现的概率

二、风险评价的程序

将机械使用环节的工艺过程、使用和产出的物料物质、操作条件等信息与有关机械的设计、使用、伤害事故的知识和经验汇集到一起，通过这种程序进行机器寿命周期内各种安全风险的评价。风险评价程序可用图 2—5 所示的流程图加以说明。

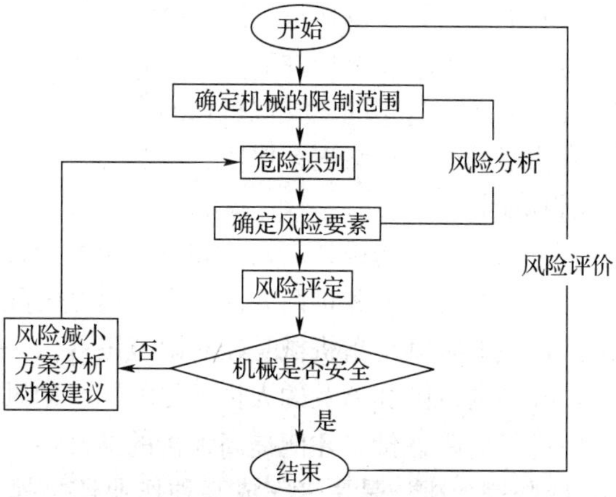

图 2—5 安全评价的迭代过程

安全风险评价是一个逻辑步骤的反复迭代过程。经过评价，如果确认机械未达到预期的安全目标，存在需要减小的风险，则应分析存在的安全问题，针对性地提出安全对策建议，即通过选择相应的安全措施对机械设计方案进行改进。当采用新的安全措施之后，还要对改进后的机械再次进行风险分析，识别是否又产生了新的附加危险。通过不断反复进行这个迭代过程，使机械最终达到安全标准要求的目标。

1. 准备阶段

搜集信息是评价的准备工作，最大限度地搜集、分析、研究这些数据和资料，是保证评价质量的基础。风险评价信息应包括以下内容：

(1) 有关的法律法规、条例、标准、规范和规程。

(2) 产品图样、说明机械特性和限制规范的有关技术资料。

(3) 所有可能与操作者有关的操作模式和机械使用的详细说明。

(4) 有关的物料物质，包括机械组成材料、加工材料、燃料等的详细说明。

(5) 机械的运输、安装、试验、生产、拆卸和处置的说明。

(6) 机械可能的故障数据、易损零部件、定量评价数据，包括零部件、系统和人员介入的可靠性数据。

(7) 关于机械预定运行环境的信息（如温度、污染情况、电磁场等）。

有关事故的历史信息，可依据已掌握机械的实际资料、特别是近五年的事故隐患的检查和测量数据、工伤事故停工和经济损失统计、伤亡事故的分析报告等劳动卫生统计和测试数据资料，采用科学的类比方法估计、推算得到基本符合实际的所需资料，弥补调查资料的不足。还可以通过查阅文献和参考相似机械类比的调研资料并进行实地调查、测试，获得具有可比性的相关信息。相同或类似机械的资料对于风险评价有直接的借鉴意义，当相同或类似机械的有关资料不充分时，可借鉴不同类型机械的类似危险状态的事故资料进行比较。

2. 确定机械的限制范围

根据供应商提供的信息、机械的设计结构（如设计图纸、设计计算书等）与功能、对机械的合理使用要求等，从人和机两方面去界定机械的限制范围。

(1) 机械的限制。机械的限制是指机械是在有限范围内为一定的应用目的服务的。机械的限制不同，存在的危险和涉及的人员不尽相同，则风险也不同。只有在确定的机械限定范围内进行风险评价，才能提高评价的准确性。

1) 预定的使用功能限制。机械是用来完成某种作业还是提供某种服务，作用对象的形态、物理化学特性、几何尺寸，使用的物料或燃料的数量和性质，以及机械的工作原理、使用方法和操作程序等。

2) 使用范围和应用领域。生产还是非生产领域，公共场所还是家用、娱乐健身，供成人还是儿童使用等。使用的场合不同，服务的对象不同，遵从的标准则不同，由此引出的一系列安全要求也不同。

3）空间限制。机械占用空间、整机或机器的组成部分的运动范围、人员操作机械的位置、“操作者—机械”和“机械—动力源”之间的关系等。限定危险区，从而判定操作者和有关人员接近或介入危险区的可能。

4）时间限制及可预见的寿命期限。根据机械的预定使用功能，确定机械或某些组成部分（工具、零部件、电气装置等）可预见的“寿命极限”，确定易损零部件或整机的报废时间。

（2）人员情况。所有暴露于危险中的人员（广义），包括操作者和可预见的与机械有关的其他人员。这里所说的操作者，不仅仅指操作机械的人，而且包括对机械进行搬运、安装调试、保养清理、修理拆卸等与机械有关的所有人员；相关人员指合理在现场出现的人员甚至包括管理者和获得允许的参观者。

1）体能限制。包括机械对人员的体能限制要求，如性别、年龄、体力强弱、人体测量参数、视力和听觉、用手习惯等。

2）文化专业。对人员的专业技能限制，包括文化程度、从事专业工作的经验和能力（技术工、熟练工、无要求）以及安全知识等。

3. 危险因素识别

有危险就有风险，危险产生风险，风险寓于危险之中。危险因素识别是机械安全风险评价的关键信息环节。危险识别是否全面、准确、真实，是否有遗漏（特别是对安全有重大影响的危险），都将直接影响风险评价和安全决策的质量，甚至影响整个安全管理工作的最终结果。应该识别所有可能产生的危险的种类、产生原因、危险所在的部位、危险状态和可能发生的危险事件的途径等。

（1）机械的各种状态。既要考虑机械执行预定功能正常运行的工作状态，也要预测非工作状态可能出现的危险，更要重视由于某些可能原因（如零件的失效、运动失控或故障）引起意外的非正常状态。另外，对检修、保养或调整等辅助作业的危险应给予充分重视。

（2）机械使用“寿命”期间的各个阶段。包括安装、调整，设定、示教、编程或过程转换，运转和清理，查找故障、维修，以及从安全的角度停止使用、拆卸及处理等各个环节可能产生的危险及危险状态。

（3）预测可预见的误用。必须充分考虑人的不安全行为（非有意滥用机械或故意破坏）导致的危险。在机械使用阶段可预见的误用有多种表现形式，如在机械失灵、故障等情况下人的无意识的本能反射行为；为操作时图省事走捷径，采用错误的方法；由于疏忽（不小心）所导致的差错；由于动作不准确造成的控制越位、缺位、空位、错位或偏离；其他外来干扰等非操作者的行为对操作者产生影响而引发的错误等。

特别要注意非专业人员使用的机械，尤其是某些人，如孩子或无劳动能力的人的可预见误用行为。当涉及儿童、老人、残疾人安全时，必须加以特殊考虑。

4. 风险要素的分析确定

风险分析也就是对风险组成要素的分析确定。在进行机械安全风险评价时，应综合考虑以下两方面因素：一是在某种危险状态下，发生损伤或危害健康的概率，这种概率是与人体是否接近或进入危险区有关，与接近或进入危险区的频次或时间长短有关；二是在某种危险状态下，可能损伤或危害健康的可预见的最严重程度。

（1）伤害出现的概率。伤害是指对人的身体组织或健康造成损害。危险事件是指引起伤害的事件。

1）人员暴露的频次和持续时间。考虑机械使用“寿命”期间各个阶段，如生产操作、维护或修理、安装或拆卸等的各种操作模式下，人员处于危险区或接近危险的作业需要；分析接近危险的性质，如正常操作、手工送料、搬运重物、高处作业、加工物料有毒性或环境粉尘等；每次介入危险区的时间和人数、进入危险区的频次等。

2）危险事件出现的概率。一般根据统计数据、伤害事故和损害健康的档案资料、相似机械的风险比较来确定。从机械和人员两方面考虑采取安全技术措施，对避免或减少伤害有积极的影响作用。

从机械技术方面，考虑机械是否设置危险警告和警示方式、危险事件出现是否有先兆和其发生速度、人员是否有避免危险的可能性和条件，或在某些情况下根本不可能。

人员的安全意识和技能。人员的不安全行为与个人的知识、经验、生理和心理状态有关，不同的人面临相同的客观危险会有不同的主观的不确定性。分析时，应该考虑对使用机械的人员是否有专业要求，人员对风险的了解程度、具有的安全知识、实践经验和技能，是否受过使用该机械或类似机械的专门培训等因素。

（2）伤害的严重程度。伤害的严重程度可以从机械伤害的性质和损伤的严重程度两方面考虑。

1）伤害的性质。是对人身安全的直接损伤作用，还是对人的健康和环境的影响，或对劳动安全与卫生的综合影响。

2）损伤的严重程度。应该考虑同一原因所致的各种损伤形态，包括直接损失和间接损失，还要考虑损失原因所涉及的范围，范围越大，涉及的人员越多，严重程度就越大。

5. 风险评定

风险评定是在风险分析的基础上综合考虑各方面因素，对评价对象给出评价结论，判断评价对象是否安全、危险是否减小、是否仍然存在风险、其影响程度是否可以接受，以便针对风险寻求相应的安全措施对策。

(1) 风险评定应考虑的因素。

1) 危险和风险是否消除或减小。实现预定功能的结构设计是否将各种危险消除或减小，人员在危险中的暴露是否符合有关要求，选用的材料或物质是否有危险、是否有替代的措施。

2) 采用安全防护措施是否合适。安全防护类型对预期使用的防护是否充分并经过验证；安全防护装置能否被毁坏或避开，对正常操作是否有妨碍；假如安全防护失效，由此可能引起的伤害是否在允许范围内。

3) 提供的信息是否充分。有关机械安全信息是否清楚，安全标志是否符合要求，是否提供了使用说明书，并充分说明了安全操作规程，是否通知或警告用户有关遗留风险。

4) 附加预防措施是否有效。如机械的可维修措施、机械及其重型零部件安全搬运和稳定性措施等。

(2) 风险比较。风险比较是风险评定过程的一部分，根据类比原理，作为评价对象的机械有关风险可与类似机械的风险相比较，使评价结论有可信的参照依据。进行风险比较时应注意以下问题：

1) 两种机械具有可比性。预定使用和采用的工艺水平、技术目标、使用条件是可比的，危险和风险要素是可比的。

2) 被比较机械的资料可靠。有确凿的数据资料表明，参照比较的类似机械按照现有工艺水平，其安全性是可信的或风险水平是可接受的。

3) 两种机械的差异性。不能忽视两种机械的差异，诸如特定的使用条件、生产对象的不同、操作方式的差异等。进行比较时，应对差异有关的风险给以特别关注，并需要遵循风险评价程序予以确认。

6. 安全措施对策

如果机械存在的风险需要减小，则应选择相应的安全措施对策，并应重复风险分析的迭代过程，直到通过风险比较后的结果实现了机械安全的预定目标。

采取安全措施的原则是：当安全卫生技术措施与经济效益发生矛盾时，应优先考虑安全的要求；设计阶段的安全措施应优先于由用户采取的安全措施，应当由设计解决的安全问题，绝不能留到使用阶段去解决；安全信息只起提醒和警告的作用，不能在实质上避免风险，不能以信息代替应由技术手段来解决的安全问题。

三、风险评价的方法和工具

风险评价是一个系统工程，参加评价单位必须具有指定主管部门批准的资格，需要有资质的人员参与，经过从立项、信息搜集到撰写评价报告一系列的运作过程。风险评价的质量直接关系机械产品的安全性，关系到机械使用者的劳动条件和生命安全。本书仅对机械安全评价工作的方法和工具进行简单介绍。

1. 风险评价工作方法

（1）建立跨职能小组。包括安全评价机构、安全工程管理和技术、机械的产品设计和工艺设计、制造、维修、原材料采购、市场营销、财务，甚至机械产品的用户等多方面的人员组成风险评价跨职能小组，可以从不同的角度对机械产品的安全提出有益的建议，达到人力、信息、工具和方法、知识和经验的高度集成，资源共享，避免走弯路。

（2）并行工程。跨职能小组内有分工，各分工小组之间的工作程序可以并行展开，使评价工作的一部分迭代过程可以重叠或同时进行。需要注意的是，并行工程不能省去评价程序工作中的任何环节，各分工小组的工作内容允许有交叉，但各自的职责要求必须明确，不得含糊，以免出现漏评价，特别要防止重大疏漏。

（3）明确进度。为保证风险评价的质量，防止评价工作的随意性，在评价工作一开始就要有明确的计划和进度目标要求（建立工作流程图），坚持阶段检查、评审和意见反馈，以便及时发现问题、协调关系、交流经验、避免失误，以利整个评价工作按时、优质完成。

2. 机械风险评价的常用工具

（1）安全检查表（SCL）。安全检查表是事先以机械设备和作业情况为分析对象，经过熟悉并富有安全技术和管理经验人员的详尽分析和充分讨论，编制一个表格（清单），列出检查部位、检查项目、检查要求、各项赋分标准、安全等级分值标准等内容。对系统进行评价时，对照安全检查表逐项检查、赋分，从而评价出机械系统的安全等级。

（2）事故树分析（FTA）。运用从结果到原因的事故树形演绎作图分析法，将与特定的事故有关的各种因素的因果关系和逻辑关系用不同的逻辑门连接起来，从特定事故或故障（顶上事件）开始，层层分析其发生原因，直到找出事故的基本原因，即基本事件（底事件）为止。该方法既可做定性分析，从事故树结构求最小割集和最小径集；又可做定量分析，计算出事故发生的概率，进而得到每个基本事件对顶上事件的影响程度，为采取安全措施的先后次序、轻重缓急提供依据，制订出最经济、合理的控制事故方案，实现系统安全的目的。

（3）作业条件（岗位）危险性评价法（格雷厄姆—金尼法）。将影响作业条件危险性的因素分为事故发生的可能性（L）、人员暴露于危险中的频繁程度（E）和事故发生可能造成的后果（C）三个因素，由专家组成员按规定标准给三个因素分别打分并取平均值，将三因素平均值的乘积 D＝L·E·C 作为危险性分值（D），来评价作业条件（岗位）的危险性等级，D 值越大，作业条件的危险性也越大。该方法是一种半定量的评价方法。

（4）预先危险性分析（PHA）法。对系统存在的各种危险因素出现的可能性和事故可能造成的后果进行宏观、概略分析的方法。该方法通过识别系统的生产工艺过程、操作条件及周围环境中可能造成系统故障、人员伤亡、设备设施及物质损坏、损失的危险因素，根据美国军用标准 MIL—STD 882A 所给出的危险等级划分原则确定危险有害因素的危险等级，制定相应的对策措施。该方法是一种应用范围较广的定性评价方法，由具有丰富知识和经验的工程技术人员、管理人员、操作者经过分析、讨论而实施。

（5）劳动卫生分级评价。目前已采用的劳动卫生分级评价方法有职业性接触毒物危害程度分级、有毒作业分级、生产性粉尘作业危害程度分级、噪声作业分级、高温作业分级、低温作业分级、冷水作业分级、高处作业分级、体力劳动强度分级以及体力搬运重量限值等方法。

目前开发的机械安全风险评价方法很多，在此不一一列举，各种评价工具的原理、适用对象各有特点，可根据实际需要合理选用。

本章小结

本章主要讲授了机械安全的基本概念、机械的组成规律和原理、使用环节。介绍了危险有害因素识别及机械事故原因分析、实现机械安全的途径与措施以及机械安全风险评价程序、方法及工具。通过对这些内容的学习，使学生们能够对机械安全及其评价程序与方法有一个初步的了解。

复习思考题

1. 机械安全的基本概念有哪些？
2. 机械的组成规律和原理是什么？
3. 危险有害因素识别及机械事故原因分析的内容有哪些？
4. 实现机械安全的途径与措施有哪些？
5. 由机械产生的常见危险有哪些？
6. 机械安全风险评价的程序是什么？
7. 机械安全风险评价的方法有哪些？
8. 机械安全风险评价的工具有哪些？

第三章　危险机械安全技术

本章学习目标

通过本章的学习，应当：

1. 了解识别磨削加工危险因素，并在此基础上掌握磨削机械安全技术。
2. 了解识别木材加工危险因素，并在此基础上掌握木工机械安全技术。
3. 了解识别压力加工危险因素，并在此基础上掌握压力机械安全技术。

欧盟工业机械产品的机械指令规定，起重运输机械、交通运输机械和承压类设备外的工业机械分为一般机械和危险机械。加工木材及类似材料的锯机、手工送料的刨木机、人工上下料的金属冷加工用冲压床（包括折床、弯板机）等均列入危险机械目录。根据我国的实际，参考欧盟机械指令规定，本章重点探讨磨削机械、木工机械和压力机械的安全技术。

第一节　磨削机械安全技术

磨削加工是借助磨具的切削作用，除去工件表面的多余层，使工件表面质量达到预定要求的加工方法。进行磨削加工的机床称为磨床。磨削加工应用范围很广，通常作为零件（特别是淬硬零件）的精加工工序，可以获得很高的加工精度和表面质量，也可用于粗加工、切割加工等。

一、磨削加工的特点

从安全角度看，磨削加工有以下特点：

1. 磨具的运动速度高

普通磨削可达 30～35 m/s，高速磨削可达 45～60 m/s 甚至更高，其速度还有日益提高的趋势。

2. 磨具的非均质结构

磨具是由磨料、结合剂和气孔三要素组成的复合结构，其结构强度大大低于由单一均匀材质组成的一般金属切削刀具。

3. 磨削的高热现象

磨具的高速运动、磨削加工的多刃性和微量切削，都会产生大量的磨削热，不仅可能烧伤工件表面，而且高温使磨具本身发生物理、化学变化，产生热应力，降低磨具的强度。

4. 磨具的自砺现象

在磨削力作用下，磨钝的磨粒自身脆裂或脱落的现象，称为磨具的自砺性。磨削过程中的磨具自砺作用以及修整磨具的作业，都会产生大量磨削粉尘。

二、磨削加工危险因素识别

由于磨具的特殊结构和磨削的特殊加工方式，存在的危险有害因素危及操作者的安全和身体健康。

1. 机械伤害

机械伤害是指磨削机械本身、磨具或被磨削工件与操作者接触、碰撞所造成的伤害。例如，人员与磨削机械运动零部件的接触造成伤害，与磨具粗糙表面接触造成擦伤，夹持不牢的加工件甩出伤人等。高速运动磨具破坏后碎块飞甩打击伤人，是磨削机械最严重的伤害事故。

2. 噪声危害

磨削机械是高噪声机械，磨削噪声来自多因素的联合作用，除了磨削机械自身的传动系统噪声、干式磨削的排风系统噪声和湿式磨削的冷却系统噪声外，磨削加工切削比能大、速度高是产生磨削噪声的主要原因。尤其是粗磨、切割、抛光和薄板磨削作业，以及使用风动砂轮机，噪声更大，有时高达 115 dB（A）以上，损伤操作者听力。

3. 粉尘危害

磨削加工是微量切削，切屑细小，尤其是磨具的自砺作用，以及对磨具进行修整，都会产生大量的粉尘。据测定，干式磨削产生的粉尘中，小于 5 μm 的颗粒平均占 90%。长期大量吸入磨削粉尘会导致肺组织纤维化，引起尘肺病。

4. 磨削液危害

湿式磨削采用磨削液，对改善磨削的散热条件，防止工件表面烧伤和裂纹，冲洗磨屑，减少摩擦，减少粉尘有很重要的作用。但是，长期接触磨削液可引起皮炎；油基磨削液的雾化会损伤人的呼吸器官；磨削液的种类选择不当，会浸蚀磨具、降低其强度、增加磨具破坏的危险；湿式磨削和电解磨削若管理不当，还会影响电气设备安全。

5. 发火性危险

研磨用的易燃稀释剂、油基磨削液及其雾化、磨削火花是引起火灾的不安全因素。

三、砂轮的特性

砂轮是最常用的磨削工具，经测定，工业用砂轮高速磨削时的动能可达到294.2～392.3 kJ。砂轮的安全是磨削机械安全防护的重点。

砂轮是由磨料与结合剂混合，经过高温、高压制造而成，由磨料、结合剂和气孔三要素组成的非均质结构体。其中，锋利磨料颗粒作为刀具起切削作用，结合剂黏结磨粒使磨具成形，气孔用来容屑、散热，均匀产生自砺效果。磨料、粒度、结合剂、组织、硬度、形状和尺寸是砂轮的六个特性，对砂轮安全有很大影响。

1. 磨料

磨料指砂轮中磨粒的材料。磨料直接参与切削，要求具有很高的硬度和锋利度，一定的韧性和耐磨性，同时具有一定的脆性以便磨钝后及时更新，实现自砺性；有较稳定的物理和化学性能，使之在高温和湿度环境下不过早丧失磨削性能。

磨料分为天然磨料和人造磨料两大类。天然磨料主要有金刚石、刚玉和钻石。人造磨料可分为氧化物系、碳化物系和高硬磨料系。

2. 粒度

粒度是指磨料的颗粒大小和粗细程度。磨具的粒度通常由占比例最大的磨粒的粒度号决定。粒度大小对砂轮的强度、加工精度以及磨削生产率有很大影响。一般来说，构成砂轮磨料的颗粒越细小，砂轮的抗裂性越好。粒度的确定方法有两种。

（1）筛分法。颗粒尺寸大于 50 μm 磨料的粒度是用磨料通过的筛网在每英寸长度上的网眼数来表示，称为磨粒类。其粒度号直接用阿拉伯数字表示，粒度号大小与实际磨料的颗粒大小相反。

（2）显微镜分析法。颗粒尺寸小于 50 μm 磨料的颗粒大小直接用显微镜测量，其粒度用颗粒的实际尺寸表示，称为微粉类。粒度号用 W 和磨料颗粒尺寸数组合表示。

3. 结合剂（黏合剂）

结合剂是将磨粒固结在一起形成磨具的黏结材料。结合剂使磨具成形，对砂轮的自砺性有很大影响，并直接关系到砂轮的强度和使用的安全。结合剂分为无机结合剂和有机结合剂两大类。

（1）无机结合剂。代表性的是陶瓷结合剂（代号 V）。突出的优点是化学、物理性能稳定，受温度和湿度的影响小，抗腐蚀性好，适合于各种磨削液；其次是强度较高，耐磨损，砂轮外形容易保持。缺点是脆性大、弹性差、摩擦发热量大，因此不耐冲击、振动，不适于制作薄砂轮。未经特殊处理的普通陶瓷结合剂砂轮的工作速度要严格控制在 35 m/s 以下，不允许超速使用，以防脆裂。

（2）有机结合剂。主要有人造树脂（代号 B）和橡胶（代号 R）。有机结合剂的突出特点是强度高、韧性好、耐冲击，制造出的磨具不易破碎，使用速度可高达 50 m/s 以上。缺点是黏结性较差（但自砺性好），磨损快，砂轮外形不易保持；化学、物理性能不太稳定，高温下结合剂会变软、老化，强度降低，甚至烧毁的问题；抗腐蚀性差，树脂类不耐碱、酸，橡胶类耐酸和耐油性均较差。有机类结合剂的稳定性稍差，存放期过长或在潮湿环境下会降低强度。

使用时应注意结合剂对不同磨削液的适应性不同，以防因磨削液选择不当使磨具强度受到影响。

4. 砂轮的组织

组织是指组成砂轮的磨料、结合剂和气孔三者的比例关系，表明砂轮结构紧密程度的特性，用磨粒在砂轮总体积中所占百分比表示。组织可划分为 3 档 15 个号。

组织紧，气孔少，砂轮外形易保持，磨削质量相对较高。但砂轮易堵塞，磨削热较高，一般用于成形磨削、精磨、硬脆材料的磨削；组织松，气孔多，有利于降低磨削热，避免堵塞砂轮，一般用于软韧、热敏性高的材料的磨削以及粗磨加工；中等组织号砂轮用来磨削淬火钢或用于刀具刃磨。

5. 硬度

硬度是结合剂固结磨料的牢固程度的参数。表明在外力作用下，磨料从砂轮表面脱落的难易程度。磨具的硬度分 7 大级、14 小级。砂轮的硬度与磨料本身的硬度是两个不同的概念，磨料的硬度是由组成磨料的材料自身特性决定的。

砂轮硬度不仅影响工件磨削质量，而且与使用安全卫生关系很大。硬度与结合剂的黏合能力、结合剂在磨具中所占比例以及磨具的制造工艺等因素有关。同一种结合剂，在相同使用条件下，结合剂所占比例越大，磨粒越不易脱落，磨具硬度越高，砂轮自砺性越差。硬度过高，产生高磨削热，不仅使工件磨削质量降低，同时严重影响结合剂强度，并且发出很大噪声，甚至引起机床振动。

6. 形状和尺寸

我国磨具的基本形状有 40 多种，正确地选择砂轮的形状和尺寸，是保证磨削加工安全的重要环节，一般应根据磨床条件、工件形状和加工需要，参考磨削手册来选择。

砂轮的非均匀组织结构，决定了它的机械性能大大低于同一均匀金属材料构成的其他切削刀具，再加上使用不当，是造成砂轮事故多的重要原因。砂轮的磨料、粒度、结合剂、组织、硬度、形状和尺寸等各特性要素，对砂轮的机械强度有不同的影响（见表 3—1）。安全使用砂轮要统筹考虑各因素的综合作用效果。

表 3—1　　砂轮特性对砂轮强度的影响

砂轮特性	结合剂			磨料		粒度		硬度		尺寸（内径/外径）	
	V	B	S	刚玉类	碳化硅类	细	粗	硬	软	比值大	比值小
强度	差	好	好	好	差	好	差	好	差	差	好

7. 砂轮的标记

砂轮的名称及特性以标记的形式标注，为砂轮的正确使用和管理提供依据。在使用砂轮前，一定要核准砂轮的特性指标。砂轮上的标记不得随意撕毁或破坏，否则，可能会因为使用混乱而导致事故发生。

按照《固结模具　一般要求》（GB/T 2484—2006）标准的规定，砂轮的标记以汉语拼音和数字为代号，按照一定的顺序交叉表示：砂轮形状—尺寸—磨料—粒度—硬度—组织—结合剂—安全线速度。尺寸标记顺序为：外径×厚度×内径。举例说明如图 3—1 所示。

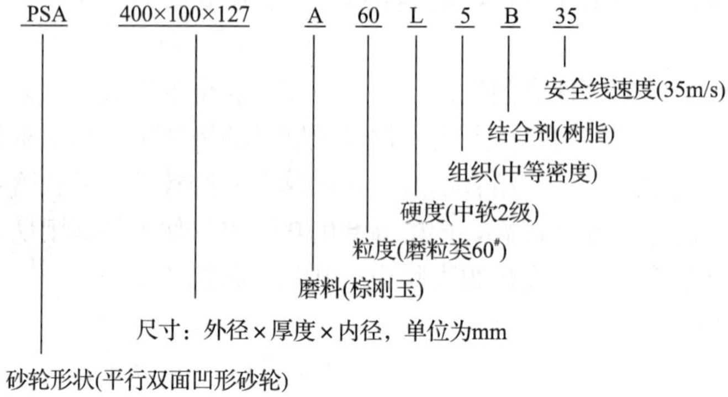

图 3—1　砂轮的标记

四、砂轮的安全速度

磨削加工最严重的事故是高速旋转的砂轮破裂，碎块飞甩出去造成伤害。在磨削加工中，作用在砂轮上的力有磨削力、砂轮卡盘对砂轮的夹紧力、磨削热使砂轮产生的热应力、砂轮高速旋转时的离心力等。诸因素中，对砂轮安全影响最大的作用力是离心力。

1. 砂轮受力分析

砂轮高速旋转时，受到的离心力 $P=mV^2/r$，与线速度平方成正比。通过对砂轮的应力分析，并经实验测定，砂轮的应力分布如图 3—2 所示。图中可见：

（1）切向正应力 σ_θ 总是大于径向正应力 σ_R。由离心力引起的砂轮破坏，切向正应力起主要作用。

（2）在砂轮的任一半径处，砂轮的内孔壁处的应力最高。实践也证明，砂轮破坏的裂纹总是从内圆逐渐波及外圆，碎块呈不规则的扇形。

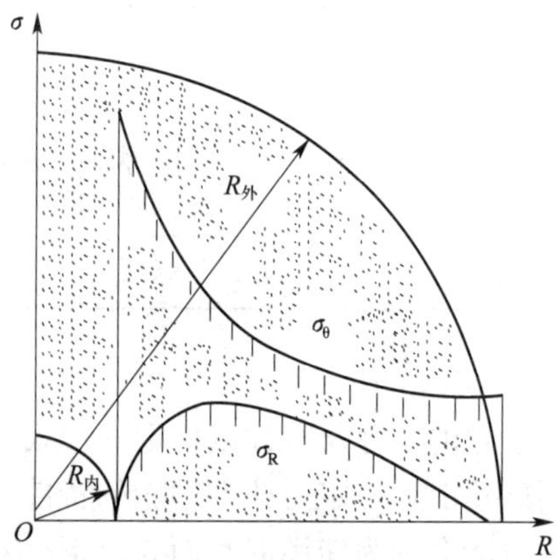

图 3—2　砂轮的应力分布

2. 砂轮的安全速度

防止砂轮因离心力作用受到破坏的关键是使由离心力作用而产生的应力低于砂轮的机械强度。根据平均应力理论，得到砂轮的最高安全圆周线速度：

$$[v]=\sqrt{\frac{3g[\sigma]}{\rho_s(1+k+k^2)}} \tag{3—1}$$

式中 $[\sigma]$ ——砂轮的许用单向抗拉强度，Pa；

$[v]$ ——砂轮的安全速度，m/s；

ρ_s——砂轮的密度，kg/m^3；

k——砂轮外径与内径之比。

普通砂轮的安全速度见表 3—2。

表 3—2　　普通砂轮的安全速度　　m/s

磨具名称	最高安全圆周线速度		
	陶瓷结合剂	树脂结合剂	橡胶结合剂
平形砂轮	15	40	35
弧形砂轮	35	40	—
双斜边砂轮	35	40	—
单斜边砂轮	35	40	—
薄片砂轮	35	50	50
高速砂轮	—	50～60	50～60

砂轮的强度通常是以砂轮的安全速度（也称安全圆周线速度）作为标志。当砂轮以超过安全速度旋转时，可能会因离心力作用使砂轮破坏。安全速度标记在砂轮上，手册中也可以查到。操作者在使用前，必须核准砂轮的实际圆周线速度，严禁超速使用。

3. 砂轮工作速度的控制

控制砂轮的最高线速度不超过许用值，是保证砂轮作业安全的关键。一般通过设定承载砂轮的主轴转速来限制砂轮的最高圆周线速度，二者的换算关系如下：

$$n\leqslant\frac{60\times1\,000[v]}{\pi D}$$

$$v=\frac{\pi Dn}{60\times1\,000}\leqslant[v] \tag{3—2}$$

式中 v——砂轮外圆的圆周速度，m/s；

n——砂轮主轴的转速，r/min；

D——砂轮外径，mm。

砂轮速度过高，一方面可能导致砂轮破坏，另一方面会引起机床振动，只有在保证砂轮强度和机床运行平稳的前提下，提高砂轮的工作速度才是合理的。实际工作中，主要通过保持加工工件的速度与砂轮速度之间的适当比例来实现。

4. 砂轮的增强措施

根据砂轮受力分析得知，砂轮的破坏主要是切向应力的影响，旋转时中心孔壁周围的应力最大。要提高砂轮的速度，必须设法提高砂轮的强度。常见的办法有：

（1）提高结合剂的黏结强度。例如，在陶瓷结合剂中加入一定量的硼、锂、钡、钙等元素，增强砂轮的抗拉强度。

（2）采用合理的砂轮尺寸，尽量避免外径、内径尺寸相差过大。

（3）在砂轮内孔区采取补偿措施。常见的方法有：在砂轮内部加金属网或玻璃纤维网，增强砂轮内孔区厚度，砂轮内孔区采用细粒度磨料，砂轮内孔区浸树脂，砂轮内孔区镶钢毂、金属环等。

五、砂轮装置的安全技术

砂轮装置由砂轮、主轴、卡盘和防护罩共同组成。砂轮的两侧面用砂轮卡盘夹持，安装在与传动系统相连的砂轮主轴上（见图 3—3），外面用防护罩罩住。磨削机械安全防护的重点是砂轮，砂轮的安全不仅由自身的特性和速度决定，而且与砂轮装置的各组成部分的安全技术措施有直接关系。

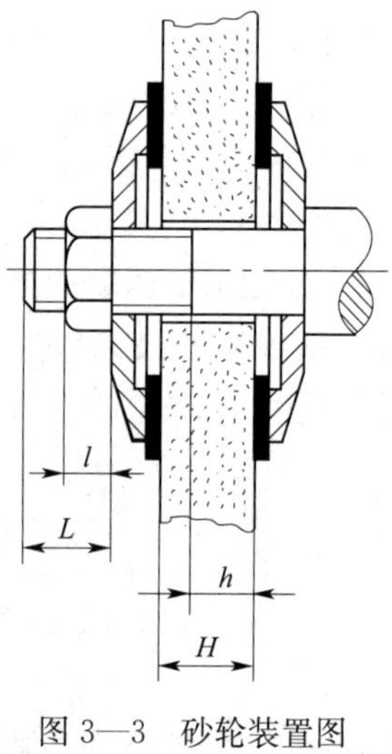

图 3—3　砂轮装置图

1. 砂轮主轴

砂轮主轴用来支撑砂轮，并将传动系统的动力和速度传递给砂轮。在磨削作业时，砂轮主轴受弯、扭组合力作用。砂轮主轴及其支撑部分的结构直接影响工件的加工质量和磨削作业安全，是砂轮装置的关键结构。主轴的失效、破坏，将直接导致砂轮的破坏甚至飞甩造成打击伤害。砂轮主轴必须满足以下安全技术要求：

（1）强度要求。主轴材料具有较好的机械性能，抗拉强度不得低于650 MPa，延伸率不得低于

10%；承载部位的截面尺寸足够大，保证主轴的抗扭截面模量和抗弯截面模量，砂轮直径越大、厚度越厚，与之配合的砂轮主轴直径也越大。

（2）刚度要求。内圆磨砂轮需要借助接长轴安装在砂轮主轴上，接长轴越细、越长，其静态挠度和动态挠度越大，会因旋转不平衡而产生振动，不仅直接影响磨削质量，而且关系到作业安全。因此，应尽量选用刚度大的短、粗的接长轴。

（3）防松脱的紧固要求。

1）紧固砂轮或砂轮卡盘的砂轮主轴端部螺纹的旋向必须与砂轮工作时旋转方向相反。砂轮机械上应标明砂轮的旋转方向，标记要明显且可长期保存。

2）砂轮主轴的端部螺纹应足够长，切实保证整个螺母旋入压紧（$L>l$）；砂轮主轴螺纹部分必须延伸到压紧螺母的压紧面内，但不得超过设计允许使用的最小厚度砂轮内孔长度的1/2，即$h>H/2$。

（4）砂轮与主轴的配合要求。砂轮内孔与砂轮主轴的配合不得采用过盈配合，应留有适当间隙。间隙过小，磨削时产生的高切削热会使轴发热膨胀，将砂轮挤裂；间隙过大，高速旋转的砂轮可能因装配偏心而失去平衡，导致砂轮晃动、主轴振动，增大危险性。

2. 砂轮卡盘

砂轮卡盘用于紧固砂轮，传递驱动力。当砂轮意外破裂时，可阻挡砂轮大碎块飞出，具有一定的保护功能。砂轮卡盘有带槽式、套筒式、衬套式和锥形砂轮卡盘等多种形式。

无论是何种形式的砂轮卡盘，都是成对使用，对称装配在砂轮两侧，以较大直径的侧面紧贴在砂轮端面，以较小直径的侧面与压紧螺母或砂轮主轴的轴肩接触，卡盘内孔径与砂轮主轴配合。砂轮卡盘必须满足以下安全技术要求：

（1）砂轮卡盘的材料一般采用抗拉强度不低于415 MPa的材料，保证卡盘的刚度和强度。

（2）一般用途的砂轮卡盘直径不得小于所安装砂轮直径的1/3，切断用砂轮的卡盘直径不得小于所安装砂轮直径的1/4。

（3）卡盘结构应均匀平衡，各表面应保证平滑无锐棱，夹紧装配后，与砂轮两侧面接触的环形压紧面应对称、平整、不得翘曲。

（4）卡盘与砂轮侧面的非接触部分应有不小于1.5 mm的间隙。

3. 砂轮防护罩

砂轮防护罩的功能是在不影响加工作业的情况下，将人员与运动着的砂轮隔离；

当砂轮破坏时，有效地罩住砂轮碎片，保障人员安全（砂轮机的防护罩见图3—4）。在正常磨削时，防护罩还可在一定程度上限制磨屑、粉尘的扩散范围，防止火花或磨削液四处飞溅。

砂轮防护罩一般由圆周构件和两侧面构件组成，将包括砂轮、砂轮卡盘、砂轮主轴端部在内的整个砂轮装置罩住。防护罩有一定形状的开口，开口位置和开口角度的设置，在充分考虑操作人员安全的前提下，满足不同磨削加工的需要。砂轮防护罩应满足以下安全技术要求：

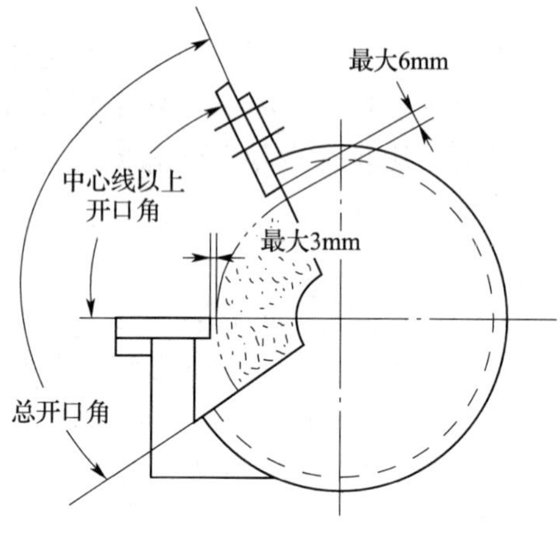

图 3—4　砂轮机防护罩结构

（1）材料和壁厚。砂轮防护罩必须有抗砂轮碎片冲击的足够强度，所用材料为抗拉强度不低于 415 MPa 的钢板，罩体壁厚尺寸一般应保证圆周构件厚度不小于侧面构件厚度，防护罩应牢固地固定，其连接强度不得低于防护罩的强度。

（2）高速砂轮防护罩内壁应装吸能缓冲材料层（如聚氨酯塑料、橡胶等），以减轻砂轮碎片对罩壳的冲击。

（3）防护罩的开口度。分为总开口度和中心水平线以上部分开口度两个要求。台式和落地式砂轮机用砂轮防护罩最大总开口角度不得超过 90°，砂轮主轴中心线水平面以上部分不得超过 65°。

（4）防护罩与砂轮的安全间隙。砂轮防护罩任何部位不得与砂轮装置各运动部件接触；沿圆周方向防护罩内壁与砂轮外圆周表面，以及防护罩开口边缘与砂轮卡盘外侧面间隙应小于 15 mm。

手工磨削砂轮机的防护板和工件托架板与砂轮的间隙应可调。防护板与砂轮圆周表面之间的间隙应小于 6 mm。托架台面与砂轮主轴中心线等高，托架与砂轮圆周表面之间的间隙应小于 3 mm。

六、磨削机械使用与安全管理

磨削机械的安全使用和管理，主要围绕保证砂轮安全进行。从砂轮运输、存储，使用前的检查，砂轮的安装、修整，到磨削机械的操作，任何一个环节的疏忽，都会埋下安全隐患。

1. 砂轮的检查

砂轮在安装使用前，必须经过严格的检查。有裂纹或损伤等缺陷的砂轮绝对不准安装使用。

（1）砂轮标记检查。通过标记核对砂轮的特性和安全速度是否符合使用要求、砂轮与主轴尺寸是否相匹配。没有标记或标记不清，无法核对、确认砂轮特性的砂轮，不论是否有缺陷，都不可使用。

（2）砂轮缺陷检查。通常采用目测和音响检查。前者直接用肉眼或借助其他器具察看砂轮表面是否有裂纹或破损等缺陷；后者也称敲击试验，用小木槌敲击砂轮，检查砂轮的内部缺陷，正常的砂轮声音清脆，有缺陷的砂轮声音沉闷、嘶哑。

（3）砂轮的回转强度检验。对一批同种型号的砂轮进行回转强度抽检，未经回转强度检验的砂轮严禁安装使用。

2. 砂轮的安装

（1）将砂轮自由地装配到砂轮主轴上，不可用力挤压。砂轮内径与主轴和卡盘的配合间隙应适当，避免过大或过小。

（2）应采用压紧面径向宽度相等、左右对称的卡盘，安装压紧接触面平直，与砂轮侧面接触充分，装夹稳固。

（3）卡盘与砂轮端面之间应夹垫一定厚度的柔性材料衬垫（如石棉橡胶板、弹性厚纸板或皮革等），使卡盘夹紧力均匀分布且不对砂轮造成损伤。

（4）紧固的松紧程度应以压紧到足以带动砂轮不产生滑动为宜。当需用多个螺栓紧固大卡盘时，应采用标准扳手按对角线顺序逐步均匀旋紧。禁止沿圆周方向顺序紧固或一次将某一螺栓拧紧，禁用接长扳手或敲打办法加大拧紧力。

3. 砂轮的平衡试验

新砂轮、经第一次修整的砂轮以及发现运转不平衡的砂轮，都应进行平衡试验。砂轮的平衡方法有动平衡和静平衡两种。

（1）动平衡。借助安装在机床上的传感器，直接显示出旋转时砂轮装置的不平衡量，通过调整平衡块的位置和距离，将不平衡量控制到最小。

（2）静平衡。在平衡架上进行，用手工办法找出砂轮重心，加装平衡块，调整平衡块位置，直到砂轮平衡，一般可在八个方位使砂轮保持平衡。

（3）空转试验。平衡后的砂轮须在装好防护罩后进行空转试验。空转试验时间为：砂轮直径不小于 400 mm，空转时间大于 5 min；砂轮直径小于 400 mm，空转时间大于 2 min。

4. 砂轮的修整

常使用的修整工具是金刚石笔。正确的操作方法是，金刚石笔处于砂轮中心水平线下 1～2 mm 处，顺砂轮旋转方向，与水平面的倾斜角为 5°～10°。修整要用力均匀、速度平稳，一次修整量不要过大。修整后的砂轮必须重新进行回转试验，方可使用。

5. 砂轮的储运

（1）砂轮在搬运、储存中，不可受强烈振动和冲击，搬运时不准许滚动砂轮，以免造成裂纹或表面损伤。

（2）印有砂轮特性和安全速度的标记不得随意涂抹或损毁，以免影响使用。

（3）砂轮存放时间不应超过砂轮的有效期，树脂和橡胶结合剂的砂轮自出厂之日起，若存储时间超过一年，须经回转试验合格后才可以使用。

（4）砂轮存放场地应保持干燥，温度适宜，避免与化学品混放，防止砂轮受潮、低温、过热以及受有害化学品侵蚀而使强度降低。

（5）砂轮应根据规格、形状和尺寸的不同分类放置，防止叠压破坏和由于存储不当导致砂轮变形。

6. 磨削作业的安全操作要求

（1）除内圆磨削用砂轮、手提砂轮机上直径不大于 50 mm 的砂轮，以及金属壳体的金刚石和立方氮化硼砂轮外，一切砂轮必须装设防护罩方可使用。

（2）在任何情况下都不允许超过砂轮允许的最高工作速度，安装砂轮前必须核对砂轮主轴的转速，在更换新砂轮时应进行必要的验算。

（3）根据砂轮结合剂种类正确选择磨削液。树脂结合剂不能使用含碱性物大于 1.5%的磨削液，橡胶结合剂不能使用油基磨削液；湿式磨削需设防溅挡板。

（4）用圆周表面作为工作面的砂轮不宜使用侧面进行磨削，以免砂轮破碎。

（5）无论是正常磨削作业、空转试验还是修整砂轮，操作者都应站在侧方安全位置，不得站在砂轮正前面或切线方向，以防意外。禁止多人共用一台砂轮机同时操作。

（6）发生砂轮破坏事故后，必须检查砂轮防护罩是否有损伤，砂轮卡盘有无变形或不平衡，砂轮主轴端部螺纹和压紧螺母是否破损，均合格后方可使用。

（7）磨削机械的除尘装置应定期检查和维修，以保持其除尘能力。磨削镁合金容易引起火灾，必须保持有效的通风，及时清除通风装置管道里的粉尘，采取严格的防护措施。

（8）加强磨削加工的个人安全卫生防护。在干式磨削操作中，可采用眼镜或护目镜、固定防护屏有效地保护眼睛；金属研磨工要特别注意防止铅化合物等重金属污染，配备保护服、完善的卫生洗涤设备和提供必要的医疗措施。

第二节　木工机械安全技术

木材加工是指通过刀具切割破坏木材纤维之间的联系，从而改变木料形状、尺寸和表面质量的加工工艺过程。进行木材加工的机械称为木工机械。从原木采伐到木制品最终完成的整个过程中，要经过木材的防腐及处理、人造板的生产、天然木和人造板机械加工、成品的装配和表面修饰等很多工序。在木材加工的各个环节都离不开木工机械，木工机械种类多、使用量大，广泛应用于建筑、家具行业，工厂的木模加工、木制品维修以及装修业等。

一、木工事故特点和危险因素识别

木材加工与金属切削加工的切削原理基本相同，但从劳动安全卫生的角度看，木材加工有其区别于金属加工的特殊性，因此，在危险因素识别时应给予注意。

1. 木材加工特点

（1）加工对象为天然生长物。木料各向异性的力学特性，使其抗拉、压、弯、剪等机械性能在不同纹理方向上有很大差异；天然缺陷（如疖疤、裂纹、夹皮、虫道、腐烂等）或加工产生的缺陷（倒丝纹），破坏了木材的完整性和均匀性；干缩湿涨的特性和含水率的变化，使木材在加工存储过程中会出现不同程度的翘曲、开裂、变形；木材的生物活性使其含有真菌或滋生细菌，有些会产生刺激性气味。

（2）刀具运动速度高。木材具有天然纤维分布不均匀和导热性差的特点，必须通过刀具的高速切削来获得较好的加工表面质量。木工机械是高速机械，一般刀具速度可高达 2 500～4 000 r/min，甚至更高。

（3）敞开式作业和手工操作。木材的天然特性和不规则形状，给装夹和封闭式作业造成困难，木工机械多是暴露敞开式作业；手工操作比例高，特别是初级木材加工机械化、自动化程度普遍不高。

（4）具有易燃易爆性。

2. 木材加工危险因素识别

（1）机械危险。刀具的切割伤害，工件、工件的零件或机床的零件在加工中意外抛射飞出的冲击伤害（与进给方向相反称为回弹），锯机上断裂的锯条、磨锯机上砂轮破裂的碎片等物件的打击伤害是木材加工中常见的危害类型，其他机械伤害，如接触运动零部件，机器上凸出部位刮碰等发生较少。

（2）木材的生物效应。木材生物活性的有毒、过敏性物质可引起许多不同的发病症状和过程，例如皮肤症状、视力失调、对呼吸道黏膜的刺激和病变、过敏症状，以及各种混合症状。发病性质和程度取决于木材种类、接触的时间或操作者自身的体质条件。

（3）化学危害。木材的天然特性，使化学防腐在木材的存储、加工和成品的表面修饰处理等过程中，成为必不可少的环节。可用的化学物范围很广，其中很多会引起中毒、皮炎或损害黏膜。

（4）木粉尘伤害。大量木粉尘可导致呼吸道疾病，严重的可表现为肺叶纤维化症状，木工行业鼻癌和鼻窦腺癌比例较高，据分析可能与木尘中的可溶性有害物有关。

（5）火灾和爆炸的危险。木材原料、半成品或成品、切削废料等都是易燃物，悬浮的木粉尘和使用的某些化学物等都是易爆危险因素。火灾危险存在于木材加工全过程的各个环节。

（6）噪声和振动危害。木工机械是高噪声和高振动机械。

3. 木工机械事故分析

（1）木工机械事故类型。

1）刀具的切割伤害。木料在加工中受到冲击、振动，发生弹跳、侧倒、开裂，都可能使手工送料的操作者失去对木料的控制。其原因可能是木材的天然缺陷或加工缺陷引起切削阻力突变，木料由于过窄、短、薄而缺乏足够的支撑面或使夹持困难，手工送料的操作姿势不稳定等，致使推压木料的手触碰刀刃造成伤害甚至割断手指。由于刀具的高速运动和多刀多刃的作用，即使瞬间触碰刀具也会导致多次切削的严重后果。

2）木料的反弹冲击伤人。由于木料在锯切剖分后重心位置改变引起侧倒，木材的含水性或疖疤引起夹锯又突然弹开，经加压校直处理的弯曲木料在加工过程中弹性复原等多种原因，都有可能造成木材的反弹伤人。

3）飞出物的打击伤害。由于刀具本身缺陷或装夹缺陷，在加工受力或高速运转时导致刀具损坏（如刀具崩齿、锯条断裂、刨刀片飞出等），未清理干净的废旧木料在加工时引起钉子或其他黏结杂物崩甩以及木屑碎块飞出伤人。

木工机械事故中，刀具的切割伤害因其发生概率高、伤害后果严重而尤显突出。

（2）杠机械事故发生规律。

1）事故发生时间。事故绝大多数发生在机械处于正常运行状态的正常操作期间，较少发生在机械故障状态或辅助作业（如更换刀具、检修、调整、清洁机器等）阶段。

2）事故波及范围。刀具的切割伤害一般是个体伤害，只涉及操作者或意外接触刀具的个人；木料的冲击或飞出物的打击伤害有时不仅关系到机械的操作者，还可能波及附近其他作业人员。

3）事故加害物。数量最多的是由刀具引起的切割伤害，其次是由被加工物引起的，其他原因导致的事故较少。

4）事故高发机械种类。我国的基本情况是，占第一位的是平刨床，第二位的是锯机类（圆锯机和带锯机），其他种类的木工机械事故率要低得多。

在我国，事故高发的木工机械是平刨床和锯机；刀具高速运动和手工送料的作业方法，是造成机械伤害的直接原因。综合分析可见，事故多发生在正常操作期间，机械伤害尤以刀具切割手的概率最高，刀具切割和木料冲击的伤害后果严重。

二、木工机械加工操作区安全技术

通过木工机械安全设计，选用适当的设计结构，尽可能避免或减小危险；通过提高设备的可靠性、操作机械化或自动化，尤其是进给系统，诸如机械手、供料、取料、输送装置，来减少或限制操作者涉入危险区的机会，从而降低作业人员面临危险的概率。由于各种因素制约，仍然需要手工送料通过高速旋转的刀具危险区的木工机械，除了动力和传动装置应满足安全要求外，操作者的安全性取决于规范安全操作行为和提供带防护功能的工作装置，重点是在加工操作区采取针对有效的安全技术措施。

1. 直接安全技术措施

在加工操作区，安全性主要取决于工作台和刀具的安全状况。

（1）工作台必须能保证工件的安全进给，手推工件进给的机床应设有导向板，导向板应能保证工件进给的正确位置。工作台和导向板应有一光滑的表面，表面的平面度应满足精度要求。

（2）刀具和刀具主轴应能承受最高许用转速的应力、切削应力和制动过程的应力作用，旋转刀具应进行静平衡或动平衡试验并标明最高许用工作转速，刀具的总成体及其在机床上的固定应确保在启动、运转和制动时不会松脱。

（3）手动进给机床应严格限制刀片相对刀体的伸出量。在安装、调整刀具时，对可能引起转动而造成伤害的刀具主轴应进行防护。

2. 安全防护装置

安全防护装置可根据机床具体结构，采用固定式、活动式、可调或自调式、全封闭或栅栏式防护装置。控制方式有机械式、光电式、手动式等多种类型。

(1) 安全防护装置的功能必须可靠，在刀具的切削范围内，保证工件加工之前和加工之后均能有效地封闭危险区；在加工过程中，危险区由防护装置和工件来封闭。

(2) 安全防护装置应结构简单并容易控制，组成构件有足够的强度、刚度、稳定性和正确的几何尺寸和形状，应能承受意外的冲击力。

(3) 安全防护装置的安装必须稳固、可靠，位置正确，不易松脱和误置。安全防护罩体表面应光滑，不得有锐边、尖角和毛刺，不应成为新的危险源。

(4) 存在工件抛射风险的机床，必须设有相应的防打击安全防护装置，例如，在压刨床上和多锯片圆锯机上采用止逆器，在圆锯机上采用分料刀、防反弹安全屏护等。

(5) 安全防护罩与刀具应有足够的安全距离，不妨碍机床的调整和维修，不限制机床的使用性能，不给木屑的排除造成困难，不影响工件的加工质量。

(6) 感应、光电式安全防护装置应具有自检功能，并应避免受木材质地、干湿度和人手胖瘦的影响而使装置灵敏度下降甚至误动作带来的风险。

3. 配置手用工具

提供和使用带防护功能的手用工具。例如，在手动进给木工圆锯机上采用推捧，在木工平刨床上使用推块或进给夹具等。这些装置应能可靠地夹紧工件，有固定牢靠、强度足够的手握操作件（如手柄），并能使操作者的手与刀具保持安全距离。

三、木工平刨床安全技术

木工平刨床通过刨刀轴纵向旋转，对横向进给的木料进行刨削，来实现木材的平面加工。手工进给单轴平刨床是常用类型，完全敞开外露的刨刀轴，手工推压木料从高速运转的刀轴上方通过，是本机床最大的危险。常见伤害事故是刨刀切割手指，防止切割的关键是解决刨刀轴的安全防护问题。

1. 平刨床组成及安全要求

平刨床主要由机身、工作台、刀轴及驱动装置三大部分组成。

(1) 机身。机身是整个机床的基础部分，其作用是连接机床的各组成部分，承受工作载荷。机身的安全要求：

1）足够的刚度、良好的抗振性和稳定性。

2）符合安全人机工程学要求的设计。满足人半站立操作的高度要求和操作活动空间，机身外形尽量采用圆角和圆滑曲面，避免利棱和锐角。

3）结构设计要方便通风除尘装置的配置和畅通的排屑通道。

（2）工作台。工作台是木材刨削的操作平台，两块工作台板安装在刨刀轴两侧形成开口，露出刨刀轴全长（该部位称做唇口或刨口，见图3—5）。

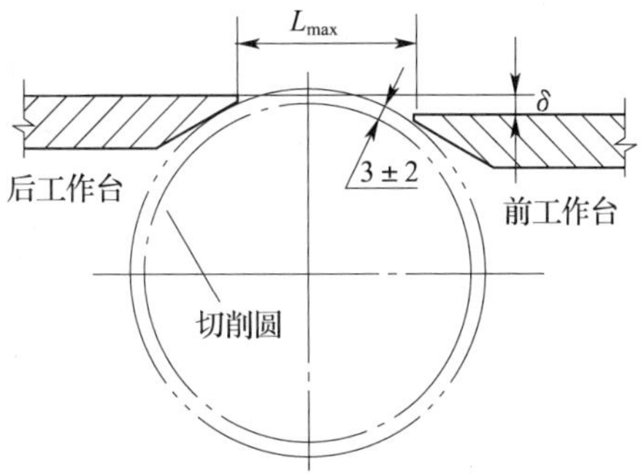

图3—5　最大开口量 L_{max} 示意图

工作台采用轻合金、铸铁或铸钢制造，其抗拉强度不低于200 MPa，工作台前长后短、前矮后高，高度差为刨削深度。导尺横跨在两工作台之间，立贴在机身外侧，作为引导木料进给的侧面基准。升降装置可调整工作台板高度和刨削开口量，常见的有偏心轴式和倾斜导轨式两种。唇口间的水平距离称为工作台的开口量，开口量应兼顾安全和加工的需要。开口量大，刀轴外露的危险区域大；开口量小，使机床的动力噪声急剧增加，可导致排屑不畅。工作台应满足以下安全要求：

1）工作台面应平整、光滑，不得有凹坑和凸起，防止木料通过时弹跳、侧倒。

2）升降机构必须能自锁或设有锁紧装置，防止受力后台板位置自行变化引起危险。

3）无论工作台调整到任何高度，工作台唇板与切削圆之间的径向距离为（3±2）mm。

4）工作台的开口应尽量小，在零切削位置时的开口量 L_z 和最大开口量 L_{max} 应符合表3—3的规定。

表3—3　　**工作台的开口量**　　mm

切削圆公称直径 D	$80\leqslant D\leqslant 100$	$100<D\leqslant 110$	$110<D\leqslant 125$	$125<D\leqslant 140$
零切削位置开口量 L_z	≤40	≤45	≤50	≤55
最大开口量 L_{max}	$\leqslant 40+\delta$	$\leqslant 45+\delta$	$\leqslant 50+\delta$	$\leqslant 55+\delta$

注：δ 为平刨机最大刨削厚度。

（3）刀轴及其驱动装置。刀轴有效长度与工作台面宽度相等，是平刨床的基本参数。刀轴的旋转动力由电动机通过带传动装置输入。刀轴由刨刀体、刀轴主轴、刨刀片和压刀条组成，装入刀片后的总成，称为刨刀轴或刀轴（见图 3—6）。刀轴的各组成部分及其装配应满足以下安全要求：

1）刀轴必须是装配式圆柱形结构（见图 3—6a、b），严禁使用方形（见图 3—6c）和各种棱柱形刨刀体。刀体上装刀梯形槽应上底在外，下底靠近圆心（见图 3—6b）。

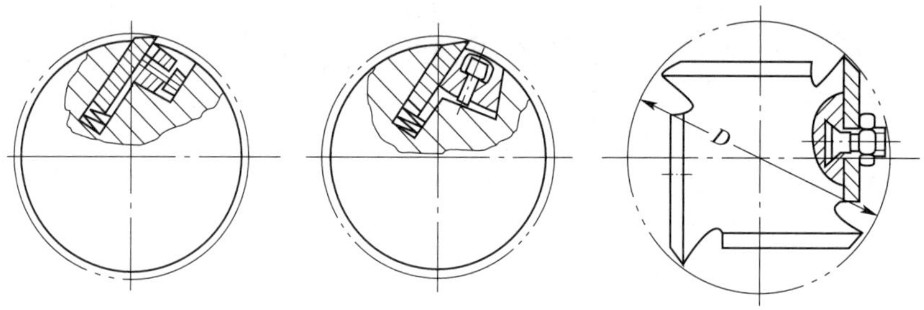

a)　　b)　　c)

图 3—6　刨刀轴类型

2）刨刀片的宽度应大于 30 mm；重磨后的宽度不得小于原宽度的 2/3，并应保证刀片能在全长上被夹紧。

3）组装后的刨刀片径向伸出量控制在 1.1 mm 之内，刀片在刨刀体端截面上的径向伸出量允差不得大于 0.05 mm。

4）组装后的刀轴须经强度试验和离心试验，试验后的刀片不得有卷刃、崩刃或显著磨钝现象；压刀条相对于刀体的滑移量不得大于 0.15 mm，切削圆直径变化不得大于 0.3 mm。

5）刀轴的驱动装置所有外露旋转件都必须有牢固可靠的防护罩，并在罩上标出单向转动的明显标志；须设有制动装置，在切断电源后，保证刀轴在规定的时间内停止转动。

（4）其他安全卫生要求。

1）平刨床在空运转条件下，测定出机床的最大噪声声压级不得超过表 3—4 的规定。

表 3—4　　空载噪声声压级限值

机床最大加工宽度（mm）	≤400	＞400～630	＞630
空运转最大噪声声压级［dB（A）］	83	85	90

2）应提供木屑、粉尘以及气体的吸收和采集系统，或设置吸尘装置，保证工作场所的粉尘浓度不超过 10 mg/m³。

3）应提供保护耳朵和眼睛的个人防护用品。

4）保证机床的可维修性的要求，机床的调整、维护和润滑点应在危险区外。难以实现手工润滑或危险区内工作期间需要润滑的部件，应能实现自动润滑。

5）采取阻止或减少粉尘和木屑堆集在机床上或机罩内的措施，杜绝或降低火灾和爆炸的危险。

2. 木工平刨床加工区的安全装置

木工平刨床安全防护的重点是对加工区刀轴的安全防护。广泛使用的是遮盖式安全防护装置（防护罩、防护栅、防护键、防护板等），安全防护装置应符合以下安全技术要求：

（1）非工作状态，防护罩（或护指键）必须在刨床全宽度上盖住刀轴。

（2）刨削时仅打开与工件等宽的相应刀轴部分，其余的刀轴部分仍被遮盖。未打开的护指键须能自锁或被锁紧。护指键的相邻键间距应小于 8 mm。

（3）护指键或防护罩应有足够的强度与刚度。整体护罩或全部键须能承受 1 kN 径向压力，单个键承受 70 N 径向压力发生径向位移时，位移后与刀刃的剩余间隙要大于 0.5 mm。

（4）闭合灵敏。安全装置的闭合时间（即从接到闭合指令开始到护指键或防护罩关闭为止）小于手落入刀轴的时间。

（5）装置不得涂耀眼颜色、不得反射光泽。

四、锯机的安全技术

锯机是以锯作为刀具，通过条锯、带锯往复运动，或圆盘锯旋转运动，来锯割、剖分木料。常见的锯机有带锯机和圆锯机。锯切伤害事故主要有锯的切割伤害、锯条断裂弹射、木材的打击伤害等。锯切伤害通过采用安全防护装置和正确的操作加以防止。

1. 带锯机

带锯机是以一条开出锯齿的无端头的带状锯条为刀具，锯条由高速回转的上、下锯轮带动，实现直线纵向剖解木材的木工机械。带锯机主要由机身、上下锯轮及锯轮的升降和倾斜装置、锯条张紧装置、锯卡装置、制动装置等部分组成。大型带锯机还附带有跑车、原木上车装置、翻木装置、卸料装置等。小型带锯机一般只有主机。各种类型带锯机的共同问题是锯条悬空段长，自由度大，刚性差，容易出现的问题是振动、锯条从锯轮上脱落、锯条断裂等。高速运动的带锯条是切削刀具，也是带锯机主要的危险因素。锯条的安全技术要求是：

（1）带锯条的锯齿应锋利，齿深不得超过锯宽的1/4，锯条厚度应与匹配的带锯轮相适应。避免小轮选用大厚度锯条造成锯条断裂伤人。

（2）带锯条焊接应牢固平整，接头不得超过3个，两接头之间长度应为总长的1/5以上，接头厚度应与锯条厚度基本一致。

（3）严格控制带锯条的横向裂纹，裂纹超长应切断并重新焊接。裂口指标见表3—5。

表3—5　　带锯条横向裂纹的裂口指标

裂纹名称	锯背或锯身裂纹	齿根裂纹	焊缝两侧裂纹	焊缝裂纹
裂口指标	$B/6$	$B/7$	$B/10$	不允许有

注：B 为带锯条宽度。

（4）大型带锯机的跑车轨道应平直，两端配有限位行程开关，跑车两侧应设置防护栅栏和警示标志。

2. 圆锯机

圆锯机是以圆锯片为刀具对木材进行锯切加工的木工机械。圆锯机结构比带锯机简单，主要由锯身、工作台、主轴和锯比组成。圆锯片是沿圆周均匀分布有锯齿的圆盘，电动机通过带传动将动力传给主轴，带动圆锯片高速旋转来锯切木料。锯片的横向稳定性和锯齿的刚度是主要的安全指标。圆锯机应达到以下安全技术要求：

（1）圆锯机的传动部件必须设有安全防护装置。

（2）普通圆锯片应经过适张度处理，有裂痕未经修复的圆锯片不得使用。

（3）锯片夹紧法兰盘直径应保证与锯片有足够的接触面积，夹紧面必须平整。转动时，锯片与法兰盘之间不得出现相对滑动。

（4）锯片与法兰盘应与主轴的旋转中心线垂直，防止锯片旋转时摆动；锯片与法兰盘应与主轴同心，防止产生不平衡离心力。

（5）主轴的额定转速不得超过圆锯片的最大允许转速；圆锯片必须配有安全防护罩。

（6）手动进料圆锯机必须装有分料刀；自动进料圆锯机必须装有止逆器、压料装置和侧向防护挡板，送料辊应设防护罩。

3. 锯机加工区的安全防护装置

锯机采用多种形式的防护罩。固定式防护罩将不参加工作的锯条部分封闭起来；活动式防护罩的罩体可以侧向打开，方便调节锯条；高度可调式防护罩，可根据锯切木料的厚度，调节防护罩的防护高度。锯机防护罩应满足以下安全技术要求：

（1）罩体应能随锯切木料的小大调整高度，将不参加锯切部分的锯条或圆锯盘遮住，使外露的锯片越小越好；防护罩还可有效挡住断裂锯条或圆锯崩齿，防止对人员的伤害。在操作台下部暴露的锯片也应进行防护。

（2）安全防护罩应有足够的强度、刚度和正确的几何尺寸，一般可采用 Q235 钢板制造，也可以采用具有同等强度、刚度的其他材料制造。

（3）安全防护罩应采用部分封闭式结构，便于锯片的更换和锯机的调整、维修。其防护功能必须可靠。罩体表面应光滑，不得有锐边、尖角和毛刺。

（4）安全防护罩的安装必须稳固、可靠，位置正确，其支撑连接部分的强度不得低于安全防护罩的强度。固定后的安全防护罩应能承受意外的冲击或其他作用力。

（5）安全防护罩与锯片间应有足够的安全距离，防护罩与锯片齿尖的径向安全距离应不小于 40 mm，轴向安全距离应不小于 35 mm。

第三节　压力加工机械安全技术

压力加工是利用压力机和模具，使金属及其他材料在局部或整体上产生永久变形。压力加工涉及的范围包括弯曲、胀形、拉伸等成形加工，挤压、穿孔、锻造等体积成形加工，冲裁、剪切等分离加工，以及成形结合锻造和压接等组合加工等。压力加工是一种少切削或无切削的加工工艺。由于效率高、质量好、成本低，广泛应用在汽车、电子电气和航空航天等生产部门。压力机（包括剪切机）是危险性较大的机械，被称为“老虎机”，发生操作者的手指被切断的数字是惊人的。压力加工的人身安全保护，是劳动安全工作比较突出的问题。

压力机按传动方式不同，可分为机械传动式、液压传动式、电磁及气动式压力机；按机身结构不同，可分为开式和闭式机身压力机；根据产生压力的方式不同，机械压力机又可分为摩擦压力机和曲柄压力机，其中以中、小吨位开式曲柄压力机的数量和品种最多，手工操作比例大，事故率高，本节将予以重点讨论。

一、危险因素识别与冲压事故分析

1. 压力加工危险因素

从劳动安全卫生的角度看，压力加工的危险因素主要是噪声、振动和机械危险，其中以冲压事故危险性最大。

（1）噪声危害。压力机是工业高噪声机械之一，噪声源主要是机械噪声。噪声来自传动零部件的摩擦、冲击、振动，刚性离合器接合时的撞击。工件被冲压，以及工件及边角余料撞击地面或料箱时也会产生噪声等。采取的安全保护措施，一是传动系统加设防护罩，二是作业人员佩戴听力护具（耳塞、耳罩等）。

（2）机械振动。振动主要来自冲压工件的冲击作用。人体长时间处于振动环境中，会产生心理和生理上不适，甚至由于注意力难以集中、操作准确性下降而导致事故发生。冲击振动还会使设备连接松动、材料疲劳，使周围其他设备的精度降低。

（3）机械伤害。机械伤害包括人员与运动零件接触伤害、冲压工件的飞崩伤害等。压力机在冲压作业过程中，人员受到冲头的挤压、剪切伤害的事件称为冲压事故。冲压事故发生频率高、后果严重，是压力加工最严重的危害。

2. 冲压事故分析与对策

（1）冲压事故的机制。压力加工的工艺过程是上模具安装在压力机滑块上并随之运动，下模具固定在工作台上，被加工材料置于下模具上，通过上模具相对于下模具做垂直往复直线运动，完成对加工材料的冲压。滑块每上下往复运动一次，实现一个全行程。当在上行程时，滑块上移离开下模，操作者可以伸手进入模口区，进行出料、清理废料、送料、定料等作业；当在下行程时，滑块向下运动实施冲压。如果在滑块下行程期间，人体任何部位处于上、下模闭合的模口区，就有可能受到夹挤、剪切，发生冲压事故。

1）正常作业。从安全角度分析冲压作业可以看到，在冲压作业正常进行的一个工作行程中，由于滑块特殊的运动形式——垂直往复直线运动，决定了冲压作业存在发生事故的危险。

危险因素：滑块的运动形式和上、下模具的相对位置变化。

危险空间：在滑块上所安装的模具（包括附属装置）对工作面在行程方向上的投影所包含的空间区域，即上、下模具之间形成的模口区。

危险时间：滑块的下行程，上模相对于下模为接近型运动，存在危险，而在上行程滑块向上运动离开下模，使两者的距离拉远，是安全的。

人的行为：脚踏开关操纵设备，腾出手去取加工好的工件并向模口区放置原料。

危险事件：在特定时间（滑块的下行程），人体某部位仍然处于危险空间（模口区），发生挤压、剪切等机械伤害。

2）非正常作业。冲床设备的非正常状态，由于操纵系统、电气系统缺陷，冲模安装调整等方面存在缺陷导致发生冲压事故。例如，刚性离合器的结合键、键柄断裂，操纵器的杆件、销钉和弹簧折断，牵引电磁铁触点粘连不能释放，中间继电器粘连，行程开关失效，制动钢带断裂等故障，都会造成滑块运动失控形成连冲，引发人身伤害事故。

（2）冲压事故的风险分析。绝大多数冲压事故是发生在手工操作的冲压正常操作过程中。统计数字表明，因送取料而发生的约占38%；因校正加工件而发生的约占20%；因清理边角加工余料和废料或其他异物而发生的占14%；因多人操作不协调或模具安装调整操作不当而发生的占21%；其他是因机械故障引起的。

从受伤部位看，多发生在手部（右手偏多），再次是头面部和脚（工件或加工余料的崩伤或砸伤），较少发生在其他部位。从后果上看，死亡事件少，而局部永久残疾率高。剪切机械的危险主要在加工部位，即剪床的切刀部位，此处一旦出现伤害事故，操作者极易致残。

（3）冲压事故的原因分析。直接原因是物的不安全状态（机械设备、物料、场地等）、操作者的不安全行为，间接原因是安全管理缺陷。

1）设备的原因。冲床本身的缺陷，离合器、制动器故障或工作不可靠，电气控制系统失控，冲压模具的安全设计缺陷，缺少必要的安全防护或安全防护装置失效，以及附件及工具有缺陷等，均是造成事故的重要原因。

2）操作者的失误。在单人脚踏开关、手送取料的冲压作业中手脚配合不一致，多人操作同一台冲压机械彼此配合不协调而发生事故；连续、单调重复作业产生厌倦情绪，高频率作业导致体力消耗的疲劳而发生误操作；作业不熟练或麻痹大意，没有使用安全装置和工具而冒险作业；冲压机械噪声和振动大，作业环境恶劣等不适条件，也会造成对操作者生理和心理的不良影响导致失误而引起事故。

3）生产组织安排不当，定额过高；对设备缺乏必要的保养和维护，使安全装置损坏或不起保护作用；未按规定对职工进行必要的安全教育考核；安全生产规章制度不健全，使安全管理流于形式等。

分析可见，冲压作业特点和环境因素等方面原因，会导致操作者的操作意识水平下降、精力不集中，引起动作不协调或误操作。大型压力机因操作人数增加，危险性则相应增大。通过技术培训和安全教育，使操作者加强安全意识和提高操作技能，对防止事故发生有积极的作用。但单方面要求操作者在作业期间一直保持高度注意力和准确协调的动作来实现安全是苛刻的，也是难以保证的。必须从安全技术措施上，在压力机的设计、制造与使用等诸环节全面加强控制，才能最大限度地减少事故，首先是防止人身事故，其次是防止设备和模具破坏。

（4）实现冲压安全的对策及建议。

1）采用手用工具送取料，避免人的手臂伸入模口危险区。

2）设计安全化模具，缩小模口危险区的范围，设置滑块小行程，使人手无法伸进模口区。

3）提高送取料的机械化、自动化水平，代替人工送取料。

4）在操作区采用安全防护装置，保障滑块的下行程期间，人手处于模口危险区之外。

前三项措施，特别是第三项对改善作业条件、减少冲压人身事故是有效的，但它们的局限性是只能保证正常操作的安全，而不能保证意外情况发生时，即人手伸进危险区时的安全。所以，应在操作危险区设置安全防护装置。

二、压力机主要技术参数与工作原理

1. 曲柄压力机组成

机械式曲柄压力机结构如图 3—7 所示。

（1）机身。机身由床身、底座和工作台三部分组成，多为铸铁材料，大型压力机用钢板焊接而成，下模固定在工作台的垫板上。机身首先要满足刚度、强度条件，有利于减振降噪，保证压力机的工作稳定性。

（2）动力传动系统。由电动机、传动装置（带传动或齿轮传动）组成，其中，大带轮（或大齿轮）起飞轮作用，在压力机的空行程，靠自身的转动惯量蓄积动能；在下行程冲压工件瞬间，释放蓄积的能量使电动机负荷均衡，合理利用能量。

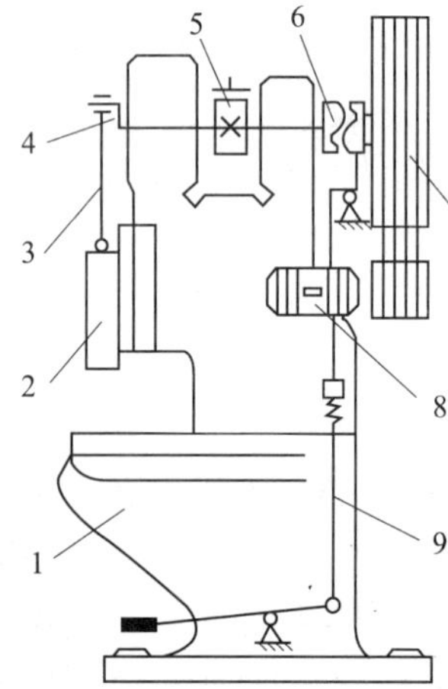

图 3—7　曲柄压力机的结构示意

1—机身　2—滑块　3—连杆　4—曲轴　5—制动器　6—离合器　7—飞轮　8—电动机　9—操作系统

（3）工作机构。曲轴、连杆和滑块组成曲柄连杆机构。曲轴是压力机最主要的部分，其强度决定压力机的冲压能力；连杆的两端分别与曲轴、滑块铰连，起连接和传递运动和力的作用；装有上模的滑块是执行元件，最终实现冲压动作。

（4）操纵系统。包括离合器、制动器和操纵机构（如脚踏开关）。离合器和制动器对控制压力机间歇冲压起重要作用，同时又是安全保证的关键所在。离合器的结构对某些安全装置的设置产生直接影响。

2. 主要技术参数

(1) 公称压力 P_g (N、kN)。即额定压力，是指滑块距离下止点前某一特定距离（即公称压力行程 S_g）或曲柄旋转到离下止点前某一特定角度（即公称压力角 α_g）时，滑块所允许承受的最大作用力。

(2) 滑块行程 S (mm)。从上死点到下死点的直线距离。

(3) 滑块单位时间的行程次数 n。滑块每分钟从上死点到下死点再回到上死点的往返次数。压力机的行程次数应根据生产率要求确定，同时手工操作时必须考虑操作者的操作频率不能超过承受能力，以免造成疲劳作业。

(4) 装模高度 H (mm)。滑块在下死点时，滑块底平面到工作垫板上表面的距离。当滑块调节到上极限位置时，装模高度达到最大值，称为最大装模高度。

封闭高度是指滑块在下死点时，滑块底平面到工作台上表面的距离。垫板厚度是封闭高度与装模高度之差。

其他参数还有工作台板和滑块底面尺寸、喉深，以及立柱间距等。装设安全装置时要考虑这些参数。

3. 曲柄压力机的工作原理

图 3—8 所示为结点正置的脚踏控制的曲柄压力机工作原理。

电动机输入的动力通过带传动系统传到曲柄连杆机构上，通过曲轴旋转运动，带动连杆上下摆动，将曲轴的旋转运动转化为滑块沿着固定在机身上的导轨的往复直线运动。

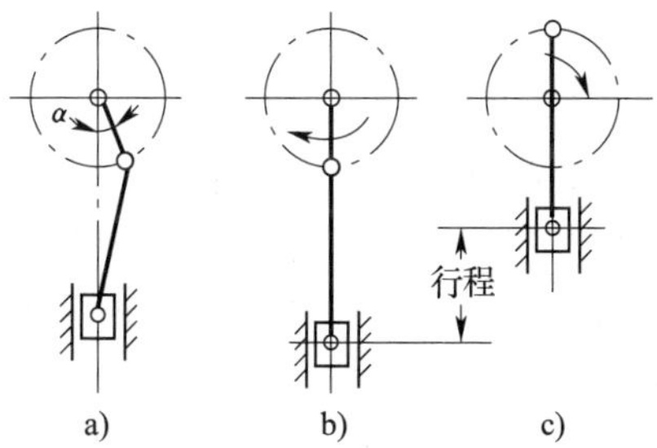

图 3—8 曲柄压力机的工作原理
a) 工作位置 b) 下死点 c) 上死点

在电动机电源不被切断的情况下，滑块的动与停是通过操纵脚踏开关控制离合器和制动器实现的。踩脚踏开关，制动器松闸，离合器结合，将传动系统与曲柄连杆机构连通，动力输入，滑块运动；当需要滑块停止运动时，松开脚踏开关，离合器分离，将传动系统与曲柄连杆机构脱开，同时运动惯性被制动器有效地制动，使滑块运动及时停止。

滑块有两个极端位置，当曲柄与连杆运行展成一条直线，滑块达到下极限位置 ($\alpha=180°$)，称为下死点；当曲柄与连杆运行到重合并成一条直线，滑块达到上极限位置 ($\alpha=0°$)，称为上死点，在这两个位置滑块的运动速度为零，加速度最大，滑块从上死点到下死点的直线距离称为滑块的行程。当 $\alpha=90°$、$\alpha=270°$时，滑块速度最大，加速度最小。当曲柄与铅垂线的夹角达到某一值时，实施对工件冲压，在冲压瞬间，工件变形力通过滑块和连杆作用在曲轴上。然后滑块到达最低位置下止点，继而上行程，开始下一个工作循环。

4. 曲柄滑块机构的安全

曲轴是压力机的主要受力构件，曲轴若破坏，不仅影响生产，而且可能引发事故。曲轴受力情况复杂，根据曲轴受力变形分析和实际测定验证，曲轴的危险截面在曲柄颈的中部 C—C 截面和支撑颈的根部 B—B 截面（见图 3—9），受弯矩

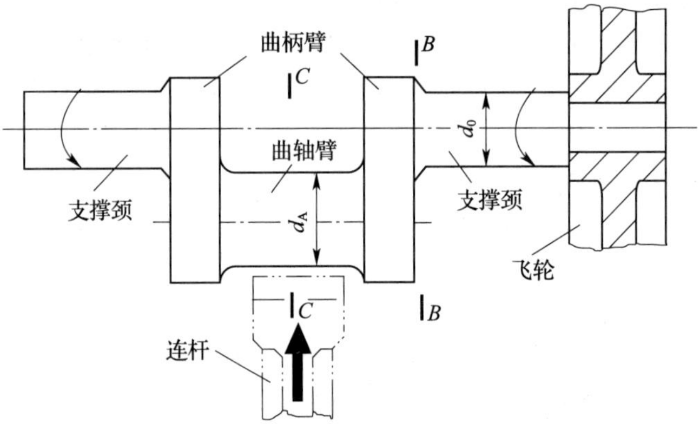

图 3—9　曲轴结构简图

和扭矩联合作用，扭矩是曲柄转角 α 的函数，弯矩与曲柄转角 α 无关。曲柄颈截面受弯矩作用远大于扭矩，可忽略扭矩影响；支撑颈截面受扭矩作用远大于弯矩，可忽略弯矩影响。曲轴必须同时满足曲柄颈和支撑颈曲轴强度要求。压力机允许承受的冲压力（工件变形力），是受曲轴强度，即曲柄颈弯曲强度和支撑颈的扭转强度所限制的。

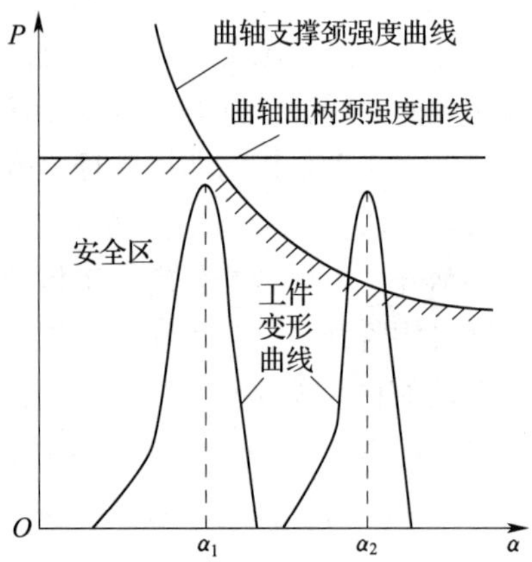

图 3—10　压力机安全负荷图

（1）压力机安全负荷图。图 3—10 表示压力机允许承受的冲压力与曲轴转角的关系。图中可见，当转角小于某一范围时，冲压力由曲轴的曲柄颈强度决定，为一常量，其强度线是一条直线；当转角大于某一范围，由曲轴支撑颈强度所限制，是曲

柄转角 α 的函数，为一条曲线。压力机工作的安全区，是指由曲轴支撑颈强度曲线、曲柄颈强度曲线与两坐标轴围成的区域。使用压力机时，应严格控制压力机所承受的压力和工作角度不得超越安全区。即使进行同一材料同一工艺的工件加工，在 α_1 转角下安全，在 α_2 转角下则不安全。

压力机的公称压力 P_g 是限定在一个特定的工作角度即公称压力角 α_g（也称额定压力角）范围内，保证压力机实际承受的工件变形力落在安全区内。国产压力机的公称压力角一般是：小型压力机为 $\alpha_g=30°$，中、大型压力机为 $\alpha_g=20°$。为使用方便，常将公称压力角 α_g 换为公称压力行程 S_g。国产开式压力机 $S_g=3\sim16$ mm，闭式压力机 $S_g=13$ mm。

（2）过载保护装置。压力机工作过程中可能发生过载，原因可能为：材料、模具、设备、操作等出现问题；滑块和上模的自重导致下降速度过快，对零件产生撞击；制动器失灵、连杆折断，导致滑块坠落而引发事故。为此，需在压力机上采用一些保护性技术措施，常见的有压塌式、液压式和电子检测式等过载保护措施。

压塌式过载保护是根据破坏式保护原理，机械压力机在曲柄连杆机构传动链中，人为制造一个机械薄弱环节——压塌块，当发生超载时，这个薄弱环节首先破坏，切断传动线路，从而保护主要受力件——曲轴免受超载造成的破坏。压塌块一般装在滑块球铰与滑块之间的部位（见图 3—11），当压力机过载时，压塌块薄弱截面首先剪切破坏，使连杆相对于滑块滑动一段距离，触动开关切断控制线路，压力机停止运转，保障设备安全。压塌式过载保护装置的缺点是不能准确地限制过载力，因为压塌块的破坏不仅由作用在它上面的外力决定，同时还与压塌块的材料疲劳有关。

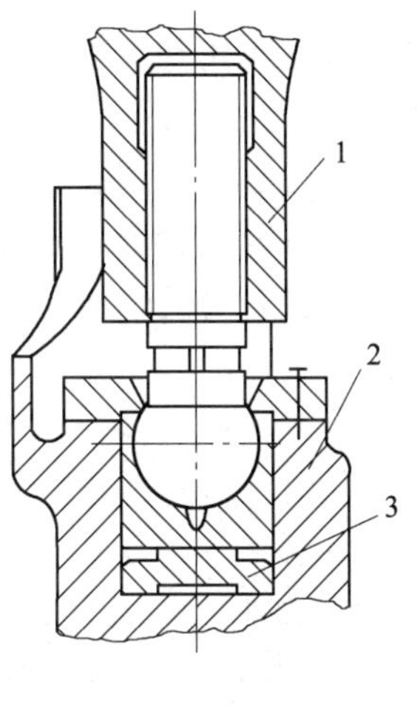

图 3—11　过载保护装置

1—连杆　2—滑块　3—压塌块

三、离合器和操纵系统

由于飞轮的转动惯量很大，为防止频繁启制电动机产生的惯性力，在压力机工作期间，电动机和飞轮一直处于接通运动状态，控制曲柄连杆机构滑块的往复上下运动是通过离合器的接合和分离来实现的。

机械式压力机操纵系统包括离合器、制动器和操纵机构。操纵机构有手控按钮式和脚踏开关式。脚踏开关式由于可解放双手进行台面操作，手脚配合提高了效率，使用比较普遍。在输入动力时，脚踏开关，制动器先松闸，离合器再接合，曲柄连杆机构动作；在切断动力时，脚踏开关抬起，离合器先分离，制动器克服曲柄连杆机构的惯性，使运动迅速停止。

离合器是用来接合或分离动力的关键部件，离合器运转故障或零件损坏会导致滑块运动失去控制，引发冲压事故，因此是安全检查的重点。离合器的结构形式关系到作业区安全防护装置的选型和安装。离合器分为刚性离合器和摩擦离合器两类。

1. 刚性离合器

刚性离合器按接合零件的形式不同分类，压力机常用转键式离合器。按转键的数目分为单键和双键两种。刚性离合器一般由主动部分（动力输入端）、从动部分（与曲柄连杆机构相连）和接合部分组成。

（1）半圆形双转键离合器。半圆形双转键离合器结构原理如图 3—12 所示，主动部分包括飞轮和飞轮套，飞轮套借助平键与飞轮固定连接，飞轮套的内壁有四个缺月形槽；从动部分是曲轴，曲轴的外壁有两个丰月形槽；接合部分是转键，分主键（即工作键）与副键（也称填充键），键为丰月形实体。关键元件的结构配合关系是：曲轴及飞轮套的槽直径相同，转键与曲轴的丰月形槽配合，在操纵机构控制下可绕转键自身的轴线在曲轴槽内转动。分离和结合是离合器的两个典型工况。

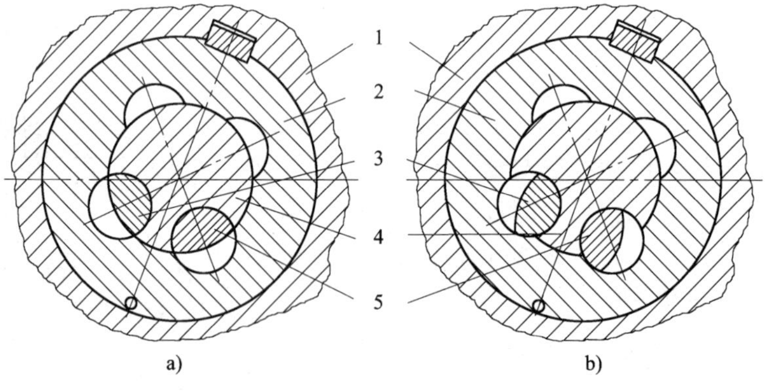

图 3—12　双转键离合器

1—飞轮　2—飞轮套　3—主键　4—曲轴　5—副键

1）分离状态。转键的丰月形实体与曲轴的丰月形槽完全重合时，转键与曲轴共同组成一个实整圆（见图 3—12a），曲轴可相对飞轮套滑动，不随飞轮转动，离合器处于分离状态。

2）接合状态。当飞轮套缺月形槽与曲轴丰月形槽对正成完整圆槽时，如恰好转键转动，卡在该圆槽中（见图 3—12b），则飞轮带动曲轴转动，离合器处于接合状态。

两个转键总是同时转动但转向相反。在上模随滑块下行程冲压工件时，主键起作用；当传动机构反转（如调整模具）时，副键起作用。副键可以防止滑块在下行程时，由于曲柄滑块机构的自重作用，造成曲柄发生超前于飞轮的转动，引起主键与飞轮套的撞击。

（2）切向转键式离合器。工作原理与双键离合器相似（见图 3—13），只是飞轮套内缘有 3 个槽。在操纵机构作用下，转键转入飞轮套三角槽内，卡在飞轮套和曲轴套之间，飞轮借助转键带动曲轴运动，离合器接合；当转键完全转入位于曲轴套的键槽中时，转键与曲轴套形成一个整圆，相对飞轮套滑动，离合器处于分离状态。

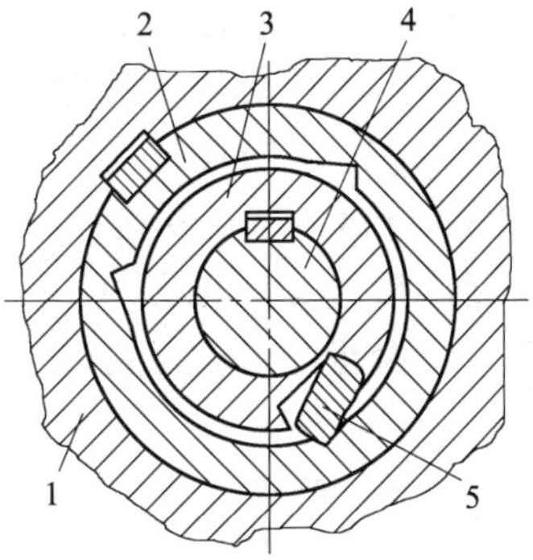

图 3—13　切向转键离合器

1—飞轮　2—飞轮套　3—曲轴套

4—曲轴　5—接合键

刚性离合器结构简单，便于制造，不需要额外动力源；但传递扭矩小，连接元件受撞击载荷，容易损坏，而且只能使滑块停止在上死点，不能在行程的任意位置停止。

（3）刚性离合器的安全要求。

1）离合器承受冲击的零件（转键、滑销、牙嵌等）应在材质及热处理方面采取措施，提高其强度和冲击韧性，必要时应定期对其进行无损探伤检查。

2）离合器的单次行程工作机构（包括操纵机构的支架）必须安装正确、牢固、可靠，不得因受振动而产生松动。

3）转键操纵机构应保证转键在键槽内的转动灵活、可靠。在单次行程操作后，应能及时复位；在非操作的情况下，应不会被其他外力推动而转动。

2. 摩擦离合器

摩擦离合器是借助摩擦副的摩擦力来传递扭矩。通过压紧力压紧摩擦元件，在接合面形成摩擦副，产生摩擦力，使离合器主动部分与从动部分接合；压紧力解除，使接合面分离，摩擦力消失，离合器将动力传递切断。按工作情况，摩擦离合器可分为干式（摩擦面暴露在空气中）和湿式（摩擦面浸在油里）两种；按摩擦面的形状又可分为圆盘式、浮动镶块式和圆锥式等多种类型。

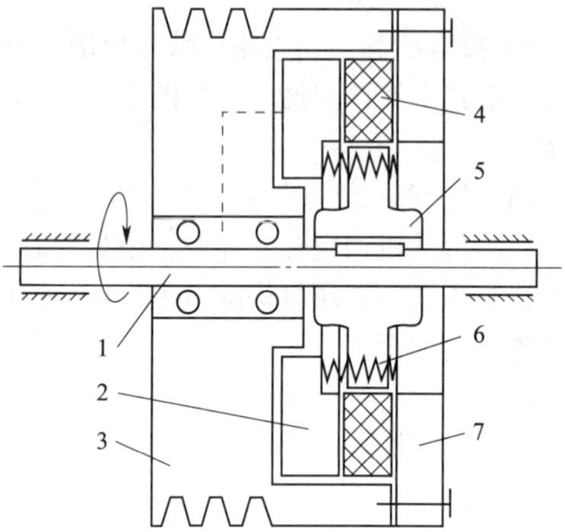

图 3—14　浮动镶块式摩擦离合器

1—曲轴　2—活塞　3—飞轮　4—摩擦块　5—保持盘　6—复位弹簧　7—主动盘

浮动镶块式摩擦离合器结构和工作原理如图 3—14 所示。主动部分由飞轮、活塞、主动盘组成，飞轮内部是环形气缸；从动部分的曲轴的传动轴与保持盘用键连接，二者同步运动；接合部分包括摩擦块、复位弹簧，摩擦块浮动镶嵌在环形气缸内，处于主动盘和活塞之间。

其工作原理是：压缩空气进入气缸内，推动活塞，将摩擦块挤压变形，摩擦块内环面和右侧面分别紧贴保持盘，与主动盘形成摩擦副，离合器接合，同时压缩复位弹簧，动力经保持盘通过摩擦块传递给主动盘，曲轴转动；气缸中的空气排出，在复位弹簧作用下，活塞压力解除，摩擦块消除变形恢复浮动状态，摩擦副不复存在，离合器分离，保持盘和主动盘的联系切断，在制动器作用下，曲轴停止转动。

摩擦离合器接合平稳，冲击和噪声小，构件不会突然损坏，传递扭矩大，滑块可停止在行程的任意位置。缺点是结构复杂，造价较高，需要压缩空气作为动力能源。摩擦式离合器还可以将离合器和制动器设计成一体，实现两者的联锁动作。

四、压力机作业区的安全防护装置

防止冲压事故不能仅仅从操作者方面去要求，必须在压力机作业区采用安全防护装置，从设备的安全性上消除冲压事故。安全问题的关键是解决在冲压作业过程中，无论是在压力机处于正常运转状态，还是由于各种原因使压力机处于非正常状态，或者是人员的误操作情况，只要滑块向下运行，人体的任何部位都不应在危险区的问题。压力机的作业危险区的安全防护装置应该具备以下安全功能：

（1）在滑块的下行程，操作者身体的任何部位都不可能进入危险区界线之内。

（2）在滑块的下行程，当操作者身体部位进入危险区界限之内的一定范围时，滑块立即被制动或超过下死点。

（3）在滑块的下行程，将操作者的身体部位排除于危险区之外。

（4）当操作者身体部位停留于危险区界线之内时，滑块不能启动。

符合其中任何一项功能的装置，均可作为压力机的安全防护装置。安全装置分为安全保护装置与安全保护控制装置两类。安全保护装置包括活动栅栏式、固定栅栏式、推手式、拉手式、翻板式等。安全保护控制装置包括双手操作式、非接触即光电感应控制式等。每台压力机一般都应配置一种或一种以上的安全装置。

1．栅栏式安全装置

通过设置栅栏（或透明隔板）实体障碍，将人与危险区隔离，确保人体任何部位无法进入危险区，可以保护一切有可能进入危险区的人员。栅栏式安全装置分为固定栅栏式和活动栅栏式两种。

（1）栅栏式安全装置的一般安全技术要求。

1）安全距离和开口尺寸。保证安全的关键尺寸是栅栏间距、料口的开口度和安全装置与危险线的安全距离。须考虑的因素是，人体测量参数和危险区的可进入性。最小安全距离应考虑在压力机工作期间，栅栏不与压力机的任何活动部件接触，不妨碍物料加工。最小安全距离与栅栏间隙和送料口的最大安全尺寸，应考虑保证人的手和手臂通过料口和栅栏间隙伸入时，不能受到伤害，第一典型位置是考虑人的手指，第二典型位置是考虑人的手掌、手臂的尺寸和可能伸进的距离（见图3—15）。

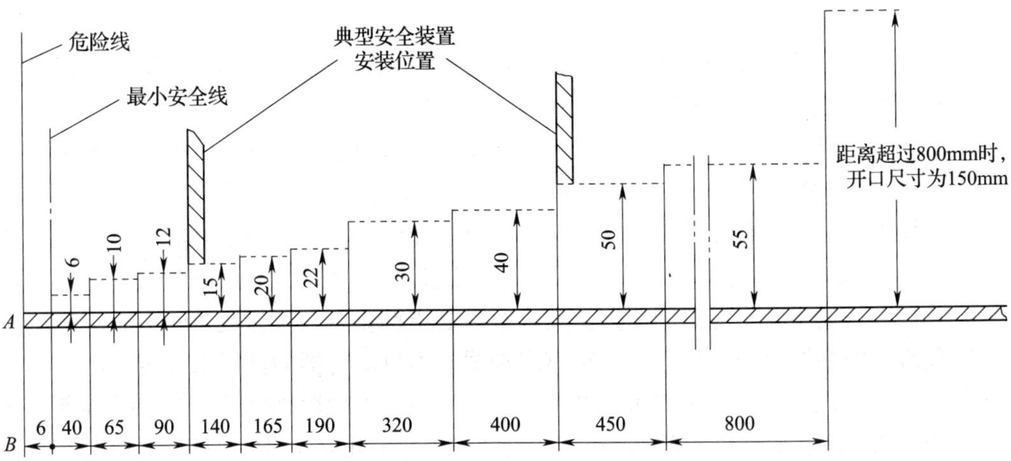

图3—15　栅栏式安全装置的安装位置

2）原则上不仅在作业区前面，而且在作业区两侧及背面也应安装栅栏，栅栏高度应是整个危险空间的高度。防止从上、下、侧、背面进入危险区。

3）栅栏设置可靠，栅栏的非活动部分可用焊接永久固定，或螺栓紧固，不使用专门工具不能拆除。

（2）固定栅栏式。栅栏作为一道屏障固定安装在机身上，将人体隔离在危险之外。在滑块运行的全行程期间，栅栏都处于封闭状态，适用于机械化送取料的压力机。

（3）活动栅栏式。适于手工送取料的压力机。在栅栏前面设一个活动体（门），通过机械方法（如铰链、滑道）与压力机的机架或邻近的固定元件连接，关闭活动体的动力可以来自压力机的滑块或连杆。活动体的状态应与离合器的动作联锁，使滑块下行程期间，活动体关闭并不能随意打开，与栅栏形成一体来实施保护；在滑块回程期间，可打开活动体以方便操作。活动体未关闭好，滑块不能运动；滑块在运动状态，活动体打不开。联锁装置须采取有效的保护措施，防止人体或坯料等物与之接触而发生误动作。

2. 双手操作式安全装置

装置的工作原理是，将滑块的下行程运动与对双手的限制联系起来，强制操作者必须双手同时推按操纵器，滑块才向下运动。此间如果操作者仅有一只手离开，或双手都离开操纵器，在手伸入危险区之前，滑块停止下行程或超过下死点，使双手没有机会进入危险区，从而避免受到伤害。双手操作式安全装置应符合以下安全技术要求：

（1）双手操作的原则。双手必须同时操作，离合器才能结合。只要一只手瞬时离开操纵器，滑块就会停止下行程或超过下死点。

（2）重新启动的原则。装置必须有措施保证，在滑块下行程期间中断控制又需要恢复时，或单行程操作在滑块达到上死点需再次开始下一次行程时，只有双手全部松开操纵器，然后重新用双手再次启动，滑块才能动作。在单次操作规范中，当完成一次操作循环后，即使双手继续按压着操作按钮，工作部件也不会再继续运行。

（3）最小安全距离的原则。安全距离是指操纵器的按钮或手柄中心到达压力机危险线的最短直线距离。安全距离应根据压力机离合器的性能来确定。

1）对于滑块不能在任意位置停止的压力机（如刚性离合器），最小安全距离应大于手的伸进速度与双手离开操纵器到滑块运行至下死点时间的乘积，计算公式是：

$$\begin{aligned} D_{\mathrm{s}} &\geqslant 1.6T_{\mathrm{s}} \\ T_{\mathrm{s}} &= \left(\frac{1}{2}+\frac{1}{N}\right)T_{\mathrm{n}} \end{aligned} \tag{3—3}$$

式中　1.6——人手的伸进速度，m/s；

D_s——安全距离，即操纵器至模具刃口的最短直线距离，m；

T_s——双手按压操纵器接通离合器控制线路，到滑块运行到下死点的时间，s。应考虑最长时间，即滑块下行程的时间与离合器在结合槽间所需要的转动时间之和；

N——离合器的结合槽数；

T_n——曲轴回转一周的时间，s。

T_s和安全距离D_s可以通过对具体压力机的计算直接获取。

2）对于滑块可以在任何位置停止的压力机（如摩擦式离合器），计算公式是：

$$D_s \geqslant 1.6T_s \tag{3—4}$$

式中　T_s——双手离开操纵器断开压力机离合器的控制线路到滑块完全停止的时间，s。要考虑滑块的惯性，取最长时间。T_s值对不同的压力机应在曲轴转到90°左右处进行实测来获取。

（4）操纵器的装配距离要求。装配距离，是指两个操纵器（按钮或操纵手柄的手握部位）内边距离。最小内边距离大于250 mm，最大内边距离小于600 mm。

（5）防止意外触动的措施。按钮不得凸出台面；手柄也应采取措施，防止被意外触动、刮碰引起压力机误动作。

需要说明，双手操作式安全装置只能保护使用该装置的操作者，不能保护其他人员的安全。当需要多人同时操作一台压力机时，应为每一个操作者都配备双手操纵器。

3. 机械式安全装置

通过机械方式，借助各种形式的器具，将人体部位（主要是手）从作业危险区移开，从而达到保护的目的。安全装置的动力来自于压力机的滑块，可实现滑块的危险行程与机械式安全装置的保护作用同步，不影响生产率是本类装置的显著特点。常见的类型有拨手式、拉手式等。

（1）拨手式安全装置。由压杆、拨手杆、拨手器、滑块压轮和复位弹簧组成（见图3—16），压杆和拨手杆与滑块的滑道固定铰接，复位弹簧连接压杆的一端。滑块在下行程时，压轮向下滚压压杆，带动拨手杆从左至右扫过危险区，安装在拨手杆端的拨手器把操作者的手推开，同时将复位弹簧拉长；当滑块回程运动时，压轮随滑块向上运动，解除对压杆的压力，在复位弹簧拉力作用下，拨手杆绕铰接点向左恢复到原始位置，在此期间操作者可以伸手进入模口区操作。该装置应符合以下安全技术要求：

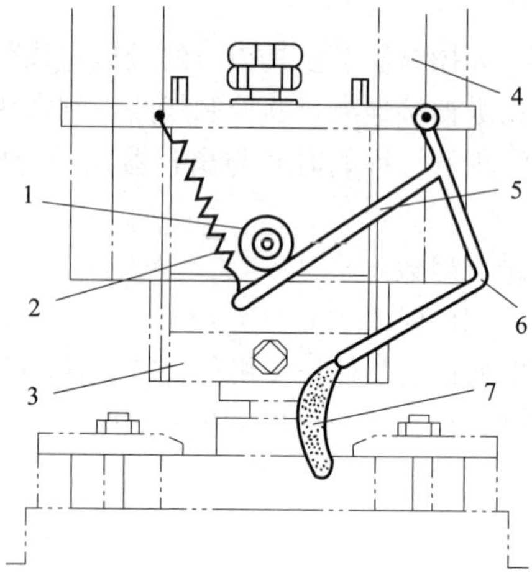

图 3—16 拨手式安全装置

1—压轮 2—复位弹簧 3—滑块 4—滑道 5—压杆 6—拨手杆 7—拨手器

1）可靠的保护范围。由拨手杆的摆动范围来保证。拨手杆左右摆动的幅度应超过模具的宽度，拨手杆的长度、摆动幅度应可调，以适应不同加工需要。

2）不能造成新的伤害。拨手器与手接触一侧应采用软材料（如橡胶、软塑料等），防止把人手击伤。

拨手式安全装置的缺点是杆的摆动会对操作者视线造成干扰，拨手器与手接触会带来不适。但在正常情况下，一般人的操作速度快于拨杆的摆动速度，拨手器与手接触的情况很少发生。

（2）拉手式安全装置。以滑块或连杆为动力源，在滑块的下行程，借助杠杆和绳索的联合作用，将操作者的手从危险区拉出来。基本组成有杠杆系统、滑块、钢丝绳拉索和手腕带（见图 3—17）。按拉索的拉出方向可分为侧拉式和背拉式两种。

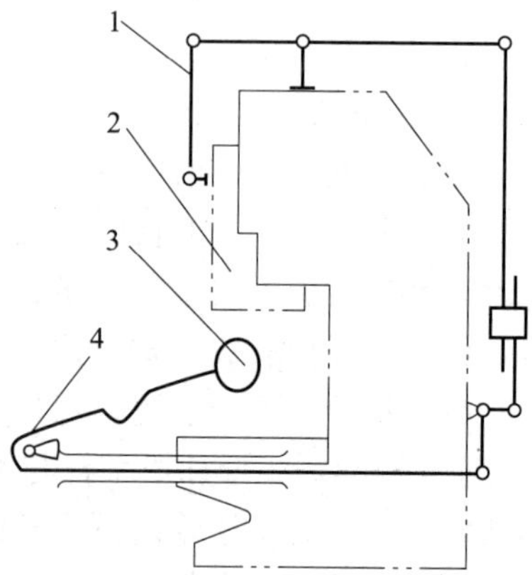

图 3—17 拉手式安全装置

1—杠杆系统 2—滑块

3—手腕带 4—钢丝绳拉索

其工作原理是：在滑块下行程时，滑块带动杠杆，借助拉索强制拉出套在手腕带里的手；滑块上行程时，拉索松弛，手又可以进出模口区自由操作。开始有些不习惯，待操作熟练后，只要操作动作快于拉索的牵拉，很少有被牵拉的感觉。只有当手动作慢于拉索牵引时，才会偶感被动。该装置结构简单、实用，不干扰操作者视线，不影响生产率，在国外的小型压力机上普遍使用。缺点是由于拉索的约束，人的行动特别是手部的活动范围受到限制。拉手式安全装置的安全技术要求是：

1）装置性能可靠，拉索有足够强度不被拉断，各部件之间的连接和与机架的固定要牢固可靠，杠杆和滑轮动作灵活，滑轮和各铰接处不得卡塞。

2）手腕带应舒适、柔软、形状适宜，方便穿戴和摘除。在拉索受力拉紧时，手腕带不能把手拉伤，不得从手腕上拉脱。手腕带本身及与拉索连接处应能承受足够的拉力不被破坏。

3）拉索应能调节，松弛量应在滑块到达上止点时，扣上手腕带的手能摸到头和小腿，保证手的活动范围；滑块下行时，应能切实把操作者的手拉出危险区。

原则上操作者双手都应采用。在多人操作的压力机上，每人应配备单独的一套拉手式安全装置。

4. 检测式安全装置

检测式安全装置是一种安全性好、灵敏度高的压力机安全装置（见图 3—18），有光线式和人体感应式两种。大致的工作原理是通过制造一个保护幕（光幕或感应幕）将压力机的危险区包围，或设在通往危险区的必经之路上。当人体的某个部位进入危险区（或接近危险区）时，必将破坏保护幕的完整性，受阻信号立刻被装置检测出来，经过放大处理，切断压力机的控制线路，使滑块停止运动或不能启动，从而避免人身事故。感应式安全装置由于对环境的适应性稍差，较少使用。光线式安全装置由于动作灵敏，结构简单，容易调整维修，特别对操作者无视觉干扰，不影响生产率，因而得到广泛应用。

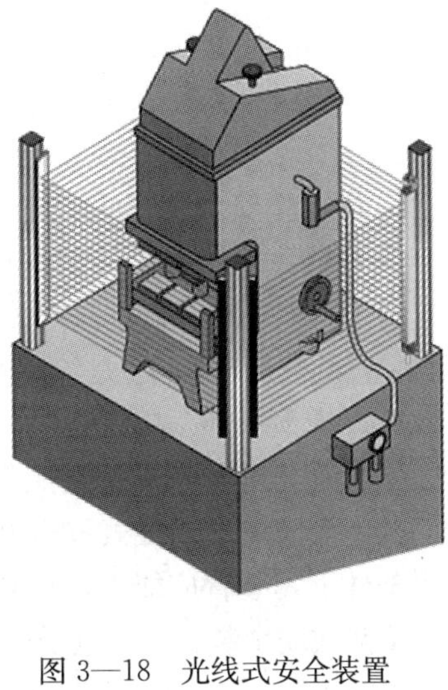

图 3—18　光线式安全装置

光线式安全装置通过在压力机上设置投光器和接收器，在二者之间形成光幕将危险区包围。当人体的任一部分遮断光线时，装置检测出这一状态，并输出信号使滑块不能启动或停止运行。光源一般采用红外光线或周期性的点射光。该装置必须有可靠的技术措施实现以下功能：

（1）保护范围。由保护长度和保护高度构成的矩形保护幕将危险区包围，光幕不得采用三角形和梯形。投光器与受光器组成的光轴间距应根据光幕与模口区危险线的安全距离、人体测量参数、危险区的可进入性，充分考虑保证人的手和手臂通过光轴间距伸入时，不能受到伤害。

（2）自保功能。在保护幕被破坏、滑块停止运动后，即使人体撤出保护幕恢复完整，滑块也不能立即恢复运行，必须按动“恢复”按钮，滑块才能再次启动。

（3）不保护区功能。滑块回程时间，装置不起作用，在此期间即使保护幕被破坏，滑块也不停止运行，以利操作者的手出入模口区操作。

（4）自检功能。当安全装置自身出现任何故障时，应能立即发出信号，使滑块处于停止状态，并在故障排除以前不能再启动。

（5）响应时间与安全距离。响应时间是指从保护幕被破坏到安全装置的输出接点断开压力机控制线路的时间。这是标志装置安全性能的主要指标之一，响应时间不得超过 0.02 s。

（6）安全距离。是指保护幕到模口危险区的最短距离。压力机离合器的结构形式不同，安全距离的计算公式也不同。

对于不能使滑块在任意位置停止的压力机，公式同 3—3。

对于滑块可在任意位置停止的压力机，公式为：

$$D_s = 1.6(T_1 + T_2) \tag{3—5}$$

式中　T_1——安全装置的响应时间（一般按允许最长时间 0.02 s 考虑），s；

T_2——从压力机控制线路切断至滑块完全停止的时间，s。

对于摩擦式离合器，时间因素则要考虑装置的响应时间和压力机性能影响两个方面。装置的响应时间 T_1 是给定的技术参数，T_2 则应在曲轴转到 90°附近实际测定。

（7）抗干扰性。应考虑安全装置对周围环境的适应范围（包括海拔高度、环境温度、空气相对湿度以及光照等），若超出范围，装置的灵敏、可靠都无法保证，反而是不安全的。光线式安全装置应具有抗光线干扰的可靠性，在小于 100 W 的照明条件下，装置应能正常可靠地工作。

检测式安全装置属于电子产品，精密度较高，它的生产必须有主管部门的监督，并经国家指定的技术检验部门按有关的安全标准鉴定，取得许可证后，才能生产。

5. 手用工具

冲压事故率最高的时段发生在送取料阶段。而我国目前相当数量的冲压机械还仍然靠手工送取料，一个廉价简便的方法就是利用手用工具。手用工具是指在压力机主机以外，为用户安全操作提供的手用操作工具。常用的有手用钳、钩、镊、夹、各式吸盘（电磁、真空、永磁）及工艺专用工具等，是安全操作的辅助手段。手用工具的设计和选用要注意以下几点：

（1）符合安全人机工程学要求。手柄形状要适于操作者的手把持，并能阻止在用力时手向前握或前移到不安全位置，避免因使用不当而受到伤害。

（2）结构简单方便使用。手用工具的工作部位应与所夹持坯料的形状相适应，以利于夹持可靠、迅速取送、准确入模。

（3）不损伤模具。手用工具应尽量采用软质材料制作，以防意外情况下，工具未及时退出模口，当模具闭合时造成压力机过载。

（4）符合手持电动工具的安全要求。

需要强调指出，在正常操作时，坚持正确地使用手用工具对降低冲压事故确实能起到一定作用，但是手用工具本身并不具备安全装置的基本功能，因而不是安全装置。它只能代替人手伸进危险区，不能防止操作者不使用或使用不正确时手意外伸进危险区。采用手用工具还必须同时使用安全装置。

本章小结

本章主要介绍了常见危险机械——磨削机械、木工机械、压力机械的安全技术，对磨削机械、木工机械、压力机械的加工危险因素进行了识别，讲授了作业区的安全保护措施和装置、作业管理及安全操作技术。通过对这些内容的学习，使学生们能够完成对常见危险机械的实际使用场所制定出相应的安全作业管理要求及安全操作技术要求。

复习思考题

1. 危险机械主要包括哪些机械？
2. 磨削加工的特点是什么？
3. 磨削加工的危险因素是什么？砂轮机的安全技术要求有哪些？
4. 木工事故特点是什么？
5. 木材加工的危险因素有哪些？
6. 木工机械加工操作区安全保护措施有哪些？
7. 压力加工的特点是什么？
8. 压力加工的危险因素是什么？
9. 压力机作业区的安全保护装置有哪些？它们的作用分别是什么？

第四章　起重机械安全技术

本章学习目标

通过本章的学习，应当：

1. 掌握起重机械的类型、性能参数、三大基本组成结构及其特点。

2. 掌握起重机械安全防护装置的结构，熟知安全防护装置的作用。

3. 掌握起重机械常见故障、故障原因及排除方法，熟知重要零部件的报废标准。

4. 掌握起重机械安全作业管理及检验的方法。

5. 掌握起重机械安全操作技术与要求。

6. 了解起重机械常见事故类型，掌握事故防范措施。

起重机械是用来对物料进行起重、运输、装卸或安装等作业的机械设备，广泛应用于国民经济各部门，起着减轻体力劳动、节省人力、提高劳动生产率和促进生产过程机械化的作用。

第一节　起重机械基本知识

一、起重机械的类型

起重机械的类型可以按照以下原则进行分类：

（1）按构造分。桥架型起重机、缆索型起重机、臂架型起重机。

（2）按取物装置和用途分。吊钩起重机、抓斗起重机、电磁起重机、冶金起重机、堆垛起重机、集装箱起重机、安装起重机和救援起重机。

（3）按运移方式分。固定式起重机、运行式起重机、爬升式起重机、便携式起重机、随车起重机以及辐射式起重机。

（4）按工作机构驱动方式分。手动起重机、电动起重机、液压起重机、内燃起重机和蒸汽起重机等。

起重机械的类型见表 4—1。

表 4—1　　起重机械的类型

	类型			
	轻小型起重机	桥架型起重机	臂架型起重机	堆垛起重机
起重机械	千斤顶	梁式起重机	固定回转起重机	桥式堆垛起重机
	手扳葫芦	通用桥式起重机	门座起重机	巷道堆垛起重机
	手拉葫芦	门式起重机	塔式起重机	双立柱堆垛起重机
	电动葫芦	装卸桥	汽车起重机	单立柱堆垛起重机
	单轨起重机	冶金桥式起重机	轮胎起重机	
		缆索起重机	履带起重机	
			铁路起重机	
			浮式起重机	

二、起重机械的性能参数和工作级别

1. 起重机械的性能参数

起重机的技术参数表明起重机的工作性能和技术经济指标，既是设计起重机的技术依据，也是制造和选用起重机的依据。

起重机的主要技术参数有：

（1）额定起重量。起重机正常工作时允许一次起吊的物品或物料以及可分吊具或属具质量的总和，其单位为 t 或 kg。

（2）起升高度。从地面或轨道顶面至取物装置允许最高起升位置的垂直距离，其单位为 m。

（3）跨度。桥架型起重机大车运行轨道中心线之间的水平距离，其单位为 m。

（4）幅度。旋转臂架型起重机处于水平位置时，取物装置中心铅垂线与回转中心线之间的水平距离，其单位为 m。

（5）机构工作速度。起重机机构工作速度根据作业要求而定。如额定起升速度是指起升机构电动机在额定转速或油泵输出额定流量时，取物装置满载起升的速度，其单位为 m/min。

臂架式起重机的主要技术参数中还包括起重力矩等；对于轮胎、汽车、履带、铁路起重机，其爬坡度和最小转弯半径也是主要技术参数。对于某些类型的起重机而言，生产率、轨距、基距、最大轮压、自重、外形尺寸等也是重要的参数。

2. 起重机械的工作级别

（1）整机的工作级别。根据起重机的 10 个使用等级和 4 个载荷状态级别，起重机整机的工作级别划分为 A1～A8 共 8 个级别，见表 4—2。

表 4—2　　起重机整机的工作级别

载荷状态级别	载荷谱系数 K_P	起重机的使用等级									
		U_0	U_1	U_2	U_3	U_4	U_5	U_6	U_7	U_8	U_9
Q1	$K_P \leqslant 0.125$	A1	A1	A1	A2	A3	A4	A5	A6	A7	A8
Q2	$0.125 < K_P \leqslant 0.250$	A1	A1	A2	A3	A4	A5	A6	A7	A8	A8
Q3	$0.250 < K_P \leqslant 0.500$	A1	A2	A3	A4	A5	A6	A7	A8	A8	A8
Q4	$0.500 < K_P \leqslant 1.000$	A2	A3	A4	A5	A6	A7	A8	A8	A8	A8

（2）机构的工作级别。根据机构的 10 个使用等级和 4 个载荷状态级别，机构单独作为一个整体进行分级的工作级别划分为 M1～M8 共 8 级，见表 4—3。

表 4—3　　机构的工作级别

载荷状态级别	载荷谱系数 K_m	机构的使用等级									
		T_0	T_1	T_2	T_3	T_4	T_5	T_6	T_7	T_8	T_9
L1	$K_m \leqslant 0.125$	M1	M1	M1	M2	M3	M4	M5	M6	M7	M8
L2	$0.125 < K_m \leqslant 0.250$	M1	M1	M2	M3	M4	M5	M6	M7	M8	M8
L3	$0.250 < K_m \leqslant 0.500$	M1	M2	M3	M4	M5	M6	M7	M8	M8	M8
L4	$0.500 < K_m \leqslant 1.000$	M2	M3	M4	M5	M6	M7	M8	M8	M8	M8

(3) 结构件或机械零件的工作级别。根据结构件或机械零件的使用等级及应力状态级别，结构件或机械零件工作级别划分为 E1～E8 共 8 个级别，见表 4—4。

表 4—4　　结构件或机械零件的工作级别变化

应力状态级别	使用等级										
	B_0	B_1	B_2	B_3	B_4	B_5	B_6	B_7	B_8	B_9	B_{10}
P1	E1	E1	E1	E1	E2	E3	E4	E5	E6	E7	E8
P2	E1	E1	E1	E2	E3	E4	E5	E6	E7	E8	E8
P3	E1	E1	E2	E3	E4	E5	E6	E7	E8	E8	E8
P4	E1	E2	E3	E4	E5	E6	E7	E8	E8	E8	E8

三、起重机械的基本组成

起重机不论结构简单还是复杂，其共同点都是由三大部分组成，即金属结构、工作机构和电控系统。

1. 金属结构

金属结构是起重机的骨架，其作用是承受和传递起重机负担的各种工作载荷、自然载荷以及自重载荷。由于超载或疲劳等原因，导致起重机金属结构局部或整体受力构件出现裂纹和塑性变形，这涉及强度问题；由于超载或冲击振动等原因，导致起重机金属结构的主要受力构件发生了过大的弹性变形，或产生剧烈的振动，这涉及刚度问题；由于载荷移到悬臂端发生超载或变幅加速度过大，导致带有悬臂的起重机倾翻，这涉及整机倾覆稳定性问题，这些都与起重机金属结构的可靠性和安全性密切相关。因此，金属结构必须具有足够的强度、刚度和稳定性，才能保证起重机的正常使用。

以下简要介绍几种典型起重机金属结构的组成和特点。

(1) 桥式起重机的金属结构。桥式起重机的金属结构是指桥式起重机的桥架，如图 4—1 所示，桥式起重机的桥架由主梁 1、端梁 2、栏杆 3、走台 4、轨道 5 和司机室 6 等构件组成。其中件 1 和 2 为主要受力构件，其他为非受力构件。主梁与端梁之间采用焊接或螺栓连接。端梁多采用钢板组焊成箱形结构。主梁截面结构形式多种多样，常用的多为箱形截面梁或桁架式主梁。

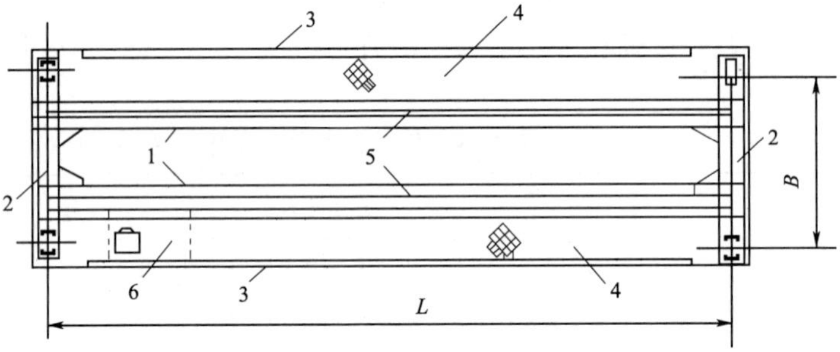

图 4—1　桥式起重机桥架

1—主梁　2—端梁　3—栏杆　4—走台　5—轨道　6—司机室

（2）门式起重机的金属结构。门式起重机的金属结构主要由主梁、端梁、马鞍、支腿、下横梁以及小车架等部分组成。根据门架的结构特点，金属结构可分为无悬臂式（见图 4—2a)、双悬臂式（见图 4—2b）和单悬臂式（见图 4—2c）等。

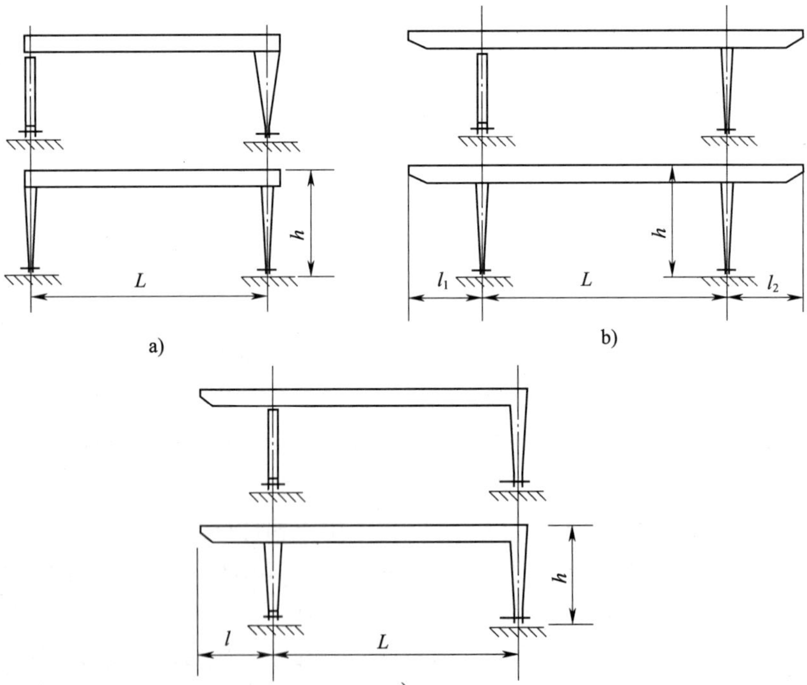

图 4—2　门式起重机

L—跨度　l_1，l_2—悬臂长　h—高度

（3）塔式起重机的金属结构。塔式起重机的金属结构是指塔式起重机的塔架，图 4—3 所示为塔式起重机的典型产品——自升塔式起重机的金属结构。

自升塔式起重机的金属结构——塔架是由塔身 1、臂架 2、平衡臂 3、爬升套架 4、附着装置 5 及底架 6 等构件组成，其中塔身、臂架和底座是主要受力构件，臂架和平衡臂与塔身之间通过销轴相连接，塔身与底座之间通过螺杆连接固定。图 4—3 所示自升塔式起重机属于上回转式中的自升附着型结构形式。塔身是截面为正方形的桁架式结构，由角钢组焊而成。臂架为受弯臂架，截面多为矩形或三角形桁架式结构，由角钢或圆管组焊而成。

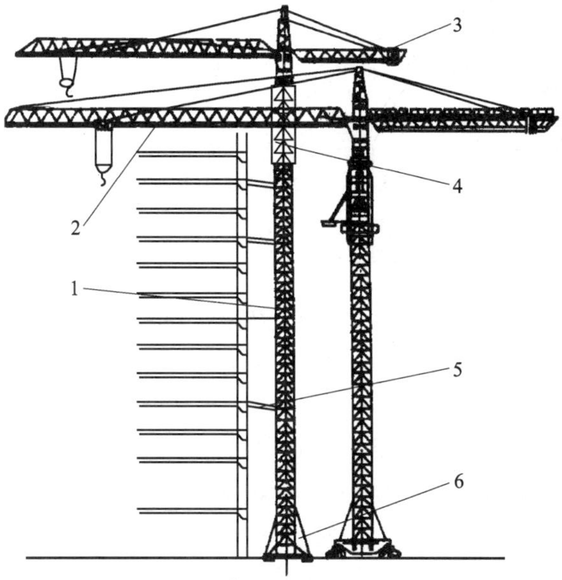

图 4—3 自升塔式起重机

1—塔身 2—臂架 3—平衡臂 4—爬升套架 5—附着装置 6—底架

（4）门座起重机的金属结构。图 4—4 所示为刚性拉杆式组合臂架式门座起重机的金属结构，是由交叉式门架 1、转柱 2、桁架式人字架 3 与刚性拉杆组合臂架 4 等构件组成。其中门架、人字架和臂架是主要受力构件。各构件之间采用销轴连接或螺栓连接固定。

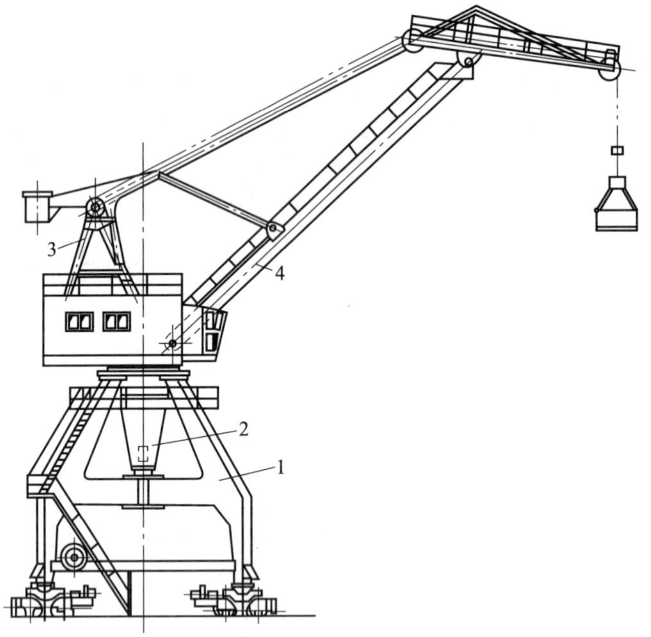

图 4—4　刚性拉杆式组合臂架式门座起重机

1—交叉式门架　2—转柱　3—桁架式人字架　4—刚性拉杆组合臂架

（5）轮胎起重机的金属结构。图 4—5 所示为轮胎起重机，其金属结构主要由吊臂 1、转台 2 和车架 3 等构件组成。其中吊臂如图 4—6 所示，吊臂结构形式分为桁架式和伸缩臂式，伸缩臂式为箱形结构，桁架式吊臂由型钢或钢管组焊而成。吊臂是主要受力构件，它直接影响起重机的承载能力、整机稳定性和自重的大小。

转台分为平面框式和板式两种结构形式，均为钢板和型钢组合焊接构件。转台用来安装吊臂、起升机构、变幅机构、旋转机构、配重、电动机和司机室等。

车架又称为底架，分为平面框式和整体箱形结构。车架用来安装底盘与运行部分。

2. 工作机构

能使起重机实现某种作业动作的传动系统，统称为起重机的工作机构。因起重运输作业的需要，起重机要实现升降、移动、旋转、变幅、爬升及伸缩等动作，这些动作由相应的机构来完成。

起重机最基本的四大机构为起升机构、运行机构、回转机构（又称旋转机构）和变幅机构。除此之外，还有塔式起重机的塔身爬升机构和汽车、轮胎等起重机专用的支腿伸缩机构等。

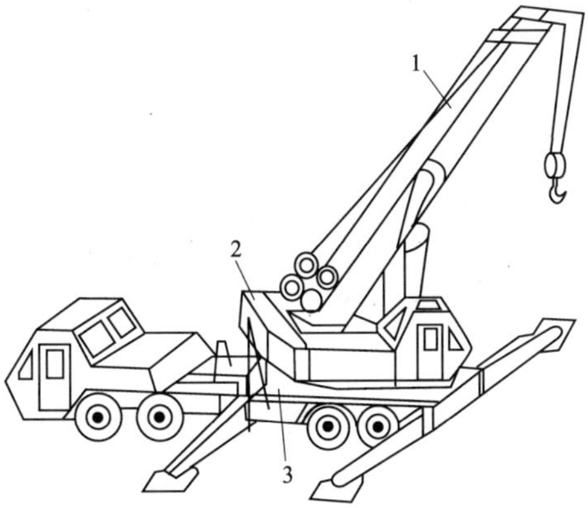

图 4—5　轮胎起重机的钢结构

1—吊臂　2—转台　3—车架

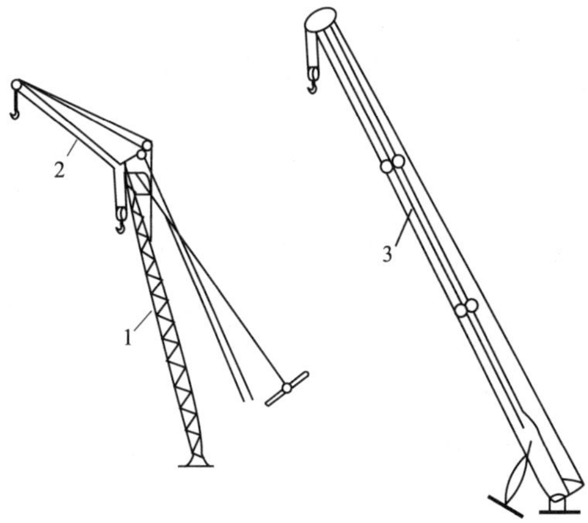

图 4—6　轮胎起重机吊臂结构形式

1—桁架式主臂　2—桁架式副臂　3—箱形伸缩臂

起重机的每个机构均由四种装置组成：驱动装置、制动装置、传动装置，以及与机构的作用直接相关的专用装置，如起升机构的取物缠绕装置、运行机构的车轮装置、回转机构的旋转支撑装置和变幅机构的变幅装置等。

驱动装置分为人力和动力两种形式。手动起重机是依靠人力直接驱动；动力驱动装置是电动机、内燃机以及液压泵或液压马达。

制动装置是制动器。各种不同类型的起重机根据各自的特点与需要，采用各种块式、盘式、带式、内张蹄式和锥式制动器。

传动装置是指减速器、联轴器、传动轴等。各种不同类型的起重机根据各自的特点与需要，采用定轴齿轮、蜗轮和行星等形式的减速器。

（1）起升机构。起升机构由驱动装置、制动装置、传动装置和取物缠绕装置组成。最典型的起升机构的组成如图 4—7 所示。

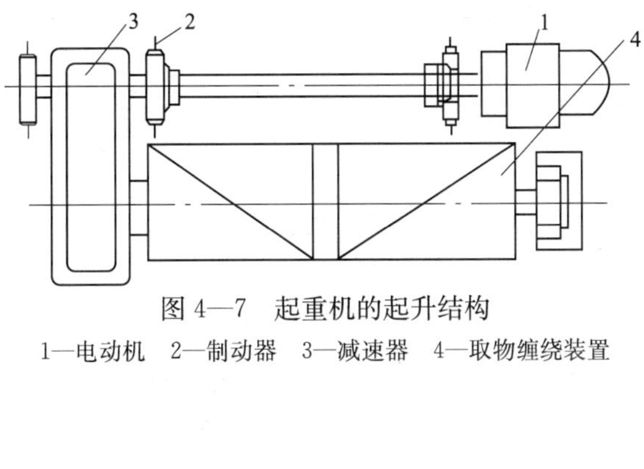

图 4—7　起重机的起升结构

1—电动机　2—制动器　3—减速器　4—取物缠绕装置

驱动装置采用电力驱动时为电动机，其中葫芦起重机多采用鼠笼电动机，其他电动起重机多采用绕线电动机或直流电动机。履带、铁路起重机的起升机构驱动装置为内燃机。汽车、轮胎起重机的起升机构驱动装置是由原动机带动的液压泵或液压马达。

（2）运行机构。运行机构可分为轨式运行机构和无轨式运行机构（轮胎、带式运行机构），这里只介绍轨式运行机构（以下简称运行机构）。轨式运行机构除了铁路起重机以外，基本都为电动机驱动形式。因此，起重机的运行机构是由驱动装置——电动机、制动装置——制动器、传动装置——减速器和车轮装置四部分组成。

车轮装置由车轮、车轮轴、轴承及轴承箱等组成。采用无轮缘车轮，是为了将轮缘的滑动摩擦变为滚动摩擦，此时应增设水平导向轮。车轮与车轴的连接可采用单键、花键或锥套等多种方式。

起重机的运行机构可分为集中驱动和分别驱动两种形式。

集中驱动是由一台电动机通过传动轴驱动两边车轮转动运行的运行机构形式，如图 4—8 所示。集中驱动只适合小跨度的起重机或起重小车的运行机构。

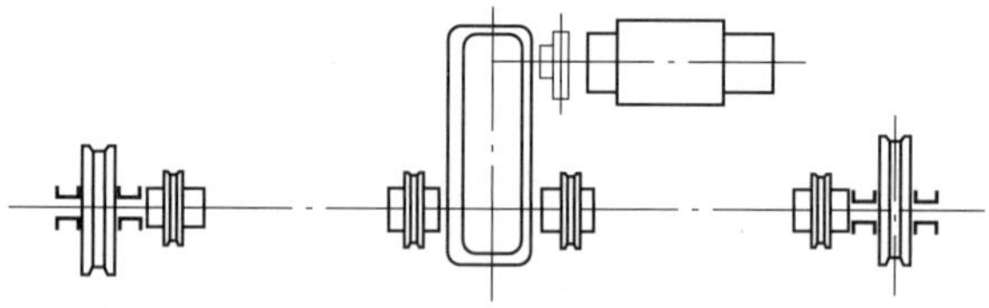

a)

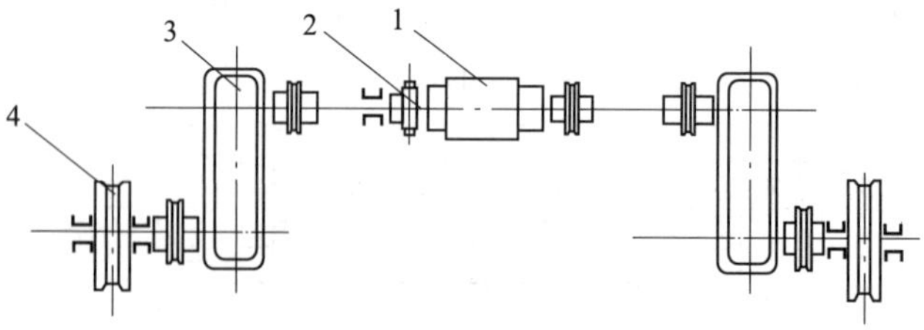

b)

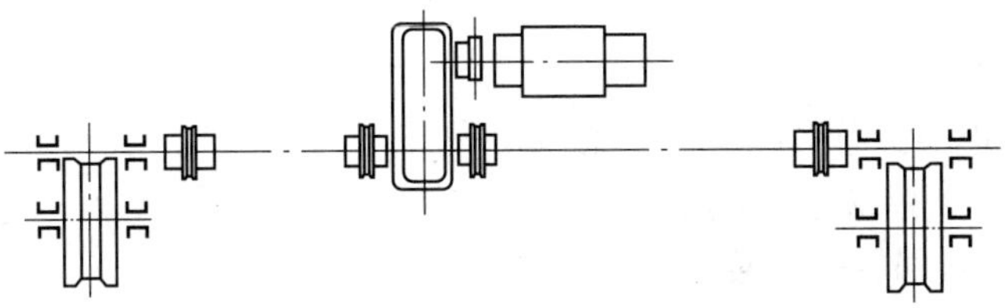

c)

图 4—8　集中驱动的运行机构

a）低速轴驱动　b）高速轴驱动　c）中速轴驱动

1—电动机　2—制动器　3—减速器　4—车轮机构

分别驱动是两边车轮分别采用两套独立、无机械联系的驱动装置的运行机构形式，如图 4—9 所示。

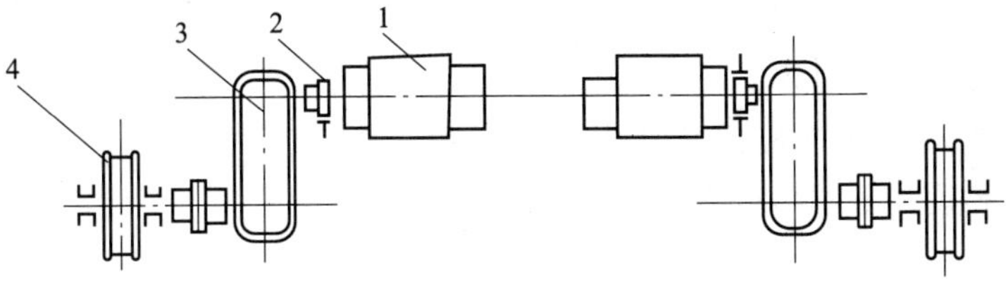

图 4—9　分别驱动的运行机构

1—电动机　2—制动器　3—减速器　4—车轮装置

随着葫芦式起重机技术的发展，电动机采用锥形制动电动机，将驱动与制动两个机能合二为一，又进一步发展为将电动机、制动器和减速器三者合为一体，三者不再需要用联轴器连接，电动机轴同时也是制动器和减速器的高速轴，三者不可再分，构成一种十分紧凑的整体，或称为“三合一”驱动装置，目前已经为起重小车和起重大车分别驱动形式所采用。图 4—10 所示分别驱动的运行机构，是由独立的“三合一”驱动装置 1 和车轮装置 2 组成。

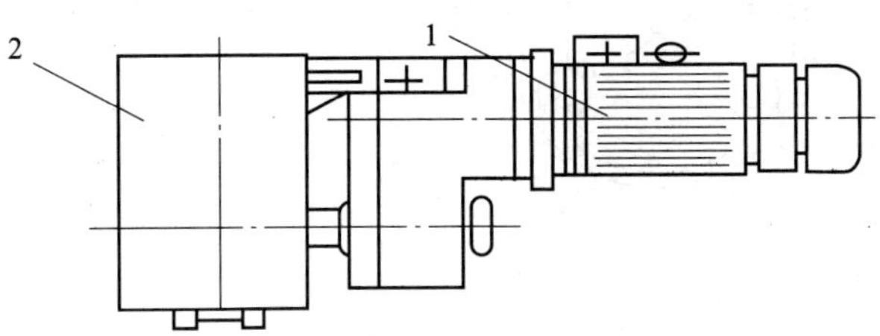

图 4—10　分别驱动的“三合一”运行结构

1—“三合一”驱动装置　2—车轮装置

（3）旋转机构。旋转机构由驱动装置、制动装置、传动装置和回转支撑装置组成。

1）回转支撑装置分为柱式和转盘式两大类。

①柱式回转支撑装置又分为定柱式回转支撑装置和转柱式回转支撑装置。

定柱式回转支撑装置如图4—11所示。由一个推力轴承与一个自位径向轴承及上、下支座组成。浮式起重机多采用定柱式回转支撑装置。

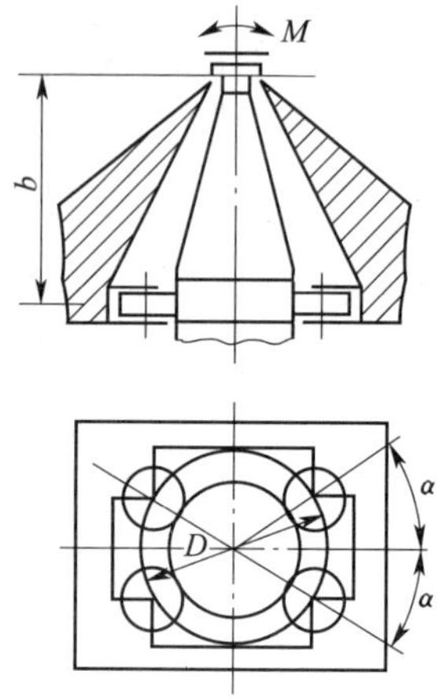

图4—11　定柱式回转支撑装置

转柱式回转支撑装置如图4—12所示，由滚轮、转柱、上下支撑座及调位推力轴承、径向球面轴承等组成。塔式、门座起重机多采用转柱式回转支撑装置。

②转盘式回转支撑装置又分为滚子夹套式回转支撑装置和滚动轴承式回转支撑装置。

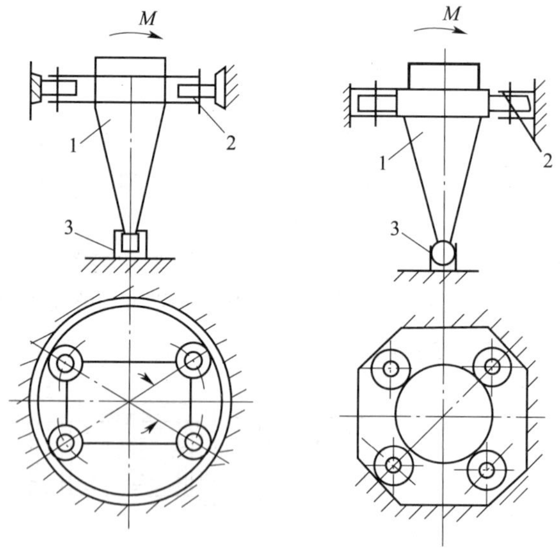

图4—12　转柱式回转支撑装置

1—滚柱　2—滚轮　3—调位推力轴承

滚子夹套式回转支撑装置是由转盘、锥形或圆柱形滚子、轨道及中心轴枢等组成，如图 4—13 所示。

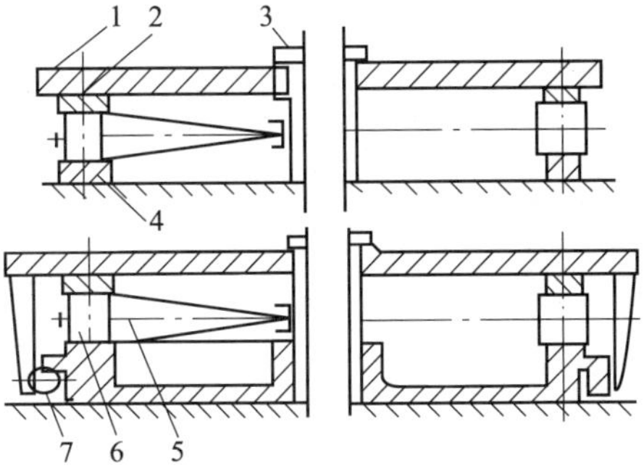

图 4—13　滚子夹套式回转支撑装置

1—转盘　2—转动轨道　3—中心轴枢　4—固定轨道
5—拉杆　6—滚子　7—反抓滚子

滚动轴承式回转支撑装置是由球形滚动体、回转座圈和固定座圈组成，如图 4—14 所示。

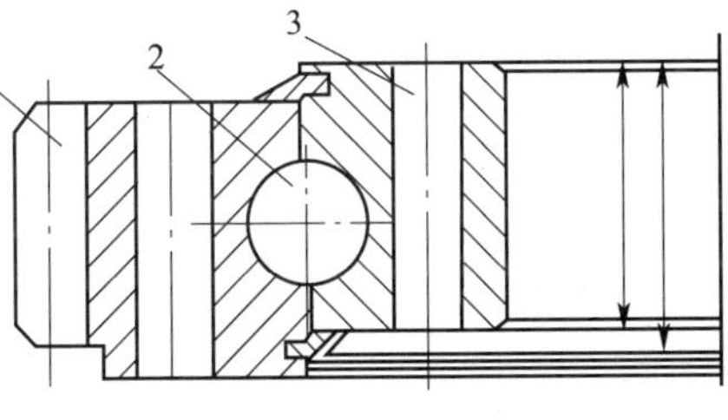

图 4—14　滚动轴承式回转支撑装置

1—回转座圈　2—球形滚动体　3—固定座圈

2）回转驱动装置分为电动回转驱动装置和液压回转驱动装置。

①电动回转驱动装置通常装在起重机的回转部分上，由电动机经过减速器带动最后一级开式小齿轮，小齿轮与装在起重机固定部分的大齿圈（或针齿圈）相啮合，以实现起重机的回转。

电动回转驱动装置有卧式电动机与蜗轮减速器传动、立式电动机与立式圆柱齿轮减速器传动和立式电动机与行星减速器传动三种形式。

②液压回转驱动装置有高速液压马达与蜗轮减速器或行星减速器传动，以及低速大扭矩液压马达回转机构两种形式。

（4）变幅机构。变幅机构按工作性质分为非工作性变幅（空载）和工作性变幅（有载）；按机构运动形式分为运行小车式变幅和臂架摆动式变幅；按臂架变幅性能分为普通臂架变幅和平衡臂架变幅。

1）普通臂架变幅机构分为臂架摆动式和牵引小车式，如图4—15所示。臂架摆动式变幅机构又分为定长臂架变幅机构和伸缩臂架变幅机构。臂架摆动式变幅机构适用于汽车、轮胎、履带、铁路和桅杆起重机。牵引小车式变幅机构适用于塔式起重机。

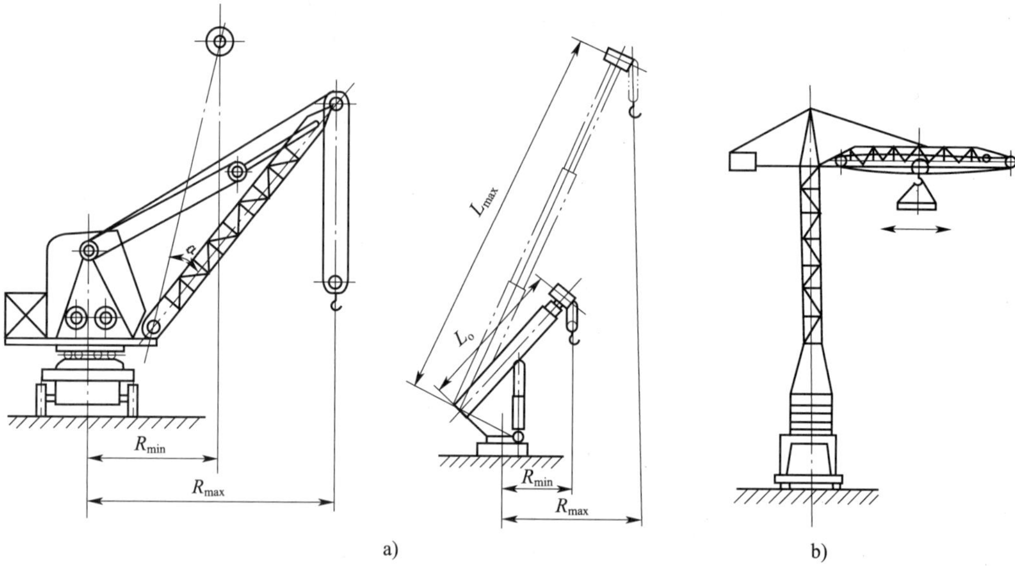

图 4—15　普通臂架变幅机构

a）臂架摆动式　b）运行小车式

2）平衡臂架变幅机构分为绳索补偿型和组合臂架型。绳索补偿型又分为滑轮补偿型和卷筒补偿型。组合臂架型又分为四连杆组合臂架型和平行四边形组合臂架型。

第二节　起重机械安全防护装置

为保证起重机械设备及人员的安全，各种类型的起重机械均设有多种安全防护装置，常见的起重机械安全防护装置有各种类型的限位器、缓冲器、防碰撞装置、防偏斜和偏斜指示装置、夹轨器和锚定装置、超载限制器和力矩限制器等。

一、超载限制器

超载作业对起重机危害很大，既会造成起重机主梁的下挠，主梁的上盖板及腹板有可能出现失稳、裂纹或焊缝开裂，还会造成起重机臂架或塔身折断等重大事故。由于超载而破坏了起重机的整体稳定性，有可能发生整机倾覆等恶性事故。超载作业所产生的过大应力，可以使钢丝绳拉断、传动部件损坏、电动机烧毁，或由于制动力矩相对不够，导致制动失效等。

（1）超载保护装置按其功能可分为自动停止型、报警型和综合型等几种。

1）自动停止型超载限制器在起升重量超过额定起重量时，能停止起重机向不安全方向继续动作，同时允许起重机向安全方向动作。安全方向是指吊载下降、收缩臂架、减小幅度及这些动作的组合。自动停止型一般为机械式超载限制器，它多用于塔式起重机。其工作原理是通过杠杆、偏心轮、弹簧等反映载荷的变化，根据这些变化与限位开关配合达到保护作用。

2）警报型超载限制器能显示出起重量，并当起重量达到额定起重量的95％～100％时，能发出报警的声光信号。

3）综合型超载限制器能在起重量达到额定起重量的95％～100％时发出报警的声光信号；当起升重量超过额定起重量时，能停止起重机向不安全方向继续动作。

（2）超载限制器按结构形式可分为机械型、液压型和电子型等。

1）机械型的超载限制器有杠杆式和弹簧式等。

2）电子超载限制器的逻辑框图如图4—16所示，属于电子类型载荷限制器，它可以根据事先调节好的起重量来报警，一般将它调节为额定起重量的90％；自动切断电源的起重量调节为额定起重量的110％。

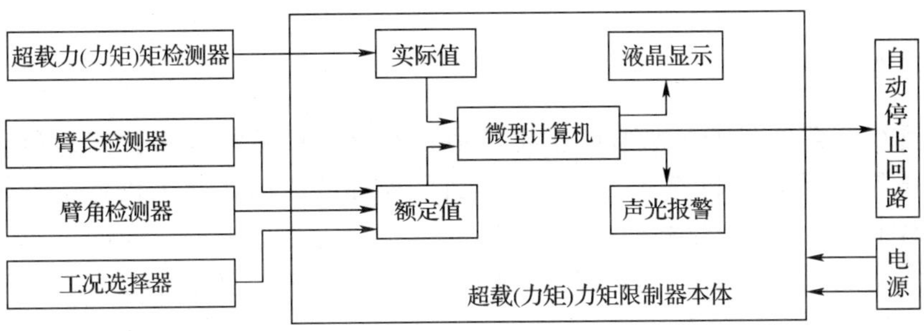

图4—16　电子超载限制器框图

二、起重力矩限制器

臂架式起重机工作幅度的可变性是其工作特点。工作幅度是臂架式起重机的一个重要参数。变幅方式包括动臂变幅和起重小车变幅两种。起重量与工作幅度的乘积称为起重力矩。当起重量不变时，工作幅度越大，起重力矩就越大。当起重力矩不变时，起重量与工作幅度成反比。当起重力矩大于允许的极限力矩时，轻者造成臂架折弯或折断，重者造成起重机整机失稳而倾覆。在设计臂架式起重机时，已建立了起重量与工作幅度之间的力矩极限关系曲线——起重机特性曲线。根据《起重机械安全规程》（GB/T 6067—1985）规定：履带式起重机、起重量等于或大于 16 t 的汽车起重机和轮胎起重机、起重能力等于或大于 25 t·m 的塔式起重机应设置力矩限制器。其他类型或较小起重能力的臂架式起重机在必要时也要设置力矩限制器。力矩限制器的综合误差不应大于 10%。起重机械若设置力矩限制器，应根据其性能和精度进行调整或标定，当载荷力矩达到额定起重力矩时，能自动切断起升动力源，并发出禁止性报警信号。

常用的起重力矩限制器有机械式和电子式等。

电子式起重力矩限制器的逻辑框图如图 4—16 所示。它由力矩检测器、工况选择器和微型计算机等组成。其工作原理是：长度、角度检测器测出的臂长、臂角值及工况信息经过数据采集电路进入计算机，计算出该工况的额定值，而力矩检测器测出的信号经过数据采集电路进入计算机，计算出实际值。将额定值与实际值进行比较，当实际值大于或等于额定值的 90%时，发出预警信号；当实际值达到额定值时，发出禁止性报警信号，并通过自动停止回路，自动停止起重机向危险方向运动，但允许起重机向安全方向运动。同时，起重臂的长度、角度、幅度、起重量等参数经软件中数学模型的计算，分别送至液晶显示器显示。

三、缓冲器

设置缓冲器的目的是吸收起重机的运行动能，以减缓冲击。因为当运行极限位置限制器或制动装置发生故障时，由于惯性的原因，起重机将运行到终点与止挡体相撞。缓冲器设置在起重机或起重小车与止挡体相碰撞的位置。在同一轨道上运行的起重机之间，以及在同一起重机桥架上双小车之间也应设置缓冲器。

1. 缓冲器的类型

缓冲器类型较多，常用的缓冲器有弹簧缓冲器、橡胶缓冲器和液压缓冲器等。

2. 缓冲器的选择计算

缓冲器在碰撞之前，机构运行一般应切断运行极限位置限制器的限位开关，使机构在断电且制动状况下发生碰撞，以减小对起重机的冲撞和震动。因此行程开关设置的距离显得非常重要，需要设计计算后确定。缓冲器的选择计算如下：

(1) 缓冲器的冲击动能

$$E=\frac{mv_p^2}{2}-\sum p_r s \tag{4—1}$$

式中　m—冲击质量，kg；

s——缓冲距离，m；

$\sum p_r$——包括制动器作用的总运行阻力，N；

v_p——运行速度，m/s。

(2) 缓冲距离

$$s=\frac{v_p^2}{a_{max}} \tag{4—2}$$

式中　a_{max}——允许的最大减速度，4 m/s^2。

已知E、s、a_{max}后，可以从缓冲器样本中选择合适的缓冲器型号。

四、限位器

限位器是用来限制各机构在某范围内运转的一种安全防护装置，但不能利用限位器停车。它包括两种类型，一类是保护起升机构安全运转的上升极限位置限制器和下降极限位置限制器，另一类是限制运行机构的运行极限位置限制器。

1. 上升极限位置限制器和下降极限位置限制器

上升极限位置限制器是用于限制取物装置的起升高度。当吊具起升至上极限位置时，为防止吊钩等取物装置继续上升拉断起升钢丝绳，限位器能自动切断电源，使起升机构停止，避免发生重物失落事故。

下降极限位置限制器在取物装置下降至最低位置时，能自动切断电源，使起升机构下降，运转停止，此时应保证钢丝绳在卷筒上缠绕余留的安全圈不少于3圈。

2. 运行极限位置限制器

运行极限位置限制器由限位开关和安全尺式撞块组成。其工作原理是：当起重机运行到极限位置后，安全尺触动限位开关的传动柄或触头，带动限位开关内的闭合触头分开而切断电源，运行机构停止运转，起重机将在允许的制动距离内停车，即可避免因硬性碰撞止挡体对运行的起重机产生过度的冲击碰撞。

凡是有轨运行的各种类型的起重机，均应设置运行极限位置限制器。

五、防碰撞装置

对于同层多台或多层设置的桥式类型起重机，容易发生碰撞。在作业情况复杂、运行速度较快时，单凭司机判断避免事故是很困难的。为了防止起重机在轨道上运行时碰撞邻近的起重机，运行速度超过 120 m/min 时，应在起重机上设置防碰撞装置。其工作原理是：当起重机运行到危险距离范围时，防碰撞装置便发出警报，进而切断电源，使起重机停止运行，避免起重机之间的相互碰撞。

防碰撞装置有多种类型，均利用光或电波传播反射的测距原理，在两台起重机相对运动到设定距离时，自动发出警报，并可以同时发出停车指令。目前的产品主要有激光式、超声波式、红外线式和电磁波式等类型。

六、防偏斜装置

大跨度的门式起重机和装卸桥的两边支腿，在运行过程中，当出现相对超前或滞后的现象时，起重机的主梁与前进方向就会发生偏斜，这种偏斜轻者造成大车车轮啃轨道，重者会导致桥架被扭坏，甚至发生倒塌事故。为了防止大跨度的门式起重机和装卸桥在运行过程中产生过大的偏斜，应设置偏斜限制器、偏斜指示器或偏斜调整装置等，以保证起重机支腿在运行中不出现超偏现象，即通过机械和电器的联锁装置，将超前或滞后的支腿调整到正常位置，以防桥架被扭坏。当桥架偏斜达到一定量时，应能向司机发出信号或自动进行调整，当超过许用偏斜量时，应能使起重机自动切断电源，使运行机构停止运行，保证桥架安全。

常见的防偏斜装置有以下几种：钢丝绳式防偏斜装置、凸轮式防偏斜装置、链式防偏斜装置和电动式防偏斜指示及自动调整装置等。

七、抗风防滑和锚定装置

露天工作的轨道式起重机，必须安装可靠的防风夹轨器或锚定装置，以防止起重机被大风吹走或吹倒而造成严重事故。

《起重机械安全规程》规定：露天工作的起重机应设置夹轨器、锚定装置或铁鞋。对于在轨道上露天工作的起重机，其夹轨器、锚定装置或铁鞋应能保证非工作状态下在最大风力时不至于被吹倒。

1. 手动式夹轨器

手动式夹轨器包括垂直螺杆式夹轨器和水平螺杆式夹轨器。手动式夹轨器结构简单、紧凑、操作维修方便，但由于受到螺杆夹紧力的限制，安全性能差，且遇到大风袭击时，往往不能及时上钳夹紧，仅适用于中小型起重机使用。

2. 电动式夹轨器

电动式夹轨器有重锤式、弹簧式和自锁式等类型。

楔形重锤式电动夹轨器的优点是操作方便，工作可靠，易于实现自动上钳；缺点是自重大，重锤与滚轮间易磨损。

重锤式自动防风夹轨器，能够在起重状态下使钳口始终保持一定的张开度，并能在暴风突然袭击的情况下起到安全防护作用。它具有一定的延时功能，在起重机制动完成后才起作用，这样可以避免由于突然的制动而造成的过大的惯性力。它与楔形重锤式夹轨器相比具有自重小、对中性好的优点，可以自动防风，安全可靠，应用广泛。

3. 电动手动两用夹轨器

电动手动两用夹轨器主要通过电动工作，同时也可以通过转动手轮，使夹轨器上的夹钳夹紧。当采用电动机驱动时，电动机带动减速锥齿轮，通过螺杆和螺母压缩弹簧产生夹紧力使夹钳夹紧，电气联锁装置工作，终点开关断电，自动停止电动机运转。该夹轨器可以在运行机构使螺母退到一定行程后触动终点开关，运行机构方可通电运行。在螺杆上装有一手轮，当发生电气故障时，可以手动上钳或松钳。

4. 锚定装置

通常在轨道上每隔一段相应的距离设置一个锚定装置，它的作用是将起重机与轨道基础固定。当大风袭击时，将起重机开到设有锚定装置的位置，用锚柱将起重机与锚定装置固定，起到抗风防滑、保护起重机的作用。

八、防止起重机臂触电的安全装置

该装置是采用电磁感应的原理制成的，由发射机和接收机两部分组成，发射机安装在起重机臂端，而接收机安装在司机室内。发射机的电源是自动控制的，当起重机臂抬起10°时，电源自动接通，发射机处于工作状态。接收机的电源采用车体电源，只要司机接通动力，接收机即处于工作状态，同时与限位电磁阀连接。当起重机臂距离电力线 1.5 m（220～380 V）时则能发出警报，并且能切断继续向危险方向运动的动力源。

九、其他安全防护装置

1. 幅度指示器

流动式、塔式和门座式起重机应设置幅度指示器。

幅度指示器是用来指示起重机吊臂的倾角（幅度）以及在该倾角（幅度）下的额定起重量的装置。它有两种形式，一种是电子幅度指示器，可以随时正确显示幅度；另一种是采用一个重力摆针和刻度盘，盘上刻有相应倾角（幅度）和允许起吊的最大起重量。当起重臂改变角度时，重力指针与吊臂的夹角发生变化，摆针则指向相应的起重量。操作人员可按照指针指示的起重量安全操作。

2. 联锁保护装置

塔式起重机在动臂变幅机构与动臂支持停止器之间应设置联锁保护装置，使停止器在撤去支撑作用前，变幅机构不能开动。

由建筑物进入桥式及门式起重机司机室的门和由司机室登上桥架的舱口门应设置联锁保护装置。当门打开时，起重机不能接通电源。

3. 水平仪

起重量大于或等于 16 t 的流动式起重机，应设置水平仪。常用水平仪多为气泡式水平仪。主要由本体、带刻度的横向气泡玻璃管和纵向气泡玻璃管组成。当起重机处于水平位置时，气泡均处于玻璃管的中间位置，否则应调整垂直支腿伸缩量。

水平仪可以用来检查支腿支撑的起重机的倾斜度。

4. 防止吊臂后倾装置

流动式起重机和动臂变幅的塔式起重机应设置防止吊臂后倾装置，它应保证当变幅机构的行程开关失灵时能阻止吊臂后倾。

5. 极限力矩限制装置

具有可能自锁的旋转机构的塔式和门座式起重机应设置极限力矩限制装置，这种装置应保证当旋转阻力矩大于设计规定的力矩时，能发生滑动而起保护作用。

6. 风级风速报警器

臂架铰点高度大于 50 m 的塔式起重机及金属结构高度等于或大于 30 m 的门座式起重机应设置风级风速报警器，它应能保证露天工作的起重机当风力大于 6 级时能发出报警信号，并应有瞬时风速风级的显示能力；在沿海工作的起重机，当风力大于 7 级时应能发出报警信号。

7. 支腿回缩锁定装置

对于有支腿的起重机应设置支腿回缩锁定装置，这种装置应能保证工作时顺利打开支腿，非工作时支腿回缩后能可靠地锁定。

8. 回转定位装置

流动式起重机应设置回转定位装置，这种装置应能保证流动式起重机在整机行驶时，使上车能保持在固定的位置上。

9. 登机信号按钮

对于司机室设置在运动部分（与起重机自身有相对运动的部位）的起重机，应在起重机上容易触及的安全位置安装登机信号按钮。对于司机室安装在塔式起重机上部、司机室安装架设在有相对运动部位的门座式起重机及特大型桥式起重机，必要时也应安装登机信号按钮。其作用是用于司机和维修人员在登机时，按钮按动后在司机室及明显部位显示信号，使司机能注意到有人登机，防止意外事故发生。

第三节　起重机械常见故障及重要零部件的报废标准

一、通用桥式、门式起重机和电动葫芦的常见故障与排除

1. 通用桥式和门式起重机常见故障与排除（见表 4—5）

表 4—5　　通用桥式和门式起重机常见故障与排除

零部件	故障现象	故障原因	排除方法
制动器	制动不灵、刹不住车，起升机构溜钩，运行机构溜车，断电后制动滑行距离过大	（1）制动器杠杆系统中有的活动铰链被卡住 （2）制动轮表面有油污 （3）制动瓦衬严重磨损，铆钉裸露 （4）主弹簧调整不当或弹簧疲劳、老化，张力、制动力矩过小 （5）电磁铁冲程调整不当 （6）长行程制动器其水平杠杆下面有支撑物 （7）液压推杆制动器叶轮旋转不灵活	（1）加油润滑各铰接点 （2）用煤油清洗制动轮工作表面 （3）更换制动瓦衬 （4）调整主弹簧的张力或更换已疲劳的主弹簧 （5）按技术要求调整电磁铁冲程 （6）清理长行程制动电磁铁工作环境 （7）检修推动机构和电器部分

续表

零部件	故障现象	故障原因	排除方法
制动器	制动器打不开，制动力矩过大，表现为电动机“没劲”	（1）制动瓦衬胶粘在制动轮上 （2）活动铰链被卡住 （3）主弹簧张力过大 （4）制动螺栓弯曲，未能触碰到动衔铁 （5）电磁铁线圈烧毁 （6）液力推动器油液使用不当 （7）液力推动器的叶轮卡住 （8）电压低于额定电压的 80%，电磁铁吸力不足	（1）用煤油清洗制动轮工作面及瓦衬 （2）清除卡住地方的杂物，加油润滑铰链 （3）调整主弹簧，使其符合标准要求 （4）调整或更换制动螺栓 （5）更换线圈 （6）按工作环境更换适宜的油液 （7）检查电器部分和调整驱动机构 （8）测量电磁铁线圈电压值，查明电压降低的原因并予以解决
	制动瓦衬有焦味、冒烟，瓦衬迅速磨损	（1）制动瓦衬与制动轮间隙不均匀，在机构运转时，摩擦生热冒烟 （2）辅助弹簧失效，推不开制动臂，瓦衬始终贴压在动轮上 （3）制动轮工作表面粗糙	（1）调整制动器，以达到间隙均匀，运转时瓦衬能脱开制动轮 （2）更换辅助弹簧 （3）将制动轮工作表面重新加工
	制动力矩不稳定	（1）制动轮不圆 （2）制动轮与减速器输入轴不同心	（1）重新车制制动轮 （2）调整同心度使其一致
吊钩组	吊钩组坠落	（1）上升限位失效，造成钩头冲顶绳断，使吊钩组坠落 （2）重载时猛烈启动惯性力过大 （3）严重超载或钢丝绳损坏	（1）立即修复上升限位器，使其动作灵敏、工作可靠 （2）遵守安全操作规程，平稳启动 （3）严禁超载，更换新绳

续表

零部件	故障现象	故障原因	排除方法
吊钩组	钩头歪斜，转动不灵活	推力轴承损坏	更换推力轴承
	滑轮损坏	上升限位失效或操作不当，游摆碰撞所致	修好上升限位器，遵守操作规程，提高操作技术
小车运行机构	小车运行时打滑	（1）轨道上有油污、水或冰霜 （2）轮压不均，特别是主动轮轮压太小 （3）同截面内两轨道标高差过大，严重超过允许值 （4）启动过猛（鼠笼电动机启动时）	（1）清除油污、水或冰霜 （2）调整车轮轴的高低位置以增大主动轮的轮压 （3）调整轨道的标准高差使其达到技术要求标准 （4）改变电动机启动方式或更换绕线式电动机
	小车“三条腿”运行	（1）车轮直径偏差过大 （2）车轮安装精度不符合技术要求 （3）小车轨道安装不符合技术要求 （4）小车架变形 （5）小车轮轴不在同一水平面上，出现“瘸腿”现象	（1）按图样要求加工车轮 （2）按车轮安装技术标准调整安装精度 （3）调整小车轨道，使其符合技术要求标准 （4）火焰矫正小车架，使其符合标准要求 （5）调整小车轮轴，使其在同一水平面上
大车运行机构	大车轮啃轨咬道	（1）两主动轮直径不等，超出允差，两侧车轮线速度不等，导致车体扭斜而啃轨 （2）传动系统中两侧传动间隙相差过大，造成大车启动不同步 （3）车轮安装精度差，车轮水平方向偏斜超差过大，引起车体走斜，车轮垂直偏差过大，导致车轮踏面直径出现相对差而使车体走斜发生啃道现象	（1）重新车制车轮，使两直径相等或更换两主动轮 （2）检查传动轴键连接状况，齿轮联轴器啮合状况，各部螺栓连接状况，消除过大间隙，使两端传动协调一致 （3）调整车轮安装精度，使其水平偏斜度小于 $L/1\,000$，垂直度偏差小于 $h/1\,000$（L 和 h 分别为测量弦长）

续表

零部件	故障现象	故障原因	排除方法
大车运行机构	大车轮啃轨咬道	(4) 金属结构变形，引起大车桥架对角线超差，使桥架出现菱形，导致运行大车啃道 (5) 大车轨道安装精度差，标高、跨度均不符合安装技术要求 (6) 轨道面有油污或冰霜 (7) 分别驱动时两端电动机额定转速不等 (8) 两端串入的电阻器有断裂，致使两侧在运行时速度不等，导致车体扭斜而啃道	(4) 可用火焰矫正法恢复桥架几何精度，达到设计标准 (5) 调整大车轨道，使其达到技术要求标准 (6) 清除油污或冰霜 (7) 更换电动机，确保两电动机同步 (8) 更换电阻器
金属结构	主梁腹板或盖板发生疲劳裂纹	长期过载使用所致	裂纹不大于 0.1 mm 时，可用砂轮将其磨平，裂纹较大时，可在裂纹两端钻不小于 ϕ8 mm 的小孔，然后沿裂缝两侧开 60°坡口，再以优质焊条补焊。重要受力部位应用加强板补焊
	主梁焊缝或桁架接点焊缝有开焊处	(1) 原焊缝焊接质量差，有气孔、漏焊等焊接缺陷 (2) 长期超载使用 (3) 焊接工艺不当，产生大量焊接残余应力	(1) 用优质焊条补焊 (2) 严禁超载使用 (3) 采用合理的焊接工艺
	主梁腹板有波浪变形	(1) 焊接工艺不当，产生焊接内应力所致 (2) 超负荷使用，使腹板失稳所致	(1) 采用火焰矫正方法，消除变形并用锤击，平整波浪且消除内应力 (2) 严禁超载使用
	主梁旁弯变形	制造时焊接工艺不当，焊接内应力与工作应力叠加或运输存放不当	用火焰矫正方法在主梁的凸起侧火烤加热，并适当配合使用顶具或拉具以巩固矫正效果

续表

零部件	故障现象	故障原因	排除方法
金属结构	主梁下挠	长期超载运行、热辐射作用、材质疲劳或运输不当等均会导致主梁下挠	采用火焰矫正法，在顶起主梁的条件下，于主梁下方烘烤加热，冷却后使主梁拱起，并为巩固矫正效果、增大惯性矩和抗弯能力，在下盖板下面焊以“凵”形底梁以加固，或采用张拉预应力拉杆法用以巩固矫正效果

2．电动葫芦起重机常见故障与排除（见表4—6）

表4—6　　电动葫芦起重机常见故障与排除

零部件	故障现象	故障原因	排除方法
制动器	制动失灵	（1）电动机轴断裂 （2）锥形制动环装配不当，出现磨损台阶使制动失效	（1）更换电动机轴 （2）更换制动环，并正确安装
	重物下滑或运行时明显刹不住车	（1）制动间隙太大 （2）制动环或制动轮磨损严重，并超过了规定值而未更换 （3）电动机轴或齿轮轴轴端紧固螺钉松动 （4）弹簧或碟簧失效	（1）调整制动器间隙 （2）更换制动环或制动轮 （3）将制动器卸下，拧紧松动的紧固螺钉 （4）更换弹簧或碟簧
	制动时发出刺耳的声音	斜吊	按操作规程操作
卷筒	导绳器破裂	斜吊	按操作规程操作
	卷筒外壳变形	限位器失灵，吊钩滑轮撞伤外壳	修理或更换限位器
	乱绳	斜吊，导绳器作用失效	严禁斜吊，更换导绳器

续表

零部件	故障现象	故障原因	排除方法
钢丝绳	切断	（1）因起升限位器失灵被拉断 （2）超载过大 （3）已达到报废标准仍继续使用	（1）修理或更换限位器 （2）按规定吊载 （3）更换钢丝绳
	变形	（1）无导绳器，缠绕乱绳时钢丝绳进入卷筒端部缝隙中被挤压变形 （2）斜吊造成乱绳而变形	（1）应安装导绳器 （2）按操作规程操作
	磨损	（1）斜吊造成钢丝绳与卷筒外壳之间的磨损 （2）钢丝绳选用不当，直径太大与绳槽不符	（1）禁止斜吊 （2）合理选择钢丝绳
	空中打花	在地面缠绕钢丝绳时未能将钢丝绳放松伸直	让钢丝绳在放松状态下重新缠绕到卷筒上
起升限位器	负荷升至极限位置时不能限位	（1）电源相序接错，接线不牢 （2）限位杆的停止挡块松动	（1）重新接线、修整 （2）紧固停止挡块于需要的位置
主梁	主梁上拱度减小至消失，甚至出现下挠	（1）超载起吊 （2）疲劳过度 （3）使用环境恶劣（如高温烘烤）	（1）按规定起吊或加载荷限制器 （2）利用火焰局部烘烤修复 （3）改善工作环境
	振动或下挠过大，造成葫芦运行小车溜车	（1）超载起吊 （2）主梁刚度差 （3）有共振因素影响	（1）按规定起吊或加载荷限制器 （2）主梁补强（加大截面） （3）降低吨位使用 （4）排除共振干扰
	主梁工字钢等下翼缘下塌（出现塑性变形）	（1）超载过大 （2）葫芦轮压过大 （3）工字钢翼缘太薄 （4）主梁下翼缘磨损严重而变薄，局部弯曲强度减弱	（1）按规定起吊或加载荷限制器 （2）增加葫芦车轮个数 （3）选用异型加厚工字钢或在工字钢下翼缘下表面贴板补强 （4）下塌严重、无法补强，时主梁应报废

续表

零部件	故障现象	故障原因	排除方法
司机室	振动与摇晃	（1）司机室本身刚度低，与主梁连接不牢 （2）起重机梁动刚度性能差 （3）起重机运行振动冲击大 （4）当电动机为鼠笼电动机时不能调速 （5）轨道有缺陷	（1）加强司机室的刚度 （2）增加减振装置 （3）适当提高主梁刚度 （4）尽量采用双速鼠笼电动机，以减少启制动的冲击 （5）对轨道缺陷进行修复
锈蚀	零部件裸露表面锈蚀严重	（1）裸露的机构零件未进行镀锌或煮黑处理 （2）未进行打砂等预处理 （3）未涂防锈漆 （4）漆层剥落严重	（1）更换经过镀锌或经过煮黑处理的零件 （2）对材料进行打砂等预处理 （3）涂防锈漆 （4）重新涂防锈性能较好的漆层

二、流动式起重机的常见故障与排除

流动式起重机的常见故障与排除见表 4—7。

表 4—7　　流动式起重机常见故障与排除

系统部件	故障现象	故障原因	排除方法
起重臂系统	起重臂伸缩缓慢、无力	（1）液压动力系统故障 （2）手动控制中溢流阀的故障 （3）伸缩臂控制中溢流阀的故障 （4）分流器故障	（1）逐项检查调整 （2）解体、清洗、调节或更换有损坏的元件和组件

续表

系统部件	故障现象	故障原因	排除方法
起重臂系统	吊臂自动回缩	（1）伸缩油缸故障 （2）平衡阀故障	检查、调整、更换元件
	起重臂伸缩振动（如发动机转速达到一定，起重臂不再振动时，则认为该吊臂是正常的）	（1）起重机的结构不合理 （2）起重臂的伸缩油缸不正常	（1）起重臂箱体的滑动表面与滑块之间润滑不充分时应涂抹润滑脂；滑块的表面变形过大或损坏时应更换；起重臂滑动表面损坏时应更换或研磨损伤表面 （2）检查处理
	各节起重臂伸出长度无法补偿	（1）液动阀（阀主体或电磁阀）、伸缩臂控制阀，特别是电磁阀故障 （2）电路故障	（1）清洗滤油器，更换电磁铁，解体或更换阀总成 （2）检查处理线路故障
	伸缩时，起重臂垂直方向弯曲变形或侧向变形过大	（1）滑块磨损过多 （2）滑块磨损已超出调整垫的调整量 （3）起重机臂某节局部弯曲或变形	（1）更换滑块 （2）增加调整垫 （3）更换不合格的臂节
	桁架起重机的几何尺寸和形状误差超过允许值	（1）组装起重机的接长架顺序错误 （2）各节臂架间的连接螺栓未拧紧 （3）臂架变形	（1）调换 （2）检查拧紧 （3）检查各节臂架，有永久变形的应修复，如不能修复应报废
	臂架连接不牢	（1）臂架螺栓孔加工不符合要求 （2）臂架变形	修复

续表

<table>
<tr><th>系统部件</th><th>故障现象</th><th>故障原因</th><th>排除方法</th></tr>
<tr><td rowspan="5">起升机构</td><td>起升机构不动作或动作缓慢</td><td>（1）手动控制阀故障
（2）液压马达故障
（3）平衡阀过载或溢流阀故障
（4）起升制动带故障</td><td>（1）检查处理
（2）检查处理
（3）调整、更换弹簧或总成
（4）调整制动带或更换弹簧</td></tr>
<tr><td>起升机构工作运动间断</td><td>单向阀故障</td><td>清洗，更换</td></tr>
<tr><td>起升制动能力减弱</td><td>起升制动带调整不合适或弹簧故障</td><td>调整制动带或更换弹簧</td></tr>
<tr><td>落钩时载荷失去控制或反应缓慢</td><td>平衡阀故障</td><td>拆开清洗</td></tr>
<tr><td>起升机构工作时，起升制动带打不开</td><td>（1）液压油外漏
（2）因锈蚀、卡住等原因使活塞的动作发生故障</td><td>（1）更换密封件
（2）更换油缸总成</td></tr>
<tr><td rowspan="5">变幅机构</td><td>变幅油缸自动缩回</td><td>（1）油缸本身故障
（2）平衡阀故障</td><td>（1）检查处理
（2）拆开清洗，更换组件、O形密封圈或阀芯阀座</td></tr>
<tr><td>变幅油缸推力不够</td><td>（1）手动控制阀内的溢流阀或油口溢流阀故障
（2）油缸本身故障
（3）液压动力系统故障</td><td>（1）解体、清洗、更换组件
（2）检查处理
（3）检查处理</td></tr>
<tr><td>变幅油缸工作不正常</td><td>平衡阀或手动控制阀内的油口溢流阀故障</td><td>解体、清洗、更换组件</td></tr>
<tr><td>变幅油缸振动</td><td>（1）弹簧或平衡阀阀芯损坏
（2）节流孔堵塞</td><td>（1）更换损坏的弹簧或平衡阀阀芯
（2）拆开清洗各堵塞的节流孔</td></tr>
<tr><td>保压能力下降</td><td>单向阀故障</td><td>解体清洗，更换阀组件</td></tr>
</table>

续表

系统部件	故障现象	故障原因	排除方法
回转机构	回转能力不够充分	(1) 平衡阀或手动控制阀内的油口溢流阀故障 (2) 回转驱动装置故障 (3) 流量控制阀故障 (4) 液压动力系统故障	(1) 解体检查或更换组件 (2) 解体检查处理 (3) 阀体和阀杆的滑动表面黏在一起，应拆卸清洗。如果滑动表面黏着严重，应更换阀；阀件导控孔发生阻塞时应拆开清洗 (4) 检查处理
	油冷却器功能减弱	(1) 平衡阀或手动控制阀内的溢流阀故障 (2) 油量控制阀故障 (3) 液压动力系统故障	(1) 解体、清洗、更换组件 (2) 更换损坏的弹簧 (3) 检查处理
	回转运动时有明显振动或噪音（回转时油压显著升高）	(1) 回转支撑内圈的齿轮或驱动齿轮发生异常磨损 (2) 滚柱和垫片损坏或严重磨损 (3) 在内圈齿轮和驱动齿轮间或在轨道内缺少润滑脂	(1) 更换回转支撑或驱动齿轮 (2) 更换回转支撑 (3) 添加润滑脂
操纵系统	液压控制操纵装置的起重机的加速器功能失效	(1) 主动油缸损坏 (2) 控制油缸损坏 (3) 连板的活动不灵活	(1) 应修复或更换 (2) 应修复或更换 (3) 应添加润滑油
	有液压支腿的起重机，当推动支腿操纵杆时，泵的转速变化不平稳	(1) 机械阀主体动作失灵 (2) 油缸故障	(1) 更换机械阀总成 (2) 缸筒和活塞之间发生卡滞，应更换油缸总成；活塞杆和缸盖之间卡滞，应更换活塞杆和缸盖；弹簧损坏，应更换
	液压支腿完全外伸，安全系统出故障	(1) 油缸故障，当活动支腿完全伸出时，限位块还未脱开或脱不开 (2) 油缸用电磁阀失灵或电源线破断 (3) 限位开关有毛病或没有调整好	(1) 缸筒和活塞之间发生卡滞，应更换油缸总成，活塞杆和缸盖之间发生卡滞，应更换活塞杆和缸盖；弹簧损坏，应更换 (2) 修复 (3) 更换或校正限位开关

续表

<table>
<tr><th>系统部件</th><th>故障现象</th><th>故障原因</th><th>排除方法</th></tr>
<tr><td rowspan="3">操纵系统</td><td>液压轮胎起重机转向沉重</td><td>(1) 油泵齿轮端口间隙过大
(2) 油箱液压油不足
(3) 液流安全阀柱塞卡滞
(4) 液压方向机失灵</td><td>(1) 应更换
(2) 加油
(3) 清洗
(4) 检查修理</td></tr>
<tr><td>转向时左、右轻重不等，直线行驶跑偏</td><td>控制滑阀位置不正确</td><td>调整更换</td></tr>
<tr><td>离合器控制操纵装置的起重机的起升、变幅、行走、回转操纵杆松动、振动，操纵杆弹回中间位</td><td>(1) 离合器稳定装置故障
(2) 制动器稳定装置故障</td><td>(1) 调整起升、变幅、行走的离合器的稳定装置
(2) 调整回转液压制动器的稳定装置</td></tr>
<tr><td rowspan="2">安全装置</td><td>吊钩已达到过卷或100%的力矩时，起重机未能自动停机</td><td>(1) 电磁阀发生故障
(2) 配电系统故障
(3) 力矩限制器失灵</td><td>检查维修</td></tr>
<tr><td>起重机臂的变幅、伸缩和起升机构不能实现低速</td><td>单向阀故障</td><td>检查修理。当由于弹簧损坏而使密封失灵时，应更换弹簧</td></tr>
<tr><td rowspan="3">液压系统</td><td>起重机没有动作或动作缓慢</td><td>(1) 液压泵损坏
(2) 手动控制阀损坏
(3) 回转接头损坏
(4) 溢流阀失灵</td><td>检查修理</td></tr>
<tr><td>油温上升过快</td><td>(1) 液压泵损坏或发生故障
(2) 液压油污染或油量不足</td><td>(1) 更换或修理
(2) 应更换或补充液压油</td></tr>
<tr><td>液压泵不转动</td><td>(1) 取力装置或操纵系统发生故障
(2) 底盘离合器故障</td><td>(1) 应检查、修理或更换故障元件
(2) 应修理离合器</td></tr>
</table>

续表

系统部件	故障现象	故障原因	排除方法
液压系统	所有执行元件或某一动作元件动作缓慢无力	(1) 液压泵损坏 (2) 回转接头故障 (3) 手动控制阀的溢流阀发生故障	检查修理
	回油路压力高	滤油器（油箱或油路中的）堵塞	应更换滤芯
	液压油外泄	(1) 密封圈或密封环损坏 (2) 螺栓或螺母未拧紧 (3) 套筒或焊缝部分有裂纹 (4) 管路连接处有问题 (5) 管损坏	(1) 应更换 (2) 按规定的扭矩拧紧 (3) 修理或更换 (4) 拧紧接口或更换管路 (5) 更换
	回转接头通电不良	(1) 电刷和滑环之间接触不良 (2) 焊接处断开	(1) 应更换 (2) 修理焊接处
	离合器啮合不良	(1) 离合器损坏 (2) 弹簧损坏	应更换
	离合器有异常噪声	轴承损坏	更换损坏的轴承
	力矩限制器没有动作	限制器开关未调整好或限位开关本身有毛病	重新调整或更换限位开关
	油路系统有噪声	(1) 管道内存有空气 (2) 油温太低 (3) 管道及元件没有紧固好 (4) 平衡阀失灵 (5) 滤油器堵塞 (6) 油箱油液不足	(1) 多动作几次以排除液压元件及管道内部的气体 (2) 低速运转油泵将油加热或换油 (3) 紧固，特别注意油泵吸油管不能漏气 (4) 调整或更换 (5) 清洗或更换滤芯 (6) 加油
	升降油缸和伸缩油缸动作缓慢、力量不够	(1) 手动控制阀中的溢流阀或单向阀动作不良 (2) 液压泵故障	(1) 解体检查，处理 (2) 检查，处理

续表

系统部件	故障现象	故障原因	排除方法
液压系统	起重机行走时升降油缸或伸缩油缸自己伸出	（1）手动控制阀内部的控制单向阀失灵 （2）油缸本身故障	（1）O形密封圈损坏，应更换；活塞和阀体之间因卡住而被划伤，应解体，如有划伤应更换控制单向阀组件 （2）检查处理
	起重机工作时升降油缸自己缩回	（1）油缸本身故障 （2）装在有故障的油缸上的液控单向阀失灵	（1）检查处理 （2）弹簧损坏，应更换；单向阀和阀体之间的密封表面有杂物或划伤，解体后清洗，有划伤时应更换组件
	前支腿油缸动作缓慢和力量不够	溢流阀故障	（1）弹簧损坏，应更换 （2）调节螺钉松动，使调定的压力降低。应拧紧螺钉，重新调压 （3）阀动作不正常，应更换阀芯总成
履带起重机的行走机构	履带太松（太长）	链节锁孔磨损后间隙增大	应调整张紧装置。如调整油缸达到极限还不能调整合适时，应卸下一节链板
	履带链板裂纹或损坏	由于工作场地有坚硬的物体使某一节链板受局部压力	应及时检查、修复或更换受损的链节

三、塔式起重机的常见故障与排除

1．塔式起重机液压系统常见故障与排除（见表4—8）

表 4—8　　塔式起重机液压系统常见故障与排除

<table>
<tr><th colspan="2">故障现象</th><th>故障原因</th><th>排除方法</th></tr>
<tr><td rowspan="6">系统压力不足，压力表读数低，不能顶升</td><td>液压泵转向相反</td><td>电动机电源接错相位</td><td>调整电动机电源相位</td></tr>
<tr><td>换向阀失灵</td><td>阀芯定位不正确</td><td>更换或维修定位弹簧</td></tr>
<tr><td>溢流阀失灵</td><td>(1) 溢流阀调整压力过低
(2) 溢流阀调压弹簧损坏
(3) 阀芯黏着</td><td>(1) 调整溢流阀
(2) 更换调压弹簧
(3) 清洗阀芯</td></tr>
<tr><td>系统泄漏</td><td>(1) 油管或接口破裂
(2) 液压缸内拉伤
(3) 密封圈损坏</td><td>(1) 更换油管或接头
(2) 研磨缸体内壁
(3) 更换密封圈</td></tr>
<tr><td>液压泵转速过低</td><td>(1) 供电电压不足
(2) 电动机转速过低</td><td>(1) 调整供电电压
(2) 检修电动机</td></tr>
<tr><td>液压泵供油量不足</td><td>(1) 液压油黏度过大
(2) 滤油器堵塞
(3) 液压泵磨损过大，容积率下降</td><td>(1) 更换液压油
(2) 清洗滤油器
(3) 检修更换液压泵</td></tr>
<tr><td rowspan="5">顶升（下降）不稳定，出现行走速度失控</td><td>节流阀失灵</td><td>(1) 节流阀流量过大
(2) 节流阀流量过小
(3) 阀芯弹簧失效</td><td>(1) 减小节流阀流量
(2) 增大节流阀流量
(3) 更换弹簧</td></tr>
<tr><td>平衡阀失灵</td><td>(1) 阀体不严
(2) 回油背压过低</td><td>(1) 研磨或更换
(2) 增大背压</td></tr>
<tr><td>系统内有空气</td><td>(1) 吸油管漏气
(2) 油面过低
(3) 油的黏度过大
(4) 油温过低</td><td>(1) 更换吸油管
(2) 增加油量
(3) 更换液压油
(4) 空载运行，增加油温</td></tr>
<tr><td>单向阀失灵</td><td>(1) 大流量单向阀不严
(2) 阀弹簧损坏</td><td>(1) 研磨或更换单向阀
(2) 更换弹簧</td></tr>
<tr><td>油路连接错误</td><td>高低压油路接错，大流量阀误开启</td><td>正确连接油管</td></tr>
</table>

续表

故障现象		故障原因	排除方法
系统噪音	液压泵故障	(1) 齿轮泵齿形精度低 (2) 叶片泵困油	(1) 两齿对研，达到精度要求 (2) 检修配油盘
	机械振动	(1) 电动机与液压泵安装误差大 (2) 电动机或液压泵轴承损坏 (3) 油管振动	(1) 重新安装，控制同心度 (2) 更换轴承 (3) 紧固或增加管卡
	液压泵吸真空	(1) 手动截止阀未打开 (2) 吸油管漏油 (3) 油面过低 (4) 油的黏度过大 (5) 滤油器堵塞	(1) 打开手动截止阀 (2) 更换吸油管 (3) 增加油量 (4) 更换液压油 (5) 清洗滤油器

2. 塔式起重机机构部分常见故障及处理方法（见表 4—9）

表 4—9　　塔式起重机机构部分常见故障与排除

部件	故障现象	故障原因	排除方法
吊钩	(1) 尾部出现疲劳裂纹 (2) 危险截面磨损明显	超过使用寿命，经常超载，材质有缺陷	(1) 更换吊钩 (2) 检查磨损情况，磨损超过原尺寸的 10%应报废
滑轮	(1) 滑轮磨损 (2) 滑轮轴向松动	(1) 安装不符合要求，材质有缺陷 (2) 轴向紧固件紧固不牢	(1) 绳槽磨损达原壁厚的 20%或径向磨损超过相应钢丝绳直径的 25%应报废 (2) 调整紧固件
卷筒	(1) 筒壁出现裂纹 (2) 筒壁磨损	超过使用寿命，经常超载，材质有缺陷	(1) 更换卷筒 (2) 检查磨损情况
减速器	(1) 减速器发热，噪声大 (2) 减速器振动大，漏油	啮合不良，润滑不好	重新安装，保证同心度，更换油封

续表

部件	故障现象	故障原因	排除方法
轴承	(1) 过度发热 (2) 噪声大	(1) 润滑不良，安装过紧 (2) 轴承中有污物，轴承元件损坏	(1) 检查润滑油量，调整松紧程度 (2) 清洗或更换轴承
制动器	(1) 制动不良 (2) 过度发热	(1) 制动器间隙过大，制动轮有油污，液压推杆行程不足 (2) 制动器间隙过小	(1) 调整间隙，清除油污，调整推杆行程 (2) 调整间隙
钢丝绳	(1) 磨损过快 (2) 在滑轮中跳槽	(1) 滑轮转动不灵敏，钢丝绳直径与滑轮不符 (2) 滑轮偏斜或位移	(1) 更换轴承或滑轮，钢丝绳磨损达到报废标准应报废 (2) 调整位置，固定轴向位置
安全装置	安全装置不灵敏或失效	安全装置零部件失效或接线错误	检查线路，更换部件，重新调整

四、门座式起重机的常见故障与排除

1. 门座式起重机传动及液压部分常见故障与排除（见表 4—10）

表 4—10　　门座式起重机传动及液压部分常见故障与排除

故障现象	故障原因	排除方法
轴承发出较大响声	(1) 轴承未压紧 (2) 轴承损坏 (3) 轴承盖紧固螺栓松动	(1) 调整垫片厚度，保证轴承盖和轴承紧合 (2) 更换轴承 (3) 拧紧螺栓
轴承发热过度	对于滑动轴承： (1) 润滑油不足，润滑油质量不合格 (2) 轴承偏斜，间隙过小 对于滚动轴承： (1) 轴承损坏 (2) 润滑脂不合格	对于滑动轴承： (1) 采用合格的润滑油 (2) 重新装配，适当调整间隙 对于滚动轴承： (1) 更换轴承 (2) 采用合格的润滑脂

续表

故障现象	故障原因	排除方法
减速箱内发出周期性轮齿震颤响声	(1) 齿侧间隙超过标准 (2) 节距误差过大	(1) 检修调整 (2) 重新安装调整
减速器发出剧烈金属撞击声	(1) 传动齿轮间的间隙过小 (2) 齿轮工作面磨损后，啮合性能不好 (3) 齿顶上有毛刺	(1) 调整间隙 (2) 重新安装调试或更新 (3) 修去毛刺
齿轮减速器发出连续的敲击声，机壳有振动声响	齿侧面有严重缺陷	更换新齿轮
减速器漏油	(1) 箱体变形，箱盖和箱体配合平面不平 (2) 油封损坏	(1) 修整加垫，重新安装 (2) 更新新油封
联轴器、销轴、橡皮圈磨损过快	联轴器、销轴、橡皮圈三孔不直，各孔不同心	重新校正，调至同心
液压推杆制动器行程短	油量不足	补充液压油
制动器摩擦衬垫有焦味，摩擦衬垫很快磨损	由于制动轴和摩擦衬垫之间的间隙不均匀，使摩擦衬垫不能均匀地离开制动轴，引起与制动轴的摩擦，产生高温，使摩擦衬垫烧焦	检查摩擦衬垫是否失圆，调整制动轴与摩擦衬垫之间的间隙
起升机构刹不住重物，行走、变幅、旋转机构不能在规定的行程内刹住	(1) 制动器杠杆系统中的活动关节被卡住 (2) 制动轮有污垢 (3) 制动摩擦衬垫过度磨损 (4) 主弹簧没有压紧或损坏	(1) 用润滑油活动关节 (2) 用煤油清洗污垢 (3) 调整摩擦衬垫 (4) 将主弹簧压至正常工作位置，并用锁紧螺母锁紧；若损坏则更新
脚踏液压制动器失灵	(1) 关节头泄露或油路中混有空气 (2) 漏油	(1) 拧紧接头，通过放气塞放气 (2) 及时补充油量

续表

故障现象	故障原因	排除方法
液压管路中出现异常噪声	(1) 油泵吸入空气 (2) 油温过高产生蒸气	(1) 调整溢流阀压力 (2) 降低油温或换油，然后放气
液压变幅动作出现迟滞现象	(1) 溢流阀回油压力过低 (2) 油封严重泄漏	(1) 调整溢流阀压力 (2) 检修或更换油封
电磁换向阀不能恢复到零位	阀杆受阻	采取反向复位办法或使工作油泵停止工作，拆下换向阀进行检修

2. 门座式起重机机构部分常见故障与排除（见表4—11）

表4—11　　门座式起重机机构部分常见故障与排除

机构	故障现象	故障原因	排除方法
起升机构	按下警铃按钮，警铃响，但操作起升机构主令控制器时，无任何动作	(1) 零位触头闭合接触不好 (2) 时间继电器常闭触头闭合不好 (3) 过电流继电器常闭触头闭合不好 (4) 电压继电器线圈损，坏或引出线断掉 (5) 接线头松动	(1) 检修零位触头 (2) 检修触头 (3) 检修触头 (4) 调换电压线圈 (5) 拧紧接线螺钉
	有下降，无起升	(1) 限位开关接触不好或毁坏 (2) 主令控制器触头损坏或接触不好 (3) 接线头松动或断线	(1) 检修限位开关 (2) 检修主控器各触头 (3) 接好断线，拧紧螺钉
	有起升，无下降	(1) 限位开关接触不好或毁坏 (2) 主令控制器触头接触不好 (3) 接线头松动或断线	(1) 检修限位开关 (2) 检修主控器各触头 (3) 接好断线，拧紧螺钉
	自动挡操作正常，而手动操作时电动机转速慢	手动操作回路中，中间继电器线圈损坏，引出线断开，接线松动，触头闭合不好	检修中间继电器

续表

机构	故障现象	故障原因	排除方法
起升机构	手动挡：开闭斗或能耗制动，踩下脚踏开关，接触器都不动作	时间继电器触头没有调整好，使得常闭触头先断开，常开触头后闭合	重新调整，确保瞬时动作。使常开触头先闭合，常闭触头延时后断开
	自动挡：开闭斗或能耗制动，踩下脚踏开关，接触器都不动作	时间继电器触头没有调整好，使得常闭触头先断开，常开触头后闭合	重新调整触头动作程序，使常开触头先闭合，常闭触头延时后断开
	夏天抓斗作业，电动机烧坏	环境温度高，开闭斗电动机操作次数多	降低温度，加强通风
旋转机构	操作旋转机构主令控制器，无任何动作	（1）行程开关接触不好 （2）零位触头接触不好或损坏 （3）电压继电器线圈内部或引出线断路 （4）过电流继电器常闭触头接触不好 （5）接线螺钉松动，接线断掉	检修各开关触头，拧紧各接线螺钉，线圈坏了应更换
	旋转速度慢，达不到额定转速且听到“啪啪”的噪声	某一级接触器有问题，吸合不好，有振动，造成以后各级接触器不能通电吸合，电阻不能切除	检修接触器磁系统是否闭合好，清除铁心端面积垢、铁锈，如短路环断裂或脱落应重新焊好或调换，检查各触头闭合是否良好
	开始操作时旋转机构转不起来，机身抖动	转子回路中串接的第一或第二段电阻有某处短路，造成转子缺相运转	找到故障处，调换电阻元件
	有左转无右转（或有右转无左转）	（1）主令控制器触头没有接触好 （2）电源接触器联锁触头损坏，接触不好 （3）接触器线圈损坏，或引出线断开 （4）接线头松动	检修各触头，拧紧接线螺钉或调换已坏线圈

续表

机构	故障现象	故障原因	排除方法
变幅机构	油泵电动机能正常启动，但操作变幅手柄时无任何动作	（1）电压继电器线圈损坏（短路）或闭锁触头接触不良 （2）行程开关常闭触头损坏或接触不好	（1）检修各触头，调换已坏线圈或电压继电器 （2）检修限位开关
	只有增幅没有减幅	（1）变幅限位开关损坏或接触不良，接线松动或断掉等 （2）增幅电磁线圈损坏	（1）修理限位开关，接好接线，拧紧螺钉 （2）修理电磁线圈
	只有减幅没有增幅	（1）变幅限位开关损坏或接触不良，接线松动或断掉等 （2）增幅电磁线圈损坏	（1）修理限位开关，接好接线，拧紧螺丝 （2）修理电磁线圈
行走机构	不能行走	（1）放缆限位开关损坏或接触不良 （2）停止按钮常闭触头接触不好 （3）过电流继电器常闭触头接触不好 （4）中心滑环与电刷接触不良	（1）检修电缆限位开关 （2）检修触头 （3）检修过电流继电器 （4）电刷压力不够，调换电刷弹簧，清除污垢
	拉断电缆	（1）放缆限位开关失灵 （2）放缆限位开关动作后返回时，司机按错行走方向按钮	（1）调整限位开关位置 （2）注意操作
	电动机烧坏	导轨被阻塞，行走机构受阻碍，电动机堵转而烧毁	清除导轨上的阻碍物，加强管理

五、金属结构件的报废标准

起重机金属结构的主要受力构件，通常有主梁、端梁、支腿、悬臂、立柱等金属结构铆焊件，以及金属结构构件间的连接件如螺栓和焊缝等。

1. 主要受力构件的报废

（1）主要受力构件失去整体稳定时，如不能修复应报废。

（2）主要受力构件发生腐蚀时，当承载能力降低至原设计承受能力的87%以下时，或者是主要受力构件截面腐蚀厚度达到原壁厚的10%时，如不能修复应报废。

如作降载使用，重新确定的额定起重量对结构腐蚀后的承载能力应具有不小于1.4倍的安全系数，并应做全面检修及进行防腐处理。

（3）主要受力构件产生裂纹时，应根据受力情况和裂纹情况决定是否报废或继续使用；如果在主要受力部位有裂纹或其他部位有明显裂纹时应报废；如果不是在主要受力部位有轻微的裂纹或有裂纹隐患处，并能采取有效的阻止裂纹继续扩展的补救和加强措施或能改变应力分布的有力措施时，可以继续使用，但应经常检查。

（4）主要受力构件因过载产生塑性变形，使工作机构不能正常地安全运转，如不能修复应报废。

对因主要受力构件产生的塑性变形进行修复时，不应采用大量地改变钢材金相组织和机械性能的方法，如火焰烘烤法等，但局部采用火焰烘烤改变变形或火焰烘烤并加有相应机械措施的修复变形是允许的。

（5）主要受力构件因碰撞产生变形，如臂架或塔架悬臂等，影响正常使用并失去修复价值时，应报废。

（6）主要受力构件因疲劳出现下塌、扭转等变形而影响正常使用又无法修复时，应报废。

（7）对于桥式或门式起重机的主梁产生下挠变形，当满载时主梁跨中下挠值在水平线以下达到跨度的1/700时，如不能修复应报废。

（8）主梁的磨损。葫芦式起重机主梁多采用热轧工字钢或箱形梁等组合型主梁，电动葫芦通过车轮悬挂支撑在主梁上。葫芦式起重机不同于其他类型起重机的地方在于主梁不但用来支撑电动葫芦和吊载，同时又直接作为电动葫芦横行的运行轨道。因此，主梁一方面必须具有足够的强度、刚度和稳定性用来支撑载荷，同时又要承受车轮运行时对它的磨损破坏，通常车轮支撑在主梁工字钢或箱形梁的下翼缘上表面，主梁被磨损的部位为：主梁下翼缘上表面与车轮踏面相磨，主梁下翼缘两端与车轮轮缘相磨。当主梁下翼缘上表面的磨损量达到原厚度的10%时，主梁应报废；当主梁下翼缘宽度的磨损量达到原宽度的5%时，主梁也应报废。

2. 主要受力构件连接结构的报废

（1）主要受力构件的焊缝出现严重龟裂、明显的裂纹或开焊，经修复补焊仍不能达到原设计要求时应报废。

（2）主端梁之间、上下端梁与支腿之间及主要构件之间连接并承受剪切的连接螺栓，如没有承剪保护措施，有剪断螺栓危险隐患时，应停止使用或报废。

（3）主要受力构件之间采用高强度螺栓连接，曾用过的高强度螺栓或曾经预装拧紧力矩超过额定拧紧力矩 60%以上的高强度螺栓不准再使用，应报废。

六、机构主要构件的报废标准

1．驱动装置——电动机的报废

（1）因电动机转子断条或转子铸铝条粗细不均造成电动机不转动或空载能转而有载不能转动时，电动机转子应报废。

（2）电动机因绝缘性能差，定子绕组漆包线有外伤或匝间、相间、极间绝缘性能差，造成定子绕组出现烧包时，电动机定子应报废。

（3）电动机工作时过热现象严重，经常超过规定的发热标准，或频繁出现热保护装置动作，无法修复时应报废。E 级绝缘电动机温升不超过 115℃，F 级绝缘电动机温升不超过 155℃。

（4）因定转子间隙不均匀或不同心，经常出现转子扫镗，经修复仍有扫镗现象，电动机应报废。

（5）电动机有异常响声，多为硅钢片未压紧，如果无法压紧修复，定子应报废；如果因轴承质量差或支撑保持架破碎等造成异响时，轴承应报废。

（6）绕线电动机滑环或电刷磨损严重，导致滑环电刷机能失效时，滑环或电刷应报废更换。

（7）锥形制动电动机的制动螺旋弹簧出现塑性变形或疲劳破坏，在规定压力下变形量超过规定值的 10%时，弹簧应报废。

（8）锥形制动电动机的制动碟形弹簧出现塑性变形或疲劳破坏，在规定压力下变形量超过规定值的 10%时，碟形弹簧应报废。

2．传动装置——减速器的报废

（1）减速器漏油现象严重，几经修复仍不能有效解决漏油问题时，减速器应报废。

（2）减速器箱体出现裂纹等损伤，其箱体应报废。

（3）齿轮有裂纹时，齿轮应报废。

（4）齿轮有断齿时，齿轮应报废。

（5）齿面点蚀损伤达到啮合面的 30%，且深度达到齿厚的 10%时，齿轮应报废。

（6）起升和变幅机构减速器的第一级啮合齿轮，当齿厚磨损量达到原齿厚的 10%时，齿轮应报废；其他级啮合齿轮，当齿厚磨损量达到原齿厚的 20%时，齿轮应报废。

（7）运行机构和旋转机构的第一级啮合齿轮，当齿厚磨损量达到原齿厚的15%时，齿轮应报废；其他级啮合齿轮，当齿厚磨损量达到原齿厚的25%时，齿轮应报废。

（8）运行机构、旋转机构和变幅机构用开式齿轮传动的齿轮，当齿厚磨损量达到原齿厚的30%时，齿轮、齿圈、齿条等应报废。

（9）吊运熔化金属或易燃易爆等危险品的起升机构的第一级啮合齿轮，当齿厚磨损量达到原齿厚的5%时，齿轮应报废；其他级啮合齿轮，当齿厚磨损量达到原齿厚的10%时，齿轮应报废。

3. 制动装置——制动器的报废

（1）制动衬料、制动环、制动带等刹车材料件，当磨损量达到原厚度的50%时应报废。

（2）制动轮有裂纹破坏时，制动轮应报废。

（3）制动轮的磨损报废：起升机构和变幅机构的制动轮轮缘表面磨损量达到原轮缘厚度的40%时，制动轮应报废；运行机构和旋转机构的制动轮轮缘表面磨损量达到原轮缘厚度的50%时，制动轮应报废。

（4）制动器各铰节点处的销轴和销轴孔的磨损量达到原销轴直径或销轴孔直径尺寸的5%时，销轴和带销轴孔的零部件应报废。

4. 取物缠绕装置的报废

（1）吊钩的报废。

1）吊钩有裂纹时应报废。

2）吊钩危险截面磨损量达到原尺寸的10%时应报废。

3）吊钩开口度比原尺寸增加15%时应报废。

4）吊钩扭转变形超过10°时应报废。

5）吊钩危险截面或吊钩颈部产生塑性变形时应报废。

6）板钩衬套磨损量达到原尺寸的50%时，衬套应报废。

7）板钩心轴磨损量达到原尺寸的5%时，心轴应报废。

（2）抓斗的报废。

1）抓斗斗体有裂纹时，斗体应报废。

2）抓斗闭合时，刃口板错位及斗口接触处的间隙超过5 mm或最大间隙长度超过300 mm，经修复仍难达到要求时，斗体应报废。

3）抓斗的各铰接点处的销轴和销孔磨损量达到原尺寸的10%时，销轴或带有销轴孔的零部件应报废。

(3) 滑轮的报废。

1) 滑轮有裂纹或有破损时应报废。

2) 滑轮轮槽壁厚磨损量达到原始壁厚的20%时应报废。

3) 滑轮轮槽不均匀磨损量达到3 mm时应报废。

4) 因磨损使滑轮轮槽底部直径减小量达到钢丝绳直径的50%时应报废。

5) 滑轮有损害钢丝绳的缺陷时应报废。

(4) 链轮的报废。起升链轮有裂纹或磨损量达到原尺寸的20%时应报废。

(5) 起升卷筒的报废。

1) 起升卷筒有裂纹时应报废。

2) 起升卷筒有损害钢丝绳的缺陷时应报废。

3) 因磨损使绳槽底部减小量达到钢丝绳直径的50%时或筒壁磨损达到原壁厚的20%时，卷筒应报废。

4) 悬吊型卷筒外壳焊缝有开焊部分，悬挂吊板螺杆和吊杆连接孔磨损量达到原尺寸的10%时，卷筒外壳及螺杆应报废。

(6) 导绳器的报废。

1) 导绳器失去导绳作用，有乱绳发生时应报废。

2) 导绳器压紧弹簧有较大塑性变形或断裂时，弹簧应报废。

3) 导绳器外圈有裂纹时，外圈应报废。

4) 导绳器磨损量超过钢丝绳直径的30%时应报废。

5. 车轮装置的报废

车轮装置的报废主要是指车轮而言，有以下破坏或缺陷时车轮应报废。

(1) 车轮有裂纹时应报废。

(2) 车轮材料为球墨铸铁时，当车轮没有达到标准规定的球化要求，没有达到规定要求的硬度、强度和延伸率时应报废。

(3) 车轮轮缘厚度磨损量达到原厚度的50%时应报废。

(4) 车轮轮缘厚度弯曲变形量达到原厚度的20%时应报废。

(5) 车轮踏面经磨损出现软点时应报废。

(6) 车轮踏面磨损量达到原尺寸的15%时应报废。

(7) 车轮踏面因疲劳出现剥落时应报废。

(8) 当运行速度不大于50 m/min时，车轮圆度误差达到1 mm时应报废；当运行速度大于50 m/min时，车轮圆度误差达到0.5 mm时应报废。

6. 旋转支撑装置的报废

（1）柱式旋转支撑装置的滚轮磨损量达到原尺寸的15%时，滚轮应报废。

（2）柱式旋转支撑装置的转动心轴磨损量达到原尺寸的15%时，心轴应报废。

（3）柱式旋转支撑装置的环形轨道磨损量达到原尺寸的10%时，环形轨道应报废。

（4）转盘式旋转支撑装置的锥形或圆柱形滚子的磨损量达到原尺寸的10%时，滚子应报废。

（5）转盘式旋转支撑装置的环形轨道磨损量达到原尺寸的10%时，环形轨道应报废。

7. 变幅装置的报废

变幅机构有运行小车式变幅和臂架摆动式变幅两种形式。

（1）运行小车变幅装置的报废。主要依靠运行小车的水平移动来实现运行机构的运动，变幅装置即为车轮装置，其报废同车轮装置的报废要求。

（2）臂架摆动式变幅装置的报废。

1）定长臂架摆动式变幅装置是采用钢丝绳滑轮缠绕变幅形式，其中钢丝绳和滑轮的报废标准见相应的国家标准。

2）伸缩式臂架摆动变幅装置是采用液压缸推杆式结构，主要由油缸和活塞推杆组成，其油缸和活塞推杆磨损到泄漏程度严重、又无修复价值时，油缸和活塞推杆应报废。

3）摆动臂架的铰接点处的销轴及销轴孔磨损量达到原尺寸的10%时应报废。

七、电器装置常用器件的报废

起重机的电气系统主要是由电气控制系统和保护系统组成，另外还有电源引入系统。每个系统都是由各种导线和电器组成。

1. 导线的报废

（1）当导线因机械损伤而有漏电的危险或隐患时，导线应报废更换。

（2）当导线因化学腐蚀、油污浸蚀、长年日照风化或在高温环境中工作，导线外皮出现老化龟裂、破损而有漏电的危险或隐患时，应报废。

（3）橡胶软缆内导线有粘连、断股时应报废。

（4）固定敷设的橡胶圆电缆因老化弯曲半径小于5倍电缆外径时应报废。

（5）移动敷设的橡胶圆电缆因老化，弯曲半径小于8倍电缆外径，或扁电缆因老化，弯曲半径小于8倍扁电缆厚度时，均应报废。

(6) 敷设导线的接电盒、金属线管及线槽，在露天工作不具备防雨水浸入措施时应报废。

(7) 敷设导线的金属线管、线槽锈蚀尺寸达到原尺寸的40%时应报废。

2. 电器的报废

(1) 各种电器触点有粘连危险或隐患时应报废或报废相应部分。

(2) 各种电器触点有烧伤时应报废或报废相应部分。

(3) 各种电器触点有严重磨损并影响有效接触时应报废或报废相应部分。

(4) 各种电器的联锁机构或接触机构因疲劳损坏，有碍灵活联锁或接触时应报废或报废相应部分。

(5) 各控制器的触头磨损量达到原尺寸的40%时应报废或报废相应部分。

(6) 各控制器的触头有裂纹等损伤时应报废或报废相应部分。

(7) 各电器外壳因机械损伤破损而有漏电危险时，外壳应报废。

(8) 各种电器有相对滑动接触、相对转动接触和相对滚动接触的部分，因磨损严重造成电器的动作失灵或失效时，应报废或报废相应部分。

(9) 各种电器因频繁动作造成疲劳破坏的部分、机构、装置等，造成电器动作失灵或失效时，应报废或报废相应部分。

(10) 各种电器因机械损伤或疲劳等造成严重变形而影响正常使用或有危险隐患时，应报废或报废相应部分。

(11) 各种电器部分元件有老化和腐蚀破坏而影响使用或有危险隐患时，应报废或报废相应部分。

3. 电源引入装置的报废

(1) 平面集电器（铸铁块）磨损量达到原尺寸的50%时应报废。

(2) 平面集电器的电源引入角钢滑线磨损量达到原尺寸的50%时应报废。

(3) 平面集电器的绝缘磁管有破损时应报废。

(4) 平面集电器的转动销轴磨损量达到原尺寸的20%时，应报废。

(5) 滑轮集电器的滑轮槽磨损量达到原尺寸的20%时应报废；采用的塑料滑轮有机械损伤、裂纹、老化龟裂时也应报废；滑轮轴及滑轮轴孔磨损量达到原尺寸的20%时，滑轮轴及滑轮均应报废。

(6) 与滑轮集电器相配合的圆裸钢或铜滑线的磨损量达到原尺寸的20%时应报废。

(7) 内藏式滑触电源引入触头的磨损量达到原尺寸的30%时，或因疲劳造成触头弹簧发生塑性变形，使触头不能有效与电源滑线接触时，触头装置应报废。

(8) 内藏式滑触电源引入的铜滑触线磨损量达到原尺寸的25%时，滑触线应报废；滑触线的滑槽采用塑料材料时，滑线槽有老化、龟裂或受热变形影响有效接电时，滑线装置应报废。

(9) 软缆电源引入的拉紧钢丝或钢丝绳磨损量达到原尺寸的20%时应报废。

(10) 软缆电源引入的吊线环、滑轮、销轴等磨损量达到原尺寸的20%时应报废。

八、安全防护装置的报废

起重机安全防护装置如因磨损、疲劳、变形及老化、腐蚀等使破坏损伤达到以下程度时应报废，以防安全防护装置的安全保护机能失效而发生事故灾害。

1. 限位器的报废

(1) 升降限位器开关触点有损伤，磨损量达到原尺寸的30%，或因损伤、磨损造成限位器机能失效时应报废。

(2) 重锤式起升限位器内的拉弹簧因疲劳失去弹力时，弹簧应报废。

(3) 螺旋式起升限位器的螺杆或蜗杆磨损量达到原尺寸的20%时，螺杆或蜗杆应报废。

(4) 运行行程开关动作失灵，触点磨损量达到原尺寸的30%，或不能可靠断电时应报废。

2. 缓冲器的报废

(1) 弹簧缓冲器因碰撞疲劳造成弹簧失去弹性或断裂，弹簧应报废；壳体因碰撞冲击出现裂纹时，壳体应报废。

(2) 橡胶或聚氨酯缓冲器因老化失去弹性或因碰撞而破损时应报废。

(3) 液压系统缓冲器因弹簧疲劳失去弹性或液压活塞及缸体磨损造成严重泄漏时应报废。

3. 防碰撞装置的报废

激光式、超声波式、红外线式和电磁波式防碰撞装置，因剧烈碰撞造成损伤而失去光或电波传播反射的能力，经修复仍不能恢复原有的机能时应报废。

4. 防偏斜装置的报废

钢丝绳式、凸轮式和链轮式防偏斜装置的钢丝绳、凸轮和链轮的磨损量达到原尺寸的30%时应报废。

5. 夹轨器与锚定装置的报废

(1) 夹轨器的螺杆因变形或磨损而严重影响夹紧力时应报废。

(2) 电动夹轨器的弹簧因疲劳失去弹性时，弹簧应报废；因风力吹动造成夹轨器各零部件有疲劳、变形或裂纹伤害时，该零部件应报废。

(3) 锚定装置的固定部分如有松动，经修复仍不能保证牢固固定而有脱销的危险或隐患时，锚定装置应报废。

6. 超载限制器的报废

(1) 经修复仍不能灵敏可靠动作的超载限制器应报废。

(2) 超载限制器的综合误差大于10%时应报废。

7. 力矩限制器的报废

(1) 经修复仍不能灵敏可靠动作的力矩限制器应报废。

(2) 力矩限制器的综合误差大于10%时应报废。

8. 其他安全装置的报废

(1) 联锁保护开关的联锁机能失效时应报废。

(2) 登机信号按钮无显示，经检修仍不能恢复机能时应报废。

(3) 倒退报警装置不能发出报警信号时应报废。

(4) 扫轨板因碰撞障碍物有严重变形或开裂损伤时应报废。

(5) 止挡装置因碰撞造成固定连接焊缝开裂或固定连接螺栓松动变形而失去固定能力，或止挡装置有严重变形、破损等，止挡装置应报废。

第四节　起重机械安全作业管理及检验

一、一般安全要求

起重机械在规定的整个使用期内，不得发生由于机械设备自身缺陷所引起的、目前已为人们所认识的各类危及人身安全的事故和对健康造成损害的职业病，避免给操作者带来不必要的体力消耗、精神紧张和疲劳。无论是起重机械预定功能的设计还是安全防护功能的设计，都应该遵循以下两个基本原则：选用适当的设计结构，尽可能避免危险或减小风险；通过减少对操作者涉入危险区的需要来减少人们所面临的危险。

对起重机械的一般安全要求主要有：

1. 足够的抗破坏能力、良好的可靠性和对环境的适应性

(1) 合理的机械结构形式。起重机械的结构形式一定要与其实现的预定功能相适宜，不能因结构设计不合理而造成机械正常运行时的障碍、卡塞或松脱；不能因

元件或软件的瑕疵而引起微机数据的丢失或死机；不能发生任何能够预计到的与机械设备的设计不合理有关的事件。

(2) 足够的抗失效破坏能力。起重机械的各组成受力零部件及其连接，应满足完成预定最大载荷的足够强度、刚度和构件稳定性，在正常作业期间不应发生由于应力或工作循环而产生断裂破碎、疲劳破坏、过度变形或垮塌的情况；还必须考虑在此前提下起重机械设备的整体抗倾覆或防风抗滑的稳定性，特别是对于由于有预期载荷作用或自身质量分布不均匀，以及可在轨道或路面行驶的起重机械，应保证在运输、运行、振动或有外力作用下不致发生倾覆，防止由于运行失控而产生不应有的位移。

(3) 对使用环境具有足够的适应能力。起重机械必须对其使用环境（如温度、湿度、气压、风、雨雪、振动、负载、静电、磁场和电场、辐射、粉尘、微生物、动物、腐蚀介质等）具有足够的适应能力，特别是抗腐蚀或空蚀、耐老化磨损、抗干扰的能力，不致由于电气元件产生绝缘破坏，使控制系统零部件临时或永久失效，或由于物理性、化学性、生物性的影响而造成事故。

(4) 提高机械的系统可靠性。可靠性是指机械或其零部件在规定的使用条件下和规定期限内，执行规定功能而不出现故障的能力。传统机械设计只按产品的性能指标进行设计，而可靠性设计除要保证性能指标外，还要保证产品的可靠性指标，即产品的无故障性、耐久性、维修性、可用性和经济性等，可靠性是体现产品耐用和可靠程度的一种性能，与安全有直接关系。

2. 不得产生超过标准规定的有害物质

(1) 有毒有害物质。应采用对人无害的材料和物质（包括机械自身的各种材料、加工原材料、中间或最终产品、添加物、润滑剂、清洗剂，以及与工作介质或环境介质反应的生成物及废弃物）。对不可避免的毒害物（如粉尘、有毒物、辐射、放射性、腐蚀等），应在设计时考虑采取密闭、排放（或吸收）、隔离、净化等措施。在人员合理暴露的场所，其成分、浓度应低于产品安全卫生标准的规定，不得对人体健康有害，也不得对环境造成污染。

(2) 预防物理性危害。机械产生的噪声、振动、过高和过低温度等指标，都必须控制在低于产品安全标准中规定的允许指标范围内，防止对人的心理及生理的危害。

(3) 防火防爆。有可燃气体、液体、蒸气、粉尘或其他易燃易爆物质的机械生产设备，应在设计时考虑防止跑、冒、滴、漏，根据具体情况配置监测报警、防爆泄压装置及消防安全设施，避免或消除摩擦撞击、电火花和静电积聚等，防止由此造成的火灾或爆炸危险。

3. 可靠有效的安全防护

任何机械都有这样那样的危险，当起重机械设备投入使用时，生产对象（各种物料）、环境条件以及操作人员处于动态结合情况下的危险性就更大。只要存在危险，即使操作者受过良好的技术培训和安全教育，有完善的规程，也不能完全避免发生机械伤害事故的风险。因此，必须建立可靠的物质屏障，即在机械上配置一种或多种专门用于保护人的安全的防护装置、安全装置或采取其他安全措施。当设备或操作的某些环节出现问题时，靠机械自身的各种安全技术措施避免事故的发生，保障人员和设备安全。危险性大或事故率高的生产设备，必须在出厂时配备好安全防护装置。

4. 满足安全人机工程学的要求

人机界面是指在机械上人、机进行信息交流和相互作用的界面。显示装置、控制（操纵）装置、人的作业空间和位置以及作业环境，应满足人体测量参数、人体的结构特性和机能特性、生理和心理条件，合乎卫生要求。其目的是保证人能安全、准确、高效、舒适地工作，减少差错，避免危险。

5. 维修的安全性

（1）机械的可维修性。机械出现故障后，在规定的条件下，按规定程序或手段实施维修，可以保持或恢复其预定的功能，这就是机械的可维修性。设备的故障会造成机械预定功能丧失，给工作带来损失，而危险故障还会引发事故。从这个意义上讲，解决危险故障，恢复安全功能，就等于消除了安全隐患。

（2）维修作业的安全。在按规定程序实施维修时，应能保证人员的安全。由于维修作业是不同于正常操作的特殊作业，往往采用一些超常规的做法，如移开防护装置，或者使安全装置不起作用。为了避免或减少维修伤害事故，应在控制系统设置维修操作模式；从检查和维修角度，在结构设计上考虑内部零件的可接近性；必要时，应随设备提供专用检查、维修工具或装置；在较笨重的零部件上，还应考虑方便吊装的设计。

二、安全管理措施

起重机械的安全管理，应从制造和使用两个方面加以控制和实施。

1. 设备制造的质量控制

为保证起重机安全使用，对起重机设备本身质量必须严加控制：

（1）起重机械制造厂应对起重机的金属结构、零部件、外购件、安全防护装置等质量全面负责，产品质量应不低于专业标准和其他有关标准的规定。

（2）对于自制或改造的起重机械，应该先提出设计方案、图纸、计算书和所依据的标准、质量保证措施，报主管部门审批，同级安全部门备案后，方可投入制造或改造。

（3）起重机械制造和改造后，应按《起重机械试验规程》的要求试验合格。

（4）起重机械的专业制造厂，必须具备保证产品质量所必需的设备、技术力量、检验条件和管理制度，起重机械产品应向安全部门委托的单位登记，检验并取得合格证。

（5）起重机械发生重大事故，如确属设计、制造原因引起的，制造厂应承担责任。对产品不能满足安全要求的制造厂应吊销合格证。

2. 设备的购置与管理

（1）购置要求。购置起重机时，应遵守下列要求：

1）必须在指定的、并有安全部门发给合格证的制造厂选购。

2）起重机的安全防护装置应齐全、完善，并有产品合格证。

（2）规程与制度。使用单位应根据所使用的起重机种类、复杂程度以及使用的具体情况，严格执行《特种设备注册登记与使用管理规则》等，并建立如下管理制度及规程，主要包括：

1）交接班制度。

2）设备档案制度。

3）设备检修制度。

4）安全技术操作规程。

5）绑挂指挥规程。

（3）金属标牌。在起重机的明显位置应有清晰的金属标牌，标牌须有下列内容：

1）起重机名称、型号。

2）额定起重能力。

3）制造厂名、出厂日期。

4）其他所需的参数和内容。

（4）起重机与建筑物（固定设备）的间隙。起重机无论在停止或进行转动状态下，与周围建筑物或固定设备等均应保持一定的间隙。凡有可能通行的间隙不得小于 400 mm。

3. 设备的检验与检查

(1) 设备检验。遇有下列情况，应按《起重机械试验规程》的要求试验合格。

1) 正常工作的起重机，每两年进行一次。

2) 经过大修、新安装及改造过的起重机，在交付使用之前。

3) 闲置时间超过一年的起重机，在重新使用之前。

4) 经过暴风、大地震、重大事故后，可能使速度、刚度、构件的稳定性、机构的重要性能等受到损害的起重机。

(2) 经常性检查。经常性检查应根据工作繁重、环境恶劣的程度确定检查周期，但不得少于每月一次，一般应包括：

1) 起重机正常工作的技术性能。

2) 所有的安全、防护装置。

3) 线路、罐、容器、阀、泵、液压或气动部件的泄漏情况及其工作性能。

4) 吊钩、吊钩螺母及防松装置。

5) 制动器性能及零件的磨损情况。

6) 钢丝绳磨损和尾端的固定情况。

7) 链条的磨损、变形、伸长情况。

8) 捆绑、吊挂链、钢丝绳及其他辅具等。

(3) 定期检查。定期检查应根据工作繁重、环境恶劣程度确定检查周期，但不得少于每年一次，一般应包括：

1) 上述经常性检查所包括的各项内容。

2) 金属结构的变形、裂纹、腐蚀及焊缝、铆钉、螺栓等连接情况。

3) 主要零部件的磨损、裂纹、变形等情况。

4) 指示装置的可靠性和精度。

5) 动力系统和控制器等。

4. 设备维修

(1) 起重机械的维修应符合下列要求：

1) 维修更换的零部件应与原零部件的性能和材料相同。

2) 结构件需焊修时，所用的焊条材料等应符合原结构件的要求，焊接质量应符合安全规定。

3) 起重机处于工作状态时，不得进行保养、维修及人工润滑。

(2) 维护时的注意事项。

1) 将起重机移至不影响其他机械设备的位置。因条件限制，不能做到以上要求时，应有可靠的保护措施，或设置监护人员。

2）将所有的控制器手柄置于零位。

3）切断主电源、加锁或悬挂标志牌，标志牌应放在有关人员能看清的位置。

5. 岗位责任制

（1）起重机司机岗位责任制的主要内容是：

1）严格遵守各项规章制度、岗位职责及设备安全操作规程。

2）树立良好的职业道德，服从领导，听从指挥，团结协作，完成任务。

3）当班司机应严守工作岗位，不得无故擅自离开起重机。

4）起重机司机应密切注意起重机的运行和吊装状况，若发现机件、零件、吊具、索具、安全装置等有故障或异常现象时，应及时设法排除故障或进行维修，必要时应立即向单位领导或检修人员报告，待查清原因，排除故障后方可继续操作。

5）起重机司机发现起重机有较大隐患，危及人身安全时，应停止起重作业。

6）起重机司机要认真钻研业务技术，懂得设备的构造、原理，了解设备维修基本知识，学习诊断处理本机型的一般故障。

7）精心维护保养设备，开机前对设备进行认真检查。

8）认真填写“交接班记录”和“操作留言”，操作中的隐患、故障及存在的问题，一定要填写清楚，并当面将有关问题向接班者交代清楚。

（2）起重指挥和司索人员岗位责任制的主要内容是：

1）严格遵守各项规章制度、岗位职责及岗位（工种）安全技术操作规程。

2）树立良好的职业道德，统一指挥，团结协作。

3）当班起重、司索人员应坚守工作岗位，不得擅自离开工作场所。

4）起重人员要认真钻研业务技术，懂得起重设备、工具、吊具的基本构造、原理和操作方法，做到熟练操作，作业前对吊、索具和设备进行认真检查。

5）重大吊装作业应按起重吊装技术方案进行操作，不盲目指挥，不盲目起吊，尊重科学，确保安全。

6）起重作业人员发现起重设备和吊、索具有较大隐患，危及人身安全时，应停止起重作业。

7）起重作业人员应密切注意起重机的运行和吊装状况，若发现机件、零件、吊具、索具、安全装置等有故障或异常现象，应及时设法排除或进行维修，必要时应向单位领导或检修人员报告，待查清原因，排除故障后方可继续作业。

8）认真维护保养起重机具、吊具、索具等，使起重机具、工具处于良好的运行状态。

9）认真填写“交接班记录”、“操作留言”，当面将有关问题向接班者交代清楚。

6. 起重作业交接班制度

(1) 交接班项目。起重作业人员应认真执行交接班制度。交接班包括填写日常工作记录、交班记录。交班记录中应有如下内容：设备检查情况，设备运转状态，设备维护保养情况，发生的人身、设备、操作事故或未遂事故情况以及隐患整改情况等。交班人员应签名，并注明日期班次。

(2) 交班内容。起重作业结束后，交班起重作业人员应认真向接班者交班，讲清本班起重作业状况、任务完成情况、安全生产情况、设备运转状况、维护保养及故障情况等。

(3) 接班内容。接班人员应认真听取上一班工作情况介绍，主动问清情况，了解上一道工序情况，阅读检查上一班“交班记录”和“工作留言”；检查起重设备操纵系统、制动装置等是否良好，检查吊具、索具等的隐患情况，进行空载运转等，发现问题，双方要立即共同讨论研究。

在上述共同交接班检查中，双方认为正常无误，接班人在交接班记录上签字或双方口头交接认可后，交班人员方可正式离开岗位或现场。

三、安全技术检验与监测

起重机械的安全技术检验与监测，分为起重机械产品和在用起重机械的安全技术检验与监测两类。

1. 起重机械产品的安全技术检验与监测

起重机械的制造单位对生产产品的安全技术性能进行自检，合格后，向所在地区的省级主管部门申请安全技术监督检验。

检验内容包括：原材料自检资料，金属结构安全技术要求，电气、液压及控制系统安全技术要求，安全防护装置及主要零部件安全技术要求，运行试验和载荷试验等。

2. 在用起重机械的定期安全技术检验与监测

由特种设备检测部门负责检验在用起重机械的安全性能、安装修理的安全质量，并对安全认证进行检查。负责起重机械检验的人员，必须经专业培训、考核，取得省级或省级以上主管部门签发的起重机械检验员证，才可出具检验报告。检验包括：

(1) 正常工作的起重机，每两年一次。

(2) 经过大修、新安装、改造过的起重机，在交付使用前。

（3）闲置超过一年的起重机，在重新使用前。

（4）经过自然灾害或重大事故，可能使构件和机构的重要性能等受到损害的起重机。

检验项目包括技术档案（如产品合格证和说明书、验收资料、检验和试验记录、人身或设备事故记录）、主要零部件和安全装置、金属结构的主要受力构件、电气和电路保护、安装及作业环境等。同时，还要进行载荷试验（空载、静载和动载）以确认各组成部分和机构的工作可靠性。

在用起重机械的运行试验和载荷试验可只做空载和额定载荷试验，其中额定载荷试验可两个检验周期进行一次；经安装和重大修理起重机械的质量检验，其运行和载荷试验必须按有关标准进行。

3. 新安装起重机械的安全技术检验与监测

新安装起重机械的安全监督内容包括：

（1）一般要求。整机外观、标牌、额定起重量标志，作业环境，技术档案资料。

（2）金属结构安全技术要求。桥架、臂架、塔架、升降机导轨架等主要受力构件及其连接，司机室、平台、走台、梯子、栏杆。

（3）机构及主要零部件安全技术要求。起升、运行、回转、变幅、伸缩等机构的安全性能，其中的主要部件包括吊钩、钢丝绳等吊辅具，卷筒，滑轮组，制动器，开式齿轮，联轴器，车轮及钢轨等。

（4）液压系统安全技术要求。防止过载和液压冲击的安全装置，平衡阀、液压锁、管路及其连接，操作及控制装置。

（5）电气及控制系统检查。包括馈电装置，保护装置，控制装置，导线及其敷设，照明、信号，接地、绝缘等。

（6）安全防护装置检验。

（7）运行试验和载荷试验。

四、质量监督与安全监察

1. 起重机械产品质量监督与安全监察

起重机械产品质量监督与安全监察主要涉及设计、制造和安装三个环节。起重机械的安全主要是由设计决定的，设计是安全保障的源头；制造是实现产品的工艺过程，是质量保证的关键环节；安装是制造的延续，是起重机由商品转入使用的中间过渡环节。在这些阶段的安全监察，主要是针对设计、制造和安装起重机械单位的资质进行安全认证，对起重机械产品市场准入进行安全认证。

（1）起重机械的设计单位及其设计人员应对所设计的起重机械的安全性能负责。应将主要安全技术资料，报所在地区的省级主管部门备案。

（2）起重机械的制造、安装及修理单位必须取得有关部门的安全认可，有关部门核发安全认可证书。安全认可证书有效期为三年，每三年进行一次复审。

（3）对生产出来的起重机械产品的安全技术性能经自检合格后，还须经过主管安全技术部门的监督检验，取得起重机械安全技术监督检验合格证书。起重机械出厂时，必须将起重机械安全技术监督检验合格证书列入随机文件。

2. 起重机械设备使用的质量监督与安全监察

对起重机械设备的使用，从保证起重机械安全状态，操作人员的安全教育、培训和建立安全管理规章制度三个方面进行安全监察。

（1）起重机械使用单位必须购置有安全技术监督检验合格证书的产品。

（2）安装后的起重机械必须经过安全技术检验机构的安全检验，合格并取得准用证后方可投入使用。

（3）使用单位必须建立起重机械安全管理规章制度；起重机械作业人员必须持有主管部门考核后签发的安全操作证。

（4）对在用起重机械及其安全防护装置的安全性能，还须经过安全技术检验机构每两年一次的定期监督检验，核发起重机械准用证，才可继续使用。

3. 起重机械作业人员的考核与发证

起重机械作业人员属于特种作业人员，实行持证上岗制度。对特种作业人员的考核与发证，实施国家监察。有关部门对取得合格证者每两年复审一次，未按期复审或复审不合格者，操作证自行取消。需要特别指出的是，流动式（汽车式、轮胎式）起重机司机，除按规定考取驾驶执照外，还必须取得起重机司机操作证，才能上岗。

第五节　起重机械安全操作技术与要求

一、起重作业中的危险性及危险要素

起重作业属于特种作业，起重机械属于危险的特种设备。

从安全角度看，与一人一机在较小范围内的固定作业方式不同，起重机械的功能是将重物提升到空间进行装卸吊运。为满足作业需要，起重机械具有特殊的机构

和结构形式，使起重机和起重作业方式本身存在着诸多危险因素。

（1）吊物具有很高的势能。被搬运的物料个大体重（一般物料为十几或几十立方米，均达数吨重）、种类繁多、形态各异（包括成件、散料、液体、固液混合等物料），起重搬运过程是重物在高空中的悬吊运动。

（2）起重作业是多种运动的组合。四大机构组成多维运动，体形高大金属结构的整体移动，大量结构复杂、形状不一、运动各异、速度多变的可动零部件，形成了起重机械的危险点多且分散的特点，增加了安全防护的难度。

（3）作业范围大。起重机横跨车间或作业场地，在其他设备、设施和施工人群的上方，起重机带载后可以部分或整体在较大范围内移动运行，使危险的影响范围加大。

（4）多人配合的群体作业。起重作业的程序是地面司索工捆绑吊物、挂钩；起重司机操纵起重机将物料吊起，按地面指挥，通过空间运行将吊物放到指定位置摘钩、卸料。每一次吊运循环，都必须由多人合作完成，无论哪个环节出问题，都可能发生意外。

（5）作业条件复杂多变。在车间内，地面设备多，人员集中；在室外，受气候、气象条件和场地的影响，特别是流动式起重机还受到地形和周围环境等诸多因素的影响。

总之，重物在空间的吊运、起重机的多机构组合运动、庞大金属结构整机移动，以及大范围、多环节的群体运作，使起重作业的安全问题尤显突出。

二、起重机械安全操作要求与规程

1. 安全操作的一般要求

（1）起重机安全操作的基本要求。

1）起重作业人员班前、班中严禁饮酒。起重作业人员操作时必须精神饱满，精力集中，操作时不准吃东西、看书报、闲谈、打瞌睡、开玩笑等。

2）起重作业人员接班时，应进行例行检查，发现装置和零部件不正常时，必须在操作前排除。

3）开车前，必须鸣铃或报警；操作中起重机接近人时，亦应给以断续铃声或报警。

4）操作应按指挥信号进行，对紧急停车信号，不论何人发出，都应立即执行。

5）非起重机司机不准随便进入起重机司机室，检修人员得到起重机司机许可后，方可进入司机室。

6）当确认起重机上或其周围无人时，才可以闭合主电源，如电源断路装置上装锁或有标牌时，应由有关人员摘掉后才可以闭合主电源。

7）闭合主电源前，应使所有的控制器手柄置于零位。

8）起重机上有两人工作时，事先没有互相联系和通知，起重机司机不得擅自开动或脱离起重机。

9）驾驶起重机应使用手柄操作，停起重机时不要用安全装置关机，不许用人体其他部位去转动控制器，以防在异常工作时来不及采取紧急安全措施。

10）工作中遇到突然停电，应将所有的控制器手柄扳回零位，在重新工作前应检查起重机动作是否正常；因停电重物悬挂半空时，起重作业人员应通知地面人员紧急避让，并立即将危险区域围起来，不准任何人进入危险区。

（2）起重机停止作业时的安全操作要求。

1）起重机停止作业时，应将重物稳妥地放置于地面。

2）多人挂钩操作时，驾驶人员应服从预先确定的指挥人员的指挥；吊运中发生紧急情况时，任何人都可以发出停止作业的信号，驾驶人员应紧急停车。

3）起重机起吊重物时，一定要进行试吊，试吊高度 $H \leqslant 0.5$ m，经试吊发现无危险时方可进行起吊。

4）在任何情况下，吊运重物不准从人的上方通过，吊臂下方不得有人。

5）在吊运过程中，重物一般距离人头顶 0.5 m 以上，吊物下方严禁站人，在旋转起重机工作地带，人员应站在起重机动臂旋转范围之外。

6）在轨道上露天作业的起重机，当工作结束时，应将起重机锚定住。

7）起重作业人员进行维护保养时，应切断主电源并挂上标志牌或加锁，如有未消除的故障应通知接班人员。

8）控制器应逐步开动，不要将控制器手柄从顺转位置直接猛转到反转位置（特殊情况下例外），而应先将控制器转到零位，再转到反方向，否则吊起的重物容易晃动摇摆或因销子、轴等受力过大而发生事故。

9）起重机工作时不得进行检查和维修，不得在有载荷的情况下调整起升、变幅机构的制动器。

10）不准利用极限位置限制器停车，无下降极限位置限制器的起重机，吊钩在最低工作位置时，卷筒上的钢丝绳必须保证《起重机设计规范》（GB/T 3811—1983）所规定的安全圈数。

（3）起重机作业时的安全操作要求。

1）起重机作业时，臂架、吊具、索具、辅具、缆风绳及重物等与输电线的最小距离必须符合有关规定。

2）自行式起重机，工作前应按使用说明书的要求平整停车场地，牢固可靠地打好支腿。

3）对无反接制动性能的起重机，除紧急情况外，不准利用打反车进行制动。

4）用两台或多台起重机吊运同一重物时，钢丝绳应保持垂直；各台起重机的升降、运行应保持同步；各台起重机所承受的载荷均不得超过各自的额定起重能力；如达不到上述要求，应降低额定起重能力至80%；细高件吊装时，每台起重机的额定起重量降至75%。

5）有主、副两套起升机构的起重机，主、副钩不应同时开动（对于设计允许同时使用的专用起重机除外）。

2. 起重操作“十不吊”

（1）指挥信号不明或乱指挥不吊。

（2）物体质量不清或超负荷不吊。

（3）斜拉物体不吊。

（4）重物上站人或有浮置物不吊。

（5）工作场地昏暗，无法看清场地、被吊物及指挥信号不吊。

（6）工件埋在地下不吊。

（7）工件捆绑、吊挂不牢不吊。

（8）重物棱角处与吊绳之间未加垫衬不吊。

（9）吊具索具达到报废标准或安全装置失灵不吊。

（10）钢铁水包过满不吊。

3. 安全操作的特殊要求

起重作业人员除了执行起重作业一般要求及本企业、本机型安全技术操作规程外，还要执行安全操作特殊要求。起重作业安全操作特殊要求主要是：

（1）接受吊装任务前，必须编制起重吊装技术方案，作业前应进行技术交底，强调安全操作技术，全面落实安全措施。

（2）对使用的起重机械、机具、工具、吊具和索具进行检查，确认符合安全要求后方可使用，必要时要经过验证或试验认可。

（3）起重作业人员在操作中要登高作业，必须办理登高作业安全许可证，并采取可靠的安全措施后方可进行。

（4）两人以上从事起重作业，必须有一人任起重指挥，现场其他起重作业人员或辅助人员必须听从起重指挥统一指挥，但在发生紧急危险情况时，任何人都可以发出符合要求的停止信号和避让信号。

(5) 起重作业时，起重吊具、索具、辅具等一律不准与电气线路交叉接触。

(6) 运输吊运大型、重型设备时，事先要测量道路是否安全无阻，对道路上空和两侧的输电线、架空管道、地下设施、道路两侧的建筑物必须采取有效安全措施。

(7) 严禁将钢丝绳、缆风绳拴在易燃易爆有毒管道、化工受压容器、电气设备、电线杆等物体上。

(8) 吊起的重物在空中运行时不准碰撞任何其他设备或物体，禁止物体冲击式落地，吊物不得长时间在空中停留。

(9) 运输重物要在道路中停放时，停放位置不能堵塞交通，夜间要设置红灯信号；重物要通过铁道道口时，事先要与有关部门和看道人员取得联系并得到许可后，方可在规定时间内通过。

(10) 运输重物上、下坡时，要有防滑措施。运输板材、管材或超长物体时，要有安全标志和防惯性伤害的安全措施；搬运易碎物品，应使用专用工具，小心轻放。装运易燃、易爆物品，严禁吸烟和动用明火，不得穿带有铁钉的鞋，必须轻装、轻卸，不得猛烈撞击，不得乱抛乱扔；在石油化工区内从事起重作业，必须遵守厂区内的其他各项安全规定；认真穿戴好个人护防用品，作业前必须戴好安全帽等。

4. 执行设备（岗位）安全技术规程

每个企业因其性质、生产特点、经营方式和设备状况不一，设备复杂程度不同等因素，在安全技术操作规程基本一致的前提下，个别地方可能不尽相同，这是根据各厂厂情决定的。但不论什么安全技术规程、也不论如何表达，都必须有利于安全操作，有利于预防事故。各企业颁布的安全技术规程要不断修改完善，并认真贯彻执行。

三、安全操作技术

安全操作技术是对人的行为的规范，是保证起重机使用安全的重要环节。要提高作业人员对安全重要意义的认识，熟练掌握操作技能，养成良好的劳动习惯，遵守劳动纪律。在起重作业的安全操作技术中，特别是有较大危险的操作环节，应对有关人员进行有针对性的培训和考核，不留安全死角。

1. 吊运前的准备

(1) 正确佩戴个人防护用品，包括安全帽、工作服、工作鞋和手套。高处作业还必须佩戴安全带和工具包。

（2）检查清理作业场地，确定搬运路线，清除障碍物。室外作业要了解当天的天气情况。流动式起重机要将支撑地面垫实垫平，防止作业中地基沉陷。

（3）对使用的起重机和吊装工具、辅件进行安全检查。不使用报废零部件和装置，不留安全隐患。

（4）熟悉被吊运物品的种类、数量、包装状况以及与周围的联系，根据有关技术数据（如质量、几何尺寸、精密程度、变形要求）进行最大受力计算，确定吊点位置和捆绑方式。

（5）编制作业方案。对于大型、重要的物件的吊运或多台起重机共同作业的吊装，事先要在有关人员参与下，由指挥、起重机司机和司索工共同讨论，编制作业方案，必要时报请有关部门审查批准。

（6）预测可能出现的事故，采取有效的预防措施，选择安全通道，制定应急对策。

2. 起重机司机通用安全操作要求

（1）有关人员应认真交接班，对吊钩、钢丝绳、制动器、安全防护装置的可靠性进行安全检查，发现异常情况及时报告。

（2）开机作业前，应确认以下情况处于安全状态方可开机。所有控制器是否置于零位；起重机上和作业区内是否有无关人员，作业人员是否处于安全区；起重机运行范围内是否有未清除的障碍物；起重机与其他设备或固定建筑物的最小距离是否在 0.5 m 以上；电源断路装置是否加锁或有警示标志；流动式起重机是否按要求平整好场地，牢固可靠地打好支腿。

（3）开车前，必须鸣铃或示警；操作中接近人时，应给断续铃声或示警。

（4）司机在正常操作过程中，不得有下列行为。利用极限位置限制器停车；利用打反车进行制动；起重作业过程中进行检查和维修；带载调整起升、变幅机构的制动器，或带载增大作业幅度；吊物从人头顶上通过，吊物和起重臂下站人。

（5）严格按指挥信号操作，对紧急停止信号，无论何人发出，都必须立即执行。

（6）吊载接近或达到额定值，或起吊危险品（液态金属、有害物、易燃易爆物）时，吊运前认真检查制动器，并用小高度、短行程试吊，确认没有问题后再吊运。

（7）起重机各部位、吊具索具及辅助用具与输电线的最小距离应满足安全要求。

(8) 有下述情况时，司机不应操作。起重机结构或零部件（如吊钩、钢丝绳、制动器、安全防护装置等）有影响安全工作的缺陷和损伤；吊物超载或有超载可能，如吊物质量不清、埋置或冻结在地下、被其他物体挤压等；吊物捆绑不牢，或吊挂不稳，重物棱角与吊索之间未加衬垫；被吊物上有人或浮置物；作业场地昏暗，看不清场地、吊物情况或指挥信号。

(9) 工作中突然断电时，应将所有控制器置零，关闭总电源。重新工作前，应先检查起重机工作是否正常，确认安全后方可正常操作。

(10) 有主、副两套起升机构的起重机，不允许同时利用主、副钩工作（设计允许的专用起重机除外）。

(11) 用两台或多台起重机吊运同一重物时，每台起重机都不得超载。吊运过程应保持钢丝绳垂直，保持运行同步。吊运时，有关负责人员和安全技术人员应在场指导。

(12) 露天作业的轨道起重机，当风力大于 6 级时，应停止作业；当工作结束时，应锚定住起重机。

3. 司索工安全操作要求

司索工主要从事地面工作，如准备吊具、捆绑挂钩、摘钩卸载等，多数情况还担任指挥任务。司索工的工作质量与整个搬运作业安全关系极大，其安全操作要求如下。

(1) 准备吊具。对吊物的质量和重心估计要准确，如果是目测估算，应增大20%来选择吊具。每次吊装都要对吊具进行认真的安全检查，如果是旧吊索应根据情况降级使用，绝不可侥幸超载或使用已报废的吊具。

(2) 捆绑吊物。

1) 对吊物进行必要的归类、清理和检查，吊物不能被其他物体挤压，被埋置或被冻结在地下的物体要完全挖出。切断与周围管线的一切联系，防止造成超载。

2) 清除吊物表面或空腔内浮摆的杂物，将可移动的零件锁紧或捆牢，形状或尺寸不同的物品不经特殊捆绑不得混吊，防止坠落伤人。

3) 吊物捆扎部位的毛刺要打磨平滑，尖棱利角应加垫物，防止起吊吃力后损坏吊索。表面光滑的吊物应采取措施来防止起吊后吊索滑动或吊物滑脱。

4) 捆绑吊挂后余留的不受力绳索应紧系在吊物或吊钩上，不得留有绳头悬索，以防在吊运过程中勾挂人或物。

5) 吊运大而重的物体应加诱导绳，诱导绳的长度应能使司索工既可握住绳头，同时又能避开吊物正下方，以便发生意外时司索工可利用该绳控制吊物。

（3）挂钩起钩。

1）吊钩要位于被吊物重心的正上方，不准斜拉吊钩硬挂，防止提升后吊物翻转、摆动。

2）吊物高大需要垫物攀高挂钩、摘钩时，脚踏物一定要稳固垫实，禁止使用易滚动物体（如圆木、管子、滚筒等）做脚踏垫物。攀高必须佩戴安全带，防止人员坠落跌伤。

3）挂钩要坚持“五不挂”：超重或吊物质量不明不挂；重心位置不清楚不挂；尖棱利角和易滑动工件无衬垫物不挂；吊具及配套工具不合格或报废不挂；包装松散捆绑不良不挂。将不安全隐患消除在挂钩前。

4）当多人吊挂同一吊物时，应由一专人负责指挥，在确认吊挂完毕，所有人员都离开并站在安全位置以后，才可发出起钩信号。

5）起钩时，地面人员不应站在吊物倾翻、坠落可波及的地方；如果作业场地为斜面，则应站在斜面上方（不可在死角），防止吊物坠落后继续沿斜面滚移伤人。

（4）摘钩卸载。

1）吊物运输到位前，应选择好安放位置，卸载不要挤压电气线路和其他管线，不要阻塞通道。

2）针对不同吊物种类应采取不同措施加以支撑、楔住、垫稳、归类摆放，不得混码、互相挤压、悬空摆放，防止吊物滚落、侧倒、塌垛。

3）摘钩时应等所有吊索完全松弛再进行，确认所有吊索从钩上卸下再起钩，不允许抖绳摘索，更不许利用起重机抽索。

（5）搬运过程的指挥。

1）无论采用何种指挥信号，必须规范、准确、明了。

2）指挥者所处位置应能全面观察作业现场，并使司机、司索工都能清楚看到。

3）在作业进行的整个过程中（特别是重物悬挂在空中时），指挥者和司索工都不得擅离职守，应密切注意观察吊物及周围情况，发现问题及时发出指挥信号。

第六节　起重机常见事故类型及防范

起重事故是指在进行各种起重作业（包括吊运、安装、检修、试验）中发生的重物（包括吊具、吊重或吊臂）坠落、夹挤、物体打击、起重机倾翻、触电等事故。起重伤害事故可造成重大人员伤亡或财产损失，不仅给国家和人民财产造成巨大的经济损失，同时也给事故受害者及其家庭带来痛苦和沉重的负担。事故的发生破坏了正常的生产秩序，造成人力、物力和财产的浪费，同时也在社会上造成极大的不良影响。根据不完全统计，在事故多发的特殊工种作业中，起重作业事故的次数多，事故后果严重，重伤、死亡人数比例大。如何防止事故的发生，不仅与个人的生命财产有着极为密切的关系，而且对发展生产，促进改革开放及经济发展，稳定社会都具有重大意义。

一、起重机常见事故类型

1. 重物坠落

吊具或吊装容器损坏、物件捆绑不牢、挂钩不当、电磁吸盘突然失电、起升机构的零件故障（特别是制动器失灵、钢丝绳断裂）等都会引发重物坠落，或起重机的金属结构件失效、破坏、坠落，都可能造成严重后果。

2. 起重机失稳倾翻

起重机失稳有两种类型：一是由于操作不当（如超载、臂架变幅或旋转过快等）、支腿未找平或地基沉陷等原因使倾翻力矩增大，导致起重机倾翻；二是由于坡度或风载荷作用，使起重机沿路面或轨道滑动，导致脱轨翻倒。

3. 挤压

起重机轨道两侧缺乏良好的安全通道或与建筑结构之间未留出足够的安全距离，使运行或回转的金属结构对人员造成夹挤伤害；运行机构的操作失误或制动器失灵引起溜车，造成碾压伤害等。

4. 高处跌落

人员在离地面大于 2 m 的高度进行起重机的安装、拆卸、检查、维修或操作等作业时，从高处跌落造成的伤害。

5. 触电

起重机在输电线附近作业时，其任何组成部分或吊物与高压带电体距离过近，感应带电或触碰带电物体，都可以引发触电伤害。

6. 其他伤害

其他伤害是指人体与运动零部件接触引起的绞、碾、戳等伤害；液压起重机的液压元件破坏造成高压液体的喷射伤害；飞出物件的打击伤害；装卸高温液体金属、易燃易爆、有毒、腐蚀等危险品时，由于坠落或包装捆绑不牢破损引起的伤害等。

二、典型事故案例

1. 绑扎事故

1985 年 11 月 4 日上午，某货场装卸工杨某等人用门式起重机进行木材倒垛作业。在绑扎一捆圆木时，绑扎方法不正确，吊索夹角过大。当门式起重机起吊后，整捆圆木呈现一头高、一头低，低端的捆绑绳向内滑动。但他们没有将圆木放下重新绑扎，而是指挥门式起重机继续向运圆木的拖拉机处运行。当门式起重机在拖拉机上方将圆木向拖斗下降时，整捆圆木的低端刚接触拖斗，绑扎的绳索便松动脱钩，几根圆木同时散落射出，杨某被射出的圆木击中胸部后心脏破裂，送医院后经抢救无效死亡。

造成这起事故的主要原因是：

（1）绑扎方法错误。

（2）吊起后发现吊索间夹角过大、吊物不平衡、捆绑绳滑动等现象，没有及时指挥放下重新绑扎，而是强行吊运。

从上述的事例可以看到，杨某等人包括门式起重机司机的安全生产意识很薄弱。在发现了多处明显违反安全操作规程现象时都没有停止作业，而是贪图方便省事强行进行吊运，致使吊物在下降时绑扎绳松脱而造成事故。他们这种明知故犯的违章行为，造成的后果是惨痛的。若当时在场的任何一人能制止这种不安全的生产作业，杨某就不会死于非命。

作业人员应从中得到的教训是：发现错误一定要纠正，对不安全生产的行为一定要制止。只有这样才能避免发生伤害事故，才能保证生产的顺利进行。

2. 脱钩事故

1985 年 5 月 4 日上午 8 时，某市运输公司起重大队司索工李某在装木料时，因挂钩脱掉，木材砸在李某身上致其死亡。

造成这一事故的直接原因是吊挂不牢脱钩。从司索工本身来讲，主要原因还是安全意识不强。

通过这一案例告诉作业人员，吊装木料一次能吊多少，事先应心中有数。木材形状是圆形还是方形，在吊装前，应考虑吊装方式的安全性、科学性。司索工在操作时应加强自我保护意识，应站在正确的位置，挂钩吊物应确认挂牢方可起吊。

3. 断裂事故

1987 年 2 月 16 日，某厂维修车间起重工方某、钳工梁某、黎某与天车工何某四人配合拆检叉车。当拆到平衡块时，由于油管接头的凸出使得平衡块受阻而无法拆卸。试用了几种方法都无效，这时他们用钢丝绳将平衡块绑扎住，采用桥式起重机起升吊钩将钢丝绳往上拉的方式进行拆卸，但拉了几次也拆不下来。这时他们便叫何某拉紧钢丝绳，然后检查到底是什么原因。当梁某检查到一油管时，发现是油管伸出阻碍了拆卸作业。梁某便将左手伸进平衡块底下想把油管抽开。就在这瞬间，钢丝绳由于在平衡块的棱角处没有软物做衬垫而被其棱角剪断，平衡块随即跌落，将梁某的左手压断。

这起伤害事故的主要原因是用钢丝绳绑扎吊挂时，没按规定在棱角处用软物作衬垫，以致钢丝绳被割断而造成伤害事故。另一原因是当梁某要伸手进入被吊起的平衡块底之前没用硬物先将平衡块支撑好，以致当钢丝绳被割断时因无支撑而造成事故的发生。

这一事故告诉作业人员，在起重吊装作业中，对任何不安全的因素都不能掉以轻心。

4. 吊耳断裂事故

1993 年 12 月 26 日上午 10 时，某造船厂在制造一艘 80 客位交通艇的过程中，由指挥员朱某指挥两台门座式起重机协调共同起吊该艇的 604 分段，同步由南至北向主船体移动，进行约有 50 m，在越过船台上正在制造的一艘拖轮时，其一侧吊索的吊耳突然断裂，致使 604 分段倾斜坠落，砸在拖轮上并将正在作业的装配工虞某砸伤致死，另一名工人宋某亦被砸成重伤。

造成这起事故的主要原因：

一是违规操作。安全操作规程中明文规定：吊物不准从人头上方通过。作为指挥员和吊车司机都应清楚知道这一点，当所吊的 604 分段越过拖轮之前，应连续鸣铃将其上作业人员“驱散”，以使其远离危险区，这样就不会发生以上悲剧。

二是不讲科学。自制的吊耳纯属粗制滥造，仅用 8.5 mm 厚的钢板制造，未对其进行拉力、剪力及焊缝强度等方面的科学计算就盲目使用。这种无视安全、野蛮的生产作风是这次事故的又一主因。经核算该吊耳的剪应力和拉应力均远远超过该材料的许用应力值，根本就不能使用，作为船体车间领导有不可推卸的责任。

从这起事故中作业人员应吸取的教训是：

(1) 作业人员必须严格遵守安全操作规程。

(2) 起重机下面的作业人员应随时注意自我保护，远离危险区，不可心存侥幸。

(3) 自制吊具未经科学计算，不得随意使用，经检定合格后方可使用。

5. 指挥责任事故

1992年2月10日上午，在某单位承建的油厂码头浇注现场，作业人员赵某指挥履带式起重机进行吊运混凝土罐作业。当时履带式起重机的旋转中心到目的地的旋转半径为16 m，额定起重量为1.9 t，而每个吊罐的起重量（吊罐加上混凝土的总质量）为2.2 t。第一罐放下后，接着吊第二罐，其落点在第一罐落点外1 m处，亦即旋转半径为17 m。起重机司机将第二罐吊到第一罐落点上方停下，赵某指挥司机向外下降并变幅，准备在第二个落点就位。司机按指挥操纵吊臂下降，这时吊臂突然坠落，吊罐把两条跳板砸断。正站在跳板上的赵某同时跌落到墩内，被夹在吊罐和侧模之间，送医院后经抢救无效死亡。

造成这起事故的原因有：

（1）赵某违章指挥。在履带起重机超负荷的情况下指挥变幅严重违反了重载时不准变幅的规定，造成吊臂折断、机损人亡的惨痛后果。

（2）赵某站位不当。站在危险的区域进行指挥作业，致使出现事故时躲避不及时受到伤害。

（3）履带式起重机司机盲目服从赵某的错误指挥。在超负荷、违反安全操作规程的情况下进行作业，造成伤害事故的发生，带来不必要的损失。

作业人员应以这件事故为鉴，在生产中确立“安全第一”的思想，坚决反对违章指挥、盲目作业的不安全行为。

6. 违章作业事故

1992年4月1日中午，某运输公司起重工谭某与20 t汽车起重机司机温某配合，将一重约5 t的机器从大货车上卸下。谭某把四个钢丝绳扣挂上主钩后，指挥温某旋转吊臂移动货物，同时谭某本人爬上货车，从车厢与货物之间的空隙通过。这时吊臂刚好转至他的头顶上方，温某在没有放松副钩钢丝绳的情况下伸长吊臂，致使副钩钢丝绳被拉断。副钩从离地8.8 m高处坠落，在车厢栏杆上反弹后击中谭某的头部，谭某送医院后经抢救无效死亡。

造成这起事故的原因是：

（1）起重机司机温某违反安全操作规程。在吊臂伸延之前，本应先放松副钩钢丝绳，使副钩下降2～3 m，才能延伸吊臂。但温某并没有这样做，以致在伸臂过程中将副钩钢丝绳扯断造成重大伤亡事故。

（2）起重工谭某安全意识淡薄，他既是操作者，又是指挥者，在作业中违反安全操作规程，处于吊臂旋转范围这样一个危险区域工作却不戴安全帽，导致在事故中死亡。

从这起事故可以看到，违章作业是万万不可取的，往往就是因为安全意识淡薄、麻痹大意而造成不可挽回的损失。如果温某或谭某在作业中按照安全操作规程作业的话，这起事故就不会发生。

7. 粗心大意导致的事故

1987 年 10 月 16 日夜晚，某港口码头装卸工人正在进行卷纸的卸船作业。工作过程是用胶质的千斤绳穿过卷纸的中轴孔打码，然后将千斤绳两端挂上吊钩，用起重机将卷纸吊落到停在码头拖车的平板上，再由拖车运至堆场。

作业至第二天早上 6 时 35 分左右，这时在指挥手黎某的指挥下，起重机吊着一码卷纸在平板卡上放平稳后，由摘挂钩手彭某摘钩。摘钩完毕，彭某将上一码的一条胶质千斤绳两端都同时挂上吊钩，即向指挥手黎某示意可以起钩。黎某随即向起重机手梁某发出全速起升的指挥信号。吊钩在梁某的操纵下迅速上升。只听见彭某大叫“快松”，同时见他头朝下随着吊钩上升。在起重机手还没有反应过来的时候，彭某已经跌落在码头外侧面的护堤上，紧接着跌入江中。待将其打捞上来时，彭某已经死亡。

事后检查发现那条由彭某挂上吊钩的千斤绳中穿着一个包装卷纸的铁皮圈。当吊钩上升时彭某的右腿正站在铁皮圈的中间，铁皮圈套着彭某的右腿将其吊起。当彭某被吊至空中时铁皮圈承受不了彭某的体重而断开，致使彭某被摔下来掉进江中淹死。

这起事故的主要原因是：

(1) 粗心大意。挂钩前不做检查，起升时不注意周围环境变化，缺乏自我保护意识。彭某在未检查清楚是否安全的情况下就向指挥手黎某示意可以开始作业，致使发生事故造成自己死亡。

(2) 指挥不当。指挥手黎某忽视瞭望，指挥不当，在一开始起钩就要求全速起升是错误的，以致发现险情时来不及停机补救，使得彭某在发现危险后也无法排除。如果黎某是先指挥缓上升，待被吊物将离地面时检查无误后再发出全速起升的信号，则彭某有可能会有时间把右腿从铁皮圈中挣脱从而避免死亡。

这起事故告诉作业人员，在工作中要加强安全生产的意识，做任何一件事都应该认真细致，不能马虎。任何错误的行为都会导致事故的发生。

8. 挤压事故

1991 年 5 月 12 日下午临近下班时间，某厂装卸人员赶卸大货车上的铸件。由于场地狭窄，装卸人员卸下的铸件竖立放置。当起重机吊卸第二件铸件准备放置时，由于吊运不稳，左右摆动，撞到已卸下的第一件铸件，将正从那里经过的林某压至重伤。

造成这起事故的原因有以下几点：

（1）卸下的物件放置不当。如果装卸人员在作业中按技术要求去做，将铸件横放，使其重心降低，并在铸件与地面接触不到的地方用物件垫好，则铸件受到碰撞也不会翻倒。

（2）工作现场安全防护措施欠缺。按安全操作规程规定，作业现场的危险区域禁止人员站立或靠近。在场地狭窄的地方作业，更应该在危险区域竖立警示牌或派人守卫，禁止人员通过。但由于麻痹大意，他们没有这样做，以致铸件翻倒伤人。

（3）被吊运物件左右摇摆不稳时不应靠近任何人或物，以防撞伤。但在这起事故中由于抢时间，不顾一切，以致将铸件碰撞翻倒。

从上述事故可看到，在赶时间抢任务的作业中最容易发生事故。因为在这时作业人员的注意力都集中在完成任务上，忽视了安全，忘记了规章制度，思想麻痹。作业人员应从中吸取经验教训，越是忙、越是时间紧就越要讲安全，按制度办事，这样才能防止事故的发生。

三、事故防范与要求

伤害事故会给国家和人民财产造成巨大的损失，在社会上造成不良的影响，同时也破坏了企业的正常生产秩序，并且给受害者及其亲人造成巨大痛苦。因此，作业中的安全涉及社会的安全、企业的正常生产和个人的家庭幸福等各个方面。预防伤害事故的发生，是国家建设的需要，是企业发展生产的要求，也是千家万户职工家庭的共同愿望。起重伤害事故发生的原因是多方面的，通过上述案例的分析可知，这些事故发生是由于事物的不安全因素和人的不安全行为共同作用所引发的结果。

事物的不安全因素有：设备维护保养不良，安全装置不完好等。

人的不安全行为有：领导不重视安全教育，贯彻各种安全法规不力，管理混乱，制度不严；操作者违反安全操作规程，违章指挥和违反劳动纪律的“三违反”行为。其中，操作者违反安全操作规程是引发事故的主要原因，也是共同的原因。因此，要有针对性地从各个方面采取相应措施进行综合治理，才能取得良好的效果。通常主要有以下几个方面：

（1）认真贯彻“安全第一、预防为主”的方针，经常宣传国家有关劳动保护的方针、政策、法律、法规、决议和指示等。正确认识安全在作业中的重要性，提高作业人员安全生产的思想意识，克服把安全生产与经济效益对立起来的思想倾向，克服麻痹思想和侥幸心理。

(2) 加强安全管理，建立健全各项规章制度，严禁违章指挥和违章作业。在制定施工计划的同时要制订相应的安全计划，布置生产工作的同时要布置安全工作，检查工作进度的同时要检查安全是否落实。定期组织安全检查，对生产现场、机械设备、安全设施、生产工具等进行认真细致的检查。查出重大问题和事故隐患要及时处理，把执行安全生产责任制与奖惩制度结合起来。对安全生产做出显著贡献的要重奖；对破坏制度，造成事故责任者要视其责任大小、情节轻重给予处罚，直至追究刑事责任，不能姑息迁就。

(3) 加强起重司索、指挥作业人员的管理和培训，不断提高培训质量。建立严格的考核制度，使得起重司索、指挥作业人员的安全技术素质不断提高。建立持证上岗制度，树立遵章守法作业的良好作风。

(4) 起重作业人员本身应增强对安全的重视，除遵规守法外，还应增强自我保护意识和群体相互保护意识，在作业中各司其职，密切协作，相互关照，做好每一项工作。

(5) 起重作业现场必须设专职安全监督员，环视周围、纵观全面，随时发现和消除不安全因素，制止不安全行为。这是避免发生事故不可忽视的一个举措。

(6) 建立科学的设备维护保养和检查制度，保持设备处于良好运行状态。

本章小结

本章以起重机械的类型、性能参数和分类为基础，并详细介绍起重机基本结构、安全防护装置、常见装置故障及零部件报废标准、作业管理及安全操作技术，并列举了常见的典型事故及相应的防范措施。通过对这些内容的学习，使学生能够对实际使用起重机械的各种场所制定出相应的安全作业管理要求及安全操作技术要求。

复习思考题

1. 起重机械的主要技术参数有哪些？各表示什么含义？
2. 起重机械由哪几部分组成？
3. 起重机械的起升机构的作用是什么？
4. 起重机械的运行机构的作用是什么？

5. 起重机械的变幅机构的作用是什么？
6. 起重机械的回转机构的作用是什么？
7. 常见的起重机械安全防护装置有哪些？它们的作用分别是什么？
8. 简述起重机械金属结构的维护及其报废标准。
9. 起重机械的一般安全要求是什么？

第五章 厂（场）内机动车辆安全技术

本章学习目标

通过本章学习，应当：

1. 了解厂（场）内机动车辆的类型、分类及主要技术参数。厂（场）内机动车辆包括：汽车、轨道运输车辆、工程建筑机械车辆、工业搬运车辆等。与它们的生产与使用紧密相关的主要技术参数有：最大行驶速度、爬坡度、最小转弯半径、最小离地间隙、额定载重量等。

2. 了解厂（场）内机动车辆的传动系统划分及组成。车辆的动力装置和驱动轮之间的所有传动部件总称为传动系统。传动系统的基本功用是将动力装置的动力按需要传给驱动轮和其他机构。结合动力形式，厂内机动车辆的传动系统划分为内燃车辆的机械传动、液力机械传动、液压传动和电动车辆的电传动四种类型。

3. 掌握制动系统的组成与工作原理。制动系统包括制动器和制动驱动机构，通过制动可使行驶中的车辆减速以致停车或者使车辆可靠地停放在指定位置（坡道）上。

4. 熟悉转向系统的组成。转向系统由转向操纵机构和转向传动机构组成，转向操纵机构包括转向盘、转向轴、带万向节的转向传动轴等机件；转向传动机构是用来将转向器输出的力和运动传给两转向节，从而使两侧转向轮按一定关系进行偏转的机构。

5. 了解行驶系统的功用与组成。行驶系统的主要功用是：支持整车的质量和载荷，并保证车辆行驶和进行各种作业。一般包括车桥、车轮和轮胎。

6. 掌握制动系统的安全技术要求及检测。我国国家标准《机动工业车辆安全规范》中，分别对制动器的操纵力和停车制动器的驻坡性能做了相应的规定。制动系统必须保证机动车辆达到满足标准要求的制动性能。

7. 了解厂（场）内机动车辆的常见故障及分析。
8. 了解厂（场）内机动车辆安全作业管理及检验。
9. 了解厂（场）内机动车辆常见事故类型及防范。

第一节　厂（场）内机动车辆基本知识

一、厂（场）内机动车辆的类型

厂（场）内机动车辆参照行业习惯和相关标准，从产品功能和结构特征上可分为：

（1）汽车。在机场、港口、工矿企业等场所载货、载客运行的车辆。

（2）轨道运输车辆。在铁路轨道上运行的车辆，局限于厂矿、港口货场、建筑工地、林区等进行短距离、小范围的货物运输。

（3）工程建筑机械。工程建筑机械品种多、用途广，主要包括挖掘机、装载机、推土机、铲运机、平地机、翻斗车、各类工程起重机、路面养护和混凝土制备车等。

（4）工业搬运车辆。主要用于码头、车站、仓库、各类企业内部货物运输和装卸等工作。包括各类叉车、牵引车、搬运车、跨车等。

由于厂（场）内机动车辆种类繁多，为方便安全技术知识的系统讨论，本章以工业搬运车辆中的典型产品——叉车和搬运车为例进行介绍。

二、叉车的分类与主要技术参数

1. 叉车的分类

叉车是指以货叉作为主要的取物装置，具有起升堆垛和搬运货物功能的工业车辆。

（1）平衡重式叉车（见图 5—1）。具有载货的货叉（或其他可更换的属具），货物相对于前轮呈悬臂状态，依靠自身质量实现平衡。

（2）前移式叉车（见图 5—2）。具有前、后可移动的门架或货叉架的车辆。当门架或货叉架处于外伸位置时，货叉上的货物处于悬臂状态。

（3）插腿式叉车（见图 5—3）。车体前方有两条外伸车轮支腿，货叉位于支腿之间。货物重心投影点总是处于支撑面内。

（4）托盘堆垛车（见图 5—4）。车体前方有两条外伸车轮支腿，货叉位于支腿

图 5—1　平衡重式叉车

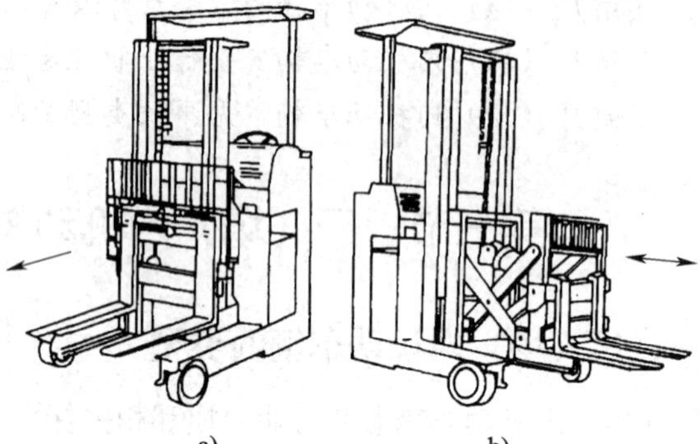

a)　　b)

图 5—2　前移式叉车

a）门架前移式　b）叉架前移式

正上方。货物重心投影点总是处于支撑面内。

（5）侧面式叉车（见图 5—5）。车辆的货叉架或门架可相对于车辆的运行方向横向伸出和缩回，进行侧面堆垛或拆垛作业。

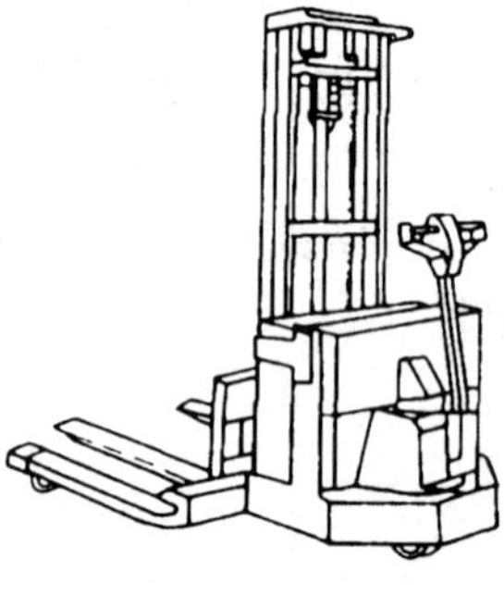

图 5—3　插腿式叉车

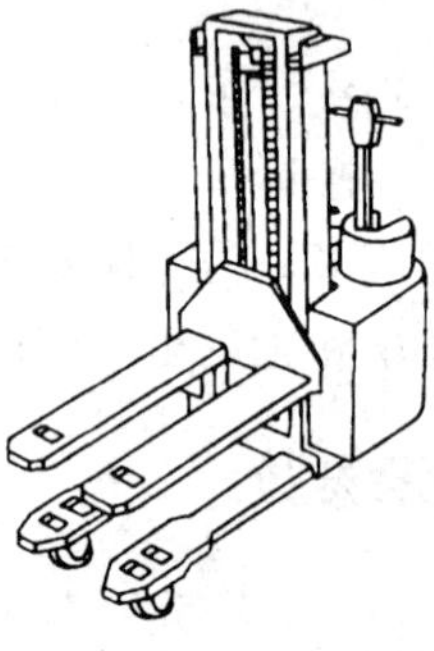

图 5—4　托盘堆垛车

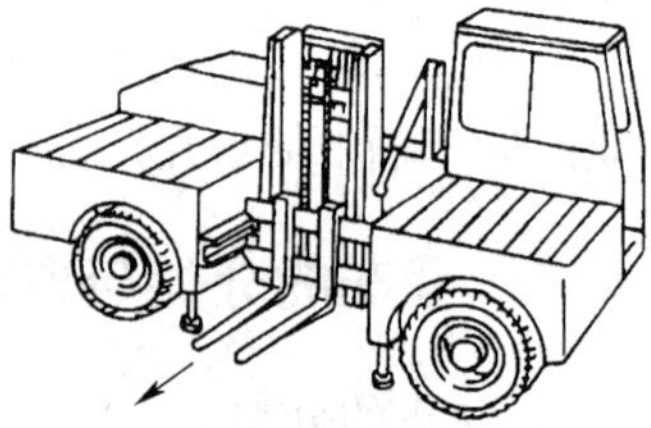

图 5—5　侧面式叉车

2. 叉车的主要技术参数

（1）额定起重量。是指货叉上的货物重心位于规定的载荷中心上时，允许起升的货物最大质量。

（2）载荷中心距。是指额定起重量货物的重心至货叉垂直段前表面的水平距离。

（3）最大起升高度。是指门架直立，货叉承载额定起重量起升至最高位置时，货叉水平段上表面至地面的垂直距离。

（4）自由起升高度。是指叉车空载，门架直立且外形高度不变条件下货叉起升，能达到的货叉水平段上表面至地面的最大垂直距离。

（5）最大起升速度。是指叉车满载时，货物起升的最大速度。

（6）门架倾角。是指叉车空载，门架相对其垂直位置向前和向后的最大倾角。

（7）最大行驶速度。是指叉车在空载或满载运行状态所能实现的最大速度。

（8）最大爬坡度。是指叉车满载，在坚实良好的路面情况下，以低挡匀速行驶时能爬越的最大坡度。

（9）最小转弯半径。是指叉车转弯时，转向中心至叉车尾部外形轮廓最远点之间能达到的最小距离，也称为外廓最小转弯半径。而叉车空载，两货叉处于最大间距位置，转向中心至叉尖外侧的距离称为叉车的叉尖最小转弯半径。

（10）直角通道最小宽度。是指当叉车以最大货叉间距从直角通道转弯时，所必需的最小通道宽度。

（11）最小离地间隙。是指叉车车体上最低点到地面的最小垂直距离。它和叉车的外形尺寸及其接近角、离去角等反映叉车的通过性。

三、搬运车的分类与主要技术参数

搬运车具有平台、货叉等承载装置，有些类型的承载装置还能自行升降，把货物提升到车辆行驶高度，方便作业。

1. 分类

（1）托盘搬运车（见图 5—6）。装有货叉用来搬运带托盘的货物的车辆。

（2）非堆垛跨车（见图 5—7）。车体及承载装置跨在货物上，对货物提升后进行搬运作业。

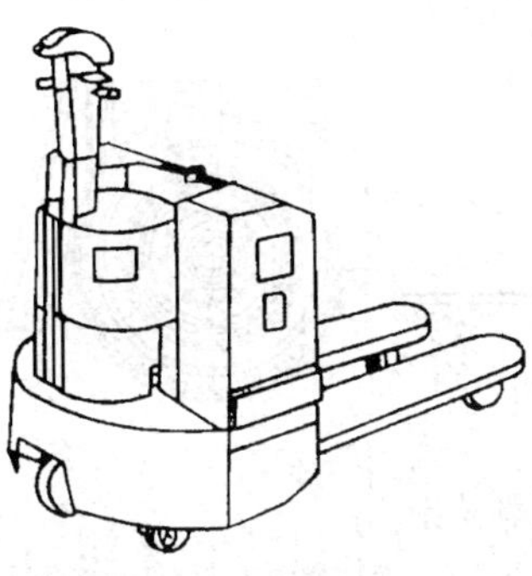

图 5—6　托盘搬运车

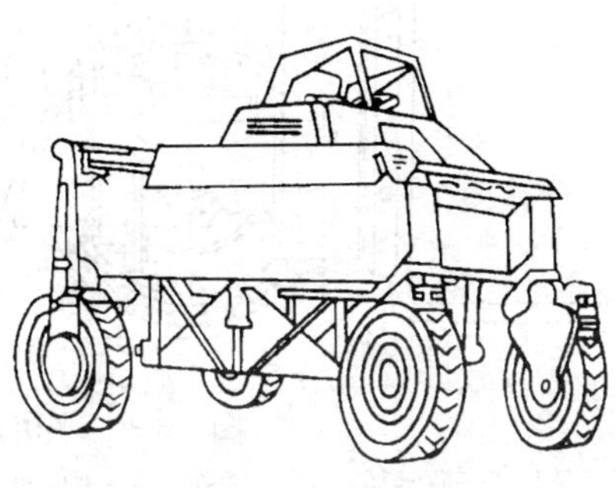

图 5—7　非堆垛跨车

(3) 固定平台搬运车（见图 5—8）。载货平台不能起升，不设装卸工作装置的搬运车辆。

2. 主要技术参数

搬运车的技术参数与叉车类似，主要有额定起重量、最大行驶速度、最大爬坡度、最小转弯半径、最小离地间隙、载货平台尺寸等。

图 5—8　固定平台搬运车

四、常用叉车、搬运车的结构

1. 平衡重式叉车的结构

内燃平衡重式叉车构造可以划分为动力装置、车辆底盘、工作装置、液压系统和电气系统五个组成部分。图 5—9 所示是一般平衡重式叉车的总体构造。

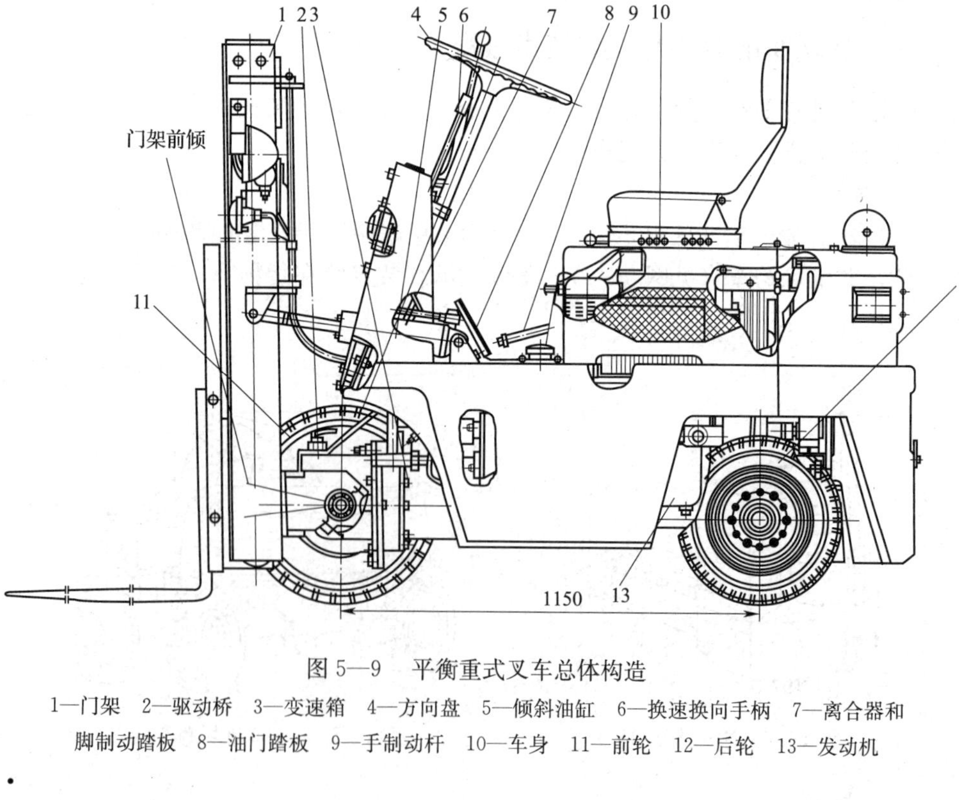

图 5—9　平衡重式叉车总体构造

1—门架　2—驱动桥　3—变速箱　4—方向盘　5—倾斜油缸　6—换速换向手柄　7—离合器和脚制动踏板　8—油门踏板　9—手制动杆　10—车身　11—前轮　12—后轮　13—发动机

（1）动力装置。内燃叉车的动力装置主要是汽油机和柴油机。汽油机适用于中小吨位叉车，柴油机适用于中大吨位叉车。

（2）车辆底盘。车辆底盘是车辆的基体，用来在其上安装车辆的动力装置、工作装置及各种附属设备，使车辆能够正常工作。车辆底盘由传动系、行驶系、转向系和制动系四部分组成。

（3）工作装置。叉车的工作装置是一套能伸缩的门架式升降机构，所以又称为门架系统或升降系统，实现货物的叉取、升降堆码作业。其主要组成部分是：货叉、叉架（滑架）、门架、滚轮、链条、链轮、油缸等。

（4）液压系统。叉车的液压系统主要用于工作装置、液力转向、液力或液压传动形式的驱动。一般由液压油泵、工作油缸、控制阀及油箱等组成。

（5）电气系统。以内燃机为动力的车辆，其电气系统由蓄电池、照明及信号设备、控制仪表以及与发动机配套的启动电机、点火系（汽油机）等组成。而电动车辆，电气系统主要由牵引电动机、蓄电池组以及照明、信号设备等组成。

2. 固定平台搬运车的结构

固定平台搬运车的结构与一般车辆类似，由动力装置、车辆底盘和电气系统等组成。

（1）动力装置。固定平台搬运车多由蓄电池—电动机组成电力驱动，因此又称为电动搬运车。

（2）车辆底盘。该车辆底盘也分为传动系、行驶系、转向系、制动系四部分，它与叉车底盘的区别主要在传动系和行驶系。传动系由减速器与后驱动桥组成，行驶系由车架、车轮及弹性悬架组成。

（3）电气系统。与电动叉车基本相同。

五、动力装置

厂（场）内机动车辆的动力装置主要有内燃机驱动和电力驱动两种，分别称为内燃车辆和电动（瓶）车辆。如内燃叉车、电动叉车、电动搬运车等。

1. 内燃机驱动

内燃机分汽油机和柴油机，此外，还有用甲醇、乙醇、液化石油气等作为燃料的发动机。

（1）内燃机的组成。内燃机是一部由许多机构和系统组成的复杂机器，其基本组成有曲柄连杆机构、配气机构、燃料供给系、启动系、点火系（柴油机无点火系）、润滑系、冷却系等，有些内燃机还有增压系和电子控制系。

（2）内燃机的主要性能指标。内燃机的性能用其动力性和经济性表示。在内燃机产品出厂的铭牌和使用说明书中，都标注有代表性的性能指标，以便于使用人员了解内燃机的性能，达到正确合理使用的目的。下面介绍几种内燃机的主要性能指标。

1）有效扭矩。内燃机飞轮上对外输出的扭矩，称为有效扭矩。它是指燃料在汽缸内燃烧发热、膨胀做功所产生的力，除了克服各部分摩擦阻力和驱动各辅助装置（水泵、油泵、风扇、发电机等）之外，最后在飞轮上可以供给外界使用的扭矩。单位通常用N·m（1 N·m=0.102 kg·m）表示。

2）有效功率。内燃机在单位时间内对外所做的功，称为有效功率。单位为kW。当由台架试验测得内燃机的有效扭矩和转速后，内燃机的有效功率便可按下式计算：

$$\text{有效功率}=\frac{2\pi}{60}\times\text{有效扭矩}\times\text{转速}\times10^{-3}=\frac{\text{有效扭矩}\times\text{转速}}{9\,549.3}(\text{kW}) \quad (5—1)$$

我国根据内燃机的不同用途，规定有四种标定功率，其名称、定义和主要用途如下：

①15 min功率：为内燃机允许连续运转15 min的最大有效功率。适用于汽车、摩托车、摩托艇等用途内燃机的功率标定。

②1 h功率：为内燃机允许连续运转1 h的最大有效功率。适用于工业用拖拉机、工程机械、内燃机车、船舶等用途内燃机的功率标定。

③12 h功率：为内燃机允许连续运转12 h的最大有效功率。适用于农业用拖拉机、农业排灌、内燃机车、内河船舶等用途内燃机的功率标定。

④持续功率：为内燃机允许长期连续运转的最大有效功率。适用于农业排灌、船舶、电站等用途内燃机的功率标定。

还需指出，在标定任一功率时，必须同时标定出相应的转速，称为标定转速。

3）有效燃料消耗率。内燃机对外做相同的功，所消耗的燃料越少，其经济性越好。内燃机每发出1 kW有效功率，在1 h内所消耗的燃料量，称为有效燃料消耗率（简称比油耗），单位为g/kW·h。

2. 电动机驱动

电动车辆得到了越来越广泛的应用，这是由于电动车辆在行驶中无废气排放，不会污染环境；与内燃车辆相比，电动车辆能源利用总效率较高；电动车辆所用的电能，可以通过多种方法发电而获得，也可以利用深夜的低谷电力，从而使发电设备的利用率提高；另外，电动车辆的振动及噪声很小。

厂（场）内机动车辆上广泛采用的低压直流电动机，除用来驱动行走机构外，还分别驱动工作装置的液压油泵和动力转向油泵等。

驱动行走机构的电动机，称为牵引电动机，通常采用直流串励电动机。这是由于串励电动机具有软的机械特性，能适应车辆运行的要求，且比较经济。

六、传动系统

1. 传动系统概述

车辆的动力装置与驱动轮之间的所有传动部件总称为传动系统。传动系统的基本功用是将动力装置的动力按需要传给驱动轮和其他机构。结合动力形式，厂（场）内机动车辆的传动系统划分为内燃车辆的机械传动、液力机械传动、液压传动和电动车辆的电传动四种类型。

（1）机械传动。图 5—10 所示为内燃机驱动的机械传动系统，由离合器、变速箱、万向传动轴、驱动桥组成。机械传动具有结构简单、工作可靠、价格低廉、质量轻、传动效率高，以及可以利用发动机运动零部件的惯性进行作业等优点，在中小功率的车辆上得到了广泛的应用。

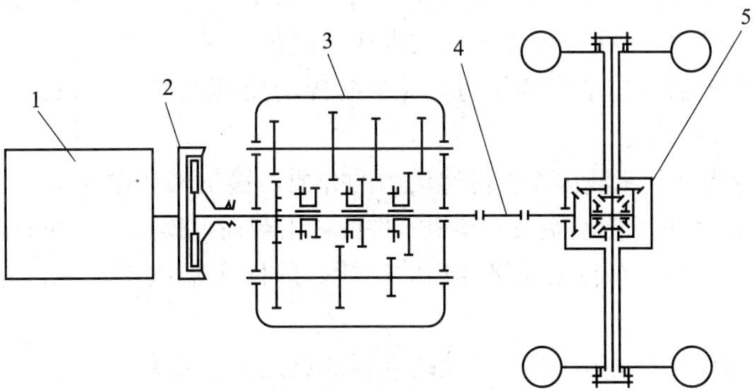

图 5—10 车辆机械传动系统

1—内燃机 2—主离合器 3—变速箱 4—万向传动轴 5—驱动桥

（2）液力机械传动。液力机械传动也称动液传动，其特点是传动系统中装有液力元件（液力变矩器或液力耦合器）。由于在液力元件之后串联安装一个机械变速箱，因而多将这种传动称为液力机械传动。图 5—11 所示为液力机械传动示意图。

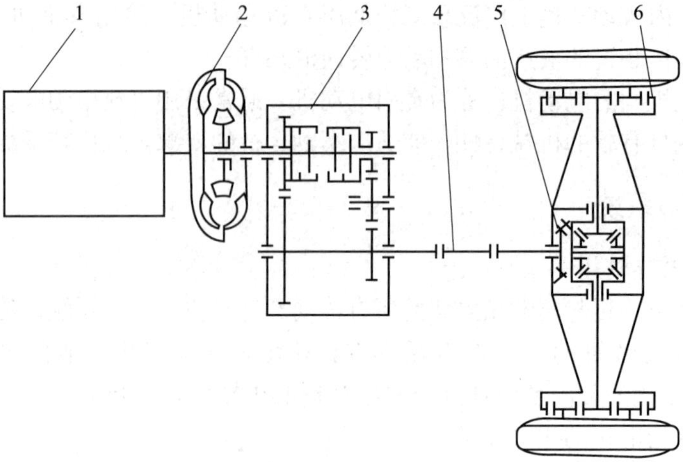

图 5—11　车辆液力机械传动系统

1—内燃机　2—液力变矩器　3—变速箱　4—万向传动轴
5—主减速器　6—轮边减速器

液力机械传动具有以下优点：

1）能在规定范围内根据外界阻力的变化，自动进行无级变速。这不仅提高了内燃机的功率利用率，而且可以大大减少换挡次数、降低驾驶员的劳动强度。

2）由于变矩器的自动变速能力，对于同样的变速范围，可减少变速箱的挡位数，简化变速箱的结构。

3）由于变矩器利用液体作为传递动力的介质，输出轴和输入轴之间没有刚性的机械联系，因而减少了传动系及发动机零件的冲击载荷，提高了车辆的使用寿命。

4）由于变矩器具有自动无级变速的功能，因而车辆起步平稳，并可得到任意小的行驶速度。

与机械传动相比，液力机械传动的主要缺点是传动效率低。采用液力变矩器以后，车辆起步时不能利用飞轮的动能，不能利用发动机制动；采用动力转向的车辆，在发动机熄火后，不能拖转向和拖启动。

（3）液压传动。液压传动也称静液传动，主要由液压油泵和液压马达组成。在液压传动中，最理想的情况是采用变量泵和变量马达。目前使用较多的是变量泵和定量马达。图 5—12 所示为这种液压传动系统的示意图。

液压传动具有以下优点：

1）能实现无级变速，变速范围大，并能实现微动，而且在相当大的变速范围内保持较高的效率。

2）用一根操纵杆便能改变行驶方向和变速，操纵简便。

3）利用液压传动系统本身可以实现制动。

4）液压传动使传动系大大简化，取消了机械传动和液力机械传动系统中的传动轴和差速器。

（4）电传动。由电动机驱动的车辆实际上也是机械传动，只是习惯上称为电传动。其结构布置有集中驱动和分别驱动两种形式。

集中驱动的传动系统由减速器、差速器、半轴等组成。这些组成部分均安装在驱动桥壳内，构成驱动桥总成。集中驱动传动系统如图 5—13 所示。

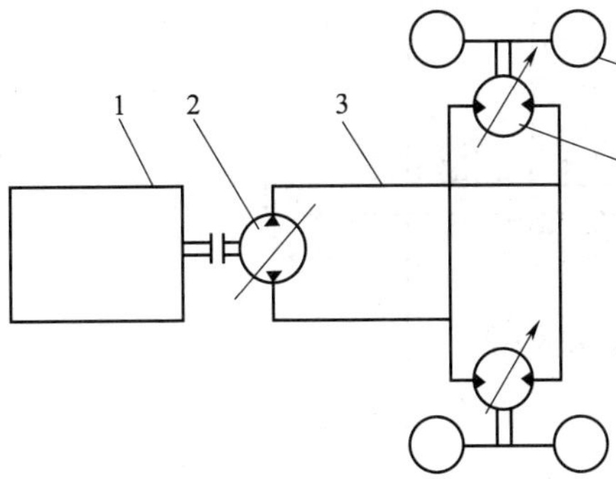

图 5—12　液压传动系统

1—内燃机　2—变量液压泵　3—液压管路　4—低速液压马达　5—驱动车轮

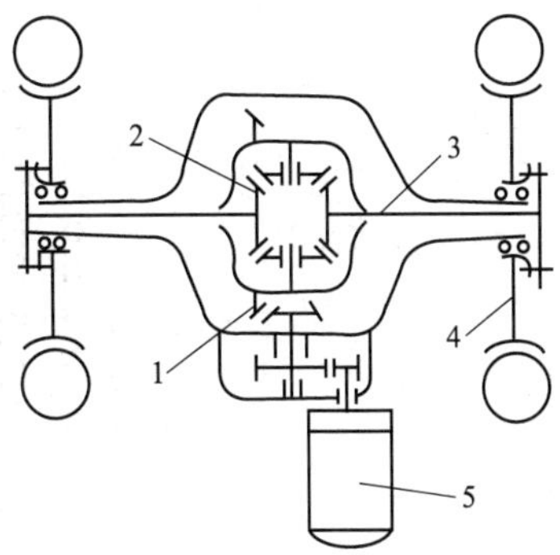

图 5—13　集中驱动系统

1—主减速器　2—差速器　3—半轴　4—驱动车轮　5—电动机

电动车辆分别驱动时，不再有驱动桥及差速器等，电动机通过减速装置直接驱动一个驱动车轮，其传动系统如图 5—14 所示。

2. 主离合器

（1）主离合器的功用。主离合器装在发动机和变速箱之间，其功用是：

1）在车辆起步时可以使发动机与传动系柔和地结合，使车辆平稳起步。

2）换挡时能短时间切断动力传递，以减小换挡时齿轮产生的冲击。

3）当传动系受到过大的载荷时，主离合器打滑，以保护传动系免遭损坏。

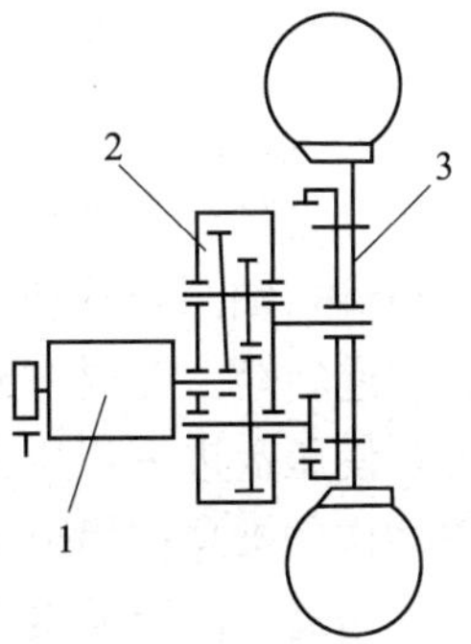

图 5—14　分别驱动系统

1—电动机　2—减速器　3—驱动车轮

目前车辆上广泛使用的是摩擦式主离合器。根据摩擦片数可分为单片、双片和多片。根据摩擦片的工作条件可分为干式和湿式（在油中工作）两种。根据驱动方式可分为机械式、动力式和助力式三种。

（2）离合器的基本组成和工作原理。摩擦式离合器由主动部分、从动部分、压紧机构和分离机构所组成，其构造原理如图 5—15 所示。

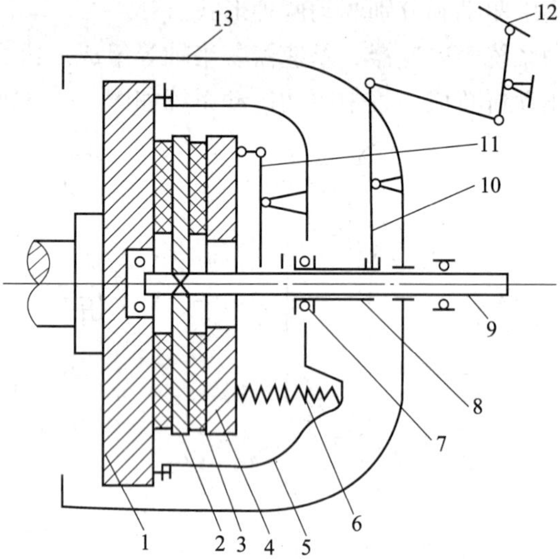

图 5—15　摩擦式离合器构造原理

1—飞轮　2—从动片　3—摩擦片　4—压盘　5—离合器盖　6—压紧弹簧　7—分离轴承　8—分离套筒　9—从动轴　10—分离拨叉　11—分离杠杆　12—踏板　13 —离合器壳

离合器的主动部分有内燃机飞轮 1、离合器盖 5 和压盘 4 等构件。离合器的从动部分是带有摩擦片 3 的从动片 2，从动片通过花键与从动轴 9 相连，从动轴即变速箱输入轴。当从动片被弹簧（压紧装置）压紧在飞轮与压盘之间时，产生摩擦力而传递转矩。需要中断转矩的传递时，迅速踏下踏板 12，经过分离套筒及分离杠杆，使压盘进一步压紧弹簧并离开从动片，离合器处于分离状态，不再传递转矩。这些构件被总称为分离机构。

当需要离合器接合时，缓慢放松踏板。这时，压盘在弹簧力作用下，向左移动而将从动片逐渐压紧，随着踏板的放松，压力逐渐加大，主、从动片间的摩擦力也逐渐加大，传递的转矩也加大。从动件在摩擦转矩作用下将逐渐加速，直至与主动件的转速完全一致。

（3）离合器的典型结构。最常用的周布弹簧离合器的构造如图 5—16 所示。

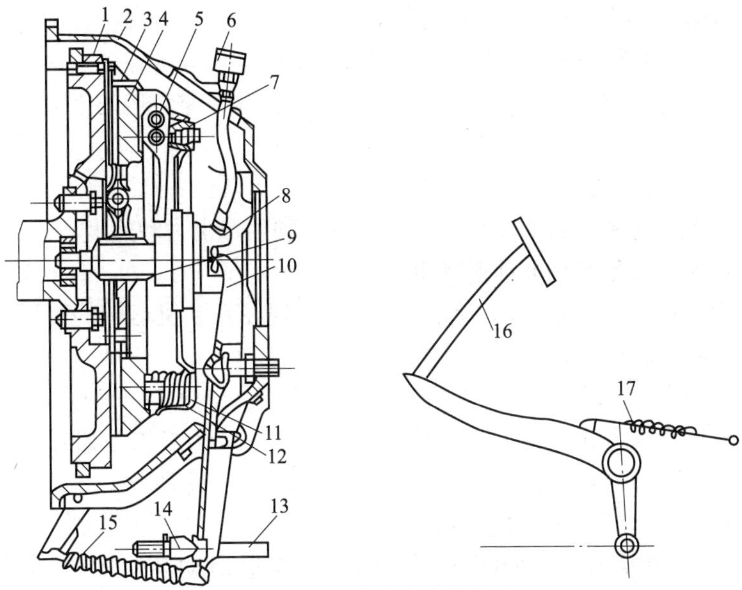

图 5—16　单片离合器构造

1—飞轮　2—外壳　3—从动片　4—压盘　5—分离杠杆　6—油杯　7、14—调整螺母　8—分离套筒　9—从动轴　10—分离拨叉　11—离合器盖　12—压紧弹簧　13—拉杆　15、17—回位弹簧　16—踏板

发动机飞轮 1 和压盘 4 是主动部分。压盘上有三个凸出部，嵌入离合器盖 11 的窗孔内，用螺钉将盖固定在飞轮上，因此，压盘与飞轮一起旋转，但可以相对于飞轮做轴向移动。在飞轮与压盘之间装有从动片 3，它的中心与从动轴（变速箱输入轴）用花键相连，可做轴向移动。

在离合器盖的内侧，有九个沿圆周分布的压紧弹簧 12，将压盘压向飞轮，将从动盘夹紧在中间。压紧弹簧的两端分别支撑在离合器盖和压盘的凸台上，为了防止热量从压盘传到弹簧而使弹簧受热变软，在每个弹簧和压盘之间都装有石棉隔热垫片。

离合器操纵机构也就是分离机构，包括踏板 16、拉杆 13、分离拨叉 10、带止推轴承的分离套筒 8 以及三件分离杠杆 5 等。踏下踏板时，经拉杆将分离拨叉的内端压向分离套筒，分离套筒左移，其左端接触到分离杠杆的内端。分离杠杆的支撑轴安装在固接于离合器盖的支座内，所以分离杠杆与离合器盖一起旋转。为了避免分离套筒与分离杠杆内端的摩擦，在分离套筒上装有止推轴承。分离杠杆的内端有调节螺钉，以保证三个分离杠杆的内端同时与分离套筒的止推轴承接触，当分离套筒压向飞轮时，使三个分离杠杆同时起作用，绕本身的支撑轴摆动。分离杠杆的外端与压盘铰接，将压盘拉动离开飞轮而使离合器分离，这时压紧弹簧被压得更紧。

为避免运动干涉，分离杠杆的支点不是简单的铰轴。分离杠杆的支撑轴的轴径比孔径略小，并且铣出一个平面，在杠杆上孔的圆柱面和支撑轴平面之间有一根短圆柱销，以使分离杠杆在摆动的同时可有上、下位移，避免运动干涉。

3. 变速箱

(1) 变速箱的功用。

1) 适应车辆行驶阻力的变化。改变车辆行驶的牵引力和速度。

2) 实现倒挡，使车辆能前进和倒退。

3) 实现空挡，可切断传动系统的动力，实现在发动机运转的情况下，车辆长时间停车，便于发动机启动和动力输出的需要。

(2) 变速箱的类型。

1) 按换挡操纵方式分为人力换挡和动力换挡。人力换挡是通过操纵机构拨动齿轮、啮合套或同步器进行换挡，其工作原理如图 5—17 所示。

在变速箱中，齿轮与轴的连接情况有如下几种：

①拨动滑动齿轮换挡，如图 5—17a 所示。双联滑动齿轮 ab 用花键与轴相连接，拨动该齿轮使齿轮副 a—a'或 b—b'相啮合，从而改变了传动比，即所谓换挡。

②拨动啮合套换挡，如图 5—17b 所示。齿轮 c'、d'与轴固连；齿轮 c、d 分别与齿轮 c'、d'为常啮合齿轮副。但因齿轮 c、d 是用轴承装在轴上，属空转连接，不传递动力。啮合套与轴相固连，通过拨动啮合套上的齿圈分别与齿轮 c（或 d）端部的外齿圈相啮合，将齿轮 c（或 d）与轴相固连，从而实现换挡。

③动力换挡，如图 5—18 所示。齿轮 a、b 用轴承支撑在轴上，与轴是空转连接。通过相应的换挡离合器，分别将不同挡位的齿轮与轴相固连，从而实现换挡。

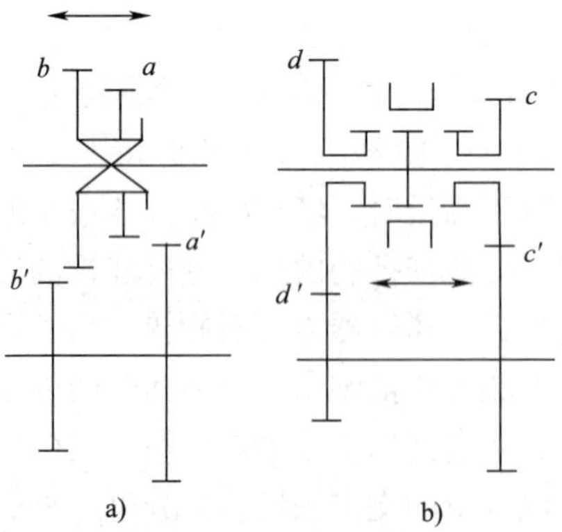

图 5—17　机械换挡

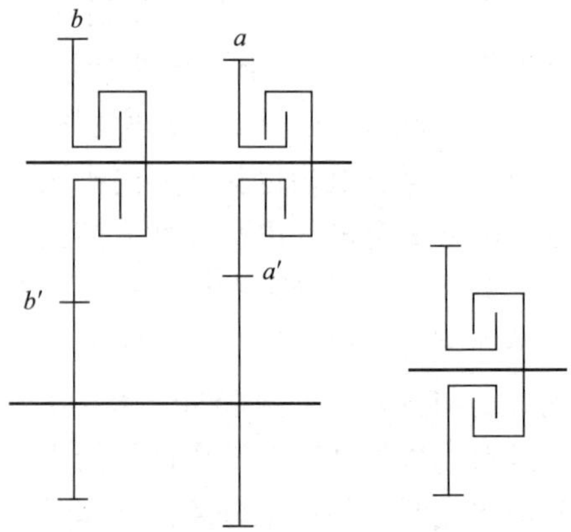

图 5—18　动力换挡

动力换挡操纵轻便，换挡快；换挡时切断动力的时间很短，可以实现带负荷不停车换挡。它的缺点是结构较复杂，传动效率较低。

2）按轮系形式分为定轴式变速箱和行星式变速箱。

①定轴式变速箱。变速箱中所有齿轮都有固定的旋转轴线，属于定轴轮系。其结构简单，应用广泛。

②行星式变速箱。变速箱中有些齿轮的轴线在旋转，这种轴线旋转的齿轮有两种运动，即自转与公转，属于周转轮系。行星齿轮变速箱具有结构紧凑、质量轻、结构刚度大、输入轴和输出轴同心以及便于实现动力换挡等优点。

(3）定轴式人力变速箱的构造。变速箱一般由齿轮传动和换挡操纵两大机构以及箱体等组成。图 5—19 所示为 CPC—3 型叉车变速箱。

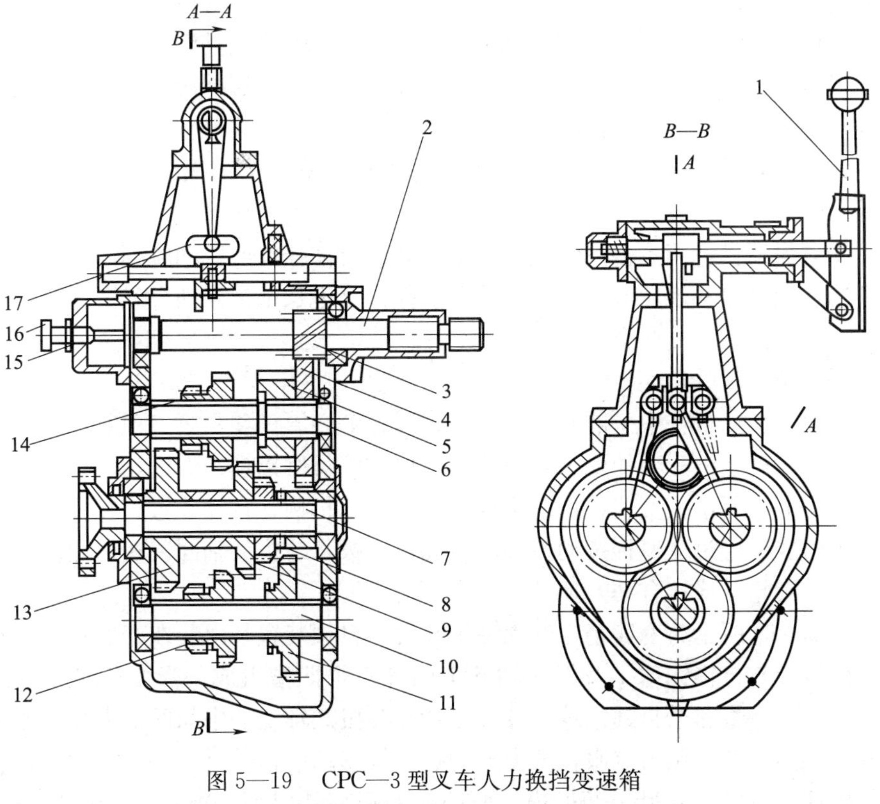

图 5—19　CPC—3 型叉车人力换挡变速箱

1—操纵手柄　2—输入轴　3、4—大、小斜齿轮　5—惰轮
6—倒退中间轴　7—输出轴　8、9—直齿轮　10—前进中间轴
11～14—直齿轮　15—螺母　16—紧定螺钉　17—拨叉

1）齿轮传动部分。该变速箱共有四根轴：输入轴、前进中间轴、倒退中间轴和输出轴。

①输入轴 2：其上有斜齿轮 3，右端通过花键与离合器从动盘连接。

②倒退中间轴 6：大斜齿轮 4 和惰轮 5 通过花键固装在轴上，大斜齿轮 4 与小斜齿轮 3 常啮合。双联直齿轮 14 通过花键滑动连接于轴上，可沿轴线左右移动，与直齿轮 9、13 分别啮合。

③前进中间轴 10：直齿轮 11 和双联直齿轮 12 通过花键滑动连接于轴上。齿轮 11 与惰轮 5 常啮合，同时可沿轴线左右移动，实现与齿轮 8 的啮合与脱开。双联齿轮 12 可分别与齿轮 9、13 啮合。

④输出轴 7：齿轮 8、9、13 通过花键固装在轴上（用隔套轴向定位）。左侧装有万向节接盘。

四根轴用滚动轴承支撑在箱体上。齿轮和轴承采用飞溅润滑。此外，因输出轴与两根中间轴的中心距相等，使齿轮 12 和 14 完全相同，齿轮规格少，制造简便。另外，还有便于离合器摩擦片更换的抽轴机构。

2）换挡操纵部分。为保证变速箱工作安全可靠，换挡操纵机构应满足以下要求。

①应保证变速箱不会因车辆振动等原因而自动挂挡或自动脱挡。

②挂挡时滑移齿轮或接合套的行程能保证全齿长都进入啮合或套合。

③不能同时挂上两个挡。

④要防止驾驶员误挂倒挡。

变速箱操纵机构中一般有自锁装置来保证上述第一项和第二项要求的实现，互锁装置用来满足第三项的要求，而第四项要求则靠倒挡锁来保证。

图 5—20 所示为变速箱操纵机构。它由换挡机构、自锁装置、互锁装置以及倒挡锁等组成。通过变速杆拨动拨叉轴滑动，而拨叉与拨叉轴固装在一起，从而带动拨叉拨动齿轮（或接合套）换挡。

图 5—21 所示为变速箱自锁和互锁装置。自锁装置是由装在变速箱盖 3 孔中的自锁弹簧 2 与自锁钢球 1 及拨叉轴 6 上的各三个凹槽组成。当变速箱在空挡位置时，三个弹簧将三个自锁钢球 1 分别压紧在各拨叉轴上的中间凹槽内，因而不会自动挂挡。当驾驶员用力克服弹簧力推动拨叉轴移动而挂挡时，必须移动一定距离才会使钢球 1 重新落入另一凹槽内，两凹槽的距离就保证了换挡时全齿长啮合的要求。当换上挡后，弹簧 2 的压力又可防止自动脱挡。

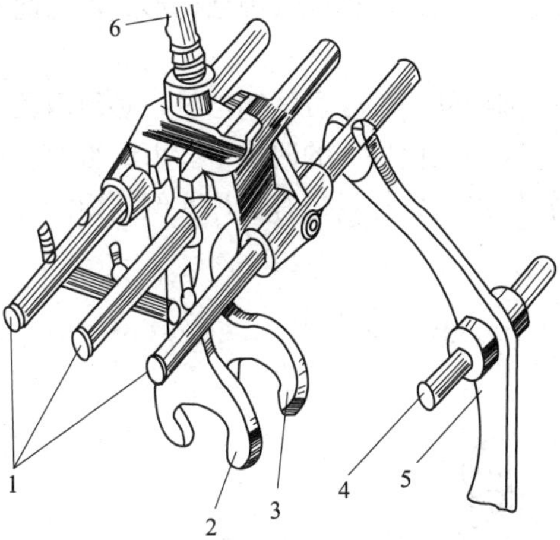

图 5—20 变速箱操纵机构

1—拨叉轴 2、3、5—拨叉

4—导向杆 6—变速杆

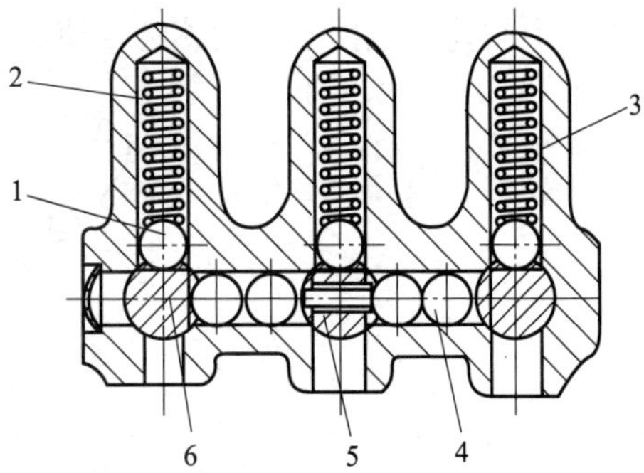

图 5—21 变速箱自锁和互锁装置

1—自锁钢球 2—自锁弹簧 3—变速箱盖

4—互锁钢球 5—互锁销 6—拨叉轴

互锁装置由互锁销 5 和四个互锁钢球 4 组成。互锁销 5 装在中间拨叉轴的孔中，其长度相当于拨叉轴直径减去互锁钢球的半径。互锁钢球 4 装在变速箱盖 3 的横向孔中，其直径的一倍半相当于两相邻拨叉轴中心距减去一个拨叉轴的直径。在空挡位置时，左右拨叉轴在对着钢球 4 处开有深度相当于钢球半径的凹槽，中间拨叉轴则左右均开有凹槽，凹槽中开有装锁销 5 的孔。这种互锁装置可以保证变速箱在空挡位置时，驾驶员才可以移动任一根拨叉轴换挡。若某一拨叉轴被移动而挂挡时，另两个拨叉轴便被互锁装置固定在空挡位置而不可能再轴向移动了。只有当摘去排挡，拨叉轴又都处于空挡位置时，驾驶员才能挂其他挡。其工作原理如图 5—22 所示。

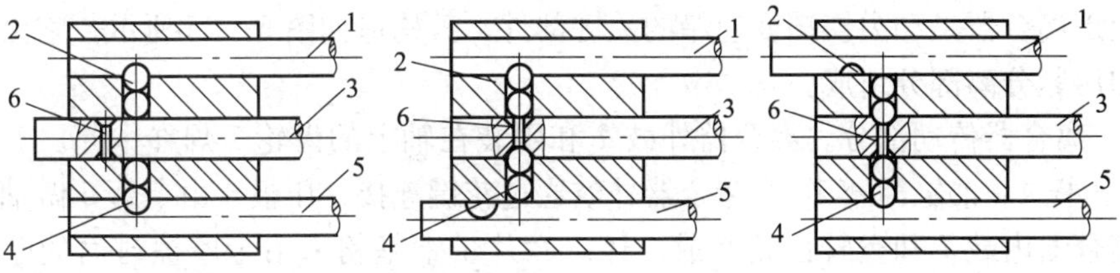

图 5—22 互锁装置工作原理示意图

1、3、5—拨叉轴 2、4—互锁钢球 6—互锁销自锁和互锁装置还有锁销式、钳口式、摆架式、框板式等结构形式，在此不再介绍。

图 5—23 所示是变速箱的弹簧锁销式倒挡锁。驾驶员挂倒挡时，必须用较大的力，才能克服弹簧 2 的力使变速杆下端进入倒挡拨块 3 的凹槽中。由此给驾驶员一个与挂其他挡不同的感觉，使其不会误挂倒挡。另外，还有锁片式倒挡锁。

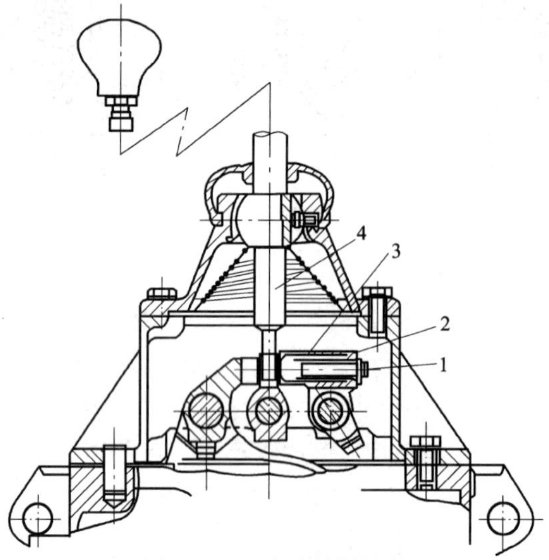

图 5—23　变速箱倒挡锁

1—倒挡锁销　2—弹簧　3—倒挡拨块　4—变速杆

（4）定轴式动力换挡变速箱。图 5—24 所示为 CPD—5 型叉车定轴式动力换挡变速箱。它是一个二自由度的变速箱，即实现一个挡位仅需要结合一个换挡离合器，可实现两个前进挡和一个倒挡。共有三根轴和三个换挡离合器。输入轴和输出轴上的两个离合器分别实现两个前进挡，中间轴上的离合器实现倒挡。

换挡离合器是动力换挡变速箱的关键部件，其构造如图 5—25 所示。它由传动部分和压紧分离部分组成。

1）离合器传动部分。离合器外鼓 2 和固装在轴上的齿轮 1 焊在一起。五片钢片 3、压板 4、油缸活塞 10 和离合器外鼓通过花键连接，压板 4 由卡簧 5 做轴向限位。离合器内鼓 7 和空转齿轮制成一体。六片带铜基粉末冶金摩擦衬面的摩擦片 6，通过花键与离合器内鼓连接。

2）离合器压紧分离部分。包括液压缸、活塞和分离弹簧 12。液压缸在齿轮 1 上，分离弹簧在离合器内鼓里面。

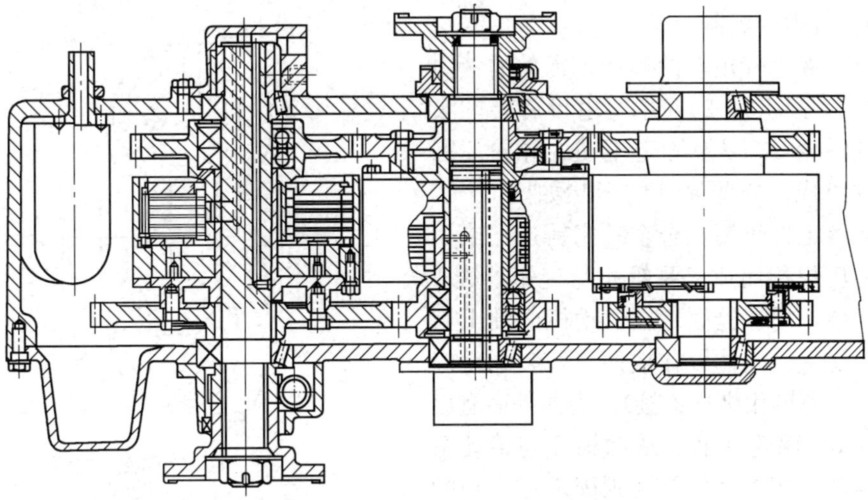

图 5—24　CPD—5 型叉车动力换挡变速箱

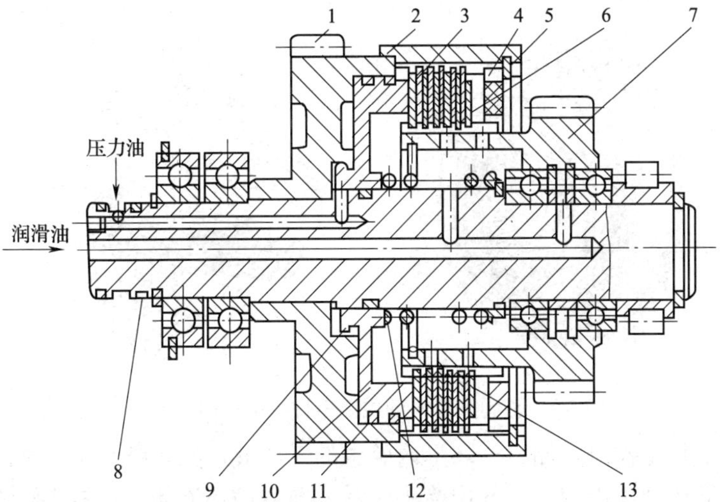

图 5—25　换挡离合器构造

1—齿轮　2—外鼓　3—钢片　4—压板　5—卡簧　6—摩擦片　7—内鼓　8—旋转密封环
9—密封环　10—活塞　11—密封环　12—分离弹簧　13—挡油圈

推动活塞使离合器片压紧的压力油来自端盖，从轴的端部外圆处进入，经轴中孔道进入油缸，推出活塞，压紧摩擦片，使离合器接合传递力矩。离合器分离时，放掉油缸中的压力油，活塞在分离弹簧作用下退回，摩擦片分离。

4. 液力变矩器

(1) 液力变矩器的构造。常见的液力变矩器（见图 5—26）主要由可旋转的泵轮 4 和涡轮 3，以及固定不动的导轮 5 三个元件组成。这些元件的形状如图 5—27 所示。各工作轮用铝合金精密铸造，或用钢板冲压焊接而成。泵轮 4 与变矩器壳 2 连成一体，用螺栓固定在发动机曲轴 1 后端的凸缘上。壳体 2 作成两半，装配后焊成一体（有的用螺栓连接）。壳体外面有启动齿圈 8。涡轮 3 通过从动轴 7 与传动系的其他部件相连。导轮 5 则固定在不动的套管 6 上。所有工作轮在装配后，形成断面为循环圆的环状体。

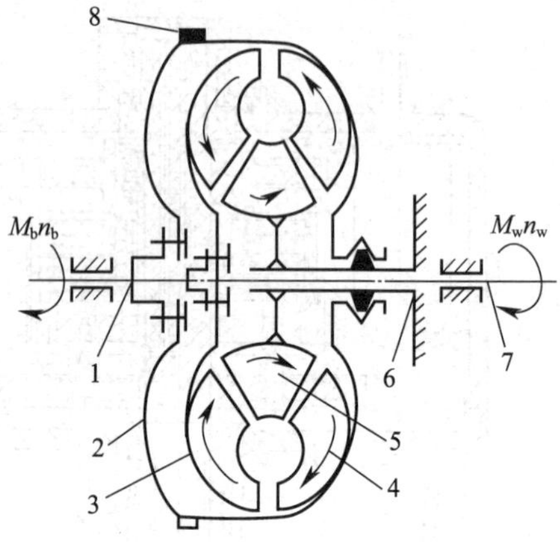

图 5—26　液力变矩器示意图

1—发动机曲轴　2—变矩器壳　3—涡轮
4—泵轮　5—导轮　6—导轮固定套管
7—从动轴　8—启动齿圈

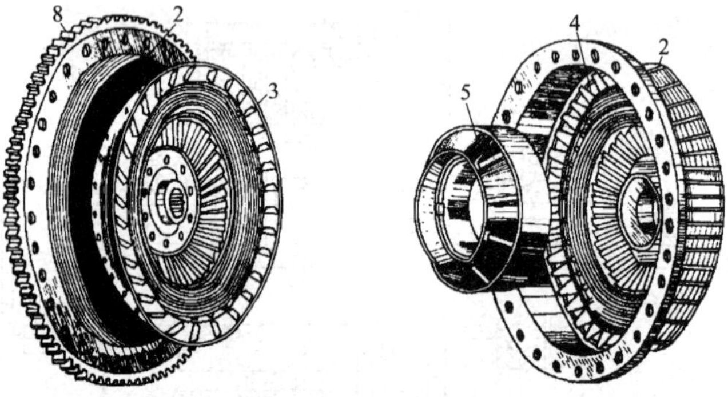

图 5—27　液力变矩器的主要零件（标注同图 5—26）

变矩器正常工作时，储存于环形内腔中的工作液，除有绕变矩器轴的圆周运动外，还有在循环圆中沿图 5—26 中箭头所示方向的循环流动，故能将转矩从泵轮传到涡轮上。

(2) 液力变矩器的特性参数。

1) 变矩比（变矩系数）K。涡轮转矩 M_w 与泵轮转矩 M_b 之比：

$$K=\frac{M_w}{M_b}$$

当涡轮转速 $n_w=0$ 时的变矩比 K_0 称为启动变矩比（或失速变矩比）。K_0 越大，说明车辆的启动性能与加速性能越好。

2）转速比 i。涡轮转速 n_w 与泵轮转速 n_b 之比：

$$i=\frac{n_w}{n_b}$$

3）传动效率 η。涡轮轴上的输出功率 P_w 与泵轮轴上的输入功率 P_b 之比：

$$\eta=\frac{P_w}{P_b}=\frac{M_w n_w}{M_b n_b}=Ki$$

可见，传动效率 η 又是变矩比 K 与转速比 i 的乘积。

5. 万向传动装置

（1）万向传动装置的功用和类型。万向传动装置可实现两根相交轴之间的传动，在车辆底盘的传动系中，主要用于下述几种情况：

1）由于车辆整体布置的关系，两根轴线不在同一轴线上。如变速箱输出轴和驱动桥输入轴之间的传动。

2）连接在工作中相对位置变化的两根传递动力的轴，如转向驱动桥中内、外两半轴。

3）两根轴虽同轴线，但由于安装的困难，或由于机架的变形等原因，实际工作中难于保证两轴的同轴性。

（2）十字轴万向节的构造和传动特点。十字轴刚性万向节的构造如图 5—28 所示。它主要由一个十字轴和两个万向节叉组成。万向节叉 2 和 6 上的孔分别套在十字轴 4 的两对轴颈上。当主动轴转动时，从动轴可随之转动，而十字轴绕其中心可在任意方向摆动。

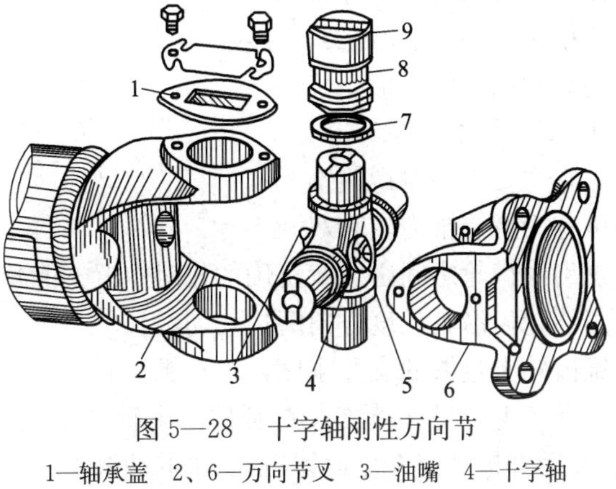

图 5—28　十字轴刚性万向节

1—轴承盖　2、6—万向节叉　3—油嘴　4—十字轴
5—安全阀　7—油封　8—滚针　9—套筒

十字轴万向节的传动特点是：被连接的两相交轴的瞬时角速度不相等。当主动轴的角速度恒为ω_1时，从动轴的瞬时角速度ω_2在$\omega_1/\cos\alpha$与$\omega_1\cos\alpha$之间变化（α为主、从动轴的夹角）。但主动轴转一周，从动轴也转一周，即平均转速相等。十字轴万向节传动的不等速性使从动轴及其相连的传动件产生扭转振动，形成附加的动载荷，影响零部件使用寿命。为了克服这一缺点，常采用两个十字轴万向节组成的双万向节传动。双万向节等速传动的条件是：三轴在同一平面内；第一万向节连接的两轴间夹角α_1和第二万向节连接的两轴间夹角α_2相等，即$\alpha_1=\alpha_2$；第一万向节从动叉和第二万向节主动叉在同一平面内。在实际使用中，并不能完全满足以上条件，故只能是近似的等角速传动。

6. 驱动桥

驱动桥是指变速箱或传动轴之后，驱动轮之前的所有传动机构的总称，是传动系中的最后一个总成。

（1）驱动桥的组成及功用。驱动桥一般由主传动器、差速器、半轴、驱动桥桥壳等组成，如图 5—29 所示。有些车辆还有轮边减速器。

驱动桥的功用是：进一步改变由原动机传来的转速和转矩大小及其传递方向；通过差速器解决左右车轮的差速问题。

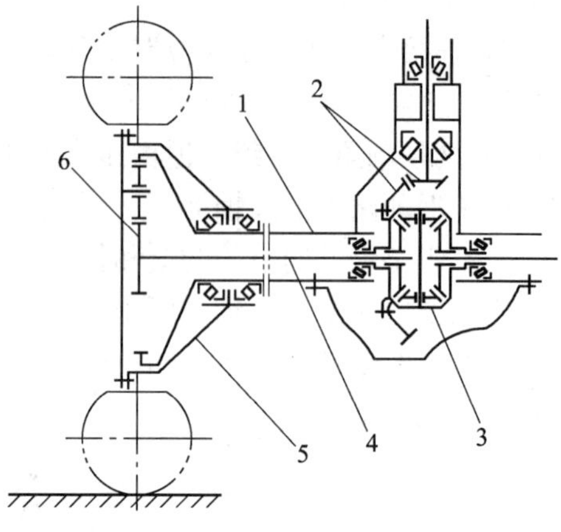

图 5—29　驱动桥示意图

1—桥壳　2—主传动器　3—差速器
4—半轴　5—轮毂　6—轮边减速器

（2）主传动。主传动（又称主减速器）的功用是降低转速，增大转矩，并将旋转轴线由纵向改变为横向后传给差速器。

主传动的形式和结构因齿轮齿形、传动级数的不同可有不同的形式。图 5—30 所示为单级主传动。它主要由一对螺旋锥齿轮组成，按齿形可分为螺旋锥齿轮和双曲面锥齿轮两种。螺旋锥齿轮之间必须有正确的相对位置方能减小两齿轮啮合传动时的冲击和噪声，并使轮齿沿其长度方向磨损均匀。

为了保证主动锥齿轮有足够的支撑刚度，主动锥齿轮 5 与轴制成一体，一端支撑在两个圆锥滚子轴承 7 上，另一端支撑在圆柱滚子轴承 9 上，形成跨置式支撑。环状的从动锥齿轮 22 用螺栓固定在差速器右壳 21 的凸缘上。为了增加从动锥齿轮整体刚度，在差速器右壳凸缘背面有加强肋。差速器壳则用两个圆锥滚子轴承 14

支撑在托架 10 的座孔中。为了保证从动锥齿轮有足够的支撑刚度，在正对其与主动锥齿轮啮合处的背面装有止推螺栓 8，以限制从动锥齿轮的变形量。

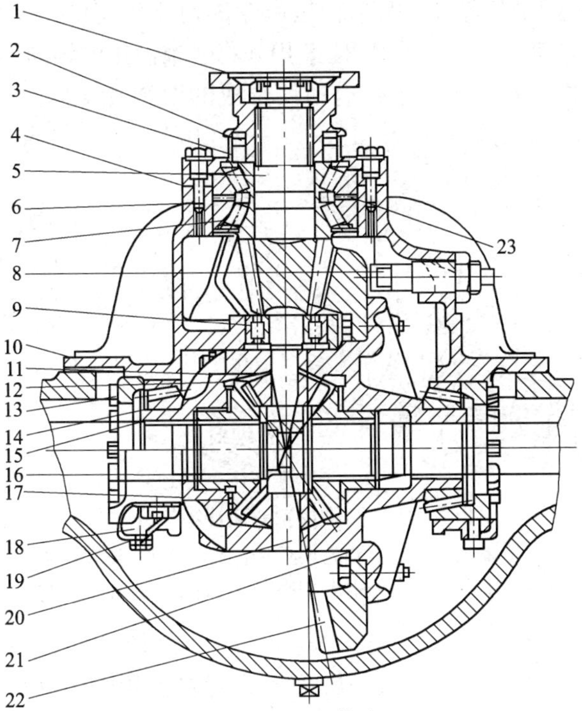

图 5—30　主传动

1—输入法兰　2—油封　3—密封盖　4—调整垫片　5—主动螺旋锥齿轮　6—轴承套　7—圆锥滚子轴承　8—止推螺栓　9—圆柱滚子轴承　10—托架　11—行星齿轮垫片　12—行星齿轮　13—调整螺母　14—圆锥滚子轴承　15—差速器左壳　16—半轴齿轮　17—半轴齿轮垫片　18—轴承座　19—锁紧片　20—十字轴　21—差速器右壳　22—从动螺旋锥齿轮　23—垫片

圆锥滚子轴承 7 的轴向间隙可通过增减垫片 23 的厚度来调整。圆锥滚子轴承 14 的轴向间隙可用调整螺母 13 来调整。螺旋锥齿轮的正确啮合是通过调整螺母 13 和调整垫片 4 来完成的。

（3）差速器。

1）差速器的功用。使车辆转弯或在不平路面行驶时，能自动地使两个驱动轮差速保持纯滚动，并且将主减速器传来的动力分配给两侧车轮。

2）差速器的构造。目前车辆上广泛使用的是圆锥齿轮差速器，其结构如图 5—31 所示。差速器主要由四个行星轮 4、行星齿轮轴（十字轴）8、两个半轴齿轮

3 和差速器壳 1 和 5 等组成。差速器壳 1 用螺栓或铆钉与主传动器从动锥齿轮相连接，与另一半差速器壳 5 用螺栓 6 相连接。十字轴 8 的四个轴颈上通过滑动轴承（衬套）装着四个行星齿轮 4。四个行星齿轮的两侧各与一个半轴齿轮 3 相啮合。上述齿轮均装在差速器壳内。垫片 2、7 用来将各锥齿轮的轴向推力传给差速器壳。十字轴 8 装在两差速器壳 1 与 5 贴合时所形成的四个圆孔内。半轴齿轮内孔有花键，与两侧半轴内端相连。

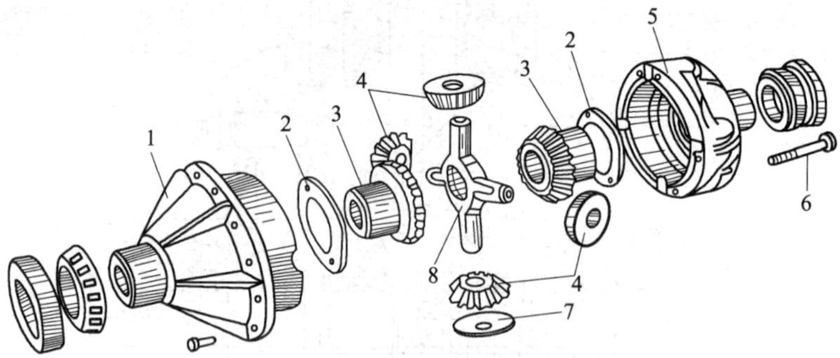

图 5—31　圆锥齿轮差速器零件分解图

1、5—差速器壳　2—半轴齿轮止推垫片　3—半轴齿轮　4—行星齿轮　6—螺栓　7—行星齿轮球面垫片　8—行星齿轮轴（十字轴）

3）差速器的工作原理。来自主减速器的动力传给差速器壳，经行星齿轮轴传给行星齿轮。若行星齿轮只公转而不绕行星齿轮轴自转时，将推动两侧半轴齿轮以与差速器壳相同的转速转动。半轴齿轮以其内花键孔连接着各自的半轴以驱动该侧驱动车轮。当行星齿轮既有公转又有自转时，左右两半轴将以不同的转速转动。

差速器中各元件的运动关系——差速原理，可用图 5—32 来说明。设主动件差速器壳的转速为 n_0，两从动件半轴齿轮 1、2 的转速为 n_1 和 n_2，它们之间关系是：$n_1+n_2=2n_0$。此即两半轴齿轮直径相等的对称式锥齿轮差速器的运动特性方程式。它表明，左右两侧半轴齿轮的转速之和等于差速器壳转速的 2 倍，而与行星齿轮转速无关。因此，在车辆弯道行驶或其他行驶情况下，都可以借行星齿轮以相应转速自转，使两侧驱动车轮以不同转速在地面上滚动而无滑动。

由上式还可得知：当任何一侧半轴齿轮的转速为零时，另一侧半轴齿轮的转速为差速器壳转速的二倍；当差速器壳转速为零（例如用中央制动器制动传动轴时），若一侧半轴齿轮受其他外来力矩而转动，则另一侧半轴齿轮将以相同转速反向转动。

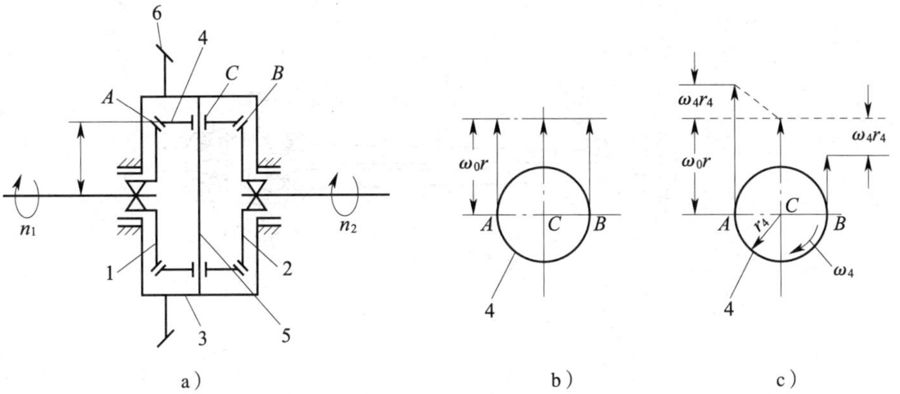

图 5—32　差速器工作原理示意图

1、2—半轴齿轮　3—差速器壳　4—行星齿轮　5—行星齿轮轴　6—主减速器从动齿轮

在差速器中，差速器壳上的转矩 M_0 对行星齿轮轴施加一切向力。而两半轴齿轮对行星齿轮轮齿啮合点上施加一切向反作用力。由于两啮合点距行星齿轮轴心距离相等，因而若不考虑差速器行星齿轮自转时的内摩擦阻力，则差速器壳总是将转矩等分给两半轴，即：$M_1 = M_2 = M_0/2$。因而可以认为普通差速器在转向时转矩也是近似平均分配的。差速器的这种特性称为差速不差力。这样的转矩分配特性对车辆在良好路面上行驶是完全可以的。但是，当车辆在坏路面行驶时，却会影响车辆的通过能力。

为了改善车辆在恶劣路面的通过能力，不少车辆上采用了防滑差速器。防滑差速器可使一侧驱动轮在地面上打滑时，大部分转矩或全部转矩传给不打滑的驱动轮，以利用这一侧驱动轮的附着力产生较大牵引力使车辆继续行驶。

（4）半轴和桥壳。

1）半轴。半轴与驱动轮毂在桥壳上的支撑形式决定了它的受力情况，据此通常把半轴分为半浮式和全浮式两种形式。所谓“浮”是指卸除了半轴的弯曲载荷而言。

图 5—33 所示为全浮式半轴的支撑结构。

2）桥壳。驱动轮上受到的各反力及由其产生的弯矩均由桥壳承受，半轴只承受转矩而不受任何弯矩作用。这种半轴受力条件好，故应用广泛，只是结构较复杂。全浮式半轴的构造如图 5—34 所示。

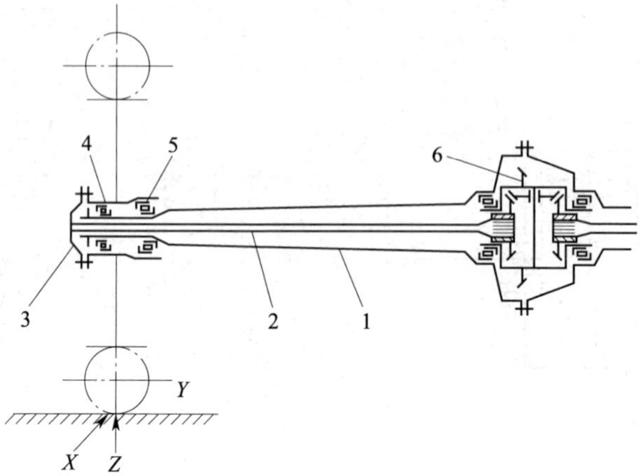

图 5—33　半轴的全浮式支撑

1—桥壳　2—半轴　3—半轴凸缘　4—轮毂　5—轴承　6—主减速器从动锥齿轮

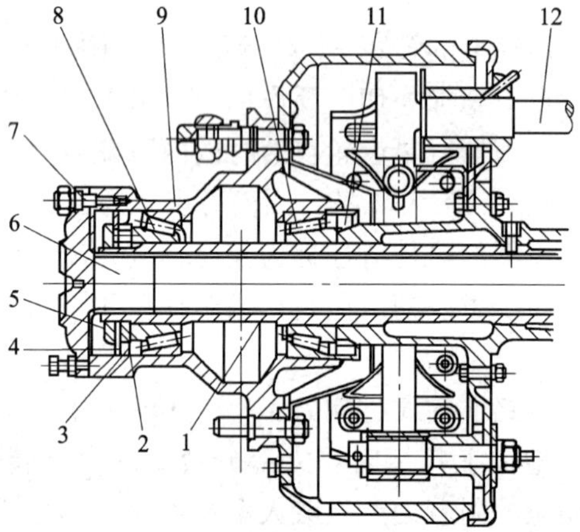

图 5—34　全浮式半轴构造图

1—半轴套管　2—调整螺母　3—油封　4—锁紧垫圈　5—锁紧螺母　6—半轴　7—轮毂螺栓　8、10—圆锥滚子轴承　9—轮毂　11—油封　12—空心梁

七、制动系统

1. 制动系统功能与组成

(1) 制动系统的功用。

1) 使行驶中的车辆减速，以致停车。

2) 使车辆可靠地停放（包括在坡道上）。

根据上述功用，车辆制动系统包括行车制动装置（又称脚制动）和驻车制动装置（又称手制动）。

（2）制动系统的组成与工作原理。制动系的基本组成和工作原理可用图 5—35 所示简单液压制动系来说明。固定在车轮轮毂上随车轮一起转动的制动鼓 8，其内圆柱面为工作表面。在固定不动的制动底板 11 上，通过两个支撑销 12，铰接支撑着两个弧形制动蹄 10 的下端。两个制动蹄上部的制动底板上，还固定有两个活塞 7 的制动轮缸 6。制动轮缸 6 用油管 5 与固定在车架上的制动主缸 4 相连接。

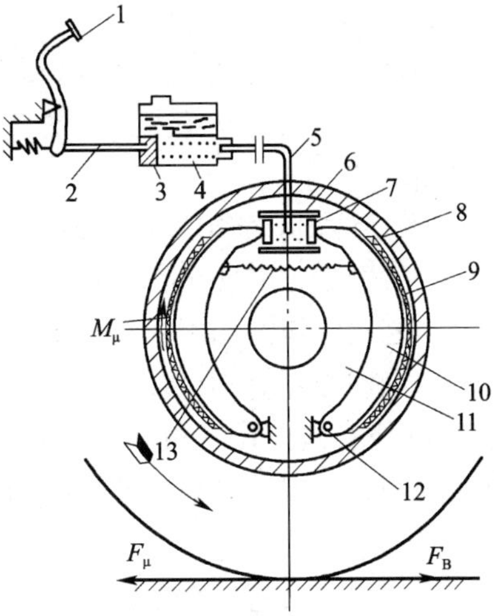

图 5—35　制动系工作原理示意图

1—制动踏板　2—推杆　3—主缸活塞　4—制动主缸　5—油管　6—制动轮缸　7—轮缸活塞　8—制动鼓　9—摩擦片　10—制动蹄　11—制动底板　12—支撑销　13—回位弹簧

在制动系不工作时，回位弹簧 13 使制动鼓 8 的内圆柱面与制动蹄之间留有一定大小的间隙，车轮及制动鼓可以自由转动。

当驾驶员踏下制动踏板 1 时，通过推杆 2 推动主缸活塞 3 后移，主缸 4 将产生高压油液经油管 5 流入轮缸 6 中，推动两活塞 7 外移而使两制动蹄绕各自的支撑销转动，制动蹄上的摩擦片 9 将压紧在制动鼓的内圆柱面上。这时，不转动的制动蹄对旋转的制动鼓作用一个与其转动方向相反的摩擦力矩，即制动力矩 M_μ。由于制动力矩 M_μ的作用，使车轮对地面作用着一个向前的圆周推力 F_μ，同时地面也对车轮作用着一个向后的反作用推力 F_B。这个反作用推力 F_B 就是车辆的制动力。

当驾驶员放松制动踏板时，回位弹簧 13 将制动蹄拉回原位，制动力矩 M_μ和制动力 F_B即行消失。

以上分析可以看出，整个制动系包括两部分：即制动器和制动驱动机构。直接产生制动力矩（即摩擦力矩）M_μ的部件称为制动器。制动踏板、制动主缸和轮缸等，总称为制动驱动机构，其作用是将来自驾驶员或其他动力装置的作用力传到制动器，使其中的摩擦副互相压紧，达到制动的目的。

行车制动和驻车制动的主要区别就在制动驱动机构。上述机构便于在行车中使用，故称为行车制动系统。如果把该机构改用手柄操纵，并可锁止在制动位置，就是驻车制动装置。两套制动驱动机构可以操纵相同的制动器，也可以分别操纵各自独立的制动器完成车辆制动系统的功能。

2. 制动器

车辆一般使用摩擦制动器，即利用固定元件与旋转元件工作表面间的摩擦而产生制动力矩。按照摩擦副元件的形状，制动器又可分为蹄式制动器、带式制动器和盘式制动器。

（1）蹄式制动器。蹄式制动器的结构类型很多，以下仅介绍油压张开式蹄式制动器。如图 5—36 所示，制动鼓 18 用螺栓与车轮轮毂的凸缘相固接，与车轮一起转动。制动底板 3 用螺栓与驱动桥壳上的凸缘连接（转向轮制动器的底板则与转向节的凸缘连接）。T 形截面的前后两个制动蹄 1 和 9 通过其下部腹板的孔用偏心支撑销 11 支撑在制动底板 3 上。制动蹄腹板上端松嵌入顶块 6 的凹槽中，而顶块 6 则压入固定于制动底板上的轮缸 19 的活塞 5 上。回位弹簧 4 与 10 将两个制动蹄拉

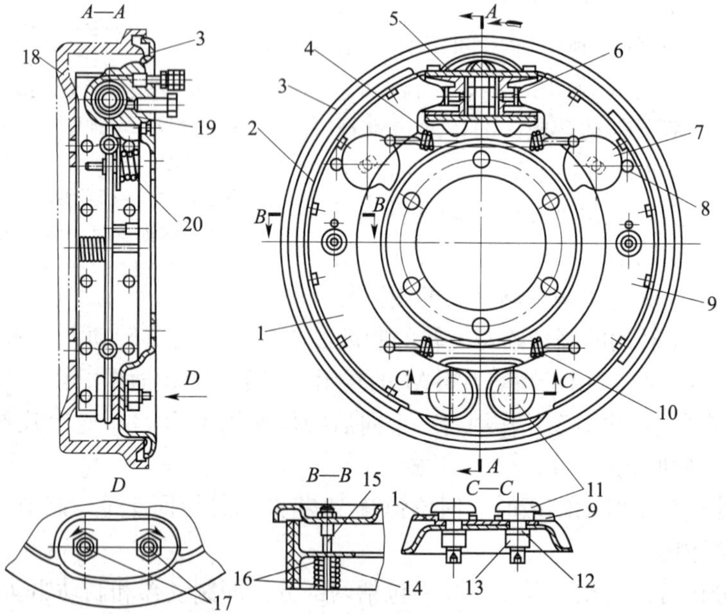

图 5—36　油压张开式制动器

1—前制动蹄　2—摩擦片　3—制动底板　4—制动蹄回位弹簧　5—制动轮缸活塞　6—活塞顶块　7—调整凸轮　8—调整凸轮锁销　9—后制动蹄　10—制动蹄回位弹簧　11—支撑销　12—弹簧垫圈　13—螺母　14—制动蹄限位弹簧　15—制动蹄限位杆　16—弹簧座　17—支撑销内端面上的标记　18—制动鼓　19—制动轮缸　20—调整凸轮压紧弹簧

拢，使焊在腹板上的锁销 8 紧靠着装在制动底板上的调整凸轮 7。为防止制动蹄轴向窜动，固定在制动底板上的限位杆 15 与限位弹簧 14 将制动蹄压向制动底板。在两制动蹄的外圆弧面上，用埋头铆钉铆接着由石棉纤维与其他物质混合压制而成的摩擦片 2。铆钉头的埋入深度为新摩擦片厚的一半左右，以防由于摩擦片磨薄铆钉外露而降低制动效能。

在不制动时，制动鼓 18 与制动蹄摩擦片 2 之间应有合适的间隙。如不符合使用要求，可转动调整凸轮 7 和转动偏心支撑销 11 来调整。在调整凸轮 7 的工作表面上加工出许多内凹小圆弧面，当锁销 8 卡入此小凹面中时，可以防止凸轮 7 自行转动。当制动器制动时，制动轮缸 19 中有压力油流入，推动两个活塞 5 向外移动，使两制动蹄 1 与 9 绕各自的支撑销 11 向外转动，压紧在制动鼓 18 的内圆柱面上。若制动鼓 18 按图示方向旋转，此时制动蹄 1 与制动鼓旋转方向一致，蹄鼓间摩擦力会使制动蹄更贴紧制动鼓，导致摩擦力进一步增大，故称制动蹄 1 为紧蹄或领蹄。而制动蹄 9 的转动方向因与制动鼓旋转方向相反，则导致蹄鼓间摩擦力有减小趋势，故称为松蹄或从蹄。当制动鼓反向旋转时，上述领从蹄交换。因此，该制动器又叫做领从蹄式制动器。

（2）盘式制动器。盘式制动器有钳盘式（或称点盘式）和全盘式两类。这里仅介绍钳盘式制动器。

图 5—37 所示的钳盘式制动器中，制动盘 7 用螺钉固定在轮毂 8 上。制动钳安装在制动盘的外圆处，并用螺钉固定在桥壳 1 的凸缘上。制动块 6 是用酚醛树脂热压在钢制底板上组成的，它通过两个导向销装在钳壳 2 上，并可沿导向销做轴向移动。制动钳壳的内外两侧壳体都是液压制动轮缸的缸体，其中装有活塞 5。在轮缸的缸壁上有梯形截面的环槽，其中装有矩形截面的密封圈。活塞外端装有防尘罩，以防杂质进入滑动表面。内外侧液压缸间用油管连通。

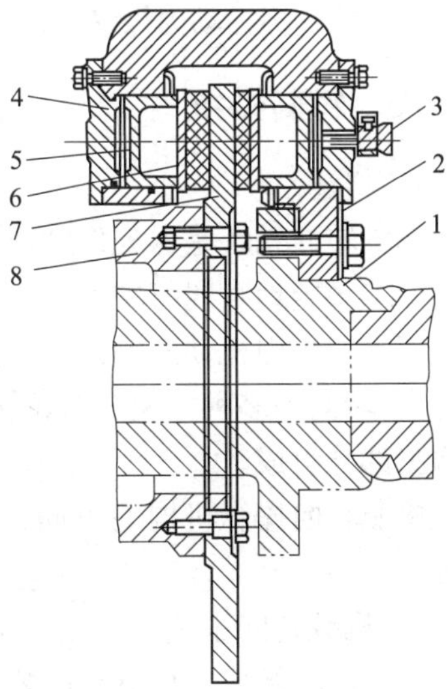

图 5—37　钳盘式制动器

1—桥壳　2—钳壳　3—油管接头　4—盖
5—活塞　6—制动块　7—制动盘　8—轮毂

制动时，活塞在油压作用下移向制动盘，并使制动块压紧制动盘，迫使制动盘连同车轮一起减速。此时，矩形橡胶圈的刃边由于活塞摩擦力的作用，产生了微量弹性变形，如图 5—38a 所示。

解除制动时，活塞靠矩形密封圈的弹性变形回位（见图 5—38b）。制动块和制动盘之间所需要的间隙很小，通常每边只有 0.1 mm 左右。

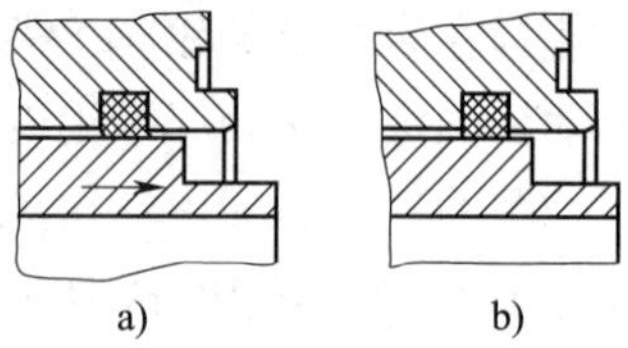

图 5—38　密封圈工作情况

制动器间隙因摩擦衬块在使用中磨损而增大，当超过密封圈的最大变形量时，活塞就会在油压作用下，克服密封圈的摩擦阻力继续外移，直到压紧制动盘为止。解除制动时，由于密封圈的弹性变形所能恢复的距离仍旧不变，故活塞被密封圈拉回的距离与摩擦衬块磨损前一样，即制动器间隙仍保持标准值。故矩形密封圈除起密封作用外，还能自动调整制动器间隙。

钳盘式制动器与蹄式制动器相比，因制动盘露在空气中，散热条件好，又因制动盘对摩擦衬块无“助势”作用，制动效能受摩擦因数变化的影响较小，因此，制动器的热稳定性较好；制动力矩仅与轮缸油压成正比，制动较平顺，有较高的抗水衰退能力。因此在汽车上得到广泛应用。

3. 制动驱动机构

制动驱动机构有多种形式。依靠驾驶员施加于制动踏板或制动手柄上的力作为制动力源的，称为人力操纵机构；而利用原动机的动力作为力源，由驾驶员通过踏板或手柄操纵的，称为动力操纵机构。厂（场）内机动车辆广泛使用人力操纵机构。

八、转向系统

1. 概述

车辆转向系统是保证驾驶员根据行驶需要，灵活地改变车辆运行方向，或者使车辆保持稳定地直线行驶。

厂（场）内机动车辆按照转向方式可分为偏转车轮转向、铰接车架转向和滑移（速差）转向等多种。偏转车轮转向系统一般由转向操纵机构、转向器和转向传动机构三部分组成。

按照转向操纵机构的不同，又可分为机械转向、液压助力转向和全液压转向三种。

2. 机械转向系统

（1）基本组成。机械转向装置如图 5—39 所示。驾驶员操纵转向器工作的机构叫做转向操纵机构，包括转向盘 1、转向轴 2、带万向节 3 的转向传动轴 4 等机件，机械转向器可以增大扭矩；转向传动机构用来将转向器输出的力和运动传给两转向节，从而使两侧转向轮按一定关系进行偏转。

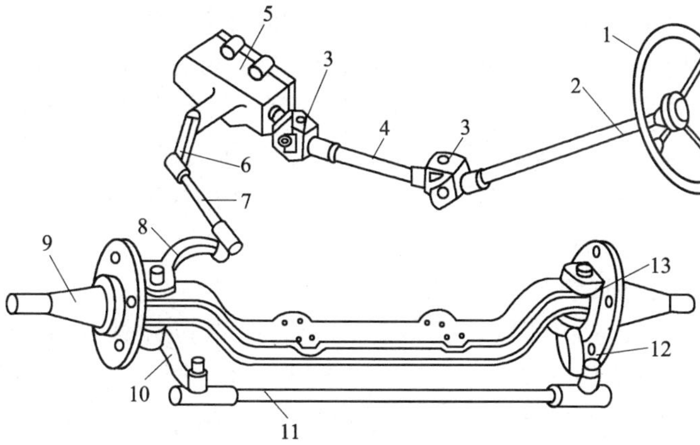

图 5—39　机械转向系统

1—转向盘　2—转向轴　3—转向万向节　4—转向传动轴　5—转向器　6—转向摇臂　7—转向主拉杆　8—转向臂　9—左转向节　10、12—转向节臂　11—转向横拉杆　13—右转向节

（2）转向器。转向器能将转向盘上的操纵力放大，并改变动力传动方向，经转向垂臂传给转向传动机构。转向器还有合适的传动可逆性，即当路面不平导致车轮摆动时，能通过转向传动机构使转向盘偏转，使驾驶员产生“路感”。

转向器的种类很多，目前厂（场）内机动车辆常用的转向器有循环球式转向器、球面蜗杆滚轮式转向器等。

图 5—40 所示是循环球齿条齿扇式转向器。转向螺杆 23 的轴颈支撑在两个推力

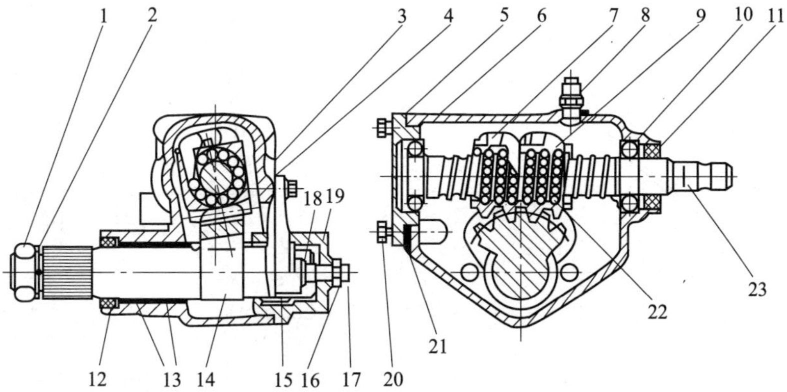

图 5—40　循环球式转向器

1—螺母　2—弹簧垫圈　3—转向螺母　4—垫片　5—底盖　6—壳体　7—导管卡子　8—通气塞和加油螺塞　9—导管　10—轴承　11、12—油封　13、15—滚针轴承　14—转向摇臂轴　16—锁紧螺母　17—调整螺钉　18、21—调整垫片　19—侧盖　20—螺栓　22—钢球　23—转向螺杆

球轴承上。轴承紧度可用调整垫片 21 调整。转向螺母 3 的下平面上加工成齿条，与齿扇轴（即转向摇臂轴）14 内端的齿扇部分啮合。可见转向螺母既是第一级传动副的从动件，也是第二级传动副（齿条齿扇传动副）的主动件（齿条）。通过转向盘和转向轴转动转向螺杆时，转向螺母不能转动，只能轴向移动，并驱使齿扇轴转动。

为减小转向螺杆与转向螺母之间的摩擦，二者的螺纹并不直接接触，其间装有许多钢球 22，以实现滚动摩擦。

2. 液压助力转向装置

液压助力转向是在机械转向的基础上，在纵拉杆处加装转向助力器，如图 5—41所示。液压助力转向器由转向控制阀 5 和转向动力缸 6 组成。控制阀体前后两端分别用螺钉与带球铰的接头 4 及转向动力缸体连接。转向动力缸的活塞杆后端用球铰链与车架相连。动力缸工作时，其缸体将相对于活塞杆做轴向运动，并且同活塞杆一起绕固定球铰链摆动。

转动转向盘 1 时，转向摇臂 3 通过球铰链带动转向纵拉杆 9，同时带动转向控制阀中的滑阀，使转向动力缸在液压作用下与转向摇臂共同对转向纵拉杆施力。

3. 全液压转向装置

全液压转向装置与液压助力转向装置的不同之处，是以全液压转向器取代了机械转向器和纵拉杆等机械元件，且用高压油管将全液压转向器和转向油缸连通。全液压转向系统如图 5—42 所示。

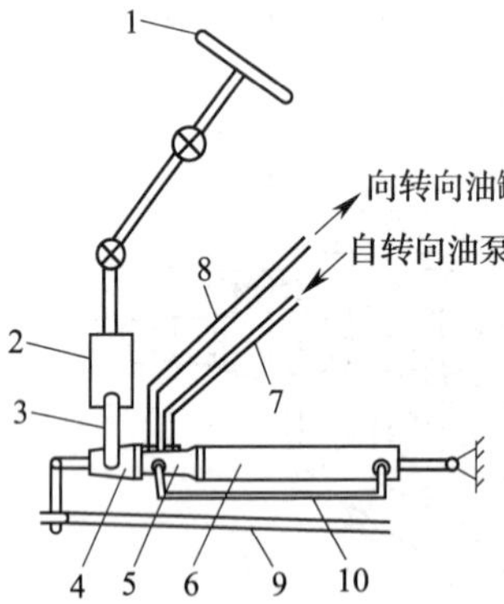

图 5—41　液压转向助力器布置示意图

1—转向盘　2—机械转向器　3—转向摇臂　4—接头　5—转向控制阀　6—转向动力缸　7—进油管路　8—回油管路　9—纵拉杆　10—控制阀与动力缸后腔通油管

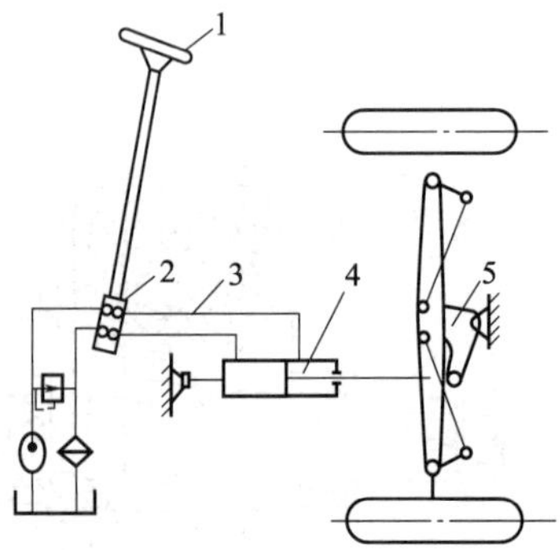

图 5—42　全液压转向系统简图

1—转向盘　2—全液压转向器　3—高压油管　4—转向油缸　5—扇形板

全液压转向器的主要优点是操纵轻便，安装容易，质量轻、体积小，易于总体布置。缺点是如果出现故障，虽然摆线泵可作手泵使用，但转向非常沉重，甚至难以转向。

4. 转向传动机构

针对不同的转向装置，其转向传动机构的组成也不同。全液压转向装置只有直接推动车轮偏转的转向梯形机构，而机械式和液压助力式除此之外，还有转向摇臂和纵拉杆。

为了保证转向的工作可靠，必须特别注意防止转向传动机构各环节中零件松脱以及抵抗冲击载荷的作用。由于转向传动机构是一套空间的传动连杆机构，因此必须采用球铰连接。在球铰连接处应有保证磨损后能自动消除间隙的结构措施。

（1）纵拉杆。纵拉杆在转向传动中不仅受拉，而且受压。因此，通常是用钢管制成，并尽量避免作成弯曲的形状。纵拉杆的组成如图 5—43 所示。

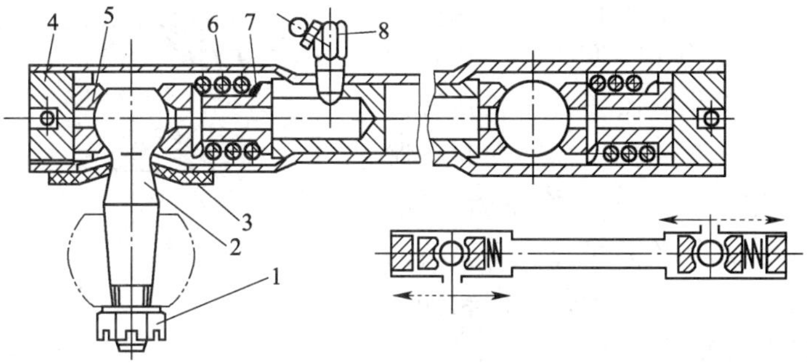

图 5—43　纵拉杆的构造

1—螺母　2—球头销　3—油毡　4—螺塞　5—支撑块　6—弹簧　7—限制块　8—油嘴

纵拉杆的两端略为扩大以便安装球头铰接零件。其一端经球头销 2 及螺母 1 和转向器摇臂连接，另一端由球头销和扇形转臂（单梯形时与转向节臂）相连。纵拉杆支撑块 5 的凹面和球头销的球面相配合组成球铰接点。支撑块外面由螺塞 4 挡住，弹簧 6 压在里面的支撑块上，这样的球铰接点可保证即使球头销或支撑块磨损时亦不存在间隙，并可缓和由车轮传到转向器上的冲击。转动螺塞 4 可以调节弹簧的压力，最大压力则由限制块 7 加以限制，以防止弹簧过载，限制块还可在弹簧损坏断裂时防止球头销脱出。纵拉杆两端弹簧的压紧方向相对，不论受到拉或压的冲击都能起到缓冲作用。

（2）转向梯形机构。图 5—44 所示为厂（场）内机动车辆常用的转向双梯形连杆机构。扇形转臂 1 实际上是一多臂杠杆。它由纵拉杆 2 通过球头销 3 推或拉动，扇形转臂上另外两个球头销 4 与横拉杆 5、6 相连；当扇形转臂摆动时，推或拉动横拉杆带动梯形臂 7、8 使左右车轮偏转。

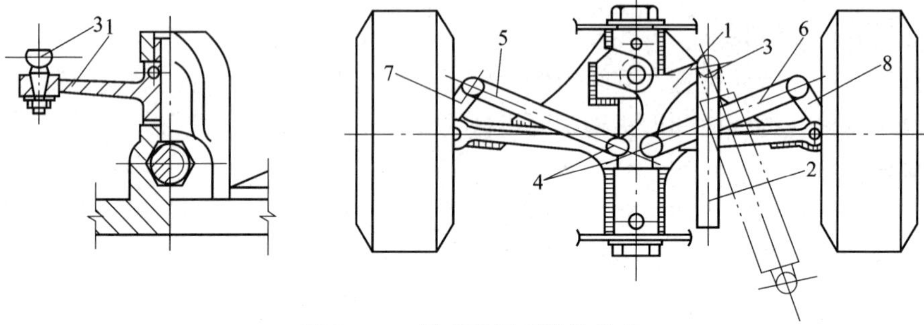

图 5—44　转向连杆系统的组成

1—扇形转臂　2—纵拉杆　3、4—球头销　5、6—横拉杆　7、8—梯形臂

车辆转向时，要求所有车轮轴线都能相交于一点，此交点 O（见图 5—45）叫做转向中心。这样才能保证各车轮在转向时均做纯滚动，以避免在车辆转向时轮胎与地面滑动而增大阻力和加快轮胎磨损。由图 5—45 所示几何关系可见，车辆转向时内转向轮偏转角 β 应大于外转向轮偏转角 α。两偏转角的关系式为：

$$\cot\alpha-\cot\beta=\frac{B}{L} \qquad (5—2)$$

式中　B——两侧主销轴线延长线与地面交点之间的距离，m；

L——车辆轴距，m。

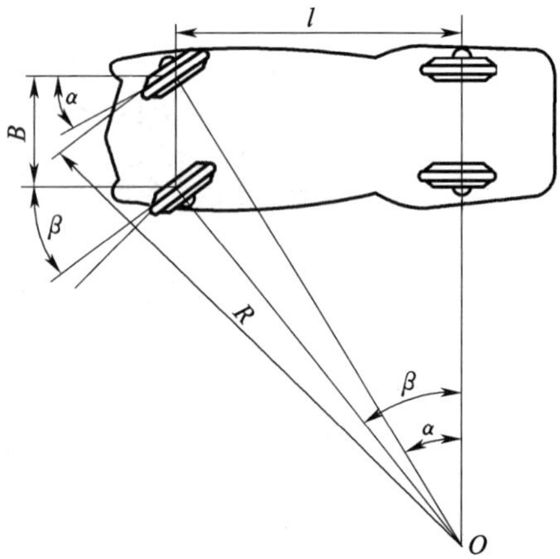

图 5—45　双轴车辆转向时理想的两侧车轮偏转角关系

这是转向车轮偏转角理想关系式，需要靠转向梯形机构各几何参数的合理设计来实现。但一般很难完全满足，只能设计出近似符合该关系式的梯形机构。

九、行驶系统

1. 行驶系统的功用

行驶系统的主要功用是：支持整车的质量和载荷，并保证车辆行驶和进行各种作业。

对于行驶速度较低的各种作业车辆，为了保证其作业时的稳定性，一般不装悬架，而将车桥直接与车架连接，仅依靠低压橡胶轮胎缓冲减振。

2. 车桥

对于一般车辆而言，车桥有转向桥、驱动桥或转向驱动桥等。驱动桥在传动系中已介绍，这里只介绍转向桥。

（1）转向桥的构造。转向桥既要承载，还要布置安装转向梯形机构。

转向桥由转向桥体和两个与转向桥体用主销相铰接的转向节，以及用两个大小圆锥滚子轴承支撑在转向节上的轮毂所组成。转向杆系安装在转向桥体上，通过转向节和转向轮相连。转向桥和车体相连，和驱动桥一起支撑整台车辆。转向桥总成如图 5—46 所示。转向桥体通常为工字形截面的实心梁，可以是铸件或钢板焊接成型。

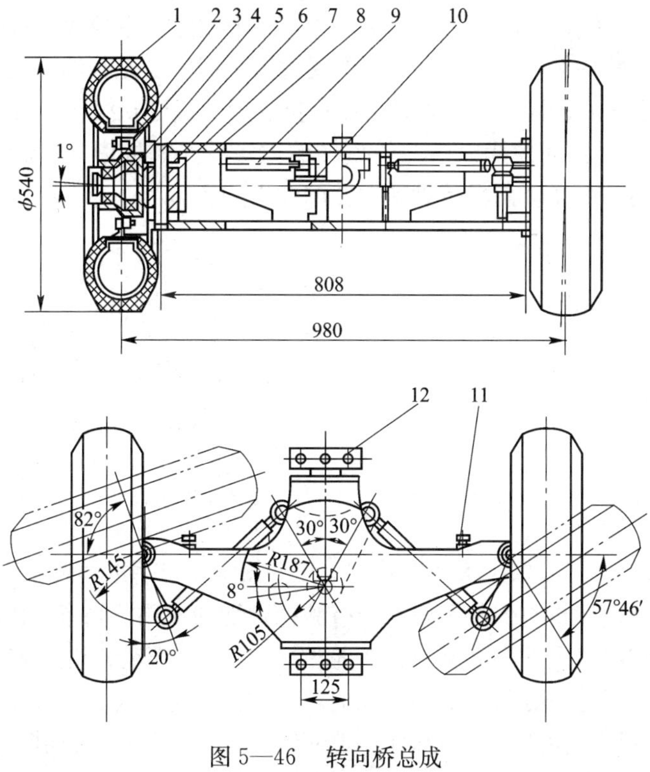

图 5—46 转向桥总成

1—车轮 2—轮毂 3、4—单列圆锥滚子轴承 5—主销 6—单向推力球轴承 7—转向节 8—转向桥体 9—横拉杆 10—扇形板 11—限位螺栓 12—轴承座总成

（2）转向轮定位。为了保证车辆行驶的直线性、转向轮偶遇外力时的自动回正性以及操纵的轻便性，一般对转向车轮的安装都有特定的要求，称为转向轮定位。对于汽车，定位角有主销后倾角 γ、主销内倾角 β、车轮外倾角 α 以及车轮前束 δ。厂（场）内机动车辆由于行驶速度较低，并且前进与后退的机会几乎相等，一般不采用车轮前束和主销后倾。

1）主销后倾角 γ。如图 5—47 所示，在纵向垂直平面内，主销上部向后倾斜一个角度 γ，称为主销后倾角。当主销具有后倾角 γ 时，主销轴线的延长线与地面的交点 a 将位于车轮与地面接触点 b 的前方。当车辆直线行驶转向轮稍有转角时（如图示方向），车辆将要转向而偏驶，由于车辆离心惯性力的作用，路面将给车轮一个向心反作用推力 Y。此侧向力 Y 作用在 b 点，对主销轴线有一力矩 $Y \cdot l$。此力矩是车轮上受的稳定力矩，使车轮保持在直线行驶位置而不左右摆动。

2）主销内倾角 β。如图 5—48 所示，主销内倾角 β 是指在横向垂直平面内，主销轴线上端向车辆内侧倾斜 β 角。当主销无内倾角时，其延长线与地面交点 a 与轮胎接触地面中心点 b 的距离为 L，使主销内倾 β 后，其延长线与地面交点 a_1 与 b 点的距离减小到 L_1，从而使操纵转向轮偏转的力矩减小。同时，在转向轮受到地面冲击和制动时还可减小转向轮传到转向盘的冲击力。

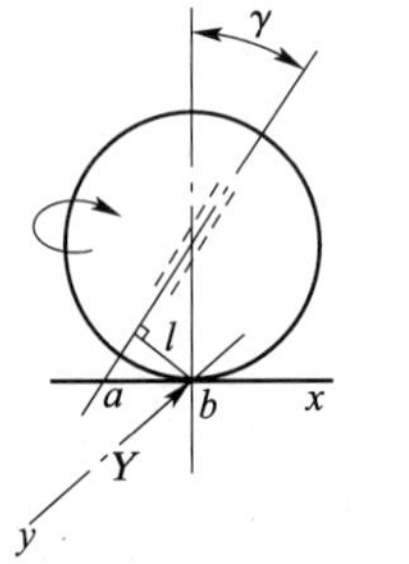

图 5—47　主销后倾角的作用

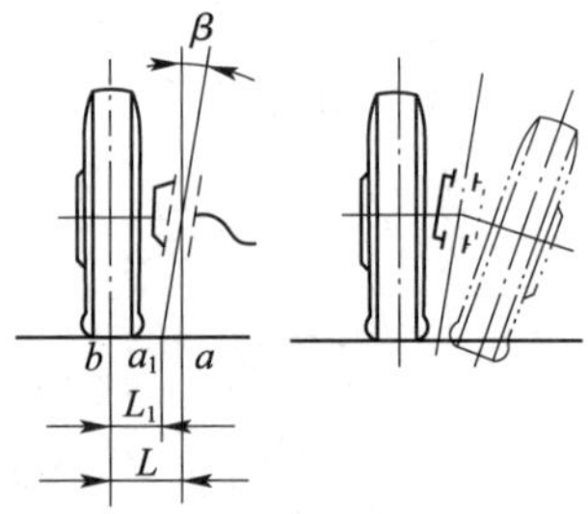

图 5—48　主销内倾角的作用

此外，主销内倾也有保持车轮直线行驶稳定性的效果。当车轮由直线行驶位置绕主销轴线旋转时（图 5—48 所示为车轮偏转 180°），车轮与地面接触点应延伸到地下，但实际上车轮下缘不可能陷入地面之下，而是将转向轮连同整机前部或后部向上抬起一定高度，由于整机自重作用迫使转向轮返回到直线行驶位置。一般内倾角 β 大于 8°，L_1 为 40～60 mm。

3）转向轮外倾角 α。转向轮外倾角 α，是指车轮的纵向滚动中心平面相对于纵向垂直平面上部外倾一个α角，如图5—49所示。转向轮外倾后，在地面对车轮垂直反力G的轴向分力F的作用下，使轮毂压紧在转向节内端的大轴承上，从而减轻了外端小轴承及轮毂锁紧螺母的负荷。同时，可防止车轮从轴上脱出。一般外倾角α为1°左右。

4）转向轮前束δ。如图5—49所示，外倾的车轮其轴线延长线与地面的交点为O'，车轮滚动时将绕O'在地面上滚动，使转向轮前端有向外张开的趋势。这又增加了轮毂外轴承的压力。由于车桥的约束使车轮不能向外滚开，车轮将在地面上边滚边滑，从而增加了轮胎的磨损。为了避免上述现象，可调节横拉杆的长度，使转向轮前端距离B略小于后端距离A（见图5—50），$A-B=\delta$称为转向轮前束。通常δ取值在2～12 mm范围内。转向轮前束一般通过改变转向横拉杆长度的方法调整。

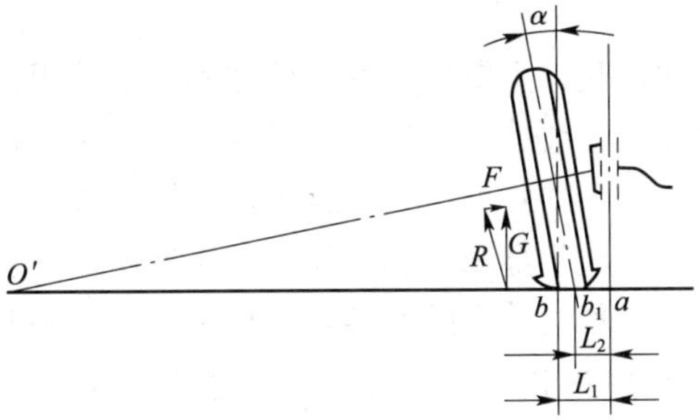

图5—49　转向轮外倾角的作用

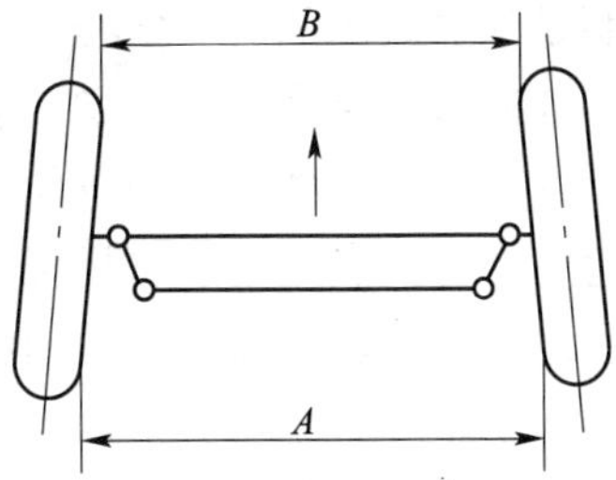

图5—50　转向轮前束

3. 车轮和轮胎

（1）车轮。车轮一般由轮毂、轮辐和轮辋三部分组成。轮毂通过滚动轴承支撑在车桥或转向节轴颈上；轮辋也叫轮圈（钢圈），用来安装轮胎；轮辐用来将轮毂与轮辋连接起来。按轮辐结构的不同，车轮可分为盘式和辐式两种。

1）盘式车轮如图5—51a所示，用以连接轮毂和轮辋的钢质圆盘4称为轮盘，大多数是冲压制成，与轮辋焊接成一体或直接制成一体。轮盘上的安装孔3是为了减轻轮盘质量，便于安装及拆卸，以及有利于车辆制动器和轮胎的散热。轮盘用螺栓固定在轮毂上，轮辋上的椭圆孔2为气门嘴伸出孔。

2）辐式车轮如图5—51b所示，其轮辐和轮毂铸成一体。为了便于安装轮胎，轮辋作成可卸的，并能用螺栓装在轮辐上。

（2）轮胎。轮胎安装在轮辋上，直接与地面接触。它的功用是吸收和缓冲地面不平所产生的冲击和振动，它的表面花纹还可以提高车辆的附着能力。充气轮胎外

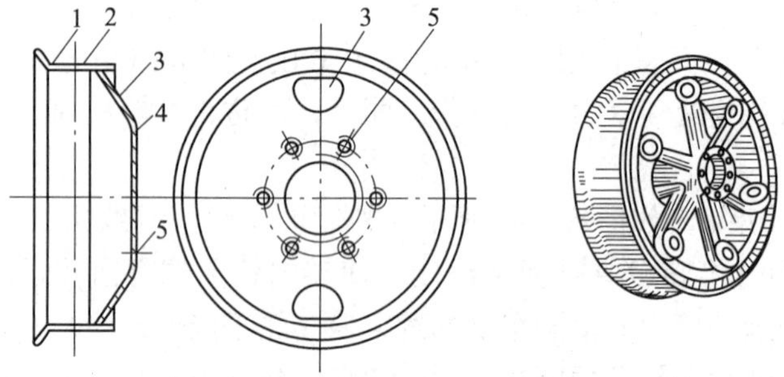

a）　　　　　　　　　　b）

图 5—51　充气轮胎车轮的基本结构

a）盘式车轮　b）辐式车轮

1—轮辋　2—椭圆孔　3—安装孔　4—圆盘　5—螺孔

的组成如图 5—52 所示。

胎是保护内胎的有一定强度的弹性外壳，主要由胎面、胎体和胎圈等组成，如图 5—53 所示。胎体由帘布层 3 和缓冲层 2 组成。帘布层 3 是外胎的骨架，用以保护外胎的形状和尺寸，承受车轮受压时胎内的张力，它通常由若干层涂胶的帘布按一定角度贴合而成，帘线可用棉线、人造丝、金属丝和尼龙线。缓冲层 2 在胎面和帘布层之间，由较稀疏的挂胶布组成，可吸收胎面的冲击，保护帘布层，同时可使胎面胶与帘布层结合得更牢固。为防止在撞击、摩擦等作用下损伤胎体，在胎体外用胎面橡胶层加以保护。胎面包括胎冠 1、胎侧 6 和两者之间的胎肩三部分。经常与地面接触的胎冠 1 要求具有耐磨性能，并具有一定形状的花纹，以提高轮胎在地面上的附着力。

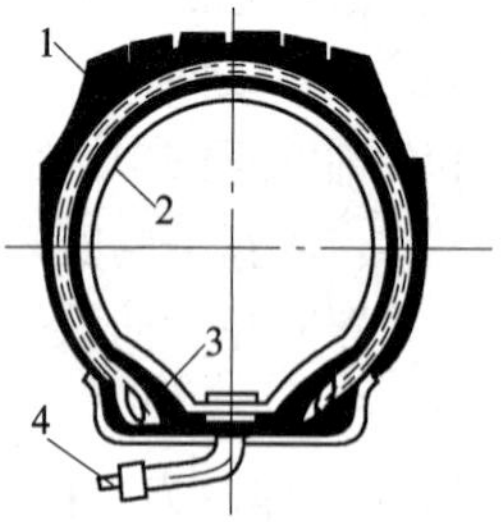

图 5—52　充气轮胎的组成

1—外胎　2—内胎　3—衬带　4—气门嘴

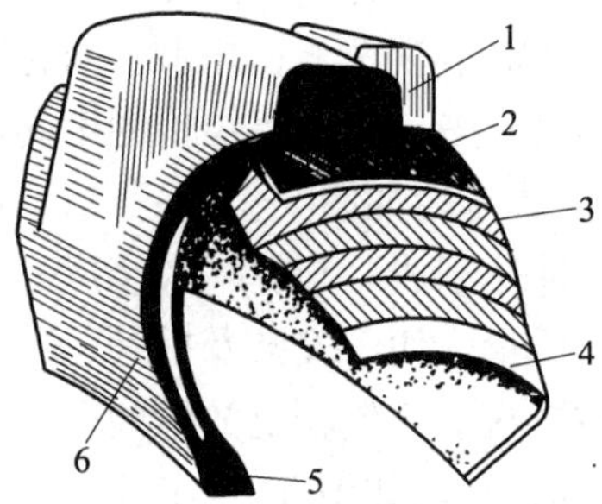

图 5—53　外胎构造

1—胎冠　2—缓冲层　3—帘布层　4—胶层　5—胎圈　6—胎侧

十、叉车的工作装置

1. 系统构造

为了解决叉车装卸作业所需的大起升高度与低结构高度之间的矛盾，叉车门架是可以伸缩的嵌套构造。根据要求的起升高度与车辆最低结构高度的限制，可做成二级嵌套（只有内门架和外门架）称为二级门架，或作成三级嵌套（有内门架、中门架、外门架）称为三级门架，但不管几级门架，其嵌套构造的方式是类似的。

一个完整的二级门架升降系统除内、外门架外，还包括货叉、叉架、起升油缸、倾斜油缸及链条等。图 5—54 所示为二级部分自由提升双油缸后置式全视野门架系统的典型构造。

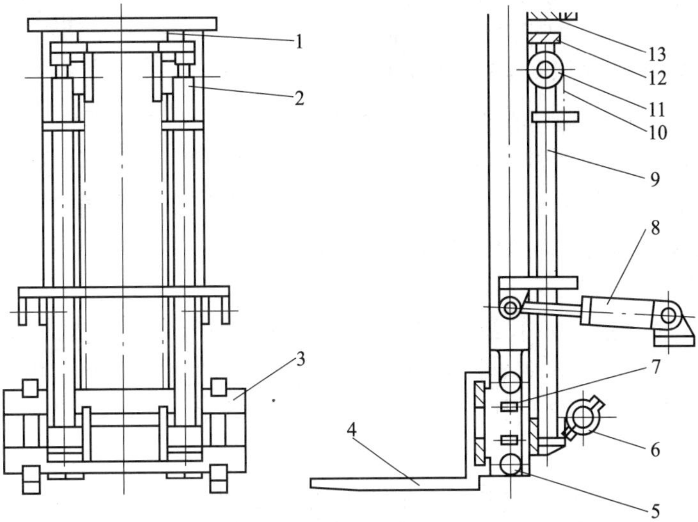

图 5—54　门架结构

1—内门架　2—外门架　3—叉架　4—货叉　5—纵向滚轮　6—门架下铰座　7—侧向滚轮　8—倾斜油缸　9—起升油缸　10—起升链条　11—链轮　12—浮动横梁　13—内门架上横梁

所谓自由提升，要靠门架结构来实现。它是指在内门架顶端不伸出外门架顶端时，货叉提升，其水平上表面距地面的最大高度。具有自由提升的门架装置，能改善叉车运行的通过性，还能在低矮的仓库、船舱内进行作业。

货叉是直接承载的叉形构件，成对装在叉架上。货叉间的距离根据作业需要可以调整。

门架的升降机构是由起升油缸、链轮、链条等组成，链条的一端与叉架相连，另一端在绕过起升油缸头部的链轮以后，固定在缸筒上部的法兰或外门架上，如图 5—55 所示。

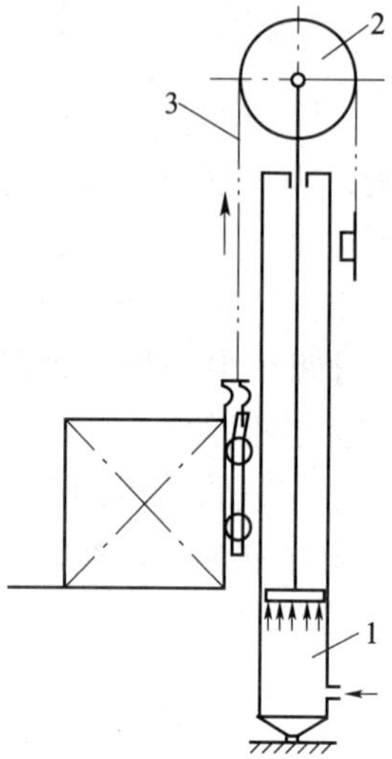

图 5—55 叉车起升机构
1—起升油缸 2—链轮 3—链条

门架系统的工作原理是（见图 5—54）：起升油缸的柱塞（活塞）升降，带着浮动横梁 12 和链轮 11 运动，挂在叉架横梁上的货叉 4 和叉架 3 受起升链条 10 的牵引，以其纵、侧向滚轮 5 和 7 为“车轮”，以内门架 1 为“活动导轨”，以二倍于油缸活塞的速度做升降运动；而内门架也会受起升油缸 9 的顶推，以其纵、侧向滚轮为“车轮”，以外门架 2 为“固定导轨”而升降；外门架的下铰座 6 铰接在驱动桥壳或车架上，中部靠两个并列的倾斜油缸 8 来实现整个门架系统的前、后倾动作。起升油缸分成两个，下端支撑在外门架后侧的支座上，上部与外门架连接，活塞杆上端顶在浮动横梁 12 上，自由提升结束后即与内门架上横梁 13 接触，使内门架上升。

2. 门架安装的相关位置与特性

门架工作装置处于叉车最前面，是由外门架下端的一对铰轴与车架或前桥铰接。因此，整个门架系统处在车轮支撑平面之外，在装卸作业时，货重就会以前桥为轴心，产生很大的倾翻力矩，这是平衡重式叉车的特点。

3. 内外门架构造

内、外门架各有两根立柱，立柱是门架承载的主要构件，又是叉架或内门架做升降运动的导轨。立柱截面有槽形（称 C 形）、工字形（称 I 形）和其他形状（分别称作 L 形和 J 形），材料多为低合金钢。左右两立柱通过两到三根横梁连接，构成框架结构，然后嵌套在一起，允许相对伸缩。根据内门架沿外门架立柱的运动分为滑动式和滚动式两大类。滑动式又称重叠式，即内门架立柱直接在外门架导轨上滑动，如图 5—56a 所示，此种形式现已经淘汰。滚动式依靠装在内、外门架上的滚轮，使内门架沿外门架立柱滚动，称为并列式。当使用不同截面形状的型钢做门架立柱时，会有多种并列式组合，如图 5—56b～d 所示。

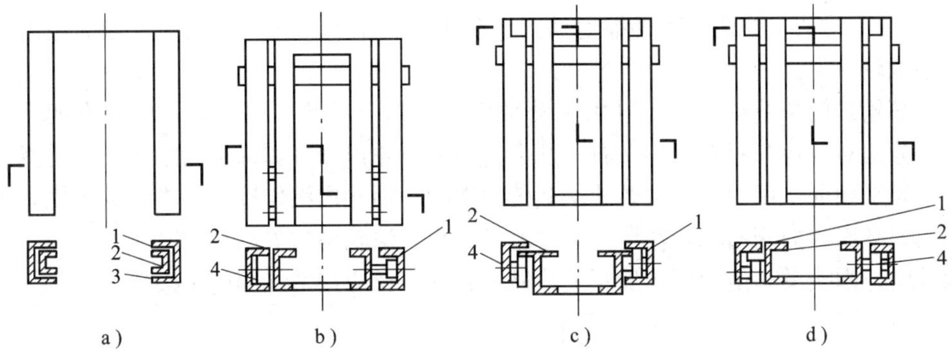

图 5—56　门架立柱的截面形状与组配

a）重叠式　b）CC 并列式　c）CJ 并列式　d）CL 并列式

1—外门架立柱　2—内门架立柱　3—导向衬板　4—滚轮组

在图 5—57 中，外门架立柱 1 是槽形截面，左右立柱的上、中、下连有三根横梁，使外门架成为外形封闭的超静定框架，立柱下端 2 是与前桥铰接的剖分轴瓦。外门架上横梁的立柱端部装有纵向滚轮 4 和侧向滚轮 5，中横梁上的板 3 与倾斜油缸的活塞杆连接，下横梁剖分轴瓦的内侧有起升油缸的支座。内门架立柱 7 是异形截面（L 形），在门架的顶部和中部各有一根横梁连接左右立柱。内门架上横梁有两根导向螺杆 8，是贯穿起升油缸柱塞杆头部浮动横梁的导向杆，当货叉部分自由提升时，起升油缸柱塞杆带动浮动横梁及链轮沿导向螺杆 8 运动直到顶起门架上横梁，下降时可保证内门架与柱塞一同下降。内门架立柱下端每侧装有纵向滚轮 9 和侧向滚轮 10，与外门架上部的

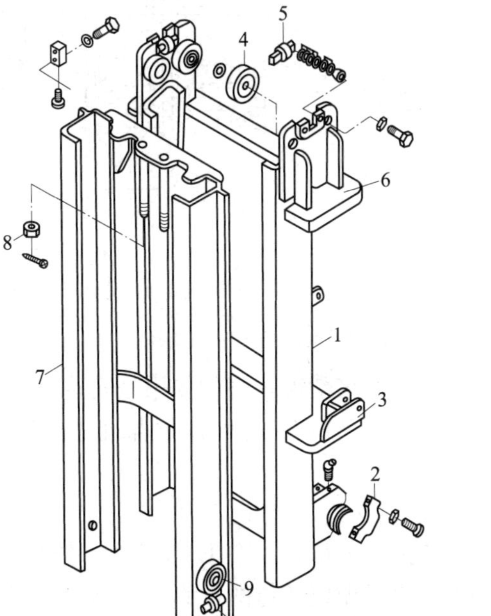

图 5—57　CL 型门架构造

1—外门架立柱　2—外门架下部部分轴瓦　3—倾斜油缸活塞杆连接板　4—外门架上部纵向滚轮　5—外门架上部侧向滚轮　6—外门架上横梁　7—内门架立柱　8—起升油缸导向螺杆　9—内门架下部纵向滚轮　10—内门架下部侧向滚轮

滚轮 4、5 构成支撑内门架伸缩运动的滚轮组，且滚轮间距不断变化，最大限度地减小滚轮压力。

滚轮是门架系统中支撑导引运动部件，分纵向和侧向两组，一般各有四个滚轮，分别对称地布置在门架左右立柱上。纵向滚轮以立柱翼缘板为导轨，承受垂直于门架平面的作用力，是主要的承载传力滚轮。而侧向滚轮以立柱腹板为导轨，承受门架平面内的侧向力，作用力小，直径也小。滚轮构造如图 5—58 所示。图中轴承的内外圈按叉车使用要求加厚尺寸便是目前广泛应用的专用门架滚轮。

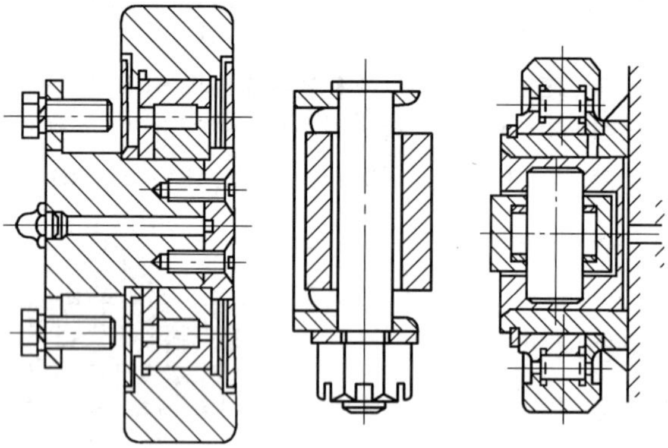

a） b） c）

图 5—58 滚轮构造

a）纵向滚轮 b）侧向滚轮 c）综合滚轮

4. 叉架

叉架又名滑架，它的作用是安装货叉或其他工作属具，并带动货物一起升降。

根据货叉的形式和在框架上的安装方式，叉架有板式和滑杆式两种，如图 5—59所示。

5. 货叉

货叉的外形是一个 L 形杆件，分为水平段和垂直段两部分。一般货叉的水平段和垂直段做成整体的，称为整体式货叉（见图 5—60）。在叉车叉取货物时，货叉的水平段用来插入货物或托盘的底部，叉起后，用来承载货物。因此，货叉水平段的上表面必须水平，水平段前端的下表面略有斜度，这样有利于使货叉插入货物底部，叉取货物。货叉的垂直段用来与叉架连接，根据连接的形式不同，分为挂钩式（见图 5—60a）和铰接式（见图 5—60b）两种。挂钩式货叉垂直段的背部上下各有一个钩，钩挂在板式叉架的带有定位槽的上横梁上，如图 5—61 所示，往上提起挂钩上设置的定位销，便可移动货叉，改变间距。

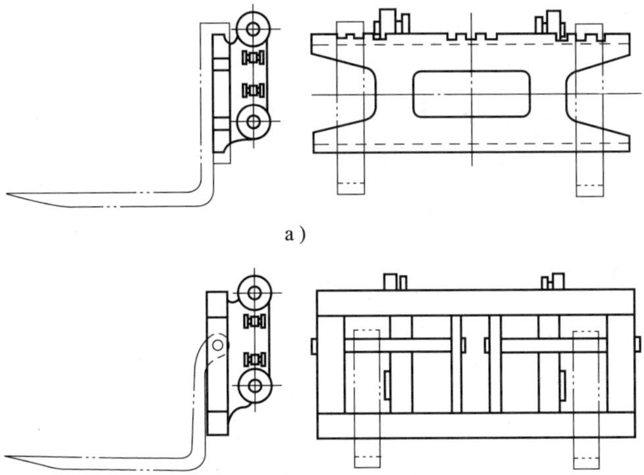

a）　b）

图 5—59　叉架形式

a）板式叉架　b）滑杆式叉架

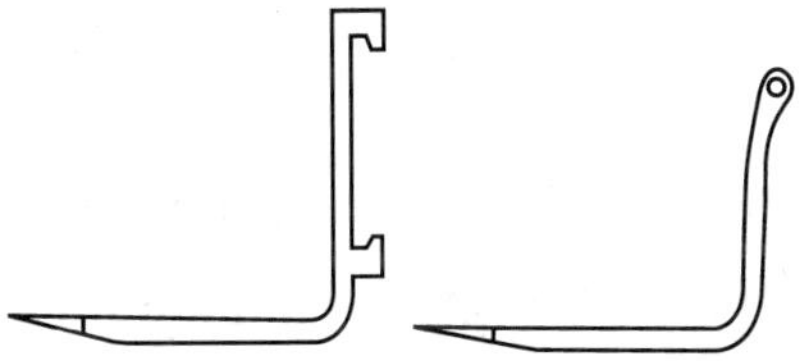

a）　b）

图 5—60　整体式货叉

a）挂钩式　b）铰接式

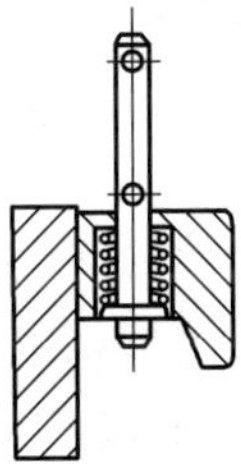

图 5—61　货叉挂钩与定位

铰接式货叉的垂直段上端有销轴孔，货叉通过此孔安装在滑杆式叉架的支撑光轴上，允许绕轴转动，在重力的作用下，货叉垂直段下部背面支靠在滑架的下横梁上。这种货叉安装拆卸不太方便，主要用在大吨位叉车上，移动时使用液压缸推动。

货叉是叉车的重要构件，受力大，要求截面小，质量轻。因此需要用低合金钢、中碳钢等材料制造，还需经适当的热处理（如调质），以增加水平段的表面硬度，提高耐磨性能。为保证安全和各种取物装置的互换，货叉与挂钩有关的尺寸和叉架的安装尺寸等都应按照相关标准生产。

第二节　厂（场）内机动车辆的重要安全部件

厂（场）内机动车辆根据其用途与系统构成，安全部件主要包括制动器、转向器、轮胎，液压系统中的安全阀、高压油管，起升系统中的货叉、链条等。为了把不安全因素消灭在萌芽状态，车辆的安全部件要进行经常性检查。

一、制动器

制动器作为所有机动车辆必备的行驶安全部件，不管其结构如何，都必须满足要求的制动性能。在有关车辆的国家标准中，都规定机动车辆必须装有运行制动器和停（驻）车制动器，并有各自独立的操纵机构，但操纵机构可以对同一制动器起作用。而且停（驻）车操纵机构必须是机械式的。

1. 制动系统的安全技术要求

《机动工业车辆安全规范》（GB 10827—1999）中，分别对制动器的操纵力和停车制动器的驻坡性能做了规定。

（1）对制动器操纵力的要求。

1）通过踩下制动踏板制动的制动器，操纵力最大为 700 N 时，应达到制动性能要求。

2）通过放松制动踏板制动的制动器，踏板完全放松时应达到制动性能要求。

3）通过手柄操纵的制动器，手柄拉力最大为 150 N 时，应达到制动性能要求。

（2）驻车制动的要求。

1）一般内燃、电动车辆停车坡度为 15%。

2）操纵台可起升的车辆和侧面堆垛式叉车停车坡度为 5%。

3）步行操纵的车辆停车坡度为 10%。

2. 制动试验检测

JB/T 2391—1994（2005 复审）《0.5～10 t 平衡重式叉车技术条件》中，规定叉车制动距离是：标准无载状态下，以 20 km/h 的制动初速度开始制动时，制动距离应小于等于 6 m；标准载荷状态时，以 10 km/h 的制动初速度开始制动时，制动距离应小于等于 3 m。

测试制动器的制动力和制动距离，必须符合有关标准的规定。JB/T 3300—1992《平衡重式叉车　整机试验方法》规定的试验过程是：

（1）制动器的磨合。除整车磨合行驶中的使用磨合外，在制动器试验前应进行

10 次强制动磨合。

（2）测定叉车制动力。叉车呈标准无载和标准载荷状态，将脚制动踏板踩到底，由装设传感器的牵引拖车牵引。测开始滑动时的制动力。

（3）测制动距离。测叉车空载前进行驶车速（20±2）km/h 和满载前进行驶车速（10±1）km/h 两种情况。

试验开始，司机用脚制动器进行紧急制动，脚踏力不大于 700 N，并脱开离合器。制动距离为开始踩下制动踏板的一瞬间时车辆位置至停车位置的距离。

（4）坡道停车制动试验。叉车分别呈标准无载和标准载荷状态，以不大于 150 N的力拉紧手制动器，停在干燥、平坦、均匀的规定坡道上，停稳后观察 5 min。将叉车调转 180°以同样的方法再试验一次。试验中不允许有向下滑移的情况。

二、转向器

为了保证车辆转向的安全可靠，不仅要求转向装置零部件具有足够的强度、刚度和可靠的寿命，而且转向器应有一定的灵敏度和对路面的感应性。

液力转向的控制核心部件是全液压转向器，通过转向盘操纵转向器转阀阀芯，用以控制压力油进入转向油缸的流量，从而控制车轮的偏转角。为了使液力转向能够安全工作，对液力转向器提出了相应的试验要求。

试验测试的项目、方法参照有关转向器性能试验规定实施。

三、轮胎

叉车等厂（场）内机动车辆由于速度低、载重大，要求轮胎具有强度高、承载能力大、耐磨、弹性好、与路面有良好的黏着性等性能。一般常用充气轮胎和高弹性实心轮胎。

选用轮胎包括选择轮胎类型及确定轮胎规格大小两方面的内容。一般的原则是，应首先选择适用于本种车辆的专用轮胎，因为各种车辆专用轮胎，设计上都分别考虑了适应各种不同车辆的特点，以不同的轮胎结构及参数来满足各种车辆的技术要求。因此，叉车等厂（场）内机动车辆应选用工业车辆轮胎。当选不到相应的专用轮胎时，才考虑使用其他相近类型的轮胎代替。

高弹性实心轮胎的优点是承载能力大，当承受相同的负荷时，它的直径比充气内胎小。另外，实心轮胎结构简单，维护容易，无刺轧危险。由于它的外层是一种耐磨橡胶，内层是很厚的具有良好弹性的材料，能比较好地吸收车辆的振动和冲击。试验结果表明，高弹性实心轮胎不仅具有与充气轮胎非常接近的牵引特性，而且在驾驶平顺性方面还要略好一些。在美国等发达国家，20 世纪 80 年代就开始批量生产和应用这种轮胎。

四、货叉

货叉是叉车的基本取物装置。《叉车　货叉的技术要求和试验》(GB/T 5182—1996)标准中，对货叉的试验检测做了明确的规定。

(1) 试验载荷。试验载荷应相当于货叉制造厂规定的设计起重量的 3 倍，并使试验载荷作用在设计的载荷中心距 C 处。

(2) 货叉的加载方式必须与叉车的使用工况相同。加载时必须无冲击并逐渐地加载到试验载荷，加载应保持 30 s 后卸载，然后再重复一次。试验后若有永久变形，则为不合格产品。

试验过程中，还应当检查挂钩的变形以及挂钩焊缝是否有开裂。

五、起升链条

叉车上使用的链条主要是板式链和套筒滚子链两种。板式链由于链片数目较多，其承载能力比套筒滚子链大，承受冲击载荷的能力强，工作更为可靠。因此，除在小吨位叉车上采用单排套筒滚子链外，在叉车上更广泛使用的是板式链。

图 5—62 所示为叉车使用的板式链的结构形式。链条的两端是固定螺杆，链条由链板节和销轴铰接组成。

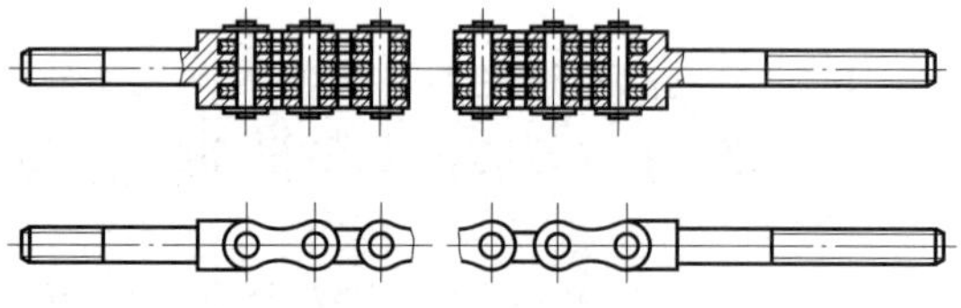

图 5—62　板式链

为保证链条使用的安全，《板式链、端接头及槽轮》(GB/T 6074—1995) 标准中规定了链条的试验检验要求如下：

(1) 极限拉伸载荷。板式链应进行拉力试验，其最小极限拉伸载荷应符合规定。

链条拉伸试验是破坏性试验，凡经过试验的链条均不应再使用。

(2) 检验载荷。所有链条按检验载荷加载检验，检验载荷值等于最小极限拉伸载荷的 1/3。

六、高压胶管

叉车等厂（场）内机动车辆的液压系统，一般都使用中高压供油。因此，高压油管的可靠性不仅关系到车辆的正常工作与效率，而且一旦发生破裂将会危害人身安全。高压胶管的重要性能参数是它的允许工作压力，任何液压系统中油路的最大压力都不得超过这一许可值。

高压胶管必须符合《液压元件通用技术条件》（GB/T 7935—2005）等有关国家标准，同时针对不同的使用情况，还必须满足相应的要求，并通过相关的试验检测。

按照有关标准，根据胶管设计工作压力，从低到高，依次把同一公称内径的胶管分成 1 型、2 型和 3 型。

1. 技术要求

（1）爆破压力不得低于工作压力的 3 倍。

（2）对于公称内径为 8～51 mm 的高压胶管，长度变化率应符合－4%～2%的规定。

（3）脉冲试验时，对 1 型胶管脉冲次数不低于 40 万次；对 2、3 型不低于 60 万次。

（4）挠曲脉冲试验时，脉冲次数不低于 40 万次。

（5）胶管内部污染颗粒量应不大于 0.06 mg/cm^3。

2. 试验方法

（1）试验条件。

1）油液根据主机液压系统用油而定。

2）油温保持在（50±5）℃。

3）检测用的压力计和温度计的精度为±1.5%。

（2）试验项目与方法。

1）内径最小通过量试验。胶管总成用规定的芯棒或钢球进行检查，芯棒或钢球应能顺利通过。

2）耐压试验。胶管总成以 2 倍工作压力进行静压试验，至少保压 60 s，不得有泄漏和破裂等异常现象。

3）长度变化试验。将一根未经使用的，接头间自由尺寸不小于 300 mm 的胶管总成，升压到工作压力，保持 30 s，然后泄压。泄压 30 s 后，以胶管总成中点向左右各相距不小于 125 mm 处做两个准确的标记，重新升压到工作压力，保压 30 s。最后在保压情况下测量两个标记间的长度，按下列公式计算长度变化：

$$V_L = \frac{L_1 - L_0}{L_0} \times 100\%$$

式中 L_0——第一次升压后，在无压力状态下两标记间的距离，mm；

L_1——第二次升压后，在保压情况下两标记间的距离，mm；

V_L——长度变化率，正值为伸长，负值为缩短。

4）爆破试验。将一根装好接头不超过 30 天且未经使用的胶管总成，匀速升压至静压爆破压力，在规定的最小爆破压力下，不得出现泄漏和破裂现象。

5）脉冲试验。将装好接头不超过 30 天且未经使用的胶管总成，以频率 0.5 ～ 1.25 Hz 向胶管内施加压力，升压速率应为 100～350 MPa/s。在试验期间，要求进入胶管总成的循环试验用油保持在（93±3)℃，测点应在试件出油口处。

6）试验胶管形状。试验时，公称内径不大于 22 mm 者，弯曲成 180°；公称内径大于 22 mm 者，弯曲成 90°。如图 5—63 所示，其中 d 表示胶管的外径，R 表示胶管最小弯曲半径。

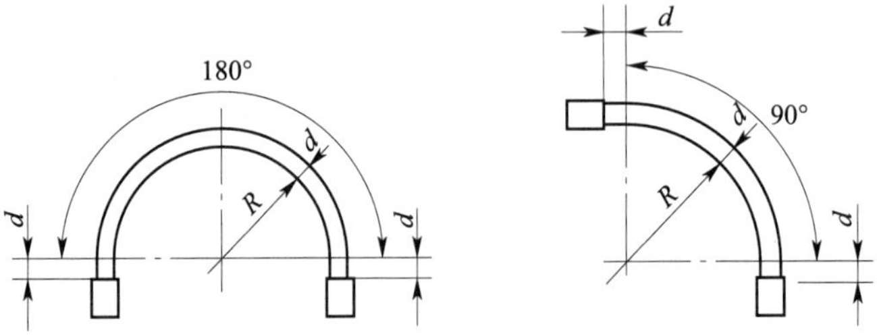

图 5—63　试验胶管形状

7）试验压力。对于 1 型胶管，当公称内径小于 25 mm 时，试验压力为工作压力的 125%，否则为工作压力的 100%；对于 2 型、3 型胶管的试验压力为工作压力的 133%。

8）泄漏试验。将一根装好接头不超过 30 天且未经使用的胶管总成，在规定最小爆破压力的 70%压力的作用下，保压 5～5.5 min。泄压后再重复上述操作一次，在保压过程中，接头等处不允许有泄漏和其他异常现象。本试验为正常破坏性试验，试件报废。

七、安全阀

液压系统中，可能由于超载或油缸到达终点油路仍未切断，以及油管堵塞等引起压力突然升高，从而使管路及接头，特别是油泵等液压件损坏，增加漏损。因此，系统中必须设安全保护装置，最常用的是溢流安全阀。

安全阀的作用是当系统压力超过正常额定压力太多时，能自动打开回油阀，使压力油直接回油箱，从而保证系统元件不被破坏。

溢流安全阀调定系统工作压力，应根据液压系统允许的超载最大工作压力设定，一般不超过系统额定工作压力的 20%～25%，但不得超过油泵所允许的最大工作压力。为使系统能安全工作，必须经常检查溢流阀的工作压力是否正常，检查的方法可以通过正常的超载试验进行。

八、限流保护器

电路系统经常由于电流过大，或系统短路使电路和电气元件烧毁，因此需要对电路的过载和短路进行保护。最常用的限流保护器有熔断器、过电流继电器等。熔断器是由熔断器管和熔体两部分组成，熔体是金属丝或金属片。将熔体串联在被保护电路中，当流过它的电流超过规定值时，熔体就自动熔断，直接切断电路起到保护作用。过电流继电器常和接触器配合使用，分为瞬时动作和反时限性动作两种构造。过电流继电器的最大特点是，动作后能自动恢复到原来状态，能实现自动保护。

九、护顶架

对于叉车等高起升作业的车辆，设置护顶架是必要的。但护顶架仅是为保护司机免受重物下落造成伤害而设计的，并非为防止等于工业车辆额定起重量落体的冲击而设计。因此，护顶架对过大的下落载荷不起保护。根据护顶架这样的作用，车辆在正常环境作业时，护顶架必须遮掩司机的上方。

护顶架一般都是由型钢焊接而成的，其结构尺寸应保证司机有良好的视野。根据《乘驾式高起升车辆　护顶架　技术要求和试验方法》（GB/T 5143—2001）标准的规定，护顶架的顶部开口在宽度和长度两个尺寸中的任一尺寸不得超过 150 mm，司机坐椅面的最低点至护顶架顶部下侧的垂直距离不小于 1 000 mm。当然，生产厂家可以根据用户要求降低护顶架的正常高度，以便带护顶架的车辆能够在上方净空限制的地方工作。

为了保证护顶架具有一定的安全承载能力，对护顶架要进行试验检测。检测时，试验样品可以安装在与其设计的额定起重量相对应的车辆上，也可用模拟安装的方法进行。试验时，在可控制条件下，对护顶架进行反复不规则的加载，以便确定司机头顶上部护顶架的最大永久变形量。

第三节　厂（场）内机动车辆常见故障及分析

一、传动系统常见故障及分析

1. 传动系统异响

传动系异响通常来源于变速箱、差速器、离合器等部件。在这些相连成为一个整体的传动系中，若某一个总成有异响，便会传给其他相连的总成，很容易导致错觉混淆产生故障的确切部位。因此在查找故障时，可通过车辆路试或将驱动桥总成顶起离地悬空做无负荷运转，根据异响与车速、挡位、负荷的关系来进行分析判断。具体方法是：

（1）离合器与变速器的异响难以区分时，一般采用踏下离合器踏板听其响声变化。若异响消失，说明变速器有故障；若在踏下离合器踏板过程中发生异响，则故障在离合器上。

（2）变速器与传动轴异响难以区分时，若变速器空挡运转良好，起步时出现撞击声响，则故障在传动轴、万向节或驱动桥；若起步时无异响，行驶中换入各挡位均有响声，故障应在变速器。

（3）传动轴、万向节与驱动桥异响难以区分时，若异响随车速提高变得明显或伴有转向盘振抖，脱挡滑行异响更清晰时，故障在万向节与传动轴；若脱挡滑行后异响明显减弱或消失，故障产生在驱动桥。

由于各总成零件较多，引起响声的原因也比较复杂，在分析判断时应注意是否与特定的情况有关。如挂换挡位拨叉异常导致特定挡位产生异响；离合器分离轴承磨损引起离合时产生噪音等。排除方法应针对异响产生的部位，可调整装配关系或更换磨损零件。

2. 离合器打滑

（1）该故障较难判断，但下述不正常现象可作为确定故障的依据：车速不能升高；踩下加速踏板后，发动机转速升高但车速不能提高；功率消失，特别在爬坡时尤为明显；燃油消耗增大。

（2）检验方法是：完全拉紧手制动器；踩下离合器踏板，并切换至最高挡位；逐步踩下油门踏板，慢慢松开离合器。在这些操纵过程中，如发动机熄火，则说明离合器工作良好；否则说明离合器打滑。

（3）发生打滑的可能原因是：离合器摩擦衬面有油或污垢；离合器摩擦衬面过度磨损；弹簧疲劳或损坏；未设置分离轴承间隙；飞轮、离合器压盘扭曲变形。可以通过清除污垢或更换损坏的零件排除故障。

3．变速箱油温过高、漏油或振动

变速箱油温过高可能是由于齿轮油变质、油位不正常、运动件卡滞等造成。漏油的原因主要有接合面螺栓松动、密封圈破损等。振动现象可能是由各安装连接处的紧固螺栓松动，传动齿轮、轴承损坏引起的。

二、制动系统常见故障及分析

1．制动失灵

（1）制动管（如接头处）泄漏或阻塞，制动液不足，制动油压下降而失灵。应定期检查制动管路，排除渗漏，添加制动液，疏通管路。

（2）制动管内进入空气使制动迟缓；制动管路受热致使制动液汽化，管路内出现气泡。由于气体可压缩，因而在制动时导致制动力矩下降。维护时，可将制动分泵及管内空气排净并加足制动液。

（3）制动间隙不当。制动摩擦片工作面与制动鼓内壁工作面之间的间隙过大，制动时分泵活塞行程过大，以致制动迟缓、制动力矩下降。维修时，应按规范全面调校制动间隙。

（4）制动鼓与摩擦衬片接触不良，闸瓦变形或制动鼓圆度误差超过 0.5 mm 以上，导致摩擦衬片与制动鼓接触不良，制动力矩下降。对于这种情况必须镗削修复，镗削后的直径不得大于规定值，否则应更换新件。

（5）制动摩擦片被油垢污染或浸水受潮，摩擦因数急剧降低，引起制动失灵。维护时，拆下摩擦片用汽油清洗，并加热烘烤，渗油严重时应更换新片。对于浸水的摩擦片，可用连续制动以产生热能使水分蒸发，恢复其摩擦性能即可。

（6）制动总泵、分泵皮碗（或其他件）损坏，制动管路不能产生必要的内压，油液渗漏，致使制动不良。对于这种情况应及时拆检制动总泵、分泵皮碗，更换损坏部件。

2．制动跑偏（单边制动）

（1）同轴左右两边制动器制动时间不一致，大多是由于两边制动器制动间隙不均或接触面积差异所引起的，制动时，一边摩擦片先接触制动鼓进行制动，而另一边因间隙大、摩擦片与制动鼓接触滞后，造成制动不同步。遇此现象，可按规范重新调校左右轮制动间隙。

（2）同轴左右两边制动器的制动力矩不同，致使车辆转速不同，直线行驶的距离就不相等，从而造成单边制动。这通常是由于某边制动分泵漏油、制动摩擦片有严重油污、摩擦因数出现差异或左右轮胎气压不等所造成的。可采取用汽油清洗摩擦片、调整轮胎气压、修复渗漏处等措施分别予以排除。

（3）汽车不踏制动踏板就自动滑行到一侧。这多为一侧前悬架变形、前悬架车身底板变形、前悬架螺旋弹簧弹力严重下降、车架等有关部位在汽车制动时相互干涉或不协调所致。遇上述情况，应查明原因并予以修复。

（4）制动时车轮自动向一边转弯而跑偏。这主要是两边制动鼓与摩擦片工作表面粗糙度不同，或一侧制动管路进空气、接头堵塞等引起的。应分别查明原因，予以修复。

（5）左、右轮胎气压不均造成跑偏。左、右轮胎充气压力必须一致，否则两边车轮的实际转动半径不同、行驶的直线距离不等而出现侧滑。必须按规定的标准给各轮胎充气。

3. 制动噪声

（1）制动鼓圆度误差超过 0.5 mm，摩擦工作面变形，在制动时摩擦片与制动鼓贴合瞬间发生碰撞产生撞击响声。维护时，拆下制动鼓，按规范进行镗削，并需进行平衡性能校验，不平衡量控制在 0.02 N·m 之内。

（2）制动摩擦片表面太光滑、摩擦因数小而制动压力大时，光滑的表面滑摩时便产生摩擦噪声。或在摩擦副之间塞进了异物挤压摩擦表面，由此也会出现摩擦噪声。维修时拆下制动鼓，清除异物并用粗砂纸打磨摩擦片，并使配合摩擦副接触面积达 70%以上即可。

（3）制动摩擦片严重磨损，表面出现沟槽及不规则形状，制动时不能完全有效地与制动鼓贴合；制动蹄变形，破坏了鼓与片的同轴度，局部摩擦、碰撞而出现噪声。维修时，应更换摩擦片，校正制动蹄。

（4）车轮轴承损坏，滚道和滚珠表面出现点蚀、沟槽甚至碎裂，行驶中制动就会出现异响。更换轴承即可消除此噪声。

4. 制动鼓发热

（1）制动间隙过小，当放松制动踏板时，制动力没有完全解除，使得摩擦副长时间处于摩擦状态。遇此情况，应按规范重新调整制动间隙即可。

（2）制动手柄没完全放开，其原因是调整不当或操作上的疏忽，致使摩擦副长时间处于摩擦状态而发热，必要时按规范进行调整。

（3）制动产生的热量使回位弹簧受热变形、弹力下降或消失，不能保证制动摩擦片总成及时回位，造成未彻底解除制动而使制动鼓发热。修复或更换回位弹簧，即可消除故障。

5. 驻车制动失灵

驻车制动拉索或外套锈蚀，牵引弹簧折断、脱落或弹性消失，致使驻车制动操纵拉索在其外套内拉动不灵活，使得手制动松不开而失效。

应检查制动操纵拉索和制动系统部件表面有无损伤，手柄操纵动作是否灵活、有无卡滞现象，拉索连接头和固定部位是否松动损坏。

三、转向系统常见故障及分析

1. 转向沉重

（1）故障现象。行车转向时，转动转向盘感到沉重费力。

（2）故障分析与排除。

1）油泵驱动装置有时失效，驱动皮带打滑或驱动齿轮磨损。应检查油泵部分，调整皮带张紧度，修理或更换驱动齿轮。

2）储油箱缺油或油泵连接部分故障。应检查油泵连接部分，确保油泵连接牢固可靠，油量充足。

3）流量控制阀故障。流量控制阀弹簧过软或泄漏严重，导致急转向时供油不足。应检查流量控制阀，必要时更换。

4）安全阀失效或泄漏严重。应检查安全阀，必要时更换。

5）油泵过度磨损，内部泄漏严重。应检查油泵工作情况，修理或更换油泵。

6）油泵选型不对，使供油量不足。应更换合适的油泵。

7）其他机械故障。转向轴相关零部件卡滞，转动不自如；转向轴万向节故障；各球头销装配过紧或缺油；转向系统内机件相互干涉。

2. 转向冲击或振动

（1）故障现象。当前轮达最大转向角时，车辆出现冲击或振动。

（2）故障分析与排除。

1）检查齿条导向螺塞的调整是否正确。若经调整无效，则应更换动力转向器。

2）若齿条导向调整正确，则应检查动力转向油泵驱动皮带是否打滑，必要时调整其预紧力或更换。

3. 转向不灵、操纵不稳

(1) 故障现象。要较大幅度地转动转向盘，才能控制汽车的行驶方向；汽车直线行驶时感觉行驶不稳定。

(2) 故障分析与排除。

1) 检查齿条导向螺塞的调整是否正确，并视情况进行调整。

2) 检查动力转向油泵驱动皮带是否打滑，并视情况调整其预紧力，必要时更换驱动带。

3) 检查怠速转速是否过低或怠速不稳。在发动机怠速或车辆低速行驶时转动转向盘，若发动机熄火，则说明发动机怠速不正常，应予调整。

4) 检查储油箱是否缺油、动力转向系统内是否有空气。

4. 转向噪声

(1) 故障现象。转向时，动力转向系统有嗡嗡声、咔嗒声或震颤声等。

(2) 故障分析与排除。

1) 油箱缺油或油箱油液不足，油泵在工作时容易吸进空气。应添加足够的液压油。

2) 油泵轴头油封损坏，油泵在工作时容易吸进空气。应更换轴头油封。

3) 油泵驱动装置有时失效，驱动皮带打滑或驱动齿轮磨损。应调整皮带张紧度，修理或更换驱动齿轮。

4) 低压管线损坏或管接头松动，油泵在工作时进入空气。应检查低压管线，确保低压管线和管接头不漏气。

5) 滤清器堵塞。应检查、清洗或更换滤芯。

6) 进、出油管内孔堵塞，导致油泵吸油困难或吸不上油。应清理进、出油管路。

7) 油泵过度磨损，内部泄漏严重。应修理或更换油泵。

8) 转向轴万向节、横拉杆或球头销松动。应拧紧松动的紧固件或更换不良的零部件。

5. 油液渗漏

检查油箱、转向器、转向油泵、油泵进出油软管及其接头、动力缸管路及其接头等处是否有油液渗漏。

6. 转向机构故障

(1) 故障现象。轮胎气压不足；转向节与主销配合过紧或缺油；转向节止推轴承缺油或损坏；前梁、车架变形造成前轮定位失准；纵、横拉杆球头连接调整过紧或缺油；主销后倾过大、主销内倾过大或前轮负外倾。这些都可导致驾驶员向左或向右转动转向盘时感到沉重费力，无回正感。

（2）排除措施。确保轮胎气压正常；转向节与主销配合松紧合适且润滑良好；转向节止推轴承完好且不缺油；前梁、车架无变形；前轮定位良好。

7. 转向器故障

（1）故障现象。转向器内蜗杆上下轴承调整过紧或轴承损坏；蜗杆与滚轮啮合过紧；转向轴弯曲或管柱凹瘪；转向摇臂与衬套间隙过小；转向器内缺油或无油；转向节止推轴承缺油或损坏；转向节主销与衬套装配过紧或缺润滑油。

（2）判断分析。

1）将转向摇臂拆下，转动转向盘时，若仍然感到沉重，一般是转向器内部的故障。如蜗杆上下轴承调整过紧或轴承损坏；滚轮与螺杆啮合过紧；转向摇臂轴与衬套间隙过小。

2）将转向摇臂拆下，转动转向盘，感到轻便灵活，则说明转向器无故障。这时应用千斤顶顶起前轮，用手左右扳动车轮，若扳不动或虽能扳动但感到很吃力，则转向沉重的原因可能是：转向节止推轴承缺油或损坏；转向节主销与衬套装配过紧或缺油：拉杆螺塞旋得过紧或拉杆头缺润滑油。

3）检查横拉杆是否弯曲，前轴和车架是否变形，前轮定位是否不准以及轮胎气压是否过低。

8. 转向跑偏

（1）故障现象。在行驶中，感到车辆自动偏向一边，必须将转向盘用劲握住，才能保持直线方向行驶。

（2）故障分析与排除。

1）转向器内阀芯与阀套间的定位弹簧片损坏或太软，使阀套不能自动回到中立位置，此时必须更换定位弹簧。

2）因油液脏污使阀套运动受到阻滞。应清洗阀套，使阀套运动灵活。

3）由于阀套与阀芯台阶位置偏移，使阀套不在中间位置。应拆解并检修阀套与阀芯，必要时更换。

4）流量控制阀卡住，使油泵油压过大，造成转向缸左右腔压力差过大。应拆解并检修流量控制阀。

5）两前轮轮胎气压不等或直径不一致。应检查并调整轮胎气压。

四、液压系统常见故障及分析

1. 吸油不充分

(1) 油箱油液不足导致油泵吸不上油。应检查油箱液面高度，添加足够的液压油。

(2) 油液黏度太大。液压油牌号不合适或环境温度太低，导致油泵吸油困难。应更换合适的油液；采取措施提高液压油的温度。

(3) 滤清器堵塞导致油泵吸不上油或油液循环不畅。应清洗或更换滤芯。

(4) 进、出油管内孔堵塞导致油泵吸油困难或吸不上油。应清理进、出油管路。

(5) 回路中有空气导致油泵吸空。应排除回路中的空气。

(6) 油管接头泄漏。应紧固油管接头，确保密封良好。

2. 油泵故障

(1) 油泵磨损、泄漏严重，导致压力不足。应检查油泵的工作情况，修理或更换油泵。

(2) 油泵驱动部分故障。驱动皮带打滑或驱动齿轮磨损。应检查油泵驱动部分，调整皮带张紧度，修理或更换驱动齿轮。

(3) 油泵连接部分故障。油泵连接螺栓松动或缺失。应检查油泵连接部分，确保油泵连接牢固可靠。

3. 转向单向阀故障

单向阀钢珠与阀座密封不严；单向阀钢珠掉入阀套与阀体环槽之间；单向阀弹簧损坏。以上情况都可导致单向阀关闭不严，进出油口连通。应检查并确保单向阀安装正确；检查油液是否清洁。检查单向阀钢珠与阀座的密封情况，密封不严时可通过研磨修复，然后换装新钢珠。

4. 安全阀故障

安全阀调定压力太低；安全阀弹簧损坏；安全阀阀座密封不严；安全阀阀体损坏。以上情况都可导致安全阀失灵，提前开启。应检查安全阀调定压力，阀座密封情况，弹簧是否变形或失效，若弹簧弹力不足，可在弹簧与弹簧座之间增加垫片。

5. 多路换向阀故障

多路阀弹簧失效，多路阀控制杆与阀体磨损漏油过多，多路阀阀体间漏油等会造成起升系统无力，不能起吊额定载荷。应更换弹簧和密封圈等。

6. 液压管路漏油

检查压紧接头螺母，检查密封衬垫、连接螺母有无损坏。

7. 门架起升装置出现的液压故障

（1）门架起升无力或不能起升。原因分析：油泵齿轮及泵体磨损间隙过大；起升油缸活塞 Yx 型密封圈唇边磨损或划伤引起漏油过多；多路换向阀的溢流安全阀弹簧失效，先导阀磨损或阻尼孔堵塞；多路换向阀阀杆与阀体磨损过度、漏油；多路换向阀阀体之间漏油；液压油管路及接头处漏油；液压油油温过高，液压油过稀，促使工作油泵排油量过低；超载。

（2）起升油缸下滑量大。原因分析：系统内漏，特别是多路换向阀内漏大；油管路渗漏；活塞上 Yx 型密封圈损坏。

（3）倾斜油缸自倾、活塞动作不同步。原因分析：油缸及密封圈过度磨损或变形；多路换向阀内漏太大，滑阀不在中立位置；油缸两端进油口堵塞；两活塞前后行程不一致。

（4）多路换向滑阀不能复位。原因分析：复位弹簧变形；阀体与滑阀之间不清洁；阀体与滑阀之间间隙过小；阀体操作机构失灵；连接螺栓拧得太紧，使阀体变形，阀杆卡滞。

第四节　厂（场）内机动车辆安全管理及检验

一、一般安全要求

《中华人民共和国安全生产法》第 30 条规定：生产经营单位使用的涉及生命安全、危险性较大的特种设备，以及危险物品的容器、运输工具，必须按照国家有关规定，由专业生产单位生产，并经取得专业资质的检测、检验机构检测、检验合格，取得安全使用证或者安全标志，方可投入使用。检测、检验机构对检测、检验结果负责。

1998 年，国家质量技术监督局承接特种设备安全监察与监督管理职能后，为进一步促进特种设备的规范化管理，于 2000 年 6 月 29 日颁发了《特种设备质量监督与安全监察规定》（国家质量技术监督局第 13 号令）。其中涉及厂（场）内机动车辆的有关内容是：

（1）厂（场）内机动车辆出厂时，必须附有制造企业关于该厂（场）内机动车辆的出厂合格证、使用维护说明书、备品配件和专用工具清单等出厂随机文件。合格证上除标有主要参数外，还应当标明车辆主要部件（如发动机、底盘等）的型号和编号。

(2) 新增厂（场）内机动车辆的单位，必须按照本规定要求到所在地区地、市级以上特种设备安全监察机构注册登记。该特种设备安全监察机构可以指定所在地的监督检验机构，了解申请注册登记车辆的情况，并根据实际情况确定是否进行验收检验。免于验收检验或者验收检验合格的，由该监督检验机构发给厂（场）内机动车辆安全检验合格标志。特种设备安全监察机构应当凭有效的厂（场）内机动车辆安全检验合格标志办理该车辆的注册登记，并核发厂（场）内机动车辆牌照。厂（场）内机动车辆安装牌照并粘贴安全检验合格标志后，方可投入使用。

(3) 厂（场）内机动车辆使用单位应当结合本单位生产作业区或者施工现场的实际情况，按照《工业企业厂内铁路、道路运输安全规程》（GB/T 4387—1994）等国家标准的要求，在生产作业区或者施工现场设置交通安全标志，进行交通安全管理。

在用厂（场）内机动车辆定期检验周期为一年。定期检验不合格或者安全检验合格标志超过有效期的不得使用，特种设备安全监察机构应当收回牌照。

二、安全管理措施

1. 安全保障措施

国家安全技术法规，不仅对厂（场）内机动车辆提出了安全要求，而且为保障实现这些安全技术目标制定了相应的措施。

(1) 设计制造规定要求。

1) 厂（场）内机动车辆实行生产许可证或安全认可证管理制度。

2) 设计单位及其设计人员对所设计的厂（场）内机动车辆的质量和安全技术性能负责，设计应符合相应的标准和安全技术要求。对未制定国家标准或行业标准的，必须符合保障人体健康、人身和财产安全的要求。

3) 制造单位对制造的厂（场）内机动车辆的质量和安全技术性能负责。厂（场）内机动车辆出厂时，必须附有制造企业关于厂（场）内机动车辆的出厂合格证、使用维护说明书、备品备件和专用工具清单等出厂随机文件。合格证上除标有主要参数外，还应当标明车辆主要部件（如发动机、底盘等）的型号和编号。

4) 试制厂（场）内机动车辆新产品或者部件，必须由国家质量技术监督局认可的监督检验机构进行整机或部件的型式试验，合格后方可提供用户使用。

5）在中国境内销售境外制造的厂（场）内机动车辆，其产品必须符合我国有关特种设备的法律、行政法规、规章、强制性标准及技术规程的要求，并由其在中国境内的注册代理商到所在地省级特种设备安全检测机构办理备案手续，其同类型首台产品或者部件必须由国家质量技术监督局指定的监督检验机构进行型式试验，合格后方可以正式销售。

（2）维修保养与改造。

1）厂（场）内机动车辆维修保养、改造单位实行安全认可证制度，维修保养、改造单位必须在取得省级特种设备安全监督机构颁发的资格证书后，方可承担其认可项目的维修保养、改造业务。厂（场）内机动车辆维修、保养单位必须对其维修保养、改造的质量和安全技术性能负责。

2）大修、改造厂（场）内机动车辆前，使用单位必须持施工方案等相关资料到所在地区的地、市级以上特种设备安全监察机构备案。

3）大修、改造后厂（场）内机动车辆的质量和安全技术性能，经施工单位自检合格后，由使用单位向规定的监督检验机构提出验收检验申请。

4）大修、改造的厂（场）内机动车辆验收合格后，负责该项目施工的单位必须将施工的技术文件和资料等，移交使用单位存入其技术档案。

（3）使用管理。

1）厂（场）内机动车辆使用单位必须使用有生产许可证或安全认可证的厂（场）内机动车辆，并对其使用运营安全负责。

2）新增厂（场）内机动车辆的单位，必须按规定到所在地区地、市级以上特种设备安全监察机构登记，取得厂（场）内机动车辆牌照并粘贴安全检验合格标志后，方可投入使用。

3）厂（场）内机动车辆使用单位必须制定并执行以岗位责任制为核心，包括技术档案管理、安全操作、常规检查、维修保养、定期报检等安全使用和运行的管理制度，确保技术档案完整、正确。

4）厂（场）内机动车辆维修保养、操作等的作业人员必须取得地、市级以上质量技术监督部门颁发的特种设备作业人员操作证后，方可从事相应工作。

5）使用单位必须加强厂（场）内机动车辆的年检、月检、日检等常规检查制度，选派有资格的人员进行日常维修保养，对无维修保养资格人员的使用单位，应委托取得厂（场）内机动车辆维修保养资格的单位进行维护保养。

6）厂（场）内机动车辆实行验收检验和定期检验制度。厂（场）内机动车辆定期检验周期为一年。

7）发生厂（场）内机动车辆事故后，使用单位应按照有关规定及时向当地特种设备安全监察机构及有关部门报告。

（4）监督、监察与监督检验。

1）各级质量技术监督部门对厂（场）内机动车辆的设计、制造、使用、检验、维修保养与改造实行质量监督与安全监察，对厂（场）内机动车辆事故进行报告、调查、督促处理和结案批复。

2）厂（场）内机动车辆监督检验机构应加强检验工作质量管理，确保检验工作质量保证体系的正常运转，按规定的程序、内容、方法按期完成监督检验工作任务，并对出具的检验报告负责。从事监督检验工作的人员，必须经专业培训，取得省级以上特种设备安全监察机构颁发的资格证书，方可从事厂（场）内机动车辆的监督检验工作。检验人员不得从事与厂（场）内机动车辆有关的经营性活动，并保守受检单位的商业秘密。

3）厂（场）内机动车辆有关单位对检验结果有异议的，可按规定程序提请复议或申请鉴定。

（5）罚则。对违反厂（场）内机动车辆设计、制造、维护保养、使用、检验、改造规定，并拒绝按照特种设备安全监察机构发出的《特种设备安全监察意见通知书》进行整改的，由质量技术监督部门进行处罚。

2. 技术质量监管措施

除以上安全保障措施外，国家还通过强制性技术标准《机动工业车辆安全规范》（GB/T 10827—1999）、《工业企业厂内铁路、道路运输安全规程》（GB/T 4387—1994）等，对厂（场）内机动车辆实施技术质量监管。主要内容包括：

（1）机动工业车辆制造厂应遵守的安全规范：对各种不同类型机动工业车辆，在额定能力，标牌内容及固定位置，稳定性要求和试验方法，制动性能，运行方向控制，控制符号，动力系统及附件，用于起升、倾斜和其他动作的装置和部件，保护装置等方面提出了具体要求。

（2）机动工业车辆在使用、操作和维护方面的安全规范：对驾驶员资格，作业环境，车辆能力和标牌更改，车辆稳定性，车辆速度，灯光照度，操作运行规则，安全规则，维护规则，车辆事故，车辆的检查、维护、调整、修理等方面做出了具体规定。

（3）机动工业车辆在工业企业内进行运输和装卸作业时，其道路与标志所必须遵守的安全要求。

三、厂（场）内机动车辆的安全检验与检测

1. 概述

厂（场）内机动车辆检验是开展厂（场）内机动车辆质量监督与安全监察的重要阶段。检验数据和结果，是评价车辆质量水平和安全指标的重要依据。

（1）检验类别。根据厂（场）内机动车辆质量监督与安全监察的要求，对厂（场）内机动车辆实施型式检验和安全监察检验。两种检验处于不同的阶段，其检验目的、要求和判定方法也不同。

1）型式检验。型式检验也称为定型检验或型式试验，是在新产品完成样机试制后，正式投产前进行的较为全面的检验。检验目的是通过性能检测和工业性试验（或可靠性试验），对新研制车辆的整机性能（包括基本参数、动力性能、作业性能、通过性、经济性、安全性、舒适性、噪声、排放）和可靠性进行全面考核，评价产品的各项性能指标、可靠性及维修性指标是否达到相应的产品技术条件要求和设计要求，其中涉及人身安全、健康和环保要求的项目，其指标应符合国家或行业强制性标准要求。型式检验的数据结果和评价结论，为车辆进行定型鉴定和质量改进提供依据。新研制的车辆产品必须经型式检验合格，才能提交使用。型式检验属于质量监督的范畴。

2）安全检验。安全检验又分为验收检验和定期检验。验收检验是对新车投入使用前进行的检验，用以确定车辆是否符合安全要求。车辆在投入使用后，随着累积作业时间的增加，车辆各零部件磨损不断增加，部分性能指标会随之下降，下降到一定程度，就不能满足车辆的作业要求和安全要求，存在一些安全隐患，如不及时发现并排除，则可能危及使用者的人身或财产安全。因此，必须对使用中的车辆进行定期检验。安全检验，一般以检验车辆的安全性、噪声、排放等涉及安全、环保和人身健康的性能为主，属于安全监察的范畴。

（2）检验的技术程序。不同的检验类型，处于车辆使用的不同阶段，检验目的不同，检验依据的标准也不同。开展检验工作，必须进行一系列的技术准备，并按照一定的程序进行。其步骤如下：

1）根据检验目的和要求，选定检验依据的标准和法规。

2）确定检验项目、内容。

3）选定合适的检验仪器、设备，并进行计量检定。

4）针对所检样机的结构特点、性能，编制检验实施细则。

5）按检验实施细则的规定程序、步骤，实施检验。

6）按规定的方法、手段进行数据处理。

7）分析检验数据和结果，对照检验标准或检验实施细则，进行评价。

8）提交检验报告。

2. 平衡重式叉车的安全检验与检测

平衡重式叉车的检验，按动力方式可分为：内燃平衡重式叉车的检验、蓄电池平衡重式叉车的检验。按检验类型又分为：型式检验（或型式试验）、验收检验以及定期检验。

（1）平衡重式叉车型式检验。平衡重式叉车既是特种设备，又是重要的工业产品，它从产品设计到产品开发，其工作性能、安全可靠性、防污、降噪、人机工程等一系列课题，都是国家及社会共同关心的问题。

因此，新产品样机研制完成后，首先要进行型式试验，以确定产品质量与安全技术性能是否符合国家相关法规与标准的要求。

（2）平衡重式叉车验收检验。验收检验的内容如下：

1）叉车是列入国家生产许可证目录的产品，因此必须查验该产品的生产许可证。

2）未批量生产的必须持有国家授权质检机构出具的型式检验合格证。

3）必须附有制造企业提供的出厂合格证、使用维护说明书、备品配件和专用工具清单等出厂随机文件。

4）合格证上除标有平衡重式叉车的主要技术参数外，还应当标明车辆主要部件（如电动机、底盘）的型号和编号。

5）具体检验内容参见相关标准。

（3）平衡重式叉车定期检验。在用平衡重式叉车定期检验的目的是：查验和保持在用叉车的车况完好，消除事故隐患，维护使用者人身和财产的安全。安全检验的内容见《厂内机动车辆安全技术检验规程》。

第五节　厂（场）内机动车辆安全操作技术

一、安全操作规程

由于叉车是一种起升车辆，它除具有行驶的功能以外，还能把货物提升到一定的高度，以完成装卸作业任务。而当货叉换成各种属具后，又是多种作业车，因此，叉车有其特殊的安全操作规程。

1. 检查车辆

（1）叉车作业前，应检查燃料、润滑油和冷却水是否正常。

（2）检查转向和制动装置性能是否安全可靠。

（3）检查灯光、音响信号是否齐全有效。

（4）检查叉车的起升工作装置是否有变形、裂纹等损坏情况。

（5）检查起升液压系统是否有泄漏。

（6）电瓶叉车除应检查以上内容外，还应按电瓶车的有关检查内容，对电瓶叉车的电路进行检查。

2. 起步

（1）起步前，观察四周，确认无妨碍行车安全的障碍后，先鸣笛，后起步。

（2）起步时叉车门架后倾、货叉离地。

（3）叉车在载物起步时，驾驶员应先确认所载货物平稳可靠。

（4）起步时须缓慢平稳起步。

3. 行驶

（1）行驶时，货叉距地高度应保持 300～400 mm，门架全后倾。

（2）行驶时不得将货叉升得太高。进出作业现场或行驶途中，要注意上空有无障碍物刮碰。载物行驶时，如货叉升得太高，还会增加叉车总体重心高度，影响叉车的稳定性。

（3）卸货后应先降落货叉至正常的行驶位置后再行驶。

（4）转弯时，如附近有行人或车辆，应发出信号，并禁止高速急转弯。高速急转弯会导致车辆失去横向稳定而倾翻。

（5）内燃叉车在下坡时严禁熄火滑行。

（6）非特殊情况，禁止载物行驶中急刹车。

（7）载物行驶在坡度超过 7°和用高于一挡的速度上下坡时，非特殊情况不得制动停车。

（8）运行时要遵守企业内交通规则，必须与前面的车辆保持一定的安全距离。

（9）在搬运庞大物件时，当物件挡住驾驶员前方视线时，应倒退行驶。

（10）叉车由后轮控制转向，所以转弯时要注意车后的摆动幅度，以免后方发生碰撞。

（11）禁止在坡道上转弯和横跨坡道行驶，尤其是带载的情况下。

4. 装卸

（1）叉载物品时，应调整好货叉间距，尽量保持重物重心对中不偏载，且使物品贴靠挡货架。

(2) 叉载的质量应符合载荷中心变化的规定，且保持驾驶员有较好的视线。

(3) 在进行物品的装卸过程中，必须用制动器制动叉车。

(4) 货叉在接近或撤离物品时，车速应缓慢平稳，注意车轮不要碾压物品垫木，以免碾压物飞起伤人。

(5) 货叉叉货时应尽可能深地叉入载荷下面，还要注意货叉尖不能碰到其他货物或物件。承载后的门架应保持直立或稍许后倾以稳定载荷。堆垛卸载时可使门架少量前倾，以便于安放载荷和抽出货叉。

(6) 禁止高速叉取货物和用叉尖向坚硬物体碰撞。

(7) 叉车作业时，禁止人员站在货叉上手扶货物起升。

(8) 叉车作业时，禁止人员站在货叉下及周围以免货物倒塌伤人。

(9) 禁止用货叉举升人员从事高空作业，以免发生高处坠落事故。

(10) 不准用制动惯性溜放物品。

(11) 不准在码头岸边直接叉装船上货物。

(12) 禁止使用单叉作业。

(13) 禁止超载作业。

二、装载禁忌

1. 普通型电瓶车严禁装载易燃易爆物品。
2. 严禁顶推其他车辆。
3. 严禁电瓶叉车的行驶电动机和起升油泵电动机同时使用。

第六节　厂（场）内机动车辆常见事故类型及防范

一、常见事故类型

(1) 按车辆事故的事态分。有碰撞、碾轧、刮擦、翻车、坠车、爆炸、失火、出轨和搬运、装卸中的坠落及物体打击等。

(2) 按发生事故的位置分。有交叉路口、弯道、直道、坡道、铁路道口、狭窄路面、仓库、车间等行车事故。

(3) 按伤害程度分。有车损事故、轻伤事故、重伤事故、死亡事故。

根据国家有关部门对全国工矿企业伤亡事故统计表明，发生死亡事故最多的是企业内运输事故，约占全部工伤事故的25%，其中，人员坠落事故占17.1%，物体坠落事故占8.7%。

厂（场）内机动车辆伤害事故有着一定的规律性。首先，车辆伤害事故与时间有关，每天7时到15时半的事故最多，占全部事故的59 %。其次，和驾驶员年龄有关，发生在18～40岁的人中居多，其中，18～25岁占25%，25～40岁占32.5%。

二、发生车辆伤害事故的主要原因

车辆伤害事故的原因是多方面的，但主要是涉及人（驾驶员、行人、装卸工）、车（机动车与非机动车）、道路环境这三个综合因素。在这三者中，人是最为重要的因素。据有关资料分析，一般情况下，驾驶员是造成事故的主要原因，负直接责任的占统计的70%以上。

大量的企业内机动车辆伤害事故统计分析表明，事故主要发生在车辆行驶、装卸作业、车辆检修及非驾驶员驾车等过程中。从各类事故所占比例看，车辆行驶中发生的事故占44%，车辆装卸作业中发生的事故占23%，车辆检修中发生的事故占7.9%，非驾驶员开车肇事的占16.5%，其他类型的事故占8.5%。由此不难发现，车辆伤害事故的主要原因都集中在驾驶员身上，而这些事故又都是驾驶员违章操作、疏忽大意，以及操作技术等方面的错误行为造成的。为了吸取教训，杜绝事故，现将企业内机动车事故的主要原因分析如下：

1. 违章驾车

指事故的当事人，由于思想方面的原因而导致的错误操作行为，不按有关规定行驶，扰乱正常的企业内搬运秩序，致使事故发生，如酒后驾车、疲劳驾车、非驾驶员驾车、超速行驶、争道抢行、违章超车、违章装载等原因造成的车辆伤害事故。

2. 疏忽大意

指当事人由于心理或生理方面的原因，没有及时、正确地观察和判断道路情况，而造成失误。也有的只凭主观想象判断情况，或过高地估计自己的经验和技术，过分自信，引起操作失误导致事故。其主要表现是：

（1）车辆起步时不认真观察周围情况，也不鸣笛，放松警惕。

（2）驾驶和装卸过程中与他人谈话、嬉笑、打逗，操作不认真。

（3）急于完成任务或图省事。

（4）操作中不能严格按规程去做，自以为不会有问题。

（5）在危险地段行驶或在狭窄、危险场所作业时不采取安全措施，冒险蛮干。

（6）不认真从所遇险情和其他事故中吸取教训，盲目乐观，存有侥幸心理。

（7）每天驾车往返同一路段，易产生轻车熟路的思想，行车中精神不集中。

（8）厂区内没有专职交通管理人员和各种信号标志，驾驶员遵章守纪的自我约束力差。

3. 车况不良

（1）车辆的安全装置如转向、制动、喇叭、照明、后视镜和转向指示灯等不齐全或失效。

（2）蓄电池机动车调速失控造成“飞车”。

（3）翻斗车举升装置锁定机构工作不可靠。

（4）吊车起重机的安全防护装置，如制动器、限位器等工作不可靠。

（5）车辆维护修理不及时，带“病”行驶。

4. 道路环境

（1）道路条件差。

（2）视线不良。

（3）在恶劣的气候条件下驾驶车辆。

5. 管理因素

（1）车辆安全行驶制度不落实。

（2）管理规章制度或操作规程不健全。

（3）非驾驶员驾车。

（4）车辆维修不及时。

（5）交通信号、标志、设施缺陷。

三、典型车辆伤害事故案例

企业内机动车辆伤害事故的发生，与车辆的技术状况、道路条件、管理水平，尤其是驾驶员的安全技术素质等因素有关，其中最为关键的是人的因素。

1. 无证驾驶事故

事故案例：1986 年×月×日，××厂电瓶车司机将装满桶的电瓶车停放在车间办公室门口后去厕所，制桶工×××未经任何人同意就将停放的电瓶车拖带的运桶拖盘车摘下，私自开车运木头。当将所运木头卸完，向原停放位置倒车途中，电瓶车左后侧顶在制桶车间一勤杂工的臂部，将其顶出数米远，撞在摘下的运桶拖盘车上，被撞勤杂工经抢救无效死亡。

事故原因及责任分析：制桶工×××不熟悉驾驶技术，不懂安全操作规程，私自开车，无证驾驶，应负事故全部责任。

2. 交叉路口事故

事故案例：1984 年×月×日，××仓库内，一辆三轮摩托车由南向北行驶，一辆大货车由西向东行驶，准备出仓库大门，两车在驶向距仓库大门约30 m处的一十字路口时，由于两名驾驶员都违章超速行驶，再加之仓库内路口旁有货垛，影响双方驾驶员观察前方横向路的情况，通过路口未采取减速措施，结果两车在路口中央相撞，造成三轮摩托车侧翻，驾驶员当场死亡。

事故原因及责任分析：双方驾驶员在仓库院内行驶违反了限速规定，在通过视线不良的交叉路口时未提前减速，冒险抢行是事故发生的主要原因。

3. 超速行驶事故

事故案例：1985 年×月×日，××厂的一辆日产叉车在本厂院内从事搬运袋装矿石任务，驾驶员在作业过程中用叉子上部叉起两袋约 600 kg 重的矿石，由于驾驶员行车速度过快，在右转弯时叉车失去平衡造成侧翻，驾驶员被砸致死。

事故主要原因及责任分析：主要是驾驶员违章超速行驶，转弯时不减速造成的，驾驶员应负全部责任。

4. 酒后驾车事故

事故案例：1993 年×月×日，××单位司机驾驶一辆东风牌大货车，拉运钢材送货途，晚饭时三人喝了一瓶白酒，饭后继续行驶。在行至卸货地点时，本单位另一部车驶过卸货地点，前车司机下车观察时，尾随其后的车辆由于司机酒后驾车，发现前车停车情况后措施不及，与前车尾部相撞，车上所装钢材前移，将驾驶室挤瘪，车辆接近报废，造成随车装卸工人和驾驶员死亡的恶性事故。

事故主要原因及责任分析：驾驶员酒后违章驾驶车辆，应负全部责任。

四、伤害事故的预防措施

1. 驾驶员应对事故的基本技能

尽管车辆伤害事故的发生是在一刹那，但这一刹那因驾驶员经验不足或心理素质较差，导致措施不当或操作失误，往往会使事态扩大，加重损失。所以，培养良好的心理素质和应对突发事故的能力，是每位驾驶员必备的职业修养。

（1）必须对交通的冲突点保持充分的缓冲空间和缓冲时间。在厂区内驾驶车辆必须与道路上的交通参与者，包括活动物体（行人、车辆）和静态物体（如停放的车辆、设备、建筑、电线杆等）保持足够的横向、纵向的缓冲空间和足够的缓冲时间。其目的是在突变情况发生时，使自己所驾驶的车辆有充分的制动距离或能采取其他应变措施的足够的时间。

(2) 车辆伤害事故的避让与处置。避让事故是一项复杂的驾驶技术，避让得当可减少事故损失，反之则会加重损失。得当的避让首先取决于驾驶员良好的心理素质和熟练的驾驶技术。避让是否得当，主要取决于以下几点：

1) 遇险情要冷静，这是能否及时避让事故的先决条件。

2) 保持清醒，采用正确的避让动作，往往能及时中止事故，使损失减小到最低限度。

3) 不要惊慌失措、稀里糊涂地做出避让动作。这样虽能在事故后及时停车，但往往损失已经造成。

4) 尽快从惊呆的状况中清醒，若是完全惊呆，没有任何避让措施，往往导致事故持续，从而扩大事故损失。

5) 遇险情要先顾人后顾物，这是避让的一项基本原则。

6) 遇险情要避重就轻，在避让时靠近损失或危害较轻的一方，避开损失或危害较大的一方。

7) 遇险情要先顾别人后顾自己。

8) 遇险情要先顾方向后顾制动。因为在事故现场转动方向可使车辆避开事故的冲突中心，有时甚至能脱离险情；若方向转动滞后于制动使用，就会使车辆失去避让的机会。但对于需缩短制动距离的事故，应在转动方向的同时采取紧急制动。

2. 常见事故的预防

(1) 厂区直路事故的预防。机动车在直路上行驶，由于视线和道路条件好，驾驶员思想容易麻痹，行车速度较快，不利于安全行车。厂区道路比较狭窄，视线不良，人车混行，如驾驶员思想麻痹、车速过快、观察不周、措施不当，极容易发生碰撞事故。在厂区直路上行驶时，应采取以下防范措施：

1) 驾驶员应做到精力集中，认真观察路面上车辆、行人动态，做到提前准确判断。

2) 车辆行驶时，应注意保持足够的行车间距。

3) 车辆行驶时，应根据气候、道路、车速等情况保持适当的横向间距。

4) 严格遵守厂区内车辆行驶速度的规定。

5) 保证厂区道路畅通，安全标志、信号完好。

6) 车辆行驶必须保持良好的技术状况，严禁带“病”行驶。

(2) 企业内交叉路口行车事故的预防。厂区道路地形复杂，交叉路口较多，车辆通过时，由于受厂房、货垛及其他设施的影响，会使驾驶员视线受阻，又由于交叉路口所形成的冲突点和交织点，更使安全情况复杂化，如驾驶员不认真遵守路口行车的有关规定，极易发生事故。

企业内交叉路口行车时，应采取以下防范措施：

1）车辆进入交叉路口前要提前减速，不准超过 15 km/h。路面窄、盲区大时，车速还应降低。

2）驾驶员应注意观察视线内车辆行人动态，安全通过交叉路口，要突出一个“慢”字，严禁一个“抢”字。

3）车辆转弯时，应提前打开转向指示灯，右转弯要缓慢，左转弯应注意避让其他车辆，谨慎驾驶。

4）车辆转弯时应保持左右两侧有足够的横向间距。

（3）倒车事故的预防。企业内运输距离短，往返频率高，增加了车辆起步、停车、倒车的次数，再由于厂区视线不良、环境复杂、观察不便，很容易导致事故。

为预防倒车事故，驾驶员必须做到以下几点：

1）厂区道路、环境情况复杂，倒车前必须选择好倒车路线与地点。

2）倒车前应认真观察周围情况，确认安全后鸣笛起步、缓慢后倒。

3）在厂房、仓库、窄路及视线不良地段倒车时，须有专人指挥。

4）车辆在企业内平交路上，桥梁、陡坡等危险地段不准倒车。

5）保持车辆技术状况良好，防止倒车起步时车辆突然蹿出。

（4）叉车装卸事故的预防。企业内机动车辆装载事故以叉车发生的为多，主要表现在装载不稳、超载、货物坠落伤人等。

为防止装卸事故，应注意以下几点：

1）要严格遵守有关装卸的规定和操作规程。

2）叉载的物品不能超过额定起重量。质量不清应试叉，不许冒险蛮干。

3）禁止两车共叉一物。特殊情况除制定完善的保证措施外，应进行空车模拟操作，待两车动作协调后方准作业。

4）叉车作业升降、倾斜操作要平稳，行驶时不要急转弯、转向。

5）驾驶员应了解所搬运物品的性质，易滚动、易滑动物品要捆绑牢固，不准搬运易燃、易爆等危险用品。

本章小结

本章通过叉车这一典型厂（场）内机动车辆产品讲述厂（场）内机动车辆的基

本结构和安全技术，并以组成车辆的传动系统、制动系统、转向系统为主线，介绍各主要零部件的构造原理和安全要求，同时针对叉车本身的特点，介绍了反映厂（场）内机动车辆所特有的工作装置——叉车起升系统。最后在学习厂（场）内机动车辆构造原理的基础上，重点阐述其安全管理与检验技术、安全作业操纵技术、作业过程常见故障与排除方法以及厂（场）内机动车辆的事故类型与防范措施。通过学习使学生们达到厂（场）内机动车辆安全作业管理所应具备的基本知识要求。

复习思考题

1. 厂（场）内机动车辆的类型有哪些？
2. 叉车的主要技术参数有哪些？各表示其作业的什么性能？
3. 叉车、固定平台搬运车等在构造上有何异同？
4. 厂（场）内机动车辆不同的传动系统各自的特点是什么？
5. 对比分析主离合器、液力变矩器在车辆传动中的功用和特点。
6. 变速箱有何功用？其换挡操纵方式有哪些？如何保证换挡的安全可靠性？
7. 驱动桥包括哪些零部件？各有何功用？
8. 简述厂内机动车辆典型制动系统的组成与工作原理。如何评价其制动安全性？
9. 叉车转向系统有何特点？转向车轮的定位角有何作用？
10. 简述叉车起升工作装置的基本组成与工作原理。
11. 动力装置、传动系统有哪些常见故障？分析其原因。
12. 分析制动系统、转向系统常见故障及产生原因。
13. 液压系统有哪些常见故障？
14. 驾驶员应如何保证安全作业？
15. 如何有效防范厂（场）内机动车辆的伤害事故。

第六章　电梯安全技术

本章学习目标

通过本章学习，应当：

1. 了解电梯的分类、电梯的主要技术参数、电梯的基本构造。电梯可以按照用途、运行速度和在机房位置中的布置等进行分类。电梯的主要技术参数有额定载重量、额定速度和轿厢尺寸等。电梯的基本构造包括曳引系统、导向系统、轿厢系统、门系统、对重平衡系统、电力拖动系统、电气控制系统和安全保护系统等。

2. 掌握限速器和安全钳的结构原理以及安全技术规范。限速器是在电梯超速并在超速达到临界值时起检测及操纵作用的设备，安全钳则是在限速器操纵下强制使轿厢停下来的执行机构。二者的设计和安装运行都必须符合相应的技术规范。

3. 掌握弹簧缓冲器的结构和设计计算。缓冲器是一种提供最后安全保护的电梯安全装置。它安装在电梯的井道底坑内，位于轿厢和对重的正下方。弹簧缓冲器是一种蓄能型缓冲器，它使轿厢或对重的动能转化为弹簧的弹性势能，从而起缓冲作用，通过弹簧的压缩行程和反力，使轿厢或对重减速停止。掌握弹簧缓冲器的结构和设计计算对保障电梯的安全运行有重要意义。

4. 了解油压缓冲器原理和分类、油压缓冲器的技术规范。

5. 熟悉终端限位保护装置的组成。终端限位保护装置防止由于电梯电气系统失灵，轿厢到达顶层或底层后仍继续行驶（冲顶或蹲底）。它由强迫减速开关、终端限位开关、终端极限开关三个开关以及相应的碰板、碰轮和联动机构组成。

6. 了解电梯的安全作业管理及检验要求。电梯安全作业管理包括：电梯的使用管理，电梯的安全检测与检验，电梯安全监察等。

7. 了解电梯的安全操作技术与要求。

8. 了解电梯系统常见故障分析与排除。

第一节　电梯基本知识

一、电梯的分类

1. 按用途分类

（1）乘客电梯。代号为 TK，是为各种高层建筑等运送乘客而设计制造的电梯。要求安全舒适、新颖美观、平层精度高，手动或自动控制操纵。轿厢的顶部除吊灯外，还设有通风或空调设备。为便于乘客进出，一般轿厢的宽度与深度的比例为 10∶7 至 10∶8。

（2）载货电梯。代号为 TH，主要是为各种环境运送货物而设计制造的电梯，由专人操作。一般载重量较大而运行速度不高，要求结构牢固耐用。

（3）客货电梯。代号为 TL，既运送乘客，也运送货物。这种电梯具备载货电梯的结构，也具备乘客电梯的功能。

（4）病床电梯。代号为 TB，是专为运送手术车、病床（包括病人）及医疗设备而设计制造的电梯。轿厢的特点是窄而深，要求起、制动运行稳定，平层精度高，工作可靠，舒适性好。

（5）住宅电梯。代号为 TZ，是供住宅楼使用的电梯。轿厢能运送童车和残疾人员乘坐的轮椅、家具、紧急救护担架等。

（6）杂物电梯。代号为 TW，有别于载货电梯，载重量小、速度低。专供图书馆、餐馆等运送图书、食品等轻小物体使用，不能载人。

（7）船用电梯。代号为 TC，安装在船舶上供乘客、船员等使用的电梯，其结构简单、耐腐蚀、防潮，能在船舶的摇晃中可靠工作。

（8）观光电梯。代号为 TG，观光电梯除运送乘客外，还能使乘客观看到轿厢外的景物。因此，井道、轿厢四周一半以上设计为透明式，视野开阔，外形美观，灯光绚丽多彩。

（9）汽车用电梯。代号为 TQ，是运送车辆的电梯，多用在立体车库或仓库等处。其轿厢面积要与所装载的车辆相匹配，构造坚固，运行速度较低。

（10）其他电梯。用于特殊场所，如大型煤气库的防爆电梯、冷库电梯、矿井电梯、建筑施工电梯、自动扶梯，以及自动人行道等。

2. 按速度分类

（1）低速电梯。额定速度 $v<1.0$ m/s 的电梯。

（2）中速电梯。额定速度 1.0 m/s$\leqslant v<$2.0 m/s 的电梯。

（3）高速电梯。额定速度 2.0 m/s$\leqslant v<$4.0 m/s 的电梯。

（4）超高速电梯。额定速度 $v\geqslant$4.0 m/s 的电梯。

3. 按机房位置分类

（1）机房上置式。电梯控制机房设在电梯井道的上方。这种方式的曳引机形式简单，质量轻，是目前常用的形式。

（2）机房下置式。在建筑物的上方无法建造机房时采用的方式。这种方式增加了定滑轮、动滑轮和钢丝绳的长度，使得电梯结构变得复杂，曳引机承载质量大，维修不方便。

（3）无机房。无需建造普通意义上的机房，曳引机安装在井道内的导轨上、井道壁上或井道顶部，控制柜安装在层门口的两边。

二、电梯的主要技术参数

1. 基本规格

电梯是按基本规格形式确定其用途、运载能力和工作特性的。其中应包括下列几项参数内容。

（1）电梯的种类。即电梯的用途，如乘客电梯、载货电梯、病床电梯、住宅电梯、观光电梯等。

（2）拖动方式。即电梯采用动力的形式，分为交流电力拖动、直流电力拖动、液压传动等。

（3）控制方式。即电梯在运行中的操纵形式，分为手柄控制、按钮控制、信号控制、集选控制、并联控制、梯群控制等。

（4）额定载重量。单位为 kg。对生产厂是设计制造电梯所规定的载重量；而对用户则是选用电梯的主要参数。

（5）额定速度。单位为 m/s。对生产厂是设计制造电梯所规定的运行速度；而对用户则是选用电梯的主要参数。

（6）轿厢尺寸。轿厢内的净尺寸，用轿厢宽度（A）和轿厢深度（B）表示。轿厢尺寸的大小基本决定了额定载重量和井道、机房的尺寸。

(7) 开门方式。电梯开门的方式可以分为中分式、中分双折式、旁开式、直分式等。

2. 电梯术语

(1) 层站。各楼层用于出入轿厢的地点。

(2) 基站。电梯无指令运行时停靠的层站，一般情况下，此层站出入轿厢的人数最多。

(3) 底层端站。电梯轿厢停靠的最低的层站。

(4) 顶层端站。电梯轿厢停靠的最高的层站。

(5) 机房。安装曳引机和相关设备的房间。

(6) 井道。为轿厢和对重装置运行而设置的空间。该空间是以井道底坑、井道壁和井道顶为界限的。

(7) 提升高度（H）。从电梯的底层端站楼层地面至顶层端站楼层地面之间的垂直距离。

(8) 顶层高度（Q）。由顶层端站楼层地面至机房楼板或隔层楼板下最突出构件的垂直距离。考虑到轿厢架的高度及轿厢越层的情况，顶层高度一般比中间楼层要高。

(9) 平层准确度。轿厢到站停靠后，轿厢地坎上平面对层门地坎上平面沿垂直方向的误差值。

(10) 层门。设置在层站入口的门。

(11) 轿箱门。设置在轿厢入口的门。

(12) 底坑深度（P）。底层端站楼层地面至井道底坑地面之间的垂直距离。

三、电梯的基本构造

电梯是机电高度一体化的产品。尽管电梯的种类繁多，但绝大多数为电力驱动、钢丝绳曳引式结构，图 6—1 所示是电梯的基本结构。

从电梯空间位置可划分成机房、井道、轿箱和层站四部分。从电梯各构件的功能可分为八个部分：即曳引系统、导向系统、轿厢系统、门系统、对重平衡系统、电力拖动系统、电气控制系统和安全保护系统。

1. 曳引系统

曳引系统的作用是输出动力、曳引轿厢运行，主要由曳引机、曳引钢丝绳、导向轮等构成，如图 6—2 所示。

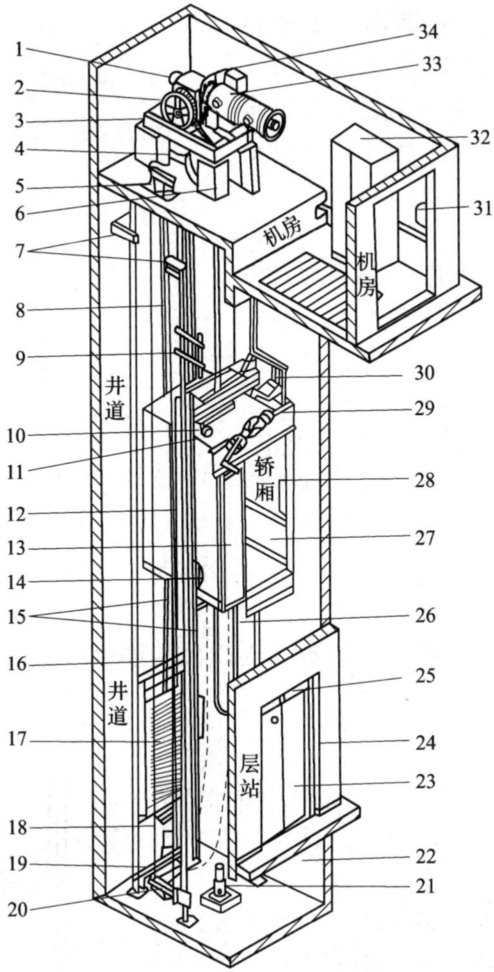

图 6—1　电梯的基本结构

1—减速箱　2—曳引轮　3—曳引机底座　4—导用轮　5—限速器　6—机座　7—导轨支架
8—曳引钢丝绳　9—开关碰铁　10—紧急终端开关　11—导靴　12—轿架　13—轿门
14—安全钳　15—导轨　16—绳头组合　17—对重　18—补偿链　19—补偿链导轮
20—张紧装置　21—缓冲器　22—底坑　23—层门　24—呼梯盒（箱）
25—层楼指示灯　26—随行电缆　27—轿壁　28—轿内操纵箱
29—开门机　30—井道传感器　31—电源开关　32—控制柜
33—曳引电动机　34—制动器（抱闸）

曳引机是安装在机房内的主要传动设备，它由电动机、制动器、减速箱（无齿轮曳引机无此项）、曳引轮、机座等组成，依靠曳引绳和曳引轮的摩擦来实现轿厢运行。曳引机分为有齿轮曳引机和无齿轮曳引机。

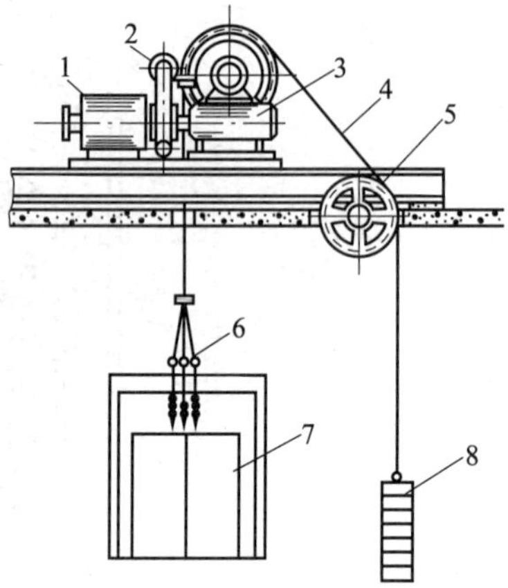

图 6—2 电梯曳引系统

1—电动机 2—制动器 3—减速器 4—曳引绳 5—导向轮 6—绳头组合 7—轿厢 8—对重

2. 导向系统

导向系统的作用是限制轿厢和对重的自由度，使其只能沿着导轨上下运动。主要由导靴、导轨、导轨架等组成（见图 6—3、图 6—4）。

（1）导靴安装在轿厢和对重架上，强制轿厢沿着导轨上下垂直运动（见图 6—5、图 6—6）。

（2）导轨的作用是对轿厢和对重的运动起导向作用，主要有 T 形、L 形两种（见图 6—7）。

（3）导轨架安装在井道壁上，用来支撑和固定导轨（见图 6—8、图 6—9）。

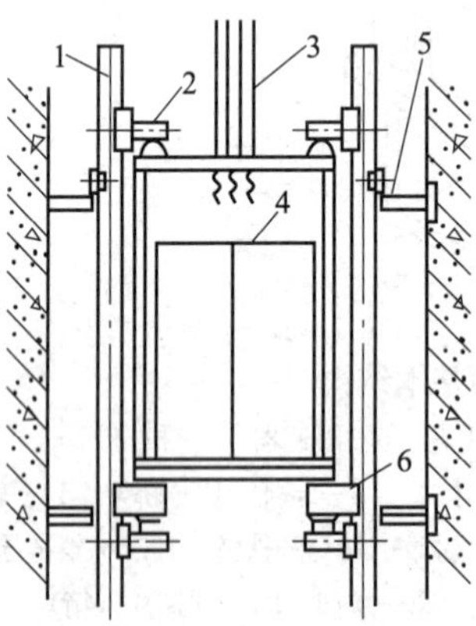

图 6—3 轿厢导向系统

1—导轨 2—导靴 3—曳引绳 4—轿厢 5—导轨架 6—安全钳

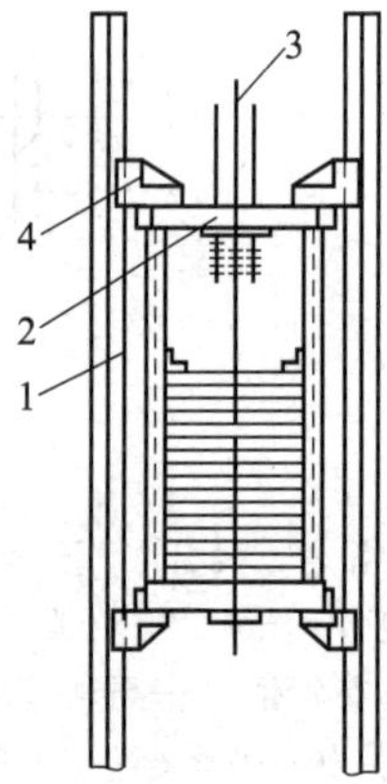

图 6—4 对重导向系统

1—导轨 2—对重 3—曳引绳 4—导靴

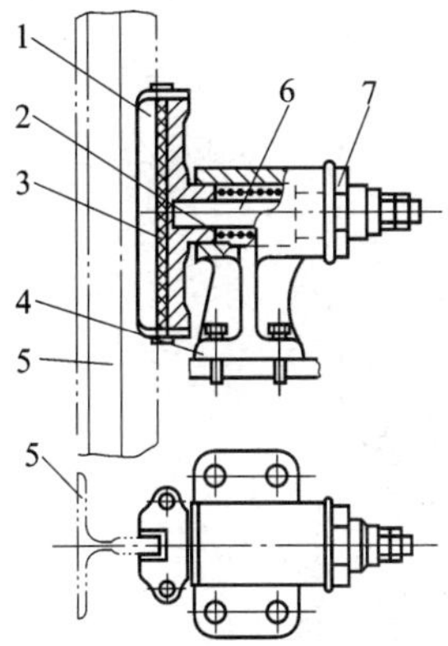

图 6—5　弹簧式滑动导靴

1—靴头　2—弹簧　3—尼龙靴衬　4—靴座
5—导轨　6—靴轴　7—调节套

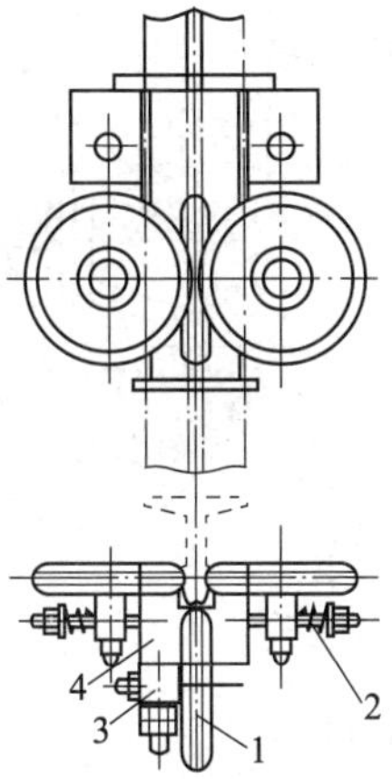

图 6—6　滚动导靴

1—滚轮　2—弹簧　3—摇臂
4—靴座

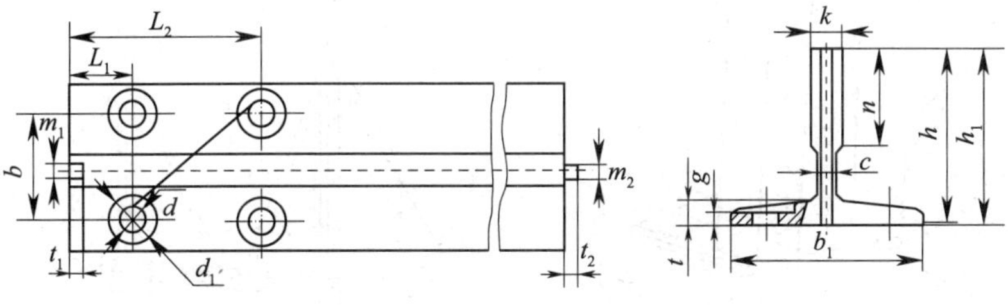

图 6—7　T 形电梯导轨

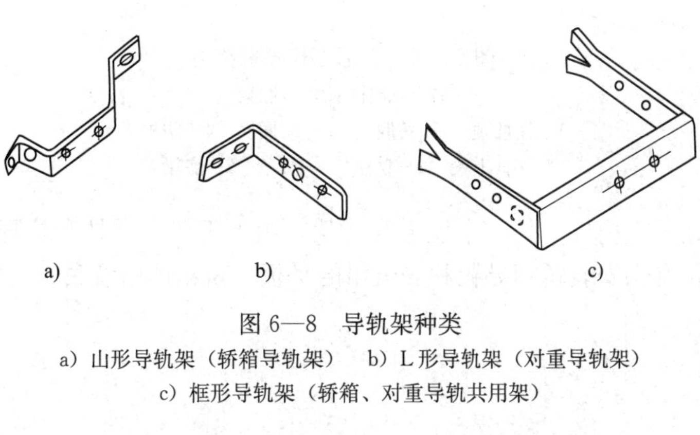

a)　　b)　　c)

图 6—8　导轨架种类

a）山形导轨架（轿箱导轨架）　b）L 形导轨架（对重导轨架）
c）框形导轨架（轿箱、对重导轨共用架）

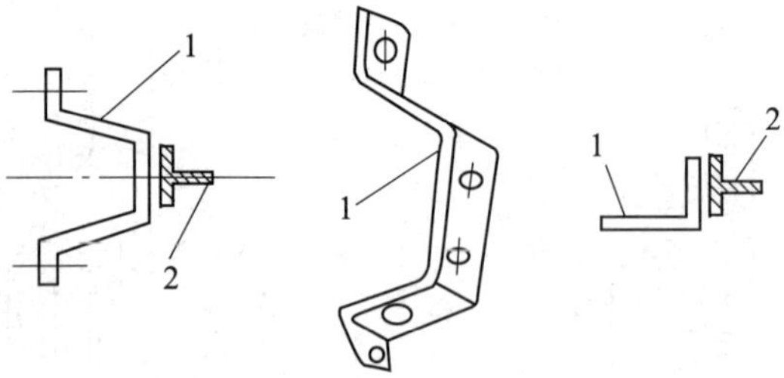

图 6—9 轿厢导轨架

1—导轨架 2—轿厢 T 形导轨

3. 轿厢系统

轿厢用来运送乘客或货物，是电梯的承载部分。它主要由轿厢架和轿厢体组成。如图 6—10、图 6—11 和图 6—12 所示。

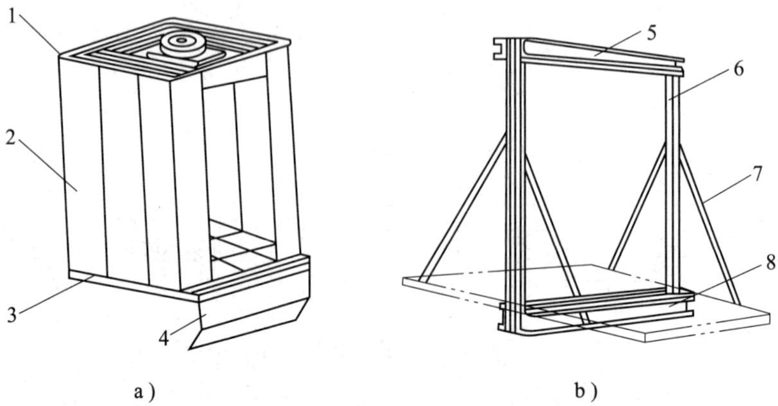

图 6—10 普通客梯轿厢构造

a）轿厢体 b）轿厢架

1—轿厢顶 2—轿厢壁 3—轿厢底 4—防护板

5—上梁 6—立柱 7—拉条 8—底梁

轿箱架是承重构件，是一个框形金属架，由上下梁、立柱和拉杆组成。在上、下梁的四角，有供安装轿箱导靴和安全钳的平板。轿箱体由轿底、轿壁、轿顶及轿门组成。

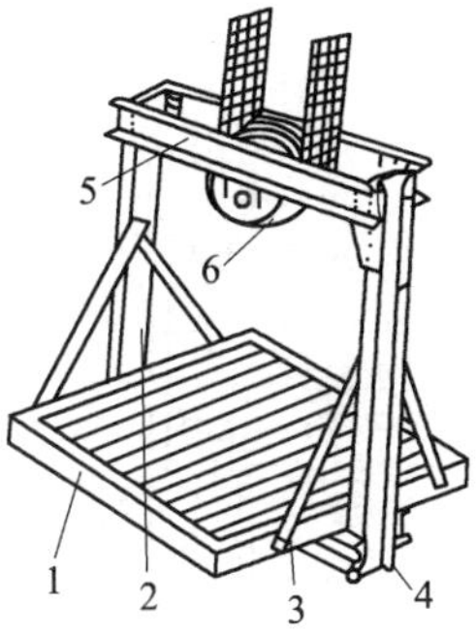

图 6—11 曳引比 2∶1 钢丝绳绕过轿厢架上的反绳轮

1—轿底 2—立柱 3—拉杆 4—底梁 5—上梁 6—反绳轮

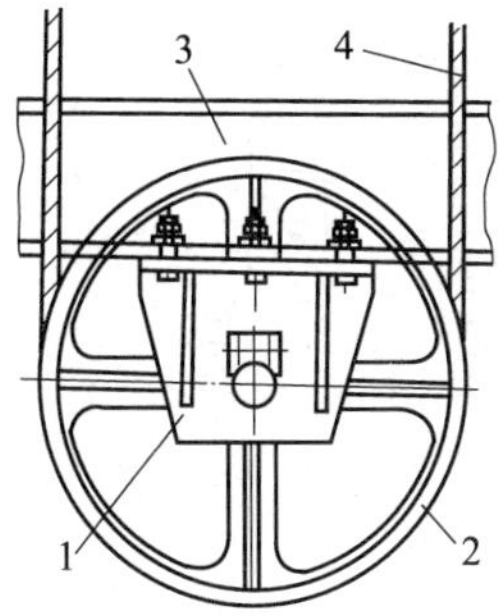

图 6—12 轿厢架上的反绳轮

1—支架 2—反绳轮 3—上梁 4—曳引绳

4. 电梯门系统

门系统用于封闭轿厢和井道出口，防止人员和物品坠入井道或与井壁相撞。主要由轿门、层门、开关门机构等组成（见图 6—13、图 6—14 和图 6—15）。

轿门安装在轿厢上，有交栅式和封闭式等。

层门安装在每层电梯出口处。每个层门设有机械和电气联锁装置，保证层门打开时电梯不能运行。

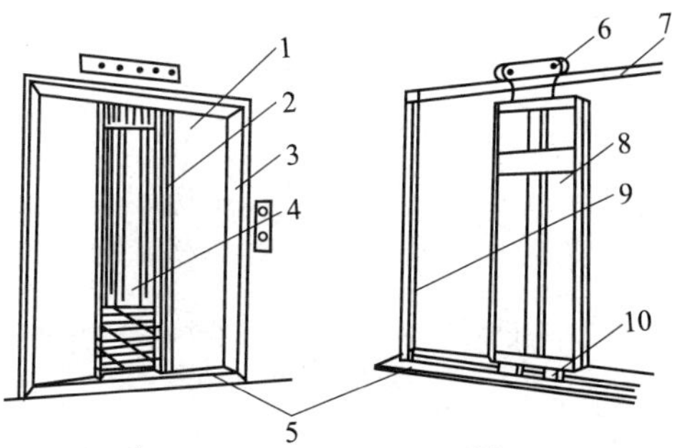

图 6—13 门的结构与组成

a）层门外面 b）层门内面

1—层门 2—轿厢门 3—门套 4—轿厢 5—门地坎 6—门滑轮 7—层门导轨架 8—门扇 9—厅门门框立柱 10—门滑块

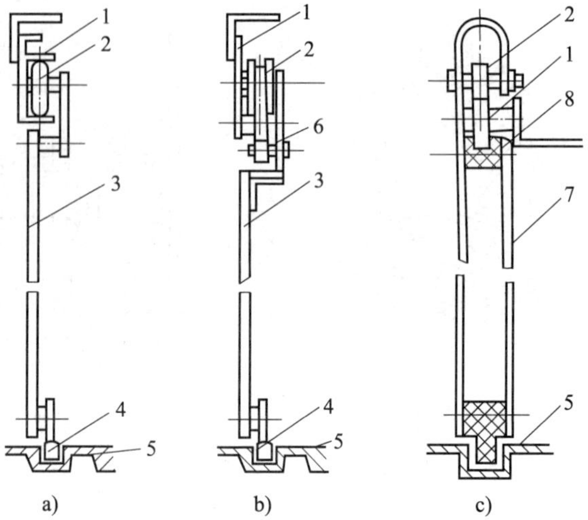

图 6—14　门导轨架与门滑轮（侧面图）

a）V 形导轨　b）板条型直线导轨　c）交栅门导轨

1—导轨　2—滑轮　3—门扇　4—门滑块（门靴）　5—地坎

6—门挡轮　7—交栅门　8—凹形导向尼龙块

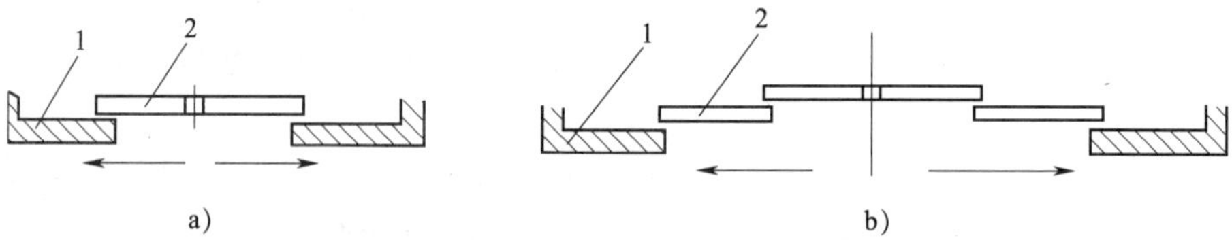

图 6—15　中分式门（俯视图）

a）两扇中分式　b）四扇中分式

1—井道　2—门

开门机构是开关电梯门的机构，有自动式、手动式两种（见图 6—16）。

5. 对重平衡系统

对重平衡系统是使对重与轿箱达到相对平衡，在电梯工作中使轿箱与对重间的质量差保持在某一限度之内，保证电梯的曳引传动平稳。它由对重和质量补偿装置两部分组成。对重相对于轿厢悬挂于曳引绳的另一端，使曳引机只需克服轿厢和对重之间的质量差便能驱动电梯，进而起到减小动力消耗、改善曳引能力的作用，如图 6—17 所示。

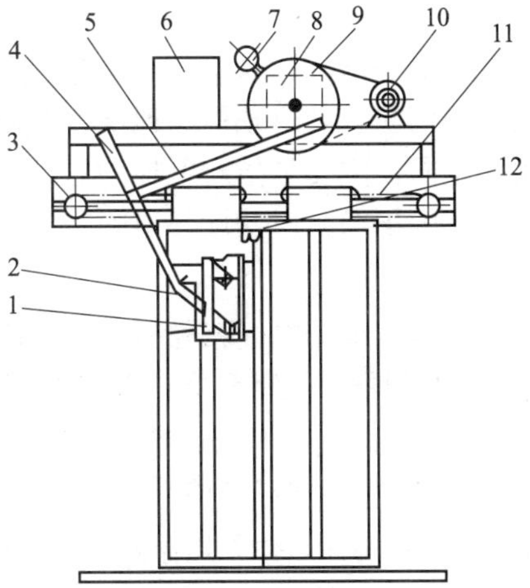

图 6—16　单臂中分式门的开门机构

1—门锁压板机构　2—门连杆　3—绳轮　4—摇杆
5—连杆　6—电器箱　7—平衡器　8—凸轮箱　9—曲柄链轮
10—带齿轮减速器的直流电动机　11—钢丝绳　12—门锁

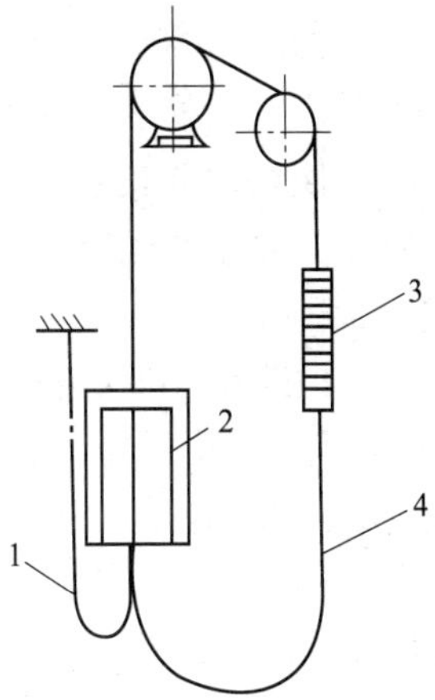

图 6—17　对重平衡系统

1—电缆　2—轿厢　3—对重
4—补偿装置

质量补偿装置有补偿链和补偿绳。补偿链用于梯速不大于 1.75 m/s 的电梯上；补偿绳比较稳定，补偿效果好，用于梯速为 1.75 m/s 以上的电梯上时，要在其底部设张绳轮。补偿方法以对称补偿比较常用，这种方法具有质量轻、补偿效果好的特点，如图 6—18、图 6—19 所示。

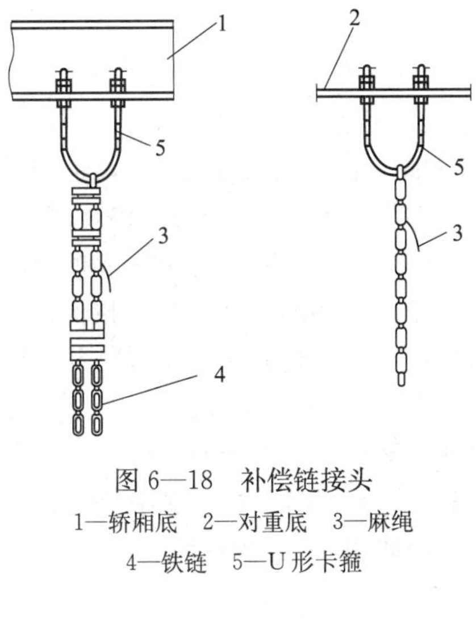

图 6—18　补偿链接头

1—轿厢底　2—对重底　3—麻绳
4—铁链　5—U 形卡箍

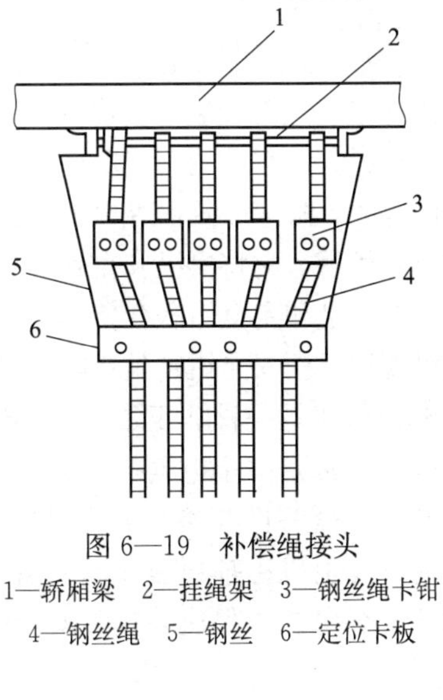

图 6—19　补偿绳接头

1—轿厢梁　2—挂绳架　3—钢丝绳卡钳
4—钢丝绳　5—钢丝　6—定位卡板

6. 电气拖动和控制系统

电梯的电力拖动系统有两大类，即交流拖动系统和直流拖动系统。交流拖动系统用得最广。电梯的控制系统取决于电梯的用途、额定载荷、速度、控制方式等设计要求和使用性能要求，但控制内容大致相同，主要是指对电梯的启动、加速、运行、减速、停止和运行方向、楼层显示、轿内指令、层站厅外召唤、安全保护等信号进行管理和控制。

控制柜设置在机房与曳引机较近的位置，是电梯的电气装置和信号控制指挥中心。控制柜内有电源变压器、整流装置、继电器、接触器、控制系统、调速系统等。随着计算机技术、电子技术、调速技术的飞速发展，电梯的控制柜变得越来越小，控制也越来越先进；变频技术的应用，使调速性能也越来越理想。光纤通信、串行通信、网络技术等在电梯上也得到了广泛应用。大规模集成电路的应用，微处理器的发展，控制软件的不断成熟，使得电梯的可靠性也越来越高，实现了许多人工智能化的功能。

第二节　电梯安全保护装置

电梯的安全保护装置可分为机械式、电气式与机电综合式三种，重要的安全保护装置一般采用机电综合式。电梯主要的安全保护装置有限速装置、安全钳、缓冲器、门锁及各种保护开关等。

一、限速装置

1. 限速装置的功能

限速装置通常安装在机房内或井道顶部，是检测并限制轿厢超速的装置。在电梯正常运行时它不起作用。当电梯运行速度超过其额定速度并达到危险值（即限速器动作速度）时，限速装置操纵电气开关打开急停回路，使电动机停转、制动器制动，与此同时或稍后，它将操纵安全钳，使轿厢系统夹持在导轨上，迫使其停下来。所以，限速装置总是和安全钳联合使用。限速装置在电梯超速并在超速达到临界值时起检测及操纵作用，而安全钳则是在限速装置操纵下强制使轿厢停下来的执行机构。

电梯超速是一种非正常的、不安全的运行状态。引起电梯超速可以有各种各样的原因，通常是由于电气控制失灵造成电梯“飞车”。电气控制系统本身也设有超速保护，但是一旦电梯严重超速，并且其他超速保护装置均未能起作用时，甚至发生断绳、曳引机主轴断裂或制动器失灵使轿厢加速下滑时，只有靠限速装置来提供最后的安全保护。限速装置和安全钳的动作时序如图 6—20 所示。

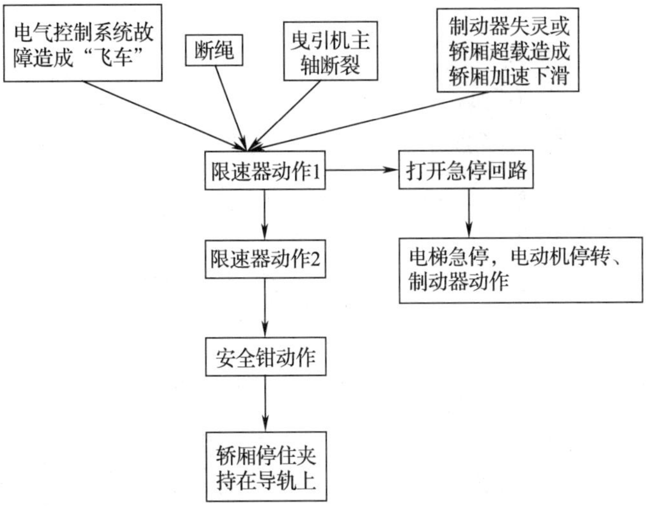

图 6—20　限速装置和安全钳的动作时序图

由于电梯速度不同，通过限速装置使电梯停止的操纵程序也有所不同。根据《电梯制造与安装安全规范》（GB/T 7588—2003）的规定，当电梯额定速度为 1 m/s 或以下时，允许在限速装置动作操纵安全钳的同时打开急停回路（即限速动作 1，打开急停回路，限速器动作 2，操纵安全钳同时发生）。当电梯额定速度超过 1 m/s 时，限速装置应首先打开急停回路即动作 1，超速在额定速度的 115%以下使电梯急停；如果此动作未能使电梯减速并且超速达到规定值时，则限速装置直接操纵安全钳即动作 2 使轿厢夹持在导轨上。

通常只在轿厢侧设置限速装置和安全钳来防止轿厢的超速或坠落。但是，在电梯底坑的下方有人通行的过道或空间时，则对重也应设置安全钳；而在电梯额定速度超过 1 m/s 时，此安全钳也必须由限速装置来操纵，以防止对重的超速或坠落。

2. 限速装置的传动系统和布置

限速装置的传动系统和布置如图 6—21 所示。

限速装置包括限速器、限速器绳以及限速器绳张紧轮。限速器通常安装在电梯机房或隔音层的地面，它的平面位置一般在轿厢的左后角或右前角处。限速器绳的张紧轮安装在电梯底坑。限速器绳绕经限速器轮和张紧轮形成一个封闭的环路，其两端通过绳头连接架安装在轿厢架上操纵安全钳的杠杆系统。张紧轮的质量使限速器绳保持张紧，并在限速器轮槽和限速器绳之间形成一定的摩擦力。轿厢上、下运行时，同步带动限速器绳运动，从而带动限速器轮转动。所以，限速器能直接检测轿厢的运行速度。

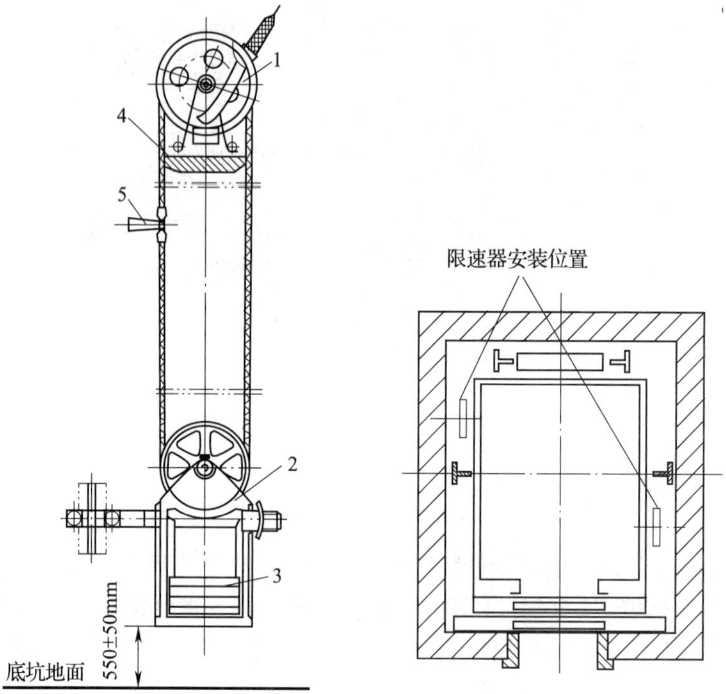

a)　　b)

图 6—21　限速装置的传动系统和布置

a）传动系统　b）平面布置

1—限速器　2—张紧轮　3—重砣　4—地脚螺栓　5—连接架

3. 限速器的种类和结构原理

按电梯的速度不同，限速器的结构也有所不同。

限速器按检测超速的原理有惯性式和离心式两种，目前绝大部分电梯均采用离心式限速器。按操纵安全钳的结构又分成刚性夹绳（配用瞬时式安全钳，适用于额定速度不大于 0.63 m/s 的电梯）和弹性可滑移夹绳（配用渐进式安全钳，适用于额定速度大于 0.63 m/s 的电梯）两种。下面介绍几种典型的离心式限速器的结构原理。

（1）卧轴离心式限速器。卧轴离心式限速器也叫做圆盘型限速器或甩块式限速器。目前这种限速器的使用最为普遍。按其动作速度分成刚性夹绳和弹性夹绳两种。

1）刚性夹绳卧轴离心式限速器。刚性夹绳卧轴离心式限速器如图 6—22 所示。限速器底座 1 上装有轮轴 14，限速器轮 4 和制动圆盘 5 均可在轮轴上转动。在限速器轮上固定着两个销轴 12。两离心重块 11 可以绕各自的销轴摆动，它们对称地布置并通过连杆 13 连接在一起。弹簧 10 使离心重块向中心缩紧，弹簧力的大小可以用螺母 9 进行调节。在离心重块的外缘面上各有一个棘爪 15。制动圆盘的内圆面上有五个均布的棘齿 16，外圆面上有一个带缺口的突起部。拨叉 3 可以绕底座上的心轴 2 摆动，拨叉的上端平行地设有一个楔块 7 和一个尖榫 8。楔块的中心对准限速器轮的绳槽，其高度可调节，并承受压簧的预压力。尖榫插入制动圆盘外圆面上突起部的缺口中，制动圆盘的转动将带动拨叉摆动。

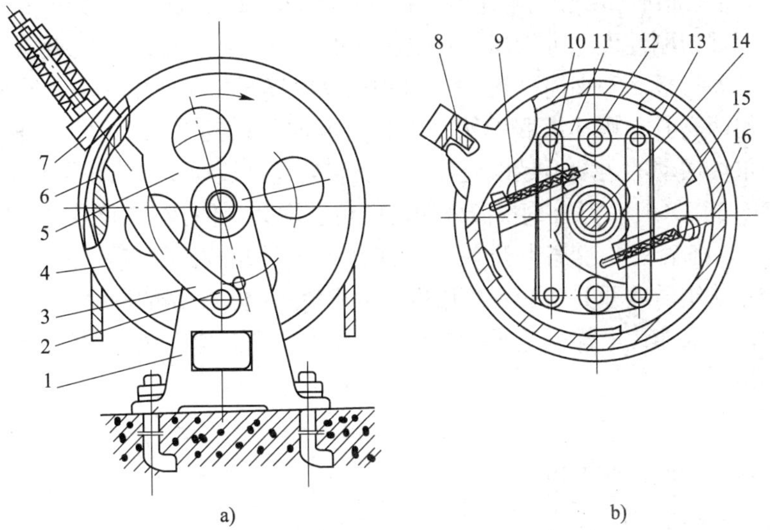

图 6—22　刚性夹绳卧轴离心式限速器

a）外观图　b）内部结构图

1—底座　2—心轴　3—拨叉　4—限速器轮　5—制动圆盘　6—限速器绳　7—楔块　8—尖榫　9—螺母　10—弹簧　11—离心重块　12—销轴　13—连杆　14—轮轴　15—棘爪　16—棘齿

在限速器轮静止不动、离心重块保持向中心缩紧位置的情况下，离心重块的棘爪与制动圆盘的棘齿之间在径向保持一定空隙。轿厢运行时通过限速器绳带动限速器轮转动，离心力使离心重块绕销轴向外摆动并与弹簧力保持平衡，棘爪与棘齿之间的径向空隙缩小。限速器轮转速越快，离心力越大，此空隙越小。当轿厢超速达到设定的超速值时，离心重块向外摆动的角度达到使其棘爪与制动圆盘的棘齿相啮合，限速器轮带动制动圆盘转动，从而使拨叉按箭头方向摆动。由于拨叉摆动中心与限速器轮和制动圆盘的回转中心存在一个偏距，所以拨叉的摆动使拨叉上的楔块与限速器轮槽中的限速器绳相接触，而偏距、斜角和楔块楔角的设计使楔块和限速器绳之间形成自动楔紧条件。因此，随着限速器轮进一步转动，使楔块和限速器绳连同限速器轮越楔越紧，直到完全楔死为止。限速器绳被楔住不动，随着轿厢继续下落，安全钳装置就被带动而动作，轿厢被强迫制停。调节弹簧 10 的压力，可以调节限速器的动作速度。

这种限速器的动作灵敏可靠。由于其夹绳机构是刚性的，因此必须配用于瞬时型安全钳，适用于速度小于等于 0.63 m/s 的电梯。

2）弹性夹绳卧轴离心式限速器。弹性夹绳卧轴离心式限速器如图 6—23 所示，它的结构原理与刚性夹绳卧轴离心式限速器相仿，主要不同点在于夹绳机构。限速器上设有开关打板 2 和夹绳打板 10，分别操纵电气开关和夹绳动作。限速器绳轮 6 的转动，使两离心重块 7 克服弹簧 5 的拉力而向外摆动。在正常的电梯运行速度下，离心重块摆动的角度不足以使开关打板和夹绳打板动作。当轿厢超速达到电梯额定速度的 115%时，离心重块向外摆动的角度增大到使其上的凸块碰撞开关打板上的碰铁 1，则触头 8 脱离电开关 9 使其开启而断开急停回路，从而使曳引机停转、制动器动作。电开关 9 的有效作用将可避免一次安全钳的制停。但是，如果电开关 9 的动作未能使电梯减速或停下来，并且电梯的超速继续增大到夹绳动作速度

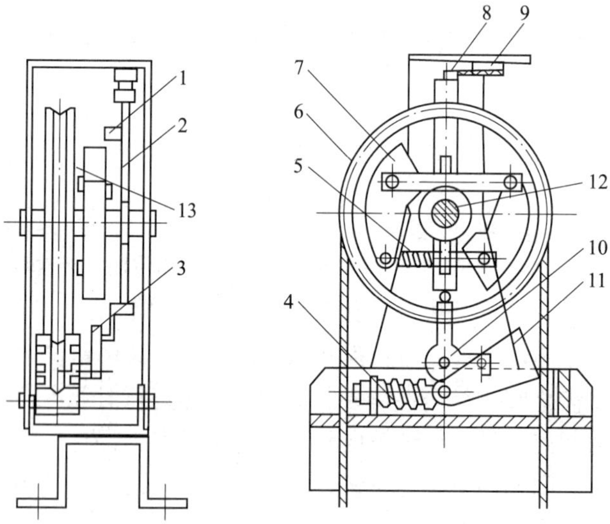

图 6—23 弹性夹绳卧轴离心式限速器

1—开关打板碰铁 2—开关打板 3—夹绳打板碰铁 4—夹绳钳弹簧 5—离心重块弹簧 6—限速器绳轮 7—离心重块 8—电开关触头 9—电开关 10—夹绳打板 11—夹绳钳 12—轮轴 13—拉簧

（超速120%～140%）时，离心重块上的凸块就碰撞夹绳打板上的碰铁 3，松开夹绳钳 11，夹绳钳在自重作用下向下摆落，与限速器绳接触。由于夹绳钳和限速器绳之间存在自动楔紧条件，随着限速器绳向下移动而被楔住在夹绳钳的绳槽之中。夹绳钳是由弹簧 4 承载的，所以这种夹绳是弹性的，夹绳力的大小取决于夹绳钳和限速器绳之间的摩擦力，也就是弹簧 4 的作用力，而这个力是可以调节的。当作用于限速器绳上的力大于夹绳钳的摩擦力时，限速器绳可以在夹绳钳的绳槽中滑移，所以这种限速器可以配用于渐进式安全钳。

开关打板 2、夹绳打板 10 和夹绳钳 11 不能自动复位。只有在查明超速原因并加以排除之后，靠人力使限速器复位，才能使电梯恢复正常运行。

这种限速器动作可靠，性能良好，适用于速度为 1 m/s 以上的快速电梯和高速电梯。目前国内外电梯中大量采用这种限速器。

（2）立轴离心式限速器。立轴离心式限速器又称甩球式限速器，其结构如图 6—24 所示。产生离心力的两个铁球 3 绕立轴 1 回转，立轴 1 由限速器绳轮 8 通过一对伞齿轮 6 和 7 带动。铁球产生的离心力通过六角形连杆系统使滑套 4 向上移动并压缩弹簧 2。滑套的位移通过杠杆 5 带动前夹绳钳块 9 和凸轮 12 分别操纵电开关 13 和夹绳动作。

在正常的电梯运行速度下，铁球因离心力产生的位移不足以使电开关和夹绳钳动作。当电梯超速达到电梯额定速度的 115%时，铁球 3 进一步向外甩出，通过滑套 4、杠杆 5 使凸轮 12 回转一定角度而使电开关 13 打开，切断急停电路。电开关 13 的打开应能使电梯减速并停止。与弹性夹绳卧轴离心式限速器一样，如果电开关 13 的动作仍未能使电梯减速，并且电梯超速继续增大到夹绳钳动作速度时，铁球 3 的离心力使滑套 4 和杠杆 5 进一步提起而松开前夹绳钳块 9。在自重作用下，前、后夹绳钳块同时向下摆落，与限速器绳接触。随着限速器绳进一步向下移动，靠自动楔紧作用而使限速器绳楔紧在前、后夹绳钳块的绳槽之中。后夹绳钳块是由弹簧 11 承载的，所以这种夹绳也是弹性夹持的。当作用于限速器绳上的拉力超过夹绳钳的摩擦力时，它可以在夹绳钳的绳槽中滑移，因而适用于渐进式安全钳。

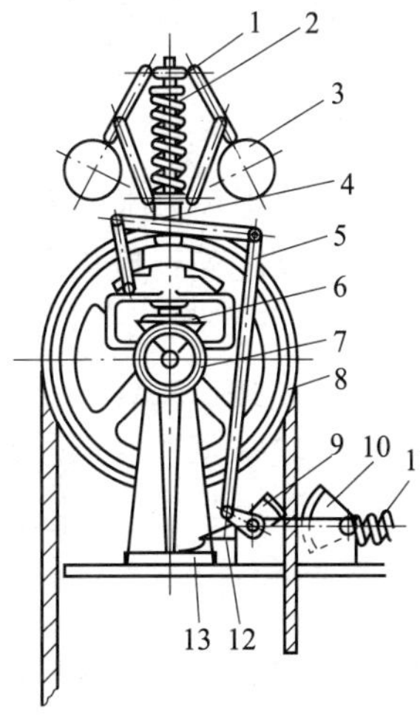

图 6—24　立轴离心式限速器

1—轮轴　2—弹簧　3—铁球　4—滑套　5—杠杆　6、7—伞齿轮　8—限速器绳轮　9—前夹绳钳块　10—后夹绳钳块　11—弹簧　12—凸轮　13—电开关

凸轮和夹绳钳的复位也必须在排除故障之后靠人力来操作。

此限速器动作灵敏可靠，性能良好且易于调节，可以适用于各种速度的电梯。在通常情况下，通过调节弹簧的预压力来调节限速器的动作速度。如果改变铁球质量、伞齿轮传动速比或弹簧 2 的设计参数，则此限速器可以适用于任何速度的电梯，但缺点是结构较复杂。随着卧轴离心式限速器结构的不断改进和完善，立轴离心式限速器的应用已逐步减少。

4. 限速器的安全技术规范

按照国内外电梯安全技术规范的规定，限速器需满足下列要求。

(1) 限速器的动作速度。轿厢限速器的动作速度应不低于额定速度的 115%。但动作速度在配用瞬时式安全钳时（除不可脱落滚柱式以外），应不大于 0.8 m/s；配用不可脱落滚柱瞬时式安全钳时，应不大于 1.0 m/s；配用具有缓冲作用的瞬时式安全钳或额定速度不大于 1.0 m/s 的渐进式安全钳时，应不大于 1.5 m/s；配用额定速度超过 1.0 m/s 的渐进式安全钳时，应不大于 v（$v=1.25v_0+\frac{0.25}{v_0}$，$v_0$ 为额定速度）。

对重设有限速器时，其动作速度应大于轿厢限速器的动作速度，但不得超过 10%。限速器动作速度调定后，其调节部位应加以铅封。

(2) 限速器夹绳力。限速器动作时的夹绳力应至少为带动安全钳起作用所需力的 2 倍，且不小于 300 N。

(3) 限速器开关。对于额定速度超过 1.0 m/s 的限速器，在轿厢速度达到限速器动作速度之前，应借助一个电气开关使曳引机停转。

(4) 限速器绳。限速器绳的公称直径不得小于 6 mm。限速器绳轮的节圆直径与绳的公称直径之比应不小于 30。限速器绳的受力安全系数不得小于 8。限速器绳需由张紧轮张紧；在绳断裂或松弛的情况下，应借助一个电气开关使曳引机停转。

(5) 限速器复位。限速器每次动作后，应由专职人员操作复位，使电梯恢复使用。

二、安全钳

安全钳安装在轿厢两侧的立柱上，主要由连杆机构、钳块拉杆、钳块及钳座等组成，如图 6—25 所示。安全钳通过拉臂与限速器钢丝绳相连，在正常情况下，由于连杆弹簧的张力大于限速器钢丝绳的拉力而使安全钳处于静止状态。此时，钳块与导轨侧面保持恒定的间隙。当限速器动作、钢丝绳被夹持不动时，由于轿厢继续

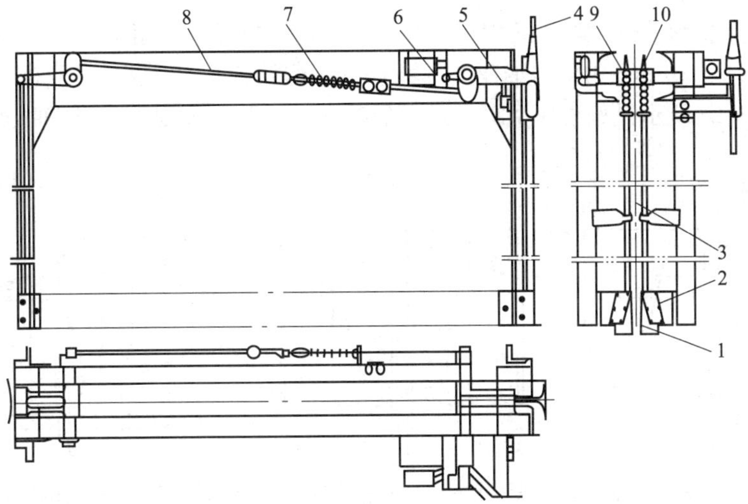

图 6—25　安全钳

1—楔块　2—钳座　3—拉杆　4—限速器钢丝绳　5—拉臂
6—行程开关　7—连杆弹簧　8—连杆　9—拉杆弹簧　10—拉杆座

下行，拉杆被提起，钳块与导轨接触，以其与导轨间的摩擦消耗电梯动能，将轿厢强行制动在导轨上。与此同时，装在拉臂尾部处的安全钳开关动作，电梯控制电路被切断。由于连杆的作用，两侧钳块的动作是一致的。安全钳的钳块有多种形式，常见的有偏心块式、滚柱式、楔块式等，如图 6—26 所示。其中双楔块式在作用过程中对导轨的损伤小，制动后容易解脱，使用最为广泛。但是不论何种钳块结构，在制动后都应能以上提轿厢的方式复原。安全钳对电梯的制动，按其动作过程分为：瞬时动作式（刚性安全钳）和渐近动作式（弹性安全钳）。瞬时动作式安全钳，对电梯的制动是在瞬间完成的，造成的冲击较大；渐近动作式安全钳，对电梯的制动有一个缓冲过程，故冲击较小。

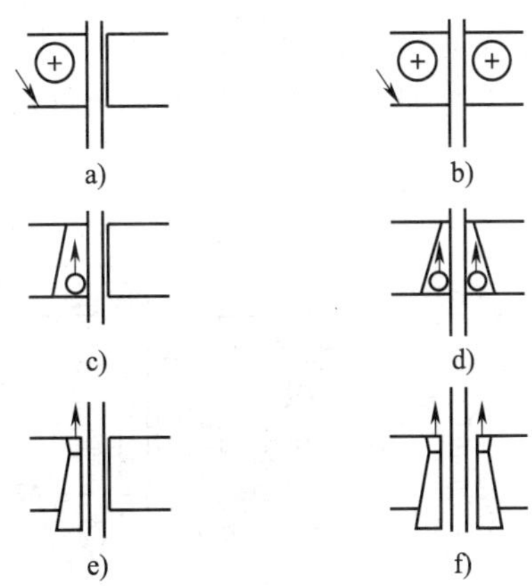

图 6—26　安全钳钳块种类

a）单偏心块　b）双偏心块　c）单滚柱
d）双滚柱　e）单楔块　f）双楔块

1. 安全钳结构形式

(1) 瞬时式安全钳。该结构的特点是制停距离短,轿厢承受冲击大。在制停过程中,楔块或其他形式的卡块迅速地卡入导轨表面,从而使轿厢停止。轿厢的最大制动减速度约为 5 g～10 g(g 为重力加速度,g=9.8 m/s^2)。图 6—27 所示是双楔型瞬时式安全钳,图 6—28 所示是偏心块型瞬时式安全钳,图 6—29 所示是滚柱型瞬时式安全钳。

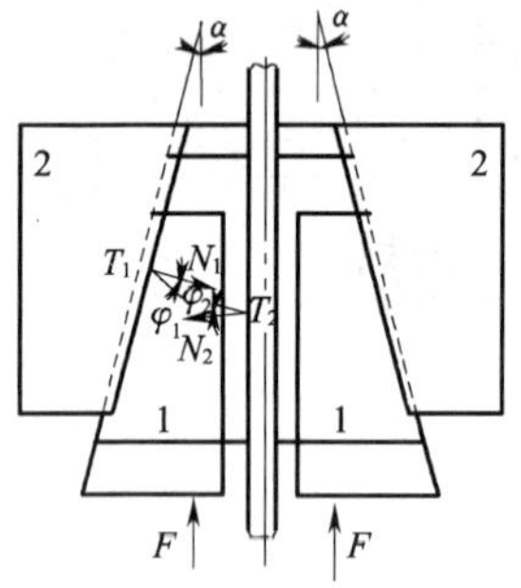

图 6—27　双楔型瞬时式安全钳

1—钳块　2—钳体

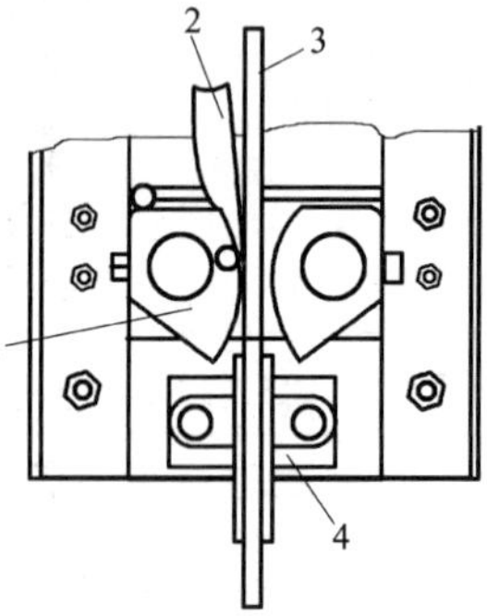

图 6—28　偏心块型瞬时式安全钳

1—钳块　2—钳体　3—导轨　4—导靴

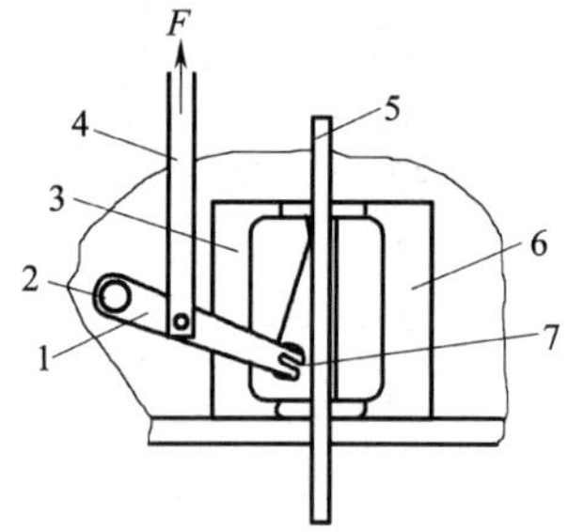

图 6—29　滚柱型瞬时式安全钳

1—连杆　2—支点　3—爪　4—操纵杆　5—导轨　6—钳体　7—滚柱

(2) 渐进式安全钳。该结构的特点在于钳体是弹性夹持型。安全钳动作时，轿厢有相当的制停距离，使得轿厢的制停减速度小。渐进式安全钳在制停过程中的平均减速度应为 0.2 g～1 g。双楔型渐进式安全钳如图 6—30 所示；弹性元件为 U 形板簧的渐进式安全钳如图 6—31 所示；滚柱型渐进式安全钳如图 6—32 所示；弹性元件为 π 形钳座的渐进式安全钳如图 6—33 所示；侧支碟形弹簧的渐进式安全钳如图 6—34 所示。

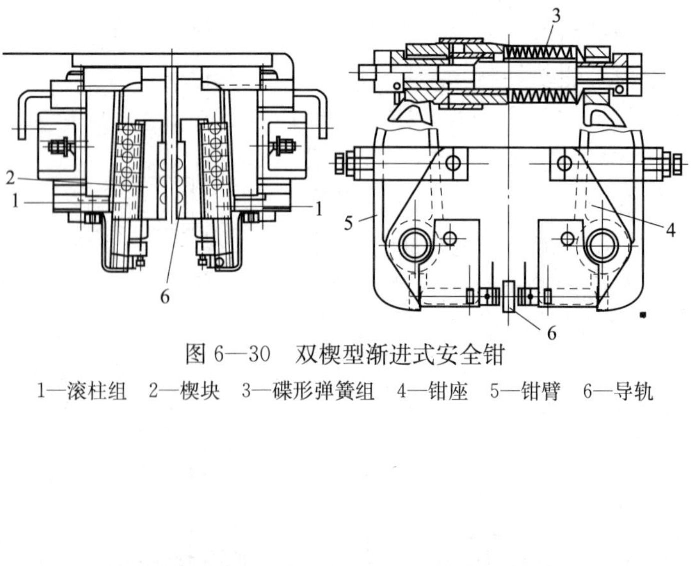

图 6—30　双楔型渐进式安全钳

1—滚柱组　2—楔块　3—碟形弹簧组　4—钳座　5—钳臂　6—导轨

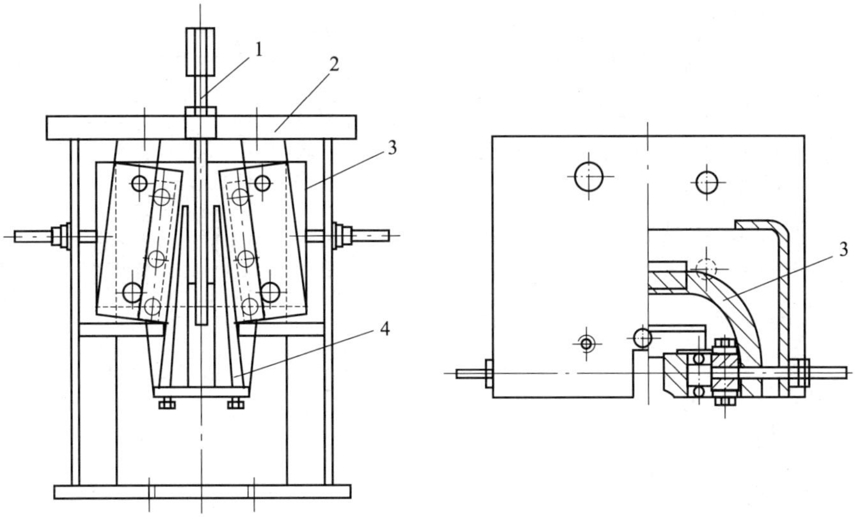

图 6—31 弹性元件为 U 形板簧的渐进式安全钳

1—提拉杆 2—焊接式钳座 3—U 形板簧 4—楔块

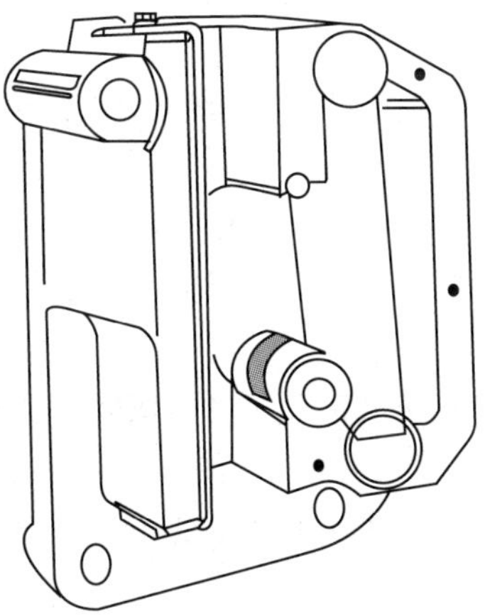

图 6—32 滚柱型渐进式安全钳

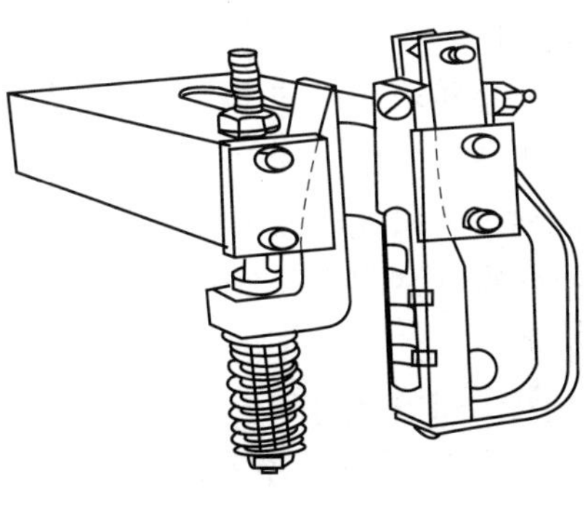

图 6—33 弹性元件为 π 形钳座的渐进式安全钳

2. 安全钳设置和使用要求

(1) 轿厢应装有仅能在下行时动作的安全钳装置，在达到限速器动作速度时，或在悬挂装置断裂的情况下，安全钳装置应能夹紧导轨而使装有额定载重量的轿厢制停，并保持静止状态。

(2) 各类安全钳装置的使用条件应考虑以下方面：

1) 按电梯额定速度选用轿厢安全钳装置，$v>0.63$ m/s 时，应用渐进式安全钳装置；$v\leqslant 0.63$ m/s 时，可用瞬时式安全钳装置。

2) 若轿厢装有数套安全钳装置，均应是渐进式的。

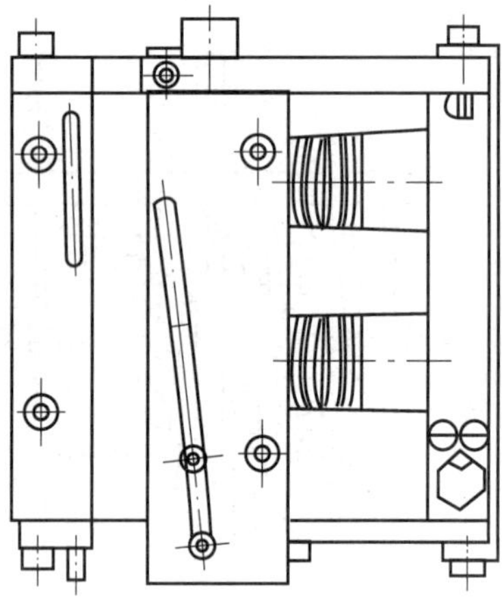

图 6—34 侧支碟形弹簧的渐进式安全钳

3) 若额定速度超过 1 m/s，对重用安全钳装置也应是渐进式的，其他情况下可以是瞬时式的。

(3) 禁止使用电气、液压或气压方式操纵安全钳装置。

(4) 在装有额定载重量的轿厢自由下落的情况下，渐进式安全钳装置动作时轿厢的平均减速度应为 0.2 g～1.0 g。

(5) 在载荷均匀分布的情况下，安全钳装置作用后轿厢地板的倾斜度不应超过其正常位置的 5%。

(6) 如果轿箱或对重之下确存在人能到达的空间，对重应设仅能在其下行时动作的安全钳装置。在达到限速器动作速度时，或在悬挂装置断裂的情况下，安全钳装置应能通过夹紧导轨而使对重制停并保持静止状态。

(7) 轿箱安全钳应装有一个电气安全装置，在安全钳动作之前或同时切断电动机供电电源。

(8) 安全钳装置释放后，需经专职人员调整，电梯才能恢复使用。

3. 安全钳的安全技术规范

按照国内外电梯安全技术规范的规定，安全钳需满足下列要求。

(1) 制停减速度和制停距离。安全钳制停过程的平均减速度应为 0.2 g～1.0 g。美国国家标准 A17.1《电梯安全规范》规定了渐进型安全钳的最大和最小制停距离为：

$$S=\frac{v^2}{14\ 126}+0.256 \tag{6—1}$$

$$S'=\frac{v^2}{70\ 560}+0.122 \tag{6—2}$$

式中　S——最大制停距离，m；

S'——最小制停距离，m；

v——限速器动作速度，m/min。

式 6—1、式 6—2 中右面第二项常数 0.256 和 0.122 为由限速器动作时到安全钳动作时轿厢运行的距离。右面第一项为分别对应于最大和最小平均制停减速度所要求的制停距离。相应的最大和最小制停距离值见表 6—1。

表 6—1　　渐进型安全钳的制停距离

电梯额定速度（m/s）	限速器最大动作速度（m/s）	制停距离（mm）	
		最　小	最　大
1.25	1.68	280	980
1.5	1.98	330	1 260
1.75	2.26	380	1 560
2	2.55	460	1 920
2.5	3.13	640	2 760
3	3.7	840	3 750
3.5	4.3	1 090	4 970
4	4.85	1 370	6 250
4.5	5.4	1 600	7 690
5	6	1 900	9 430

美国国家标准 A17.1 规定的渐进型安全钳的最大和最小距离公式，系对应于制停过程平均减速度为 0.35 g～1.0 g 之间。按 CEN（欧洲标准化委员会）和我国国家标准，此平均减速度应在 0.2 g～1.0 g 之间。按 CEN 和我国标准并将速度单位（m/min）改为法定计量单位（m/s），则式 6—1 和式 6—2 应改写为：

$$S=\frac{v^2}{3.924}+0.256 \tag{6—3}$$

$$S'=\frac{v^2}{19.62}+0.122 \tag{6—4}$$

式中　v——限速器动作速度，m/s。

(2) 在轿厢内载荷均匀分布的情况下安全钳使轿厢制停后，轿厢地板的倾斜度应不超过其正常位置的5%。

(3) 在安全钳动作之前或同时应有电气开关切断电梯控制回路，使曳引机停转。此电气开关应是非自动复位的。

(4) 安全钳夹紧弹簧和受力零件应有足够的强度安全系数。

三、缓冲器

1. 缓冲器的功能

缓冲器是提供最后安全保护的一种电梯安全装置。它安装在电梯的井道底坑内，位于轿厢和对重的正下方，如图6—35所示。当电梯在向上或向下运动中，由于钢丝绳伸长、曳引摩擦力和抱闸制动力不足或控制系统失灵而超越终端层站底层或顶层时，将由缓冲器起缓冲作用，以避免电梯轿厢或对重直接撞底或冲顶，保护乘客和设备的安全。

轿厢缓冲器在防止轿厢撞底的同时，也防止了对重的冲顶；同样，对重缓冲器在防止对重撞底的同时，也防止了轿厢的冲顶。为此，轿厢的井道顶部间隙 H 必须大于对重缓冲器的总压缩行程 S；同样，对重的井道顶部间隙也必须大于轿厢缓冲器的总压缩行程。《电梯安全规范》(GB/T 7588—2003）对轿厢和对重的井道顶部间隙有相应的规定。

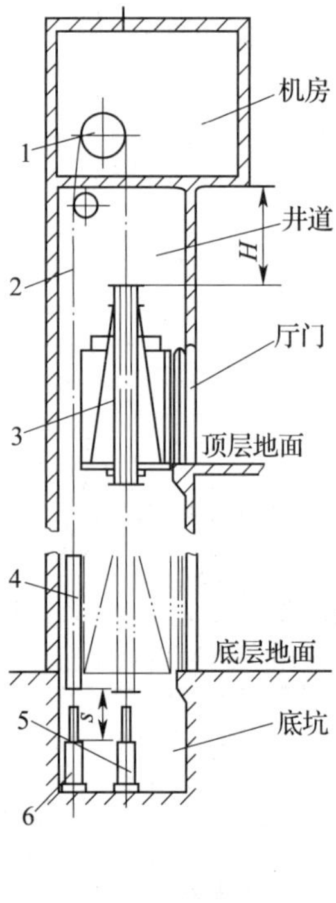

图6—35　电梯缓冲器的安装位置

1—曳引机　2—曳引钢丝绳　3—轿厢　4—对重　5—轿厢缓冲器　6—对重缓冲器

缓冲器所保护的电梯速度是有限的，即不大于电梯限速器的动作速度。当超过此速度时，应由限速器操纵安全钳使轿厢制停。

缓冲器的原理是使运动物体的动能转化为一种无害的或安全的能量形式。在刚性碰撞的情况下，碰撞减速度和碰撞力趋于无限大。而缓冲器将使运动着的轿厢或对重在一定的缓冲行程或时间内减速停止，即可以控制碰撞减速度和碰撞力在安全范围之内。

电梯缓冲器按其结构和原理可以分成两大类，即弹簧缓冲器和油压缓冲器。弹簧缓冲器的结构简单，但缓冲性能较差，而且缓冲行程也受限制，因此只适用于速度不超过 1 m/s 的电梯。对于速度高于1 m/s的快速或高速电梯，则必须采用缓冲性能较好的油压缓冲器。

2. 弹簧缓冲器

弹簧缓冲器是一种蓄能型缓冲器，它使轿厢或对重的动能转化为弹簧的弹性势能，从而起缓冲作用，通过弹簧的压缩行程和反力，使轿厢或对重减速停止。缓冲过程中，弹簧反力逐渐增大，缓冲力和缓冲减速度是不均匀的。另外，弹簧被压缩到极限位置后将释放弹性势能，使缓冲结束时有反跳现象。因此，弹簧缓冲器的缓冲性能较差，只适用于速度较低的电梯。

(1) 结构。弹簧缓冲器的典型结构如图 6—36 所示，主体是圆柱形螺旋弹簧 3，通过底座 4 连接于底坑。顶部装有托盘 2 和橡胶垫 1，以减小碰撞时发出的响声。

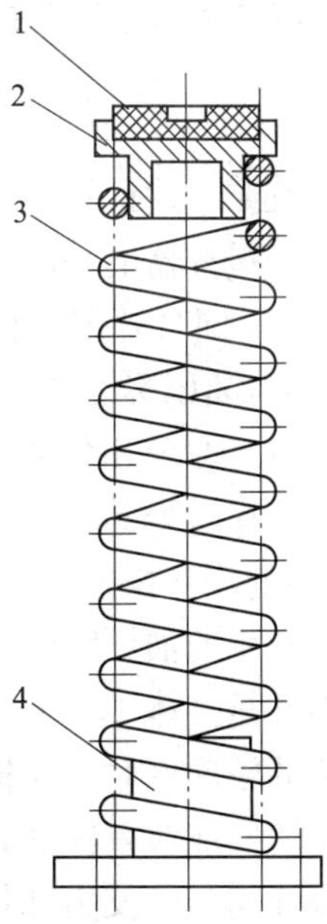

图 6—36　弹簧缓冲器的结构

1—橡胶垫　2—托盘

3—螺旋弹簧　4—底座

弹簧缓冲器可以是一个，也可以作成并列的两个，位于轿厢架下梁和对重框架的下方。有时设计成由内、外簧组合而成。行程和高度较大的弹簧缓冲器，在底座上附有导套，以增强弹簧的稳定性。

(2) 弹簧缓冲器的设计计算。缓冲器的功能是保证缓冲器速度在安全许可的范围之内。通常规定弹簧缓冲器的最大缓冲减速度为 2 g。它发生在缓冲结束，即弹簧反力为最大时。根据此最大缓冲减速度值，在已知缓冲初速度和轿厢或对重的总质量的情况下，就可以计算出弹簧的刚度和压缩行程。

弹簧的最大压缩力 P 为：

$$P = W_{\gamma} + \frac{W_{\gamma}}{g} a_{max} \tag{6—5}$$

式中　W_{γ}——轿厢自重加上额定载重量或对重总重

力，N；

g——重力加速度，9.81 m/s^2；

a_{max}——最大缓冲减速度，m/s^2。

如 $a_{max}=2$ g，则得：

$$P = 3W_\gamma \tag{6—6}$$

即作用于缓冲器上的力等于轿厢或对重的总重力的 3 倍时，弹簧将被完全压缩。弹簧被压缩将吸收轿厢或对重的全部能量。因此：

$$\frac{1}{2}\frac{W_\gamma}{g}v^2 a = \frac{1}{2}\delta P - W_\gamma \delta = \frac{1}{2}\delta W_\gamma$$

弹簧的压缩行程 δ 可表示为：

$$\delta = \frac{v_0^2}{g} \tag{6—7}$$

式中 v_0——缓冲初速度，m/s，取为限速器动作速度。

弹簧刚度 K 可表示为：

$$K = \frac{P}{\delta} \tag{6—8}$$

按照上述计算原理，在《电梯安全规范》（GB/T 7588—2003）中则直接规定了弹簧缓冲器的最小行程为 0.135 v^2（v 为电梯额定速度，m/s），并且不得小于 65 mm；同时规定了相应的弹簧最大压缩力为轿厢或对重总重力的2.5～4倍。

3. 油压缓冲器

（1）原理和分类。油压缓冲器是一种耗能型缓冲器，它利用液体流动的阻尼作用，缓冲轿厢或对重的冲击。油压缓冲器具有良好的缓冲性能，因此速度大于 1 m/s的现代快速和高速电梯几乎都采用油压缓冲器。

常用的油压缓冲器有多孔式、多槽式和油孔柱式三种，如图 6—37 所示。其基本构件是缸体 1、柱塞 2、缓冲胶垫 3 和复位弹簧 4。缸体内注有缓冲器油 5。当运动着的轿厢或对重碰撞油压缓冲器使柱塞 2 被压缩时，由于排油阻力而产生反力，迫使轿厢或对重减速，直至停止。排油阻力面的设计，也就是排油截面的设计，可以保证均匀的反力和均匀的缓冲减速度，即随着缓冲过程速度的降低，排油截面也相应减小，从而保证了良好的缓冲性能。图 6—37 所示的各种油压缓冲器，只是改变排油截面的方式不同而已。多孔式（见图 6—37a）在油缸壁上有一系列小排油孔；多槽式（见图 6—37b）在柱塞上有一组长短不同的排油槽。在缓冲过程中，这些油孔或油槽被依次挡住，迫使轿箱或对重减速。当所有油孔或油槽均被挡住时，轿厢或对重的速度降低为零而停止。油孔柱式（见图 6—37c）在油孔柱 6 和排油孔之间形成一个圆环形的排油截面，在缓冲过程中，由于油孔柱直径的变化而使此环形排油截面连续地减小，到缓冲结束时排油孔被油孔柱完全堵住，轿厢或对重被迫停止。

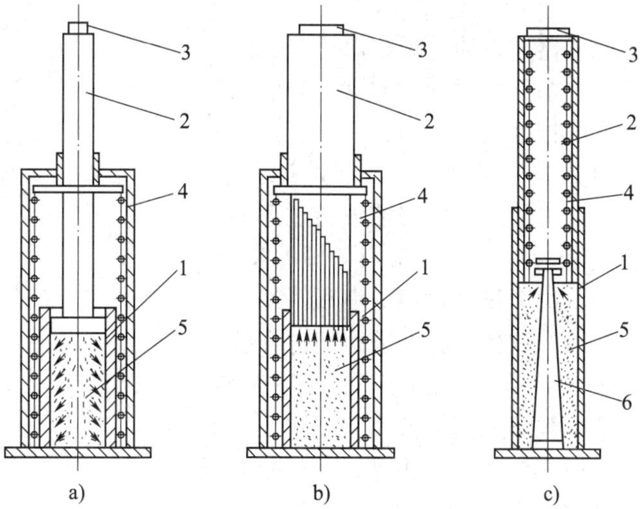

图 6—37　电梯油压缓冲器的类型

a）多孔式　b）多槽式　c）油孔柱式

1—缸体　2—柱塞　3—缓冲胶垫　4—复位弹簧

5—缓冲器油　6—油孔柱

在以上三种油压缓冲器中，由于油孔柱式的排油截面可以按设计要求连续改变，因此缓冲性能最好，同时结构也较简单，所以目前国内外广泛地使用这种形式的油压缓冲器。

图 6—38 所示是目前国内广泛采用的油孔柱式油压缓冲器的典型结构。缸体 10 和柱塞 4 均采用无缝钢管制成。缸体下端通过油缸座 12 固定于电梯底坑；上部有油缸套 6 以导引柱塞的运动；其顶端处装有密封盖 5，通过其中的 O 形橡胶密封圈起密封作用。油孔柱 9 位于缸体的中心处，其下端固定在油缸座上。柱塞的外圆柱面经镀铬防锈处理，下端封盖上的圆孔套在油孔柱上，此圆孔与油孔柱保持严格的同心度。柱塞的内腔装有复位弹簧 3，其下端通过弹簧托座 7 支撑在油孔柱的顶

部，另一端则由柱塞上端的压盖 2 压紧，复位弹簧有足够的预压力，使柱塞经常保持全伸长位置。压盖上装有橡胶垫 1，以避免金属之间直接碰撞。缸体的侧壁上设有弯管 8，用于加油和检查油位。缸体的下部还设有放油口 11。弯管和放油口都用螺塞堵紧。

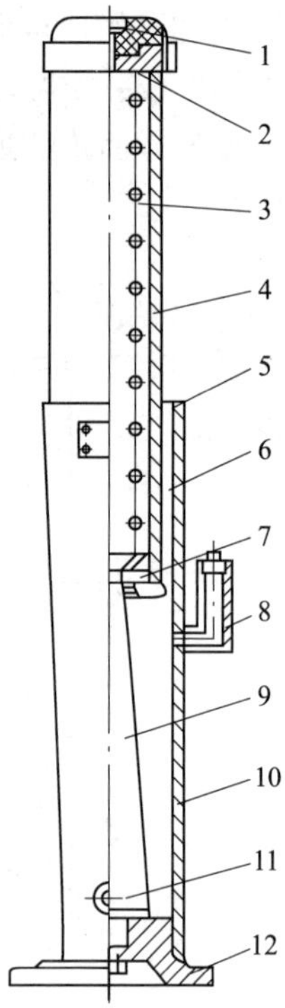

图 6—38　油孔柱式油压缓冲器的结构

1—橡胶垫　2—压盖　3—复位弹簧　4—柱塞　5—密封盖　6—油缸套　7—弹簧托座　8—弯管　9—油孔柱　10—缸体　11—放油口　12—油缸座

缸体内注有缓冲器油，油位经常保持在略高于柱塞下端的封盖。柱塞下端封盖上的圆孔与油孔柱之间形成一个环形的排油截面。油孔柱的直径上细下粗，其母线设计成特定的曲线。在缓冲过程中，随着柱塞向下运动，迫使缸体内的油液通过环形排油截面流入柱塞内腔。这个排油阻力即缓冲反力，而排油阻力的大小取决于排油截面的面积。油孔柱的设计，即排油截面的改变，将保证缓冲过程的反力和减速度基本不变，从而保证良好的缓冲性能。当缓冲结束时，柱塞被压缩到最低位置，即全压缩位置，此时油孔和油孔柱的直径相等，排油截面积等于零，缓冲速度降为零，轿厢或对重完全停住。当轿厢或对重被提起时，复位弹簧使柱塞恢复到全伸长位置。

橡胶垫的紧固螺栓上加工出一个 T 形通气孔，如图 6—39 所示。它是为了便于向缸体内注油，并使柱塞能充分自由复位，而在缓冲过程中，撞击板压住橡胶垫，此 T 形通气孔被封住不起作用，可避免缓冲时排出高速气流而向外喷射油雾。

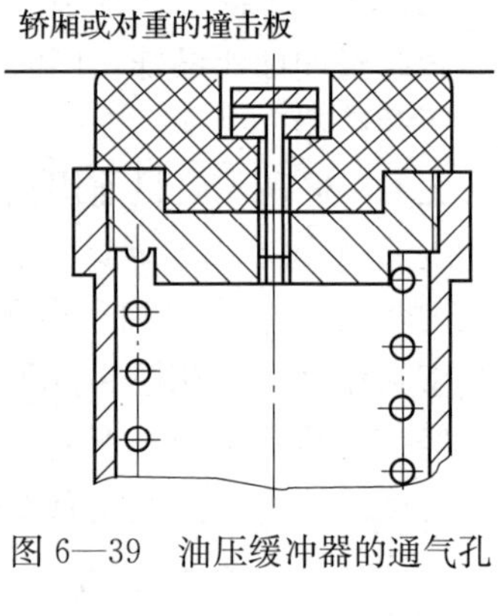

图 6—39　油压缓冲器的通气孔

（2）油压缓冲器技术规范。油压缓冲器性能应使缓冲过程的减速度在保证人体安全的范围之内。根据《电梯安全规范》（GB/T 7588—2003）规定，油压缓冲器缓冲过程的平均减速度应不大于 1 g，并且大于或等于 2.5 g 的瞬时减速度时间应不大于 0.04 s。

为使缓冲过程的平均减速度不大于 1 g，油压缓冲器应有足够的缓冲行程，它可表示为：

$$S \geqslant \frac{v_0^2}{2g} \tag{6—9}$$

式中，v_0为最大缓冲初速度（m/s），取为限速器动作速度，即电梯额定速度的115%。此行程应至少等于$0.067v^2$。

在速度较高的电梯中，为保证必要的缓冲行程，所需的油压缓冲器高度和电梯底坑深度就较大。因此，当电梯速度大于4 m/s时，常常设有一种端站强迫减速装置，当它检测到电梯在端站处未能实现正常减速时，将强制使电梯减速和停止。在这种情况下，允许采用减速行程缓冲器，其缓冲行程按轿厢或对重接触缓冲器时的速度计算，但此行程不应小于0.42 m。

4. 缓冲器的技术要求

（1）缓冲器的缓冲越程。缓冲越程是指轿厢与底层平层时，轿厢底部碰撞板与其缓冲器顶面之间的距离；或轿厢与顶层平层时，对重底部碰撞板与其缓冲器顶面之间的距离。

轿厢底部碰撞板与其缓冲器顶面之间的距离和对重底部碰撞板与其缓冲器顶面之间的距离定为：弹簧缓冲器，200～350 mm；液压缓冲器，150～400 mm。

（2）缓冲器的安装要求。

1）轿厢底部碰撞板中心与其缓冲器顶面板中心偏差不大于20 mm。

2）对重底部碰撞板中心与其缓冲器顶面板中心偏差不大于20 mm。

3）轿厢侧使用两个缓冲器时，同一基础上的两个缓冲器顶部与轿厢对应距离的偏差不大于2 mm。

4）采用油压缓冲器时，其柱塞垂直度误差不大于0.5%；油压缓冲器内油液量正确。

5）缓冲器应有型式试验证书。

6）采用油压缓冲器时，应设有缓冲器动作后未恢复到正常位置时确保使电梯不能运行的电气安全开关。此开关既要保证液压缓冲器复位后才可接通，又要保证缓冲器动作期间，电梯的安全回路始终处于断开状态。

四、终端限位保护装置

终端限位保护装置的功能是防止由于电梯电气系统失灵，轿厢到达顶层或底层后仍继续行驶（冲顶或蹲底）。

它由强迫减速开关、终端限位开关、终端极限开关三个开关以及相应的碰板、碰轮和联动机构组成。

1. 强迫减速开关

强迫减速开关，是电梯失控有可能造成冲顶或蹲底时的第一道防线。强迫减速开关由上下两个开关组成，一般安装在井道的顶部和底部（见图 6—40）。当电梯失控，轿厢已到顶层或底层而不能减速停车时，装在轿厢上的碰板与强迫减速开关的碰轮相接触，使接点发出指令信号，迫使电梯减速后停驶。

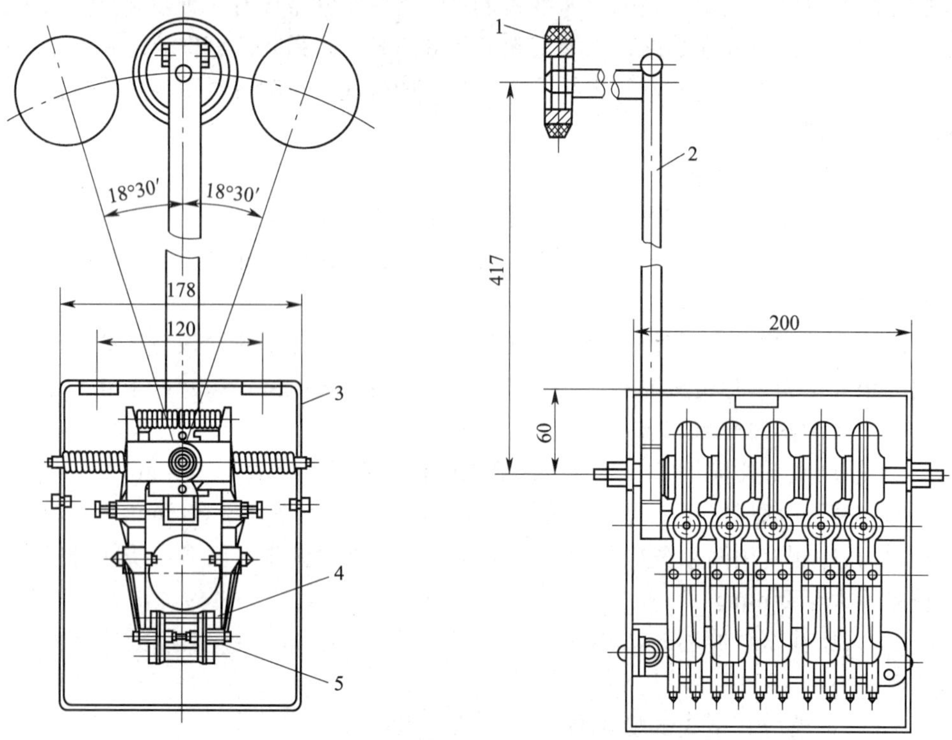

图 6—40 端站强迫减速开关装置

1—橡胶滚轮 2—连杆 3—盒 4—动触点 5—定触点

有的电梯把强迫减速开关安在选层器钢架上下两端。当电梯失控，轿厢到达顶层或底层而不能换速停车时，装在选层器动滑板的动触头与强迫减速开关接触，从而使轿厢换速并停驶。

2. 终端限位开关

终端限位开关由上、下两个开关组成，一般分别安装在井道顶部和底部，在强迫减速开关之后，是电梯失控的第二道防线。当强迫减速开关未能使电梯减速停驶，轿厢越出顶层或底层位置后，上限位开关或下限位开关动作，迫使电梯停止运行。

终端限位开关动作而迫使电梯停驶后，电梯仍能应答层楼招呼信号，向相反方向继续运行。

3. 终端极限开关

（1）机械电气式终端极限开关。该极限开关是在强迫减速开关和终端限位开关失去作用时，或控制轿厢上行（或下行）的主接触器失电后仍不能释放时（如接触器触点熔焊粘连、线圈铁心被油污粘住、衔铁或机械部分被卡死等）切断控制电路。当轿厢地坎超越上、下端站 20 mm 时，在轿厢或对重接触缓冲器之前，装在轿厢上的碰板与在井道上、下端的上碰轮或下碰轮接触，牵动与装在机房墙上的极限开关相连的钢丝绳，使只有人工才能复位的极限开关动作，从而切断除照明和报警装置电源外的总电源。

终端限位保护装置动作后，应由专职的维修人员检查，排除故障后，方能投入运行。

终端极限开关常用机械力切断电梯总电源的方法使电梯停驶，有链轮式和绳轮式两种。绳轮式极限开关（见图 6—41）的工作原理如下：

轿厢外侧的碰板推住钢丝绳上的碰块后，钢丝绳 6 随碰块运动而被向下拉。钢丝绳的终端固定在棘爪 3 上，在钢丝绳的拉力作用下，棘爪转动离开棘轮 5；棘轮在弹簧 2 的作用下反时针转动，与棘轮同轴的刀闸开关也随同一起转动，切断总电源使电梯停止。

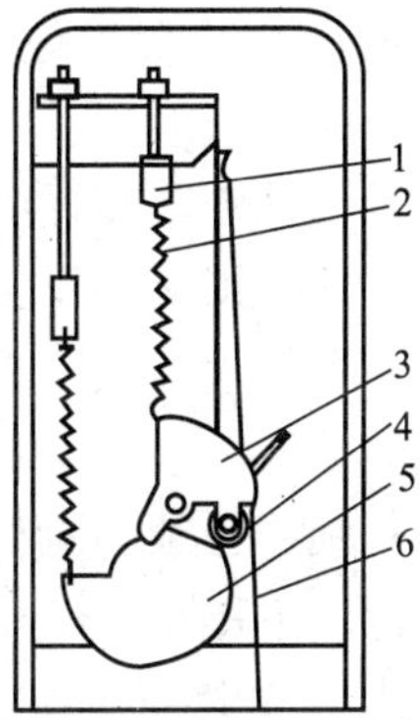

图 6—41　绳轮式极限开关

1—弹簧接头　2—弹簧　3—棘爪　4—滚轮　5—棘轮　6—钢丝绳

（2）电气式终端极限开关。这种形式的终端极限开关，采用与强迫减速开关和终端限位开关相同的限位开关。设置在终端限位开关之后的井道顶部或底部，用支架板固定在导轨上。当轿厢地坎超越上下端站 20 mm，且轿厢或对重接触缓冲器之前动作。其动作是由装在轿楔上的碰板触动限位开关，切断安全回路电源或断开上行（或下行）主接触器，使曳引机停止转动，轿厢停止运行。图 6—42 所示是电气式终端极限开关、终端限位开关、强迫减速开关位置示意图。终端限位保护装置动作后，应由专职的维修人员检查，排除故障后，方能投入运行。

五、门锁装置

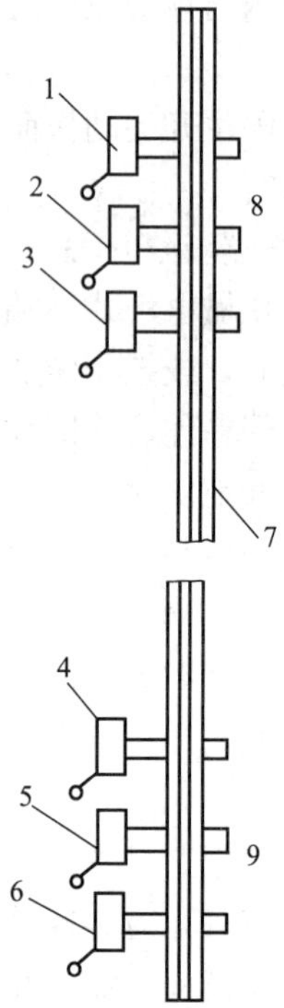

图 6—42　电气式终端限位开关、终端限位开关、强迫减速开关位置

1，6—终端极限开关　2—上限位开关　3—上强迫减速开关　4—下强迫减速开关　5—下限位开关　7—导轨　8—井道顶部　9—井道底部

乘客进入电梯轿厢首先接触到的就是电梯层门。正常情况下，只要电梯的轿厢没到位（到达本站层），本层站的层门都是紧紧地关闭着，只有轿厢到位（到达本层站）后，层门随着轿厢的门打开后才跟随着打开，因此层门门锁安全装置的可靠性十分重要，直接关系到乘客进入电梯的头一关的安全性。

电梯门锁装置分层门门联锁装置、门副锁安全开关、层门自动关闭装置、验证轿门闭合装置。

1. 层门门联锁装置

（1）每个层门应设有层门门联锁装置，该装置由机械锁紧装置和电气安全触点开关构成一体。

（2）机械锁紧装置由重力、永久磁铁或弹簧来产生和保持锁紧动作。

（3）即使永久磁铁或弹簧失效，重力也不应导致开锁。

（4）锁钩必须与锁壳内相应钩子构件钩牢，其啮合深度不得小于 7 mm，才能使电气联锁的安全触点完全接通。如果啮合深度小于7 mm，门联锁安全触点开关应不能接通。

（5）层门门锁装置必须是自重力向下锁紧的（下钩式），其电气联锁触点应是直接接触式的安全触点，应有防尘措施。

（6）机械锁将层门锁紧后，用手应不能将层门扒开。

（7）所有门联锁的电气安全触点开关都串联在安全控制回路中，如果一个层门或多扇层门中的任何一扇被打开，电梯应立即停止运行或不能启动。

（8）层门门锁应有型式试验报告副本、合格证并存档备查。

2. 门副锁安全开关

如果滑动门是由数个间接的机械连接（如绳、带、链）的门扇组成，层门门锁一般设置在主动门上；则在从动门上应设置副门锁安全触点开关。当门扇传动机构发生故障造成门扇关门不到位时，安全回路不能接通，电梯不能启动运行或立即停止运行。

3. 层门自动关闭装置

在轿门驱动层门的情况下，当轿厢在开锁区域之外时，层门无论因为何种原因而开启，应有一种装置（重块或弹簧）能确保该层门自动关闭。凡是装有自动门装置的电梯，都应设层门自闭装置。当轿厢不在该层时，如果用紧急开锁钥匙或在井道内人为将门打开，层门应能迅速自动关闭。自动关闭装置有压簧式、拉簧式和重锤式。

4. 验证轿门闭合装置

当轿门完全关闭并在所有层门均关闭的情况下，轿厢门联锁安全触点开关接通，电梯才能正常启动运行；当运动中的轿厢门离开闭合位置时，电梯应立即停止运行或不能启动。

在应用中，微机控制的电梯，在确认层门门联锁接通，同时必须在接到轿门关门到位的信号后电梯才能启动运行。

5. 层门钥匙

（1）每个层门均应能从外面用打开三角锁孔的钥匙开启。

（2）该钥匙应交给负责人员。

（3）钥匙应带有书面说明，详述必须采用的预防措施。

六、其他安全保护装置

1. 近门保护装置

乘客进入层门后就应立即经过轿厢门而进入轿厢，近门指的是接近轿厢门。但由于乘客进出轿厢的速度不同，有时会发生人被轿门夹住，电梯上设置的近门保护装置就是为了防止轿厢在关门过程中夹伤乘客或夹住物品的现象。

2. 轿厢超载保护装置

乘客从层门、轿门进入到轿厢后，轿厢里的乘客人数（或货物）所达到的载重量如果超过电梯的额定载重量，就可能造成电梯超载后产生不安全后果或超载失控、造成电梯超速降落的事故。

超载保护装置的作用是当轿厢超过额定负载时，能发出警告信号并使轿厢不能启动运行，避免意外事故的发生。

3. 轿厢顶部的安全窗

安全窗是设在轿厢顶部的一个向外开的窗口。安全窗打开时，使限位开关的常开触点断开，切断控制电源，此时电梯不能运行。当轿厢因故障停在楼房两层中间时，司机可通过安全窗从轿顶以安全措施找到层门。安装人员在安装时以及维修人员在处理故障时都可利用安全窗。由于控制电源被切断，可以防止人员出入轿厢窗口时因电梯突然启动而造成人身伤害事故。当出入安全窗时，还必须先将电梯急停开关按下（如果有的话）或用钥匙将控制电源切断。为了安全，司机最好不要从安全窗出入，更不要让乘客出入。因安全窗窗口较小，且离地面有两米多高，上下很不方便。停电时，轿顶上很黑，又有各种装置，易发生人身事故。

也有的电梯不设安全窗，可以用紧急钥匙打开相应的层门上下轿顶。

4. 轿顶护栏

轿顶护栏是电梯维修人员在轿顶作业时的安全保护栏。GB 7588—1987《电梯制造与安装安全规范》中规定“轿顶应设计成有安装栏杆的可能，根据当地的规定可要求安装护栏。”此后，GB 7588—1992 版报批稿中将其删去。轿顶装设护栏有利有弊。有护栏可以防止维修人员不慎坠落井道；然而有护栏又使得有的维修人员倚靠护栏，反而思想麻痹，不慎时也会造成人体碰撞与擦伤。在实际工作中，无护栏而坠入井道死亡的情况和有护栏而造成碰伤的情况都有发生。设不设护栏，应视电梯自身设备状况和井道尺寸、维修人员素质等情况，由当地特种设备安全监察部门规定。就实践经验来看，设护栏比不设护栏利大于弊，只是设置护栏时应注意使护栏外围与井道内的其他设施（特别是对重）保持一定的安全距离，做到既可防止人员从轿顶坠落，又避免因扶、倚护栏造成人身伤害事故。在维修人员安全工作守则中可以写入“站在行驶中的轿顶上时，应站稳，不倚靠护栏”和“与轿厢相对运动的对重及井道内其他设施保持安全距离”字样，以提醒维修作业人员重视安全。

5. 底坑对重侧护栅

为防止人员进入底坑对重下侧而发生危险，在底坑对重侧两导轨间应设防护栅，防护栅高度为 1.7 m，距地 0.5 m。宽度不小于对重导轨两外侧之间距，防护网空格或穿孔尺寸，无论水平方向或垂直方向测量，均不得大于 75 mm。

6. 轿厢护脚板

轿厢不平层，当轿厢地面（地坎）的位置高于层站地面时，会使轿厢与层门地坎之间产生间隙，这个间隙会使乘客的脚踏入井道，有可能发生人身伤害。为此，国家标准规定，每一轿厢地坎上均需装设护脚板，其宽度是层站入口处的整个净宽。护脚板垂直部分的高度应不小于 0.75 m。垂直部分以下部分成斜面向下延伸，斜面与水平面的夹角大于 60°，该斜面在水平面上的投影深度不小于 20 mm。护脚板用 2 mm 厚铁板制成，装于轿厢地坎下侧且用扁铁支撑，以提高机械强度。

7. 制动器扳手与盘车手轮

若电梯运行当中遇到突然停电造成电梯停止运行，电梯又没有停电自动运行设备，且轿厢又停在两层门之间，乘客无法走出轿厢，此时，就需由维修人员到机房用制动器扳手和盘车手轮两件工具人为操纵使轿厢就近停靠，以便疏导乘客。制动器扳手的式样，因电梯抱闸装置的不同而不同，作用都是用它使制动器的抱闸脱开。盘车手轮是用来转动电动机主轴的轮状工具（有的电梯装有惯性轮，亦可操纵电动机转动）。操作时首先应切断电源，然后由两人操作，即一人操作制动器扳手，一人转动手轮。两人需配合好，以免因制动器的抱闸被打开而未能把住手轮致使电梯因对重的质量而造成轿厢快速行驶。一人打开抱闸，一人慢速转动手轮使轿厢向上移动，当轿厢移到接近平层位置时即可。制动器扳手和盘车手轮平时应放在明显位置并应涂以红漆。

8. 电梯急停开关

急停开关也称安全开关，是串接在电梯控制线路中的一种不能自动复位的手动开关。当遇到紧急情况或在轿顶、底坑、机房等处检修电梯时，为防止电梯的启动、运行，需将开关关闭切断控制电源以保证安全。

急停开关分别设置在轿厢操作盘（箱）上、轿顶操纵盒上、底坑内和机房控制柜壁上。有的电梯轿厢操作盘（箱）上不设此开关。

急停开关应有明显的标志，按钮应为红色，旁边标以“通”“断”或“停止”字样。扳动开关，向上为接通，向下为断开，旁边也应用红色标明“停止”位置。

9. 可切断电梯电源的主开关

每台电梯在机房中都应装设一个能切断该电梯电源的主开关，并具有切断电梯正常行驶的最大电流的能力。如有多台电梯，还应对各个主开关进行编号。但主开关切断电源时不包括轿厢内、轿顶、机房和井道的照明、通风以及必须设置的电源插座等的供电电路。

10. 紧急报警装置

当电梯轿厢因故障被迫停驶，为使电梯司机与乘客在需要时能有效地向外求援，应在轿厢内装设乘客易于识别和触及的报警装置，以通知维修人员或有关人员采取相应的措施。报警装置可采用警铃（充电蓄电池供电的）、对讲系统、外部电话或类似的装置。

第三节　电梯安全作业管理及检验

一、电梯安全使用管理措施

电梯的安全使用管理措施包括岗位职责、机房管理、安全操作管理、维修管理、备件工具管理以及技术资料档案管理等方面的内容。

1. 岗位责任制

岗位责任制是一项明确电梯司机和维修人员工作范围、承担的责任以及完成岗位工作的质和量的管理制度。岗位职责定得越明确、具体，就越有利于在工作中执行。因此，在制定此项制度时，要以电梯的安全运行管理为宗旨，将岗位人员在驾驶和维修保养电梯的当班期间应该做什么工作，以及达到的要求进行具体化、条理化、程序化。为此，一般情况下，管理人员需开展下列工作：

（1）收集和整理电梯的有关技术资料，具体包括井道及机房的土建资料，安装平面布置图，产品合格证书，电气控制说明书，电路原理图和安装接线图，易损件图册，安装说明书，使用维护说明书，电梯安装及验收规范，装箱单和备品备件明细表，安装验收试验和测试记录以及安装验收时移交的资料和材料，国家有关电梯设计、制造、安装等方面的技术条件、规范和标准等。

（2）收集并妥善保管电梯备品、备件、附件和工具。根据随机技术文件中的备品、备件、附件和工具明细表，清理校对随机发来的备品、备件、附件和专用工具，收集电梯安装后剩余的各种安装材料，并登记建账，合理保管。除此之外，还应根据随机技术文件提供的技术资料编制备品、备件采购计划。

（3）熟悉收集到的电梯技术资料，向有关人员了解电梯在安装、调试、验收时的情况，条件具备时可控制电梯做上下试运行若干次，认真检查电梯的完好情况。

（4）根据本单位的具体情况和条件，建立电梯管理、使用、维护保养和修理制度。

（5）制定司机和维修人员的定期安全技术培训计划。

2. 交接班制度

对于多班运行的电梯岗位，应建立交接班制度，以明确交接班双方的责任，交接的内容、方式和应履行的手续。否则，一旦遇到问题，易出现推诿、扯皮现象，影响工作。在制定此项制度时，应明确以下内容：

（1）交接班时，双方应在现场共同查看电梯的运行状态，清点工具、备件和机房内配置的消防器材，当面交接清楚，而不能随随便便地进行交接。

（2）明确交接前后的责任。通常，在双方履行交接签字手续后再出现的问题，由接班人员负责处理。若正在交接时电梯出现故障，应由交班人员负责处理，但接班人员应积极配合。若接班人员未能按时接班，在未征得领导同意前，待交班人员不得擅自离开岗位。

（3）因电梯岗位一般配置人员较少，遇较大运行故障，当班人力不足时，已下班人员应在接到通知后尽快赶到现场共同处理。

3．机房管理制度

机房的管理以满足电梯的工作条件和安全为原则，主要内容如下：

（1）非岗位人员未经管理者同意不得进入机房。

（2）机房内配置的消防灭火器材要定期检查，放在明显易取部位（一般在机房入口处），经常保持完好状态。

（3）保证机房照明、电话设施完好、畅通。

（4）经常保持机房地面、墙面和顶部的清洁及门窗的完好，门锁钥匙不允许转借他人。机房内不准存放与电梯无关的物品，更不允许堆放易燃、易爆危险品和腐蚀挥发性物品。

（5）保持室内温度为5～40℃，有条件时，可适当安装空调设备，但通风设备必须满足机房通风要求。

（6）注意防水、防鼠的检查，严防机房顶、墙体渗水、漏水和鼠害。

（7）注意电梯电源配电盘的日常检查，保证完好、可靠。

（8）保持通往机房的通道、楼梯间的畅通。

4．安全使用管理制度

这项制度的核心是通过制度的建立，使电梯得以安全合理地使用，避免人为损坏或发生事故。对于主要为乘客服务的电梯，还应制定单位职工使用电梯的规定，以免影响对乘客的服务质量。

5．维修保养制度

为了加强电梯的日常运行检查和预防性检修，防止突发事故，使电梯能够安全、可靠、舒适、高效率地提供服务，应制定详细的操作性强的维修保养制度。在制定时，应参考电梯厂家提供的使用维修保养说明书及国家有关标准和规定，结合本单位电梯使用的具体情况，将日常检查、周期性保养和定期检修的具体内容、时间及要求做出计划性安排，避开电梯使用的高峰期。维修备件、工具的申报、采购、保管和领用办法及程序，也应列于此项管理制度中。

6. 技术档案管理制度

电梯是建筑物中的大型重要设备之一，应对其技术资料建立专门的技术档案。对于多台电梯，每台电梯都应有各自单独的技术档案，不能互相混淆。电梯的技术档案包括以下内容：

（1）新电梯的移交资料。

1）电梯的井道及机房土建图和设计变更证明文件。

2）产品质量合格证书，出厂试验记录及装箱单。

3）使用维修保养说明书，电气控制原理图，接线图，主要部件和电气元件的技术说明书等随机技术资料。这些资料在电梯安装过程中因频繁使用，容易造成损坏、脏污甚至丢失，应从安装开始就明确专人负责统一保管。

4）安装、调试、试验、检验的记录和报告书。

5）电梯安装方案或工艺卡及隐蔽工程验收记录。

6）设备和线路的绝缘电阻、接地电阻的测试记录及有关图纸等。

以上资料对电梯今后的使用管理和维修保养及改造、更新都极为重要。在进行电梯的交接验收时，使用单位应注意清点、核审、收集，作为电梯技术档案的重要组成部分，由专人管理。

（2）设备档案卡。以表格、卡片的形式记录每台电梯产品的名称及性能特征、技术参数、安装和启用日期、安装地点等内容的档案卡，具有格式清晰、内容详细、使用方便等优点。

（3）电梯运行阶段的各种记录。包括运行值班记录、维修保养记录、大中修记录、各项试验记录、故障或事故处理记录、改造记录等。对于主管部门的安全技术检验记录（整改意见）和报告书应一起归档管理。各种记录应认真填写，准确反映实际情况。

二、电梯的安全检验

为确保电梯安全运行，国家主管部门制定了对电梯安全检验的细则。其目的在于通过对电梯进行安全检验，来加强对电梯的安全管理。合格的电梯，颁发安全使用许可证，张贴合格标志，准予运行；不合格的电梯，不准投入使用；对于已取得电梯安全运行合格证的电梯，主管部门还要定期进行复查。若复查中发现达不到安全运行要求时，取消运行资格，直到把问题全部解决、能确保电梯安全运行时，方可重新投入使用。这些措施，在保证电梯安全运行方面起到了极其重要的作用。

电梯安全检验项目及内容见表 6—2。

表 6—2　　电梯安全检验项目及内容

序　号	检 验 项 目	检验内容和要求
1	机房	门销、消防设施、通风、防潮、曳引墙与楼板孔，四周距离，控制柜与门窗距离等，符合国家有关规范和要求
2	曳引轮	垂直度、绳槽磨损符合国家技术指标或制造厂家的技术指标
3	制动器	制动力矩、闸瓦间隙、手动闸扳手位置符合国家技术要求和规定
4	限速器	铅封、夹绳钳、超速开关、张紧装置、安全开关、动作速度等符合国家技术要求和规定
5	电源主开关	位置、标志、停止开关符合国家规定或制造厂家的要求
6	电气保护	零、地线分开，电气设备接地或接零，电气设备绝缘，接地电阻，断相错相保护，过载保护等，应符合国家规范或制造厂家的要求
7	导轨及导轨支架	轿厢与对重导轨、导轨支架的距离、垂直度、水平度、安装要求，应符合国家技术要求或制造厂家的技术要求
8	对重	安装要求和技术指标应符合国家标准或制造厂家的要求
9	井道电缆	安装及使用应符合国家规定
10	安全保护开关	极限开关、限位开关、强迫换速开关等安全保护开关，安装、使用、动作要求符合国家标谁
11	轿 厢	轿厢的门、轿厢整体安装、光电保护、安全触板、门刀、门机构、门的开启、轿内操作箱各功能钮、开关信号显示、超载装置、通讯报告，以及轿厢顶上防护栏杆、绳头组合装置、操纵开关盒、照明、导靴与导轨顶面间隙、轿厢与对重装置之间距离、安全钳联动装置及开关、楔块与导轨间隙、提拉力、安全窗开关、门电动机驱动装置、平层装置、电气线路及电气元器件等符合国家规定或制造厂家要求
12	钢丝绳	断丝数、磨损、锈蚀及其他局部损伤符合国家技术要求和规定

续表

序　号	检 验 项 目	检验内容和要求
13	层门	各层层门的门锁、层门门缝运动情况，楼层信号显示、层外召唤按钮等符合国家有关规定
14	地坎	与地面高差、各层层门地块与轿门地块间距等应符合国家技术标准
15	缓冲器	与轿厢、对重行程底部极限位置、距离，动作、灵敏度情况等符合国家安装规范及技术要求
16	平层精度	根据梯型种类、梯速指标，应符合国家规定的平层准确度的要求范围
17	性能及安全试验	根据梯型种类、梯速指标、载荷量不同进行相应的静载、运行、超载试验，以及安全钳可靠性试验，试验结果应符合国家技术标准
18	其他	底坑的照明、各种电气开关、排水装置，以及对重侧防护栏等，应符合国家规定

三、电梯的安全监察

电梯安全监察主要有以下内容：

(1) 各地行政主管部门，对学校、机场、车站、客运码头、医院、商场、体育场馆、文艺场馆、展览馆、旅游景点等公众聚集场所的电梯实施重点安全监察。

重点安全监察内容为：

1) 经常对电梯管理制度落实情况和日常维护保养工作开展情况进行检查，督促使用单位及时改进管理和消除事故隐患。

2) 定期检查电梯安装、改造、维修单位的管理制度执行情况，督促其及时改进和提高服务质量。

3) 分析电梯检验机构提供的检验信息，及时督促整改不合格项目，保障电梯在检验周期内的安全运行。

(2) 各级行政主管部门应当根据本地区的实际情况，对电梯的制造、安装、使用、检验、维修与改造单位执行规定的情况进行安全监察。

(3) 各级行政主管部门应当对本辖区内取得电梯制造、安装、改造、维修和检验许可或者核准的单位进行监督抽查，重点抽查内容为：

1）专业技术人员和技术工人，生产条件和检测手段，质量管理制度的执行和责任制度的落实。

2）超越许可或者核准范围施工、检验。

3）涂改、伪造、出租或出卖许可证书或核准证书。

4）施工前未履行书面告知义务。

5）实施施工、检验后的电梯存在严重事故隐患。

6）涉及电梯安全监察的举报与投诉。

7）发生电梯事故。

（4）各级行政主管部门的安全监察机构应当开展下列内容的日常安全监察：

1）检查电梯制造、安装、改造、维修单位执行规定要求的情况。

2）检查电梯使用单位落实电梯日常维护保养等安全运行的基本要求和安全管理责任制度的情况。

3）检查电梯检验机构执行质量保证体系的运行情况。

第四节 电梯的安全操作技术与要求

一、电梯安全操作要求与规程

1．基本要求

（1）电梯司机应由具有初中以上文化、身体健康的人员担任。患有心脏病、高血压、精神病、耳聋眼花、智力低下者，不能担任电梯的驾驶工作。

（2）电梯司机应有一定的机械电气基础知识，了解电梯的基本结构、主要零部件的结构、安装位置和作用，了解电梯的启动、加速、减速、平层等运行原理。

（3）电梯司机应掌握所操纵电梯的基本规格参数，包括服务对象、井道、层站数、层楼提升高度、额定速度、载重量、拖动方式、层轿门形式、控制方式等。熟悉电梯在建筑物中的位置，本楼的通道及紧急出口，维修值班室位置及联络电话。

（4）应掌握电梯的各种安全装置、联锁装置的构造及安装位置，会使用操纵盘上的各种按钮、开关，熟练掌握电梯在各种状态下的操纵方法，并能应对电梯运行中突然出现的停车、失控、冲顶、蹲底等故障。

2．司机在电梯运行前的检查

司机在电梯运行前，应认真听取上一班司机介绍运行情况和查看运行记录，并对电梯做运行前检查。

(1) 开启层门（或层门自动打开）进入轿厢前，必须确认电梯轿厢在本层后再进入轿厢，切勿盲目闯入造成跌入井道事故。

(2) 开启轿厢照明，检查操纵盘上各按钮、开关、指示灯是否完好。

(3) 检查层、轿门是否灵活可靠，自动门装置动作是否正常，层、轿门地坎槽内有无杂物。

(4) 工作前，将电梯试运行数次，应逐层停站，注意平层准确度是否在规定范围内，电梯运行中有无异常、异响。

(5) 操纵盘上各按钮、开关、层楼显示应正常。对外联络装置，如电话、警铃应完好正常。

(6) 层、轿门门电锁、门联锁开关工作应正常，如门未完全关闭则电梯不能启动，层门关闭后不能从外面扒启，层门与轿门开闭无卡阻和异响。

3. 电梯司机在电梯运行中的注意事项

(1) 电梯司机在工作时间应坚守工作岗位，不擅离电梯。如必须离开，应将轿厢停于基站，切断操纵盘电源开关或电梯锁梯，关闭层门。

(2) 轿厢运载时，不允许超过电梯额定载重量和规定乘客人数。

(3) 不允许乘客电梯经常作为载货电梯使用。

(4) 不许装运易燃易爆等危险品。如遇特殊情况，需经管理部门批准、并采取安全保护措施。

(5) 严禁在层门和轿门开启的情况下，用揿按应急按钮的方法控制电梯用检修速度做正常行驶。

(6) 不允许在电梯正常行驶中、无异常情况时，按急停按钮操作。

(7) 不允许开启轿顶安全窗或后门来装运长物件。

(8) 劝告乘客勿倚靠厢门。

(9) 轿厢顶上部不得放置其他物品。

(10) 在个别情况下，平层准确度不能满足要求时，可以在门区附近用慢速再平层。

(11) 运载货物时，应尽可能平稳地将货物放在轿厢中间，或对称平稳码放，避免放在轿厢一边或一角落，避免运行中倾倒。

(12) 货梯载重应注意核对无质量标记的货物，切勿低估其质量，当发现电梯上行速度减慢或下行速度加快时，说明超载，应立即停车卸货后再启动。

(13) 不要让乘客在轿厢内蹦跳，以免安全开关或安全钳误动作而发生困人事件及其他故障。

（14）在轿厢未停妥时（包括自平层慢速），不准开启轿门与层门使乘客出入，以防造成伤亡事故。

（15）任何人不得在层、轿门之间骑跨位置逗留，轿厢内不允许吸烟。

（16）不得用对外联络装置在运行中聊天。

4．电梯停运后的注意事项

（1）当日工作完毕后，司机应将电梯返回基站停放。

（2）司机要做好当日电梯运行记录，对存在问题及时报告有关部门及检修人员。

（3）做好轿厢内外清洁工作，清除层、轿门地坎槽内的杂物及垃圾。

（4）关闭轿厢内照明、风扇及电源开关，关好轿门及层门，并检查层门不应在外扒启。

（5）做好交接班工作。

5．当电梯发生如下故障时应停运进行检修

（1）当电梯层门、轿门关闭后，电梯不能启动运行时。

（2）电梯行驶中如发生运行速度有显著升高或降低时，应把电梯就近停站，将乘客送出轿厢，将电源开关或急停开关关闭，通知检修人员。

（3）当发现层门或轿门未关闭而能启动电梯时，应立即停止使用，关闭电源，通知检修人员并检查门电锁或门锁继电器触点等。

（4）当发现电梯行驶方向与操纵方向或指令方向相反时，应立即停车，通知检查人员检查相序。

（5）电梯行驶中突然停电，司机应首先切断电源，如为手柄操作，将手柄回至零位。劝阻乘客企图跳出轿厢的举动，并用通信设施与外部联系。如停电时间较短，可待电源恢复后再开动运行。当停电时间较长时，司机应通知检修人员到机房，用抱闸扳手松开抱闸，人工方式用盘车手轮将电梯移动至层站开门区，让乘客运出轿厢，司机同时关闭所有开关及层轿门。

（6）当平层准确度超过允许值较大时，立即停车检修。

（7）轿厢在运行中，发觉有异响、噪声异常、撞击声或较大振动、冲击时，应立即停止运行，关断电源，通知维修人员检查。

（8）电梯正常运行中，安全钳误动作，司机应立即切断电源，通知维修人员检修。

（9）当电梯超越端站位置仍继续运行时，说明极限保护开关无效，应立即关断电源，或将急停开关按下，使制动器失电而制动。并及时通知检修人员。

6. 电梯日常安全管理制度

(1) 电梯机房门必须锁好，管理好。通往机房的通道必须畅通。

(2) 机房内保持空气流通、有足够的照明，应配齐消防器材。

(3) 机房应防止屋顶漏雨，门窗应关妥，以防电气设备淋雨。

(4) 机房不得有其他用途（如居住或储存杂物）。

(5) 日常应保持轿厢内外及门地坎槽的清洁，空气通畅，并有足够的照度。

(6) 轿顶应定期清洁，无尘土和杂物堆积。

(7) 电梯井道底坑必须防止积水、进水及进入易燃物。底坑应定期清扫，如发现积水要及时排除。

(8) 除特别设计的载货电梯外，轿厢内不得用机动叉车装卸货物。

(9) 勿让儿童单独搭乘电梯。勿用硬物敲打操纵箱及按钮。轿厢内禁止吸烟。

(10) 层门紧急开锁用的机械钥匙（三角孔、四方孔等钥匙）应由持证管理人员保管，勿交给其他人，以免发生意外事故。

(11) 建立并严格执行各项安全管理制度，电梯必须经有关部门安全年检合格发证后使用。

二、电梯安全操作技术

掌握电梯安全操作技术，是每个电梯工及管理者必须具备的重要岗位职责之一。每个电梯工和管理者都应认真学习各种型号电梯的功能，掌握操作要领，保证安全运行。

1. 电梯安全操作的方法与程序

(1) 电梯安全操作的必要条件。电梯作为一种机电合一的大型垂直运输工具，既运送乘客又运送货物，其安全可靠性必须有一定的措施来保证：

1) 严格执行技术标准和安全法规。为保证电梯安全可靠运行，国家相关部门制定了各项技术标准和安全法规，其目的都是要达到保证电梯安全可靠地使用，这些标准、法规必须严格遵守。

2) 制定严格的管理办法。从事电梯安装、维修、管理的单位、部门，必须制定具体、可行、严格的电梯管理办法，并应有一套自己的管理制度及安装保养规程。

3) 培训操作者。从事电梯安装维修的人员以及专职司机，必须由经政府批准的培训部门培训，经考核合格并取得合格证才能上岗。

4）电梯设备完好。电梯设备的各个部件，除了按规定进行定期定项的维护保养外，还应按规定对部分损坏或达到规定年限的部件进行更换，不得使其超期服役，以免造成事故。

（2）电梯运行安全操作的方法与程序。由于电梯的用途、控制方式、驱动装置的不同，其运行的过程有相同之处，但也有差异，应按具体情况实施操作。

1）准备运行。

①打开电梯层轿门。用层门钥匙开关接通控制电源，将轿厢停靠层（一般为基站）的层门打开，轿厢的门同时也被打开（是轿厢门带动层门运动）。也可用外层门钥匙手动将层门打开，同时轿厢门也被打开。使用层门钥匙手动打开层门时，首先应确认电梯轿厢是否在本层。如在本层时，开启层门时应缓慢开启。不能将层门锁钥匙插入层门上部的钥匙孔内开启层门，以免发生坠落事件。

②进入电梯轿厢操作。首先打开轿厢操作盘上的拉门（有的电梯没有此拉门），或者首先合上照明开关接通电源，点亮轿厢照明灯。然后接通控制电源，使电梯由慢车运行状态转为快车运行状态。对应“有/无”司机转换时，应转换成有司机状态。

2）快车试运行操作准备。在电梯准备运行操作均正常后，方可进行快车试运行操作。在有或无司机状态下，进行试运行操作：

①选层、定向。此两项操作多为同时完成，应注意方向指示是否正确，否则停止此操作。

②关门。电梯在选层、定向后，只有轿层门关严后方可走车试运行。

③试运行中应注意看、听、闻，应用感觉的方法检验电梯的运行状态，如有异常情况发生时，应停止运行。

3）快车运行操作。试运行正常后，方可进行正常的载客快车运行，而且要做到：

①不准超载运行。

②不允许开启轿厢顶安全窗、安全门运载超长物品。

③禁止用检修速度作为正常速度运行。

④电梯运行中不得突然换向。需换向运行时，应先停车后换向。

⑤禁止用手以外的物件操纵电梯。

⑥客梯不能作为货梯使用。

⑦不准运载易燃易爆等危险品。

⑧不许用急停按钮作为消除预选信号和呼梯信号。

⑨轿厢顶部不准放置其他物品。

⑩关门启动前禁止乘客在厅、轿门中间逗留、打闹，更不准乘客触动操纵盘上的开关和按钮。

2. 电梯检修状态下的安全操作

（1）检修状态的转换。只要将装于操纵箱上的钥匙开关转至检修位置即可使电梯转入检修状态，此时切断了控制回路中所有正常运行环节和自动开关门的正常运行环节。检修状态时的操作，只有经过专业培训的检修人员才可操纵电梯慢速上行或下行。

（2）在轿厢内的检修运行操作。在检修状态下，只能慢速运行。为了检修人员的方便，在内外门闭合情况下，一般有司机操作的可以在轿厢内按操纵箱上的方向按钮，即可使电梯慢速上行或下行。当松开按钮后，电梯即停止，因此可令电梯停于任意位置。

为了便于检修人员站在层楼平面处，检修轿厢顶或轿厢底的设备，需要打开电梯的轿厢门和外层门时，只需按开门钮，或同时按下方向按钮，即可令电梯开着内外门而慢速上行或下行。

（3）在轿厢顶上的检修运行操作。为了检修轿厢及井道内导轨、感应器、限位开关等设备，检修人员需在轿厢顶上操纵电梯慢速上行或下行。此时，首先应将轿顶上的检修开关盒拨向轿顶操作位置，这样轿厢内操作不起作用。

若要使电梯慢速上行，则按上方向钮即可，待手松开，电梯运行停止。若要下行，则按下方向钮即可。若电梯停于某一位置需检修，则应将检修箱上的急停开关扳向切断控制回路的位置，从而保证电梯绝对不能运行。

在轿厢顶上进行检修操作运行一定要注意安全，一般不得少于两人，但也不得多于 4 人。

（4）开关门的操作。为便于检修电梯门机系统的零部件和电气部件，在检修状态下也必须能使电梯门停于任意位置。因此要按轿厢内操纵箱上的开门按钮或关门按钮，只要手一松开，按钮即可令电梯门停于任意位置，以便于检修门机系统的机械部件和电气部件。

（5）检修操作时的注意事项。

1）在电梯检修慢速运行时，必须由经过专业培训的检修人员方可进行检修操作，一般不得少于两人。

2）检修慢速运行，必须要注意安全，必须要互相配合好，要做到有呼有应。互相没有联系好时，绝不能慢速运行，尤其在轿厢顶上操纵运行时更要注意。

3）在轿厢顶进行检修操作运行时，必须要把外层门全部闭合，方可慢速运行。

4）当慢速运行至某一位置，需进行井道内或轿底的某些电气机械部件检修时，检修人员必须切断轿顶检修箱上的急停开关或轿厢操纵盘上的急停按钮后，方可进行操作。

3. 电梯消防状态下的安全操作

对于高层（大于10层）大楼，根据消防规范要求，一个高层大楼内必须设置有一台大楼发生火灾时疏散人员和供消防人员专用的电梯，以利灭火工作的顺利进行。对此，在签订电梯合同时应明确向电梯制造厂提出，多台电梯中哪一台电梯是供消防人员使用的电梯。对于具有消防要求的电梯，在设计时应考虑消防人员专用的控制环节。根据我国的消防规范要求，一般消防专用电梯在大楼发生火灾时应具有下列功能：

(1) 在底层（或基站）的层门侧应有专供火警时能敲碎玻璃面板就可扳动消防专用开关的消防开关箱。

(2) 当消防开关接通后，不管电梯处于何种运行状态（向上或向下，有司机或无司机，启动、减速或是稳速运行）和何种位置，均应使电梯立即切断厅外召唤信号和轿内指令信号的回路，使电梯停车不开门，并立即向下直达底层（或基站）。对于运行速度大于1 m/s，而且正在向上运行的电梯，应先制动减速就近停车，然后反向直达底层（或基站）。

(3) 电梯返回至底层（或基站）后，开门让原先在电梯轿厢内的乘客疏散，然后消防人员进入轿厢并操纵电梯直达所需灭火的层楼。但此时，仍不接受各个层楼的厅外召唤信号，只按消防人员操纵的轿内指令信号运行，且这种运行是“一次性”的，即运行减速后将原先登记的轿内指令信号全部消除，下一次运行就需再一次按消防人员欲去层楼相对应的指令按钮。

(4) 电梯在消防专用状态下，电梯门的关闭不是自动的、连续的，而要由消防人员连续按关门按钮，才可使电梯门关闭，手松开关门按钮后即停止关门，也不开启，这样有利于消防人员救人和灭火。

待消防火警解除后，应使底层（基站）层门侧的消防开关箱中的消防开关复位至原始状态，即电梯的运行全部恢复正常。

总之，在高层大楼内的多台电梯中必定要有一台供消防人员专用的电梯。但对于某些重要大楼，其本身设有中央控制室，则底层（基站）可以不设消防专用开关箱，而由中央控制室输送一个火警信号接点给电梯控制屏，即可实现上述功能。

第五节　电梯常见故障分析与排除

一、曳引机常见故障分析与排除

电梯使用的曳引机，因类型及制造厂不同而有不同程度的差异。现以当前大量使用的国产曳引机为例，对其常见故障进行分析。

1. 电梯在运行中抖动

(1) 故障现象。电梯无论在快速运行或慢速检修运行中，有明显的颤抖现象，但没有任何异常声音。

(2) 故障分析。运行中轿厢产生抖动的原因，从电梯整体而言，主要是曳引机的减速箱内蜗轮蜗杆发生严重的磨损，齿侧间隙过大；曳引机地脚螺栓松动；在井道内个别导轨架或导轨压板松动；轿厢上导靴的靴衬磨损过大（指滑动导靴），或滚动导靴的滚轮不均匀磨损；曳引绳松紧差异大。例如，某单位的电梯在运行中发生抖动。因在运行中没有任何异常声音，检修中排除了减速箱内部零件磨损的故障原因后，仔细观察，发现曳引绳运行中有些颤动。停机进一步检查，发现从左向右数，第三根和第五根曳引绳在曳引轮槽内比其他四根低 1 mm，从而可判定六根曳引绳受力不均，这两根吃力比其他曳引绳大。后又用手从外压一下各曳引绳，同样感觉第三根和第五根紧。为进一步证明，再开车运行，发现颤动明显的是受力较轻的那四根曳引绳。又对曳引机地脚螺栓是否松动进行了检查，没发现异常现象。后到轿厢顶上，使电梯由下而上慢行，检查导轨架及导轨压板，观察轿厢运行中有无晃动现象，结果没有发现问题。证明抖动原因属于曳引绳受力不均造成的。

(3) 故障排除。二人在机房，另二人在轿厢顶上，在机房者用榔头敲击颤动明显的曳引绳，使轿厢顶上的人得知确定需调整的曳引绳。调节双螺母，使各绳张力相近。之后从轿厢顶撤出，电梯快、慢速运行，抖动现象消失。

2. 电梯在停运后，其轿厢向下滑溜

(1) 故障现象。电梯无论上行或下行时，一旦平层停车后，轿厢总是向下滑溜约 50 mm 才能停住。

(2) 故障分析。造成这种故障的原因通常有：电梯负载超过额定值；对重太轻；制动力矩太小；曳引绳上油过多，在曳引槽内打滑；曳引轮槽形有异常。例如，某单位电梯有溜车现象。经机房检查，该电梯曳引机的曳引轮槽形无磨损，而且曳引绳干净无油污或油多的现象。开电梯运行，在半载、满载及空载时，滑溜后才停车的故障仍然存在。不过在空载时滑溜距离短，约 30 mm，半载时约35 mm，满载时 40～50 mm。从而可证明造成轿厢下滑的原因是制动力矩不够造成的。再观察运行中曳引机制动器松、合闸时闸皮的动作情况，发现在电梯停止运行时，制动器左边的制动带对制动轮抱的程度正常，但右边制动带并没有完全将制动轮抱住，有明显的缝隙，怀疑是两个制动带受力不一致，其中一个过松而造成制动力矩下降，使电梯停运后，轿厢向下滑溜一段后才能停住。

（3）故障排除。重新调整制动器制动弹簧的压缩量，使其两个制动弹簧的压缩量一致。经过开车试验，发现仍有点溜车。再进一步压缩两边的制动弹簧，又开车做空载、半载、满载试验，完全达到了电梯平层准确性能的要求。

3. 电梯运行中，曳引机产生晃动

（1）故障现象。电梯在运行中，曳引机有轻微的左右晃动，尤其在制动轮处更为显著。

（2）故障分析。若曳引机仅有轻微的左右晃动，而没有其他异常响声，说明减速箱与曳引电动机同心度不正常，超过了规定值。例如，某单位的电梯有此种故障。鉴于该台电梯以前从未发现过曳引机左右晃动故障，加上在制动轮处晃动更为明显的现象，则证明可能是联轴器的法兰盘松动了，造成了曳引电动机与减速箱之间连接松动。经检查发现法兰盘上的紧固螺母的确有松动。

（3）故障排除。将紧固螺母重新拧紧，故障现象消失。

4. 电梯运行速度慢

（1）故障现象。电梯在运行中，快速与慢速时速度差不多。

（2）故障分析。影响电梯正常运行速度的原因大致有：电气故障；井道导轨间距太小，使轿厢运行时吃力或润滑不良；对曳引机而言，则是由于减速箱内缺油、曳引电动机滑动轴承缺油或是油质太差，使润滑系统工作不良造成的。例如，某单位的电梯运行速度慢。经检查电动机高、低速绕组正常，电气控制回路无故障。因以前运行正常，故排除了井道导轨及润滑问题。打开曳引机的减速箱上盖，电梯运行时把油带上来，用手蘸了点减速箱里的油，细看发现油内有铜末。因这是一台新电梯，刚运行了三个多月，可能是蜗轮蜗杆在磨合过程中磨落的铜末将油孔堵塞，使得润滑油不能正常流入滑动轴承内，造成蜗杆缺油，而产生轻微的抱轴（传动不灵），使电梯不能正常运行。用手摸轴头，发现蜗杆与滑动轴承处很热，证实了减速箱的蜗杆轻微抱轴。

（3）故障排除。将减速箱内的油全部放出，并用煤油冲洗干净油箱。然后在加油入口处放置滤网，注入相同牌号与规格的新油（禁止用普通机油代用）。

5. 电梯的曳引轮槽磨损严重

(1) 故障现象。投入运行不久的电梯，曳引轮槽磨损严重，且不均匀，并掉铁末。

(2) 故障分析。这种情况，多是在安装时曳引轮与导向轮不在一条线上，偏差超过规定值；曳引绳不在曳引轮槽的中心位置；各曳引绳的曳引轮槽内受力不均以及曳引机底座不水平而造成的。

(3) 故障排除。更换新的合格曳引轮，调整曳引机底座的水平度及钢丝绳的张力。

6. 电梯不能启动运行

(1) 故障现象。电梯不启动，曳引电动机有“嗡嗡”响声，电动机轴头发热。

(2) 故障分析。这是明显的电动机抱轴故障现象。由于供给电动机轴与铜套（滑动轴承）润滑油的油室内严重缺油（或根本没油）或是油孔被脏物堵住，使电动机的轴与铜套长时间干磨发热，当达到一定温度时，使轴瓦（铜套）与轴黏结在一起，造成电动机通电后不能启动运转。

(3) 故障排除。拆下电动机，更换新铜套（即滑动轴承），并将油室用煤油冲洗干净，重新加入干净的 30 号机油至油标标准线位置，电梯工作正常。

二、轿厢常见故障分析与排除

1. 轿厢运行时出现颤动现象

(1) 故障现象。电梯轿厢无论上行或下行运行时，均出现颤动，使运行不平稳。

(2) 故障分析。如果曳引机部分没问题，并对井道导轨、导轨支架以及导靴、靴衬进行检查，均正常的话，那么故障的原因可能就是轿厢上的某个部位或是部件出的问题。例如，轿顶轮松动、轴向间隙过大、轮毂和隔环端面倾斜、绳槽严重磨损或是轿顶轮安装不平，以及轿厢架变形或位移，均会造成这种故障。经查这部电梯根本没有轿顶轮，所以由轿顶轮而引起的故障原因就不存在。因此只剩下对轿厢本身的检查。经用卷尺检查轿厢上下四角对角线，发现轿厢上东南角与西北角的对角线明显比其他对角线长些。进一步检查，发现东南角的轿厢安装螺栓松动严重，而且西北角的螺栓也有点松动，其他两对角线处的连接螺栓也有点松动。初步证实是轿厢螺栓松动引起的故障。

(3) 故障排除。将轿厢上的四角接点螺栓均松动一致后，让其自然校正，随后逐步拧紧，并试验运行几次。重新进行校正及紧固螺栓后，再试时上述故障现象消失。

2. 轿厢在运行中发出尖叫声

（1）故障现象。有异常的尖叫声，而且声音越来越大。

（2）故障分析。经检查，该台电梯轿厢顶上有轿顶轮，并发现在轿顶轮附近出现了磨出的铜末，问题可能就出在这里。为进一步证实，使电梯慢速下行，尖叫声虽然小些，但仍然有，并且是从轿顶轮处传出的。证实轿厢在运行中发出的尖叫声是由于轿顶轮内铜套长期缺油，发生干磨，导致铜套严重磨损，以致磨出了铜末。

（3）故障排除。更换轿顶轮的铜套，并加润滑脂后，运行正常。

三、电梯门常见故障分析与排除

在电梯发生的故障中，门系统产生的故障占的比例较大。现将电梯门系统常见的故障实例简介如下。

1. 电梯轿、层门关上后，电梯不运行

（1）故障现象。当关闭电梯的轿、层门后，按下选层按钮后电梯不运行。

（2）故障分析。当确定未断开电源的情况下，轿、层门已闭合，按选层按钮后电梯不能运行。其原因是：层门门锁上的电开关触头与导电座未接通（只要有一个楼层的层门门锁未闭合，电梯就不能正常运行）；电梯超载或是关门限位开关没有接通（或此开关已坏），造成电梯的启动拖动电路没有接通。经分析，因轿内仅有4个人，而此电梯额定载重量为1 000 kg，超载指示灯未亮，说明不是电梯超载引起的故障。后又检查串在主拖动控制区的关门限位开关常开接点此时已闭合，未发现异常现象。那么问题就出在某层门门锁上了。因为电梯正好停在首层，从2层层门外用专用钥匙将其门打开，上到轿厢顶（两个电梯维修工），一人操作“检修”状态下“慢上”按钮，一人逐层检查层门门锁，当到达第7层时，发现该层层门门锁虽然锁钩已入位，但是电开关触头与导电座并未完全接上，故障点可能就在这里。

（3）故障排除。用尖嘴钳将电开关触头的弹片轻轻向上掰一下，与导电板接触上。走出轿厢顶，将电梯呼到该层，进入轿厢。轿、层门关好时，内选11层，电梯运行正常，反复上、下运行几次，再未出现关门不走梯的故障。

2. 开关轿厢门时，有卡阻现象

（1）故障现象。当开关轿厢门时，门的移动不灵活，并有轻微的振动和跳动现象。

（2）故障分析。造成这种故障的原因有：吊门轮磨损或是轿厢门的导轨偏斜；吊门滚轮下的偏心轴挡轮间隙太大；轿厢门地坎滑道内有异物或积尘太多；轿厢门与其框边有相擦处。由于该电梯仅使用一年多时间，所以吊门轮磨损或轿厢的导轨偏斜的可能性不大。观察轿厢门板，并没有发现有将漆皮蹭破或蹭掉的现象。从分析来看，造成该故障的可能性是门地坎内有异物。检查后发现在地坎槽中有一块沾有沙子的油棉纱，是它阻止了轿门正常的运行。

（3）故障排除。将脏物取出并清理地坎槽后，轿厢再开闭没有卡阻及轻微的振动和跳动的现象。

3. 不能开关门

（1）故障现象。电梯有电源，门电动机也转，就是轿、层门既打不开，也关不严。

（2）故障分析。由于门电动机无论在开门还是关门时均转，证明故障原因不在电气部分，而在机械部分。造成这种故障的原因是传动皮带（开关门机构）太松，无法带动传动机构运行或是在曲柄机构以及传动机构中有卡阻的现象。到轿厢顶上观察，发现传动皮带在传动过程中有跳动，用手（将电动机停下之后）抻一下皮带，同样证明该皮带确实松了。

（3）故障排除。调整电动机底座螺栓的位置，使传动皮带的张力增加。经试用，开关门工作正常。

4. 电梯运行中有碰撞声

（1）故障现象。电梯在运行中，凡经过层门时，就发出"噌噌"声。

（2）故障分析。这是两种金属相碰撞时产生的摩擦声。由于电梯通过层门时这种声音才会出现，故障原因可能是：该门刀（轿厢门上）与层门地坎间隙太小相蹭；门刀与层门门锁滚轮相碰；门刀与护脚板相蹭。另外，当层门的门导轨螺栓松动也会造成层门移动，从而发生与门刀相碰蹭的故障。检查发现门刀与层门地坎间隙太小（各层都一样太小），细观察发现门刀有点斜，用手一动门刀就活动了。

（3）故障排除。将门刀重新紧固，再使电梯运行就没有了"噌噌"声。

5. 电梯关门，乘客被夹

（1）故障现象。电梯关门时，将乘客夹住后，自动门机构继续运转。

（2）故障分析。这是轿门上的安全触板失灵造成的故障。造成安全触板不动作的原因有：安全触板下端的微动开关虽压下，但触点不能接通或是微动开关根本没压下；安全触板的传动机构动作失灵或某个零部件已损坏不能使微动开关动作；安全触板电路中，电气接线虚接或是接线头已脱落而未能使电梯门打开。首先用万用表检查当微动开关压下后触点能否接通。经测量没问题后再试，当安全触板动作后并未将微动开关压下，其原因可能是安全触板的传动机构中的拉簧拉力小所致。

（3）故障排除。将两边的安全触板的拉簧（该梯为中分门）更换后再试，安全触板起作用。

四、安全装置常见故障分析与排除

安全装置自身一般不易发生故障。现举几个实例说明由安全装置本身问题而引起的故障，及分析与排除的方法。

1. 限速器运行中有响声

（1）故障现象。限速器转动时，发出有规则的“嗒嗒”的声音。

（2）故障分析。这种故障现象来自限速器本身，主要由于限速器的心轴缺油或油路不通，造成锈蚀磨损而引起；有时还因压缩弹簧的压缩量变小或紧固螺栓松动，均会出现限速器工作时发出“嗒嗒”的声音。经检查，心轴油室内黄油润滑脂已变质发硬，根本起不到润滑作用。

（3）故障排除。把限速器心轴上的油污去掉，然后用煤油清洗干净，再上适量的油脂后，“嗒嗒”声立即消失。

2. 安全钳动作后，电梯无法恢复运行

（1）故障现象。安全钳动作后，楔块啃入轿厢导轨，无法解脱楔块，电梯不能恢复运行。

（2）故障分析。当安全钳动作后，楔块应当楔入导轨。如是啃入导轨，则说明楔块与导轨加工或是安装不良、误差太太，造成楔块夹持工作面和导轨不平行，端面成尖棱状；或是安全钳拉杆系统弹簧太软，无法复位；还可能因拉杆自身弯曲，无法使楔块解脱。

（3）故障排除。电梯维修工到轿厢顶上用棍撬拉杆强迫复位，对被啃导轨面进行修磨处理。再检修安全钳部分，如果发现确属拉杆弹簧太软，则应更换合格的拉杆弹簧。

3. 电梯发生冲顶事故

（1）故障现象。电梯上行到顶层站时没有停车，发生冲顶，最后对重装置撞击对重缓冲器方停止运行。

（2）故障分析。这是一种不多见的事故。产生的原因可能有：电气控制部分的顶层站的选层继电器、选层器换速触头，以及终端井道内的强迫缓速开关、限位开关及极限开关碰轮失灵，快速运动继电器触头被粘住。经检查是由于快速运行的继电器触头被粘住，使得电梯保持快速运行直至冲顶。但为什么这时极限开关没有动作，经查是由于轿厢上的开关打板根本没有能接触装在轿厢导轨支架上的极限开关碰轮。

(3) 故障排除。经查发现安全钳已动作。先把电梯电源断开，用木桩支撑对重，用 3 t 手动葫芦吊起轿厢，使安全钳复位。后将轿厢落下，并更换快速运行继电器，修磨安全钳楔块卡导轨的痕迹，使电梯能正常运行。调整极限开关碰轮与轿厢开关打板，使它们之间能碰及，并动作可靠。

五、电梯导向与平衡装置常见故障分析与排除

电梯导向与平衡装置常见的故障实例如下：

1. 电梯运行中，在轿厢内听到摩擦声

(1) 故障现象。电梯无论上行或下行，在轿厢里均听到“嘶嘶”的摩擦声。

(2) 故障分析。如果电梯在运行中没有其他异响或轿厢抖动现象，仅有“嘶嘶”的摩擦声，则故障多出在导向系统。首先应检查导靴部分，因该部电梯是采用弹性滑动导靴，若导靴中卡有异物，导靴衬严重磨损后，使两端金属板与导轨直接相蹭而发生摩擦，会出现“嘶嘶”的摩擦声；对导轨而言，当导轨工作面太脏或严重缺油，以及轿厢导轨之间间隙太大，也会造成电梯运行中产生摩擦声；由于安全钳拉杆松动等原因，使安全钳楔块与导轨间发生摩擦，同样会发出“嘶嘶”的响声。经分析，因电梯新安装后，正式投入运行仅两个多月，所以导靴衬磨损的可能性不大。后经检查发现整个轿厢导轨工作面上有数处脏物，用放大镜查看，发现内有小颗粒，用手捻，很像是砂粒。初步分析判断产生“嘶嘶”的摩擦声，是导轨上有砂粒所致。

(3) 故障排除。停梯后，将导靴内靴衬以及整个导轨用煤油擦拭干净，更换导靴油盒内的滑润油，再使电梯上、下运行，“嘶嘶”的摩擦声消失。

2. 电梯在远行中左右晃动

(1) 故障现象。本部电梯运行为 16 层 16 站，当电梯由 10 层向 13 层上行或由 16 层向下运行至 13 层至 10 层期间，轿厢明显摇晃。

(2) 故障分析。因这种故障现象发生在 10 层至 13 层之间，故产生的原因可能是这段轿厢两根导轨间距变大，或是导轨支架、压道板松动。经到轿厢顶上开慢车检查，用卷尺测量，发现这段导轨间的距离比其他段宽 6～10 mm，再仔细观察这段所用的组合式导轨支架的托板与支架压接处，原来点焊处已开焊。有 5 个导轨支架不同程度地存在这个问题，支架托板明显离开支架，向后移动。证明造成两根导轨间距变大的原因，是导轨支架开焊。

(3) 故障排除。用电焊机对已移动开焊的托板与支架重新焊接（在焊接前，找

正两导轨正常间距值），再运行，摇晃故障没有了。

3. 电梯在运行中，有明显的台阶感觉

（1）故障现象。某部电梯在从 7 层运行到 8 层期间，有明显的台阶感，上行或下行都一样。

（2）故障分析。造成这种故障的原因，可能是这段导轨接头处有问题，使导靴经过此处时阻力变大所致。经在轿厢顶上开慢车观察，发现其中一根导轨（指轿厢导轨）与另一导轨相连的接头处有很小的错位，两根导轨的工作面不在一条直线上，后发现该处导轨之间连接板螺栓上的螺母有点松动。

（3）故障排除。将连接板的 8 个螺母重新紧固，并使两根相连的导轨工作面在同一直线上，故障排除。

4. 电梯运行中，轿厢有点歪斜

（1）故障现象。电梯运行中，轿厢由南向北有点倾斜（方向是指轿厢导轨而言），而且还伴有点摇晃。

（2）故障分析。因本部电梯已运行五年多，没有进行过中修或大修，所以从故障原因来说，不存在导轨安装偏斜或是轿厢安装歪斜问题。唯一的原因就是导靴的靴衬磨损不均匀而引起的轿厢歪斜。经检查，该判断正确。尤其北面导靴的靴衬磨损较为严重。

（3）故障排除。更换新的靴衬，并合理地调整弹性滑动导靴各有关尺寸。

5. 电梯运行中，发出“哗啦、哗啦”的响声

（1）故障现象。当电梯运行时，在井道内发出“哗啦、哗啦”的声音，但有时又没有这种声音。

（2）故障分析。这是电梯轿厢与对重装置之间配有的补偿铁链与其他物体相碰而引起的。站在轿厢顶上，开检修速度，仔细查看（二人操作，一人看，另一人操作开关）平衡链与链之间有无麻绳穿过。检查结果表明，未发现异常现象。到达基站后，一人在轿厢内，开慢车向上（开轿门走车），一人用钥匙打开一层层门后，观察补偿铁链，发现补偿链运行时一甩一甩，碰在对重缓冲器下的水泥墩上，时碰时不碰，从而产生故障现象。

（3）故障排除。将补偿链碰及对重缓冲器下的水泥墩用凿子剔出一个沟，以补偿链碰不到水泥墩为宜。

六、电气系统常见故障分析与排除

1. 以继电器和接触器为主的电梯电气控制系统的常见故障

(1) 故障主要表现及引起故障的原因

1) 断路(该接通的电路不通,使该工作的元器件不能工作)。造成电路接不通的原因是多方面的。例如,电气元件引入引出线的压紧螺钉松动或焊点虚焊造成断路或接触不良;继电器或接触器的接点被电弧烧蚀、烧毁;接点表面有氧化层;接点的簧片被接点接通或断开时产生的电弧加热,自然冷却处理而失去弹力,造成接点的接触压力不够而接触不良或接而不通;当一些继电器或接触器吸合和复位时,接点产生颤动或抖动造成开路或接触不良;电气元件的烧毁或撞毁造成断路等。

2) 短路(不该通的电路被接通,而且接通后电路内的电阻很小)。造成短路的原因也是多方面的。常见的有方向接触器或继电器的机械和电气联锁失效,可能产生接触器或继电器抢动作而造成短路;接触器的主接点接通或断开时,产生的电弧使周围的介质击穿而产生短路;电气元件的绝缘材料老化、失效、受潮造成短路;由于外界原因造成电气元件的绝缘损坏,以及外界导电材料入侵造成短路等。

(2) 故障诊断方法

1) 观察法。当电梯发生故障时,首先要采用看、听、闻的观察法,查找故障所在。

看,就是用眼看一下电气元件外观颜色有否改变,该闭合的继电器触点是否闭合,该断开的是否已断开。

听,就是用耳朵听电路在工作时是否有异常音响

闻,就是用鼻子闻一下是否有异味。如果电路异常,尤其短路,将会使绝缘层烧毁,常会有异常的气味出现。

2) 推断替代法　推断替代法,就是根据电梯电路原理图推断故障可能发生在某处,但观察该部分元件又无异常发现,此时,可把认为有问题的元件取下,用好的元件代替,看故障是否能被排除。若故障消失,则可断定该元件有问题。若未消失,需继续查找。

3) 测量电阻法。测量电阻法,就是用万用表的电阻挡检测电路的电阻值有否异常。这是检测电路断路或短路最有效的方法。但必须注意,用电阻法测量故障时,一定要断开电源,千万不可带电检测。并要注意,检测断路故障时,要用低阻挡。若某部分电阻值过大,则可断定该部分断路。检测短路时,需用高阻挡或用兆欧表。若某部分电阻过小,则说明该部分短路或漏电。

4) 测量电压法。测量电压法,就是利用万用表的电压挡检测电路。检测时,

一般首先检查电源电压、线路电压，看是否正常。继而可检查开关、继电器、接触器应该接通的两端，若出现电压，则说明该元件断路，若线圈两端电压正常而不吸合，则说明线圈断路或损坏。采用电压法测量，电路必须通电，因而检测时，千万不可使身体部位直接触及带电部位。并注意检测部位正常的电压是直流还是交流，以便选择合适的电表挡位，以免发生事故或损坏仪表。

5）短路法。是用来检测某开关是否正常的一种临时措施。若怀疑某个或某些开关有故障，可将该开关短路。若故障消失，则证明判断准确。当发现问题后，应立即更换已坏开关，不允许用短路线替代开关，尤其急停继电器开关和层门、轿门开关，绝对不许短路替代。对于有大电流通过的主电路不宜采用此法，防止接触时产生较大的电流发生事故。对于微机控制电梯，通常也不采用此方法，以免损坏设备。

6）低压灯泡检测法。当根据故障的表现，大致确定发生故障的范围后，把电梯开到两端站以外的任一停靠站（最好是上端站的下一站），留司机或助手在轿厢内，自己进入机房，打开控制柜，通知轿内人员控制电梯上下运行，以便仔细观察控制柜内各元件的动作情况和程序，进一步确定故障的性质和范围。

当故障的性质和范围确定后，令电梯停止运行，检查者手持低压灯泡两绝缘导线，先从该有故障电路的两端搭接，若灯泡亮，则说明搭接点以外的电路正常。然后，固定一端不动，另一端逐渐往固定的一端移动，直到某处灯泡不亮，则故障必定发生在两接点以内的部分。拉断电源，用万用表仔细查找，即可确定故障点。

7）讯响法。用电池将低电压（3 V）讯响器串接起来，检查讯响器是否发声，测量线路、开关触点是否接通。采用此法也应在线路停电情况下进行。此法只能试验线路是否通路，因容量小、电压低，对带线圈的线路不宜使用。

8）验电笔法　用一般低压验电笔测量电路各点有无电压来判断故障所在是最常用的方法之一。使用时应注意：

①使用验电笔进行测量时，应在线路供电的情况下进行。

②使用验电笔前应在已确认的带电体上对验电笔进行校验，证明验电笔完好后才可使用。防止因坏的验电笔造成错误判断，发生触电事故。

③电梯电气线路中，最高对地电压为 220 V，直流控制部分多为 100 V。验电笔电阻比较大，测量时可能氖管亮度较暗，可以将不持笔的一只手触摸不带电的控制柜或其他已经接地的金属部分，以求得氖管增加亮度，来提高验电效果。

④在用验电笔测量带有线圈（如变压器）的 380 V 电路时，有时会发生 A

相熔丝烧断，但A相熔断器下侧仍能使氖管点亮，这是由于B相或C相电源经线圈返到这里的结果。因此，在用验电笔对电路进行测量时，应考虑到这一因素。

9）程序检查法。程序检查法，就是模拟司机或乘用人员的操作程序，给电梯控制系统输入相应的信号，使有关的继电器或接触器吸合。或者，用手直接推动有关继电器或接触器，使其处于吸合状态，然后仔细观察控制柜内各有关的继电器、接触器的动作程序，看其是否符合电路原理图的要求。根据继电器或接触器的动作顺序或动作情况，我们就可以得知有关电气控制系统是否良好，从而缩小了故障范围。

程序检查法特别适用于故障现象不太明显，或故障现象虽明显，但牵扯范围比较大的情况。也适用于对电气控制系统进行比较大的整修或更换大的元件后，检验修理效果。

程序检查法能够迅速地确认控制系统的技术状态是否良好，也为搞清故障现象，分析判断故障性质，缩小故障范围，迅速排除故障，提供了方便条件。

程序检查法不仅适用于有触点控制系统，也适用于无触点控制系统。对无触点控制系统，可以通过更换插板或集成块确定故障范围，然后对有故障的插板或集成块进行检查、测量，从而找出故障所在。

采取程序检查法，为确保安全，防止轿厢随检查试验而运行或发生溜车事故，应把曳引机的电源引线及制动器线圈的引入线暂时拆除。

2. 电梯上电气控制部分常见故障分析举例

一般交流调压调速电梯电气控制部分常见故障原因及其处理方法见表6—3。

表6—3　　交流调压调速电梯电气控制部分常见故障分析

故障现象	可　能　原　因	处　理　方　法
接通电源钥匙开关后不能启动运行	（1）机房或控制屏上的电源开关未合上 （2）控制电源装置开关未合上或其熔断器断开 （3）基站钥匙开关芯断，使其接点电路不通 （4）开关门电路有故障 （5）安全电路开路	（1）合上机房总电源开关和控制屏上的电源开关 （2）合上控制电源装置开关，检查各个输出电压，并修复熔断器 （3）拆卸基站钥匙开关，检查接点及其转动部分，并修复 （4）在机房手动开关门断电器，如能开门，则检查门机系统电路 （5）检查安全回路，可先短接，如开门，则查该电路

续表

故障现象	可能原因	处理方法
发给轿内指令信号或厅呼叫信号后，电梯无运行方向	（1）内、外召唤信号未起作用，即PC机输入信号没有或是信号指令未进入指令信号印板 （2）放大器印板上的方向放大器输出为“0”，致使方向继电器（或方向接触器）不吸合	（1）用高内阻万用表或专用分析仪检查指令信号板是否有输入/输出信号 （2）用高内阻万用表或专用分析仪检查放大器印板中相应的达林顿放大器的输入/输出，如有问题则予以更换
不能关门	（1）轿门上的安全触板或光电保护器损坏 （2）开门按钮“卡死” （3）开门继电器的限位未复位，致使关门继电器不能吸合 （4）放大器中的关门放大部分无输出（即不能为“1”） （5）门机系统皮带打滑	（1）修复或更换轿门安全触板上的限位开关 （2）光电保护器的红外光线未对准接收头，应予调整 （3）应检查开门限位开关，调整位置或予以更换 （4）用专用分析仪或高内阻万用表检查放大器中的关门放大器件，并修复 （5）调换或张紧门机皮带
关门后不能运行	（1）内、外门锁电气接点未接通 （2）运行方向接触器（上或下方向）不工作 （3）安全保护电路不通	（1）检查和清洁门锁电接点 （2）检查方向接触器线圈回路中各接点是否接通或“卡死”，并修复 （3）检查安全回路中各安全开关或接点是否处于接通状态，应予修复和调整
运行中不应答与运行方向一致的厅外召唤信号	（1）轿底满载开关误动作 （2）轿内操纵箱上的专用开关或控制屏上的专用开关未断开 （3）电脑印板中的软件系统出现“封锁”信号	（1）检查和更换轿底开关。如开关未坏，则应予重新调整 （2）断开操纵箱（或机房控制屏）上的专用开关 （3）用专用分析仪检查软件指令是否失落某条指令，如有则重写EPROM中的程序指令
所有中间层站不停车，只能在上、下两端站才能减速停车	（1）中间层站的上、下行减速磁性开关或光电开关损坏 （2）软件选层器无超前步进信号	（1）检查上、下行发出减速信号的磁性开关或光电开关是否损坏，或其与永磁体（或隔磁板）距离是否过大，如是，则应予以更换或调整 （2）检查门区磁开关（或光电开关）是否动作准确，否则应予更换或调整 （3）用专用分析仪检查软件选层器的超前步进信号是否出现，如无则重写EPROM中的程序指令

续表

故障现象	可能原因	处理方法
停层不准确	（1）减速磁性开关（或光电开关）动作迟钝，使减速不够而停层不准 （2）驱动调速装置中的某一印制电路板有故障 （3）数字化调速系统中的光电测距计测距不准 （4）机械制动器太松	（1）检查磁性开关（或光电开关）的动作是否灵敏，若不灵敏应予以更换或调整其与永磁体（或隔磁板）的间隙，以不碰擦为宜 （2）检查调速装置中的各有关印制电路板并修复和调整 （3）检查和调整光电盘的灵敏和连续性、准确性（可用示波器观察） （4）调整机械制动器的弹簧，使其有足够的抱紧力矩
提前开门时即停车	（1）开门区域磁感应器不动作 （2）光电耦合器件有故障	（1）更换门区磁感应开关（或光电开关），或调整其与永磁体（或隔磁板）的间距 （2）更换光电耦合器件
停层站时不开门	（1）门区磁感应开关失效 （2）门机系统有故障 （3）驱动调整装置中0.3 m/s触发器未翻转	（1）更换或调整门区磁感应开关（或光电开关） （2）检查门机系统，特别是开门部分 （3）检查和调整驱动调速装置中印板上的0.3 m/s触发器部分
有冲顶或蹾底情况	（1）端站减速磁感应开关（或光电开关）动作灵敏度太差或失效 （2）端站限位开关动作迟钝或失效 （3）机械制动器太松、抱不紧	（1）更换或调整端站减速磁感应开关（或光电开关） （2）更换或调整上、下端站限位开关的动作可靠性及其动作位置 （3）调整机械制动器弹簧，使其有足够的制动力
停车准确度差	（1）门区磁感应开关（或光电开关）移位或失效 （2）减速距离不足（或太长） （3）机械制动器动作过早或太晚	（1）检查或调整、更换门区的磁感应开关（或光电开关） （2）调整驱动调速装置上有关印板的电位器，增加（或减少）制动距离 （3）调整调速装置，相应控制机械制动器的松闸和抱闸时间
信号指示灯混乱或不亮	（1）井道内某层磁感应开关（或光电开关）失效或灵敏度差 （2）数字显示器本身印板损坏 （3）指示灯泡（或发光二极管）损坏	（1）更换或调整某层磁感应开关（或光电开关） （2）更换数码显示器中的印板或调换数码块 （3）检查和调整数码显示器电源 （4）更换指示灯泡（或发光二极管）

本章小结

本章以讲述电梯的基本结构为基础，着重介绍了组成电梯安全系统的主要零部件的构造原理和设计要求，并结合安全系统的功用和要求，阐述了电梯的安全管理与检验技术、电梯的安全作业操纵技术、电梯使用中的常见故障与排除方法以及电梯的事故类型及防范措施等内容。通过对这些内容的学习，使学生们能够完成对电梯限速器、安全钳和缓冲器等安全装置的设计计算，并能对各种场所实际使用的电梯提出相应的安全操作技术要求及安全作业管理要求。

复习思考题

1. 怎样进行电梯的分类?
2. 电梯的主要技术参数有哪些?
3. 简述电梯曳引系统的组成及作用。
4. 简述电梯导向系统的组成及作用。
5. 简述电梯对重平衡系统的工作原理。
6. 交流调压调速电梯有哪些优点?
7. 简述电梯限速器的工作原理以及安全技术要求。
8. 电梯设置了哪些安全保护装置? 各起什么作用?
9. 简述电梯设计制造以及安装、改造与维修维护的要求。
10. 有关电梯安全检测与检验的要求有哪些?
11. 电梯安全监察的内容有哪些?
12. 电梯有哪些常见的故障?
13. 电梯导向与平衡装置有哪些常见故障?
14. 电梯事故的处理方法与原则是什么?
15. 怎样进行电梯事故的预防?

第七章　客运索道安全技术

本章学习目标

通过本章的学习，应当：

1. 掌握客运索道的类型、运行方式、性能参数以及基本结构组成。

2. 掌握客运架空索道的安全防护装置以及各种防护装置的优缺点。

3. 掌握客运架空索道常见故障、原因分析、排除的方法和措施，熟知重要零部件的报废标准。

4. 了解客运架空索道安全作业管理方法。

5. 掌握客运架空索道安全操作技术与要求。

6. 了解客运架空索道常见事故类型及防范措施。

第一节　客运索道基本知识

客运索道是由动力驱动，利用柔性绳索牵引厢体等运载工具运送人员的特种设备，由于能适应复杂地形，跨越山川、江河，克服地面障碍物等，因而可用于运送不同场合的人员。

一、客运索道的分类

客运索道分为客运架空索道、客运缆车、客运拖牵索道。

1. 客运架空索道

客运架空索道按其运行方式可以分为往复式客运架空索道（简称往复式索道）和循环式客运架空索道（简称循环式索道）。

（1）往复式索道。往复式索道是索道发展史上最早出现的类型，包括单承载单牵引、单承载双牵引、双承载单牵引、双承载双牵引及单侧运行和双侧运行等形式。它的钢丝绳系统复杂，运输能力受限等制约了其使用范围，主要用于其他类型索道难以替代的超高、特大跨度等特殊复杂地形条件的地区（见图 7—1）。

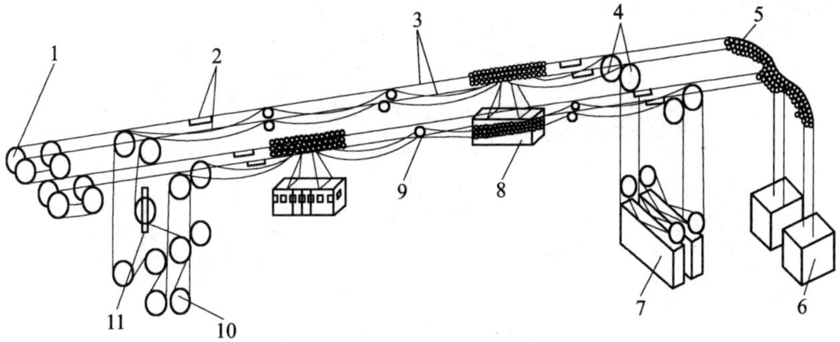

图 7—1 双承载双牵引往复式索道

1—承载索锚固管 2—承载索鞍座 3—承载索 4—导向轮 5—承载索滚子链 6—承载索重锤 7—牵引索重锤 8—客车 9—支索器 10—驱动装置 11—牵引索调节器

往复式索道又可分为承重与牵引分开的往复式单客厢索道，承重与牵引分开的车组往复式索道以及承重与牵引合一的单线车组往复式索道三种。

（2）循环式索道。循环式索道可以分为连续循环式、间歇循环式（运行—停止—运行）以及脉动循环式（快速—慢速—快速）三种。其中，连续循环式索道的应用最为广泛，其次是脉动循环式索道（见图 7—2），而间歇循环式索道则很少采用。

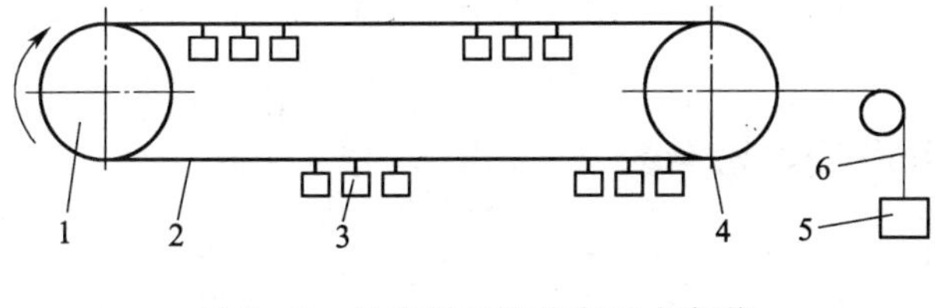

图 7—2 单线循环脉动车组式索道

1—驱动轮 2—承载牵引索 3—吊厢组

4—迂回轮 5—重锤 6—张紧索

客运索道还可按照其使用的抱索器形式和运载工具的形式进行分类。按使用的抱索器形式分，有固定式抱索器客运索道和脱挂式抱索器客运索道；按所用的运载工具形式分，有吊厢式、吊椅式、吊篮式客运索道等。

2. 客运拖牵索道

拖牵式客运索道依靠架空的钢丝绳带动拖牵装置，在地面上从低处向高处运输乘客。拖牵索道一般是单线循环形式，不允许反向运行。根据拖牵索的高度分为高位拖牵索道和低位拖牵索道（见图 7—3）。

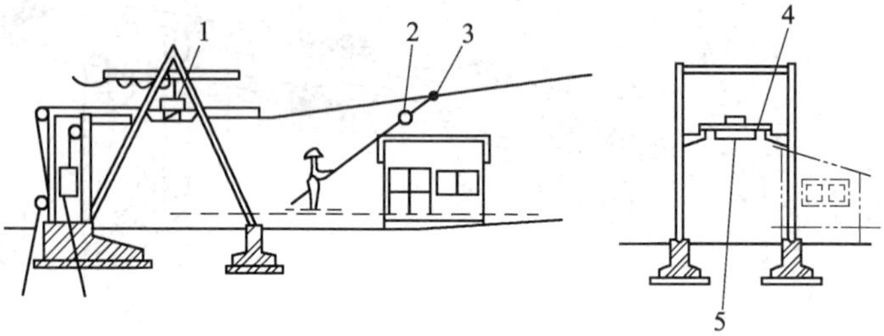

图 7—3　客运拖牵索道

1—驱动机　2—拖牵盒　3—抱索器　4—移动平台　5—驱动轮

3. 客运缆车

客运缆车是采用钢丝绳牵引，沿固定轨道行驶的地面轨道载客车辆，划归客运索道系列（见图 7—4）。

客运缆车按照轨道形式分为单轨道式、单轨道式有会车段和双轨道式以及脱挂循环式客运缆车；按照客车与轨道关系分为有轨道制动器和无轨道制动器客运缆车；按照张紧方式分为重锤张紧式、液压张紧式和车厢自重张紧式客运缆车。

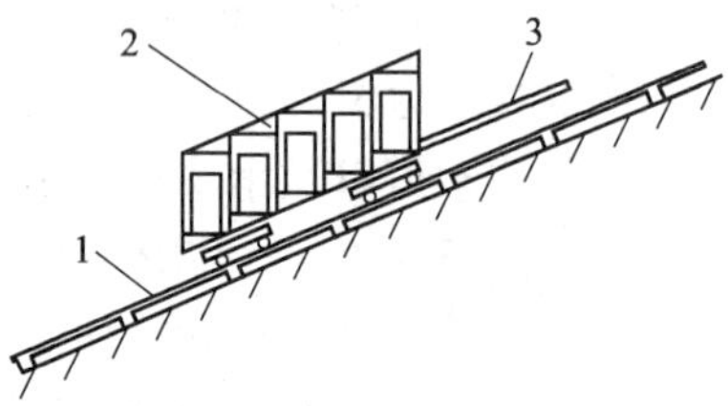

图 7—4　客运缆车

1—轨道　2—车辆　3—牵引索

二、客运索道的基本参数

1. 线路参数

线路是索道运载工具能顺利通行的路线。涉及线路的参数如下：

（1）水平长度（L）。索道从起点站口到终点站口或部分区段内的水平投影的长度（m）。

（2）斜长（L'）。索道从起点站口到终点站口或部分区段内的直线长度（m）。

（3）高差（H）。索道从起点站口到终点站口或部分区段内的索底标高之差（m）。

(4) 最大坡度。在线路上某段距离内所形成的最大倾斜度（%）。

(5) 平均坡度。索道整个线路或部分区段内两端的高差与相应水平距离的比值（%）。

(6) 跨距（l）。相邻两支架中心线的水平距离（m）。

(7) 线路支架数。索道从起点站口到终点站口设置的支架数量（个）。

(8) 索距（K）。支架两侧承载索或运载索中心线之间的距离，当索道为双承载或单线双环路时，索距为双承载索或单线双环路几何中心线之间的距离（m）。

2. 运载工具参数

运载工具是索道上运载人员和货物的承载装置（吊椅、吊篮、吊厢、客车等）的总称。

(1) 吊椅。单线循环式客运索道上用的运载工具。吊椅按容量分为单人、双人、3 人、4 人、6 人及 8 人，我国以双人吊椅为主。

(2) 吊篮。单线循环式客运索道上用的一种半封闭的运载工具。吊篮容量一般为双人座，少量为 4 人座。

(3) 吊厢。容量一般在 12 人以下，多为双人、6 人和 8 人，少量为 4 人，厢体为封闭式的运载工具。

(4) 客车。多线往复式索道和地面缆车上所用的运载工具，容量可达百人以上，包括运行小车、吊架和厢体。

3. 运行速度

运行速度是指在正常情况下牵引索或运载索的运行速度（m/s）。具体为：

(1) 固定抱索器单线索道最大允许运行速度。单线往复式索道在跨间运行时为 6.0 m/s，过支架时为 4.0 m/s。单线间歇循环式和脉动式吊厢索道为 4.0 m/s，上下车时的慢行速度为 0.4 m/s。单线连续循环吊椅式索道最大运行速度应符合表7—1的规定。

表 7—1　单线连续循环吊椅式索道最大运行速度　m/s

乘客情况	单人吊椅	双人吊椅	三人吊椅	其他吊椅
滑雪者	3.0	2.8	2.5	2.3
步行者	1.8	1.5	1.4	1.3

当乘客是横向登乘吊椅时，则运行速度应降低 30%。

(2) 脱挂抱索器单线索道最大运行速度一般不超过 5.0 m/s，最大可提高到 6.0 m/s。

(3) 多线往复式索道客车最大运行速度不应超过表 7—2 的规定值。

(4) 备用驱动机和辅助索的运行速度不宜超过 2.0 m/s。

(5) 地面缆车的最大运行速度不应超过 10 m/s；车厢内无乘务员时，运行速度不允许超过 5 m/s。车辆无轨道制动器时，不允许超过 1.5 m/s。运行速度必须平稳调节。辅助驱动装置或紧急驱动装置的最高运行速度不宜超过 2 m/s。

(6) 拖牵索道运行速度。高位拖牵索道最大运行速度为 3.5 m/s；低位拖牵索道最大运行速度为 1.5 m/s。

(7) 检修时应采用 0.3～0.5 m/s 的运行速度。

表 7—2　　多线往复式索道客车最大运行速度　　m/s

客　车	运行地点	运行速度
车内有乘务员	在跨间运行	10.0
	过支架或在轨道上行驶	7.0
车内无乘务员	在跨间运行	6.0
	过支架或在轨道上行驶	4.0
单侧往复运动	在跨间运行	6.0
	过支架或在轨道上行驶	4.0

4. 运载工具的最小间隔时间或最小间距

(1) 吊椅与吊椅之间允许的最小间隔时间 t (s)，可按运行速度 v (m/s) 的倍数计算。

单座吊椅允许的最小间隔时间为 3 倍运行速度，并不得小于 5 s。双座吊椅：不同时上下车时为 6 倍运行速度，并不得小于 10 s；同时上下车时为 4 倍运行速度，并不得小于 8 s。对运送滑雪乘客的索道，当站台有足够长度时，单座吊椅可降至 4 s，双座吊椅可降至 7 s。

(2) 对固定式抱索器能跟随行走上下车的双人吊篮、吊厢间隔时间不得小于 5 s。

(3) 活动式抱索器索道的吊椅、吊篮和吊厢索道的最小间距应不小于 1.5 倍正常制动距离。

(4) 拖牵索道拖牵器间距：单人拖牵器最小间隔为 4 倍运行速度；多人拖牵器最小间隔为 6 倍运行速度。

5. 输送能力（一般按单向每小时输送的人数计算）

(1) 固定抱索器和脱挂抱索器单线循环式索道输送能力

$$Q=\frac{3\ 600n}{t} \tag{7—1}$$

式中　Q——每小时运量，人/h；

n——每个吊具（吊篮、吊厢）乘坐人数，人；

t——吊具的时间间隔，s。

（2）往复式索道和地面缆车运输能力

$$Q=\frac{3\ 600n}{T+\theta_1+\theta_2} \tag{7—2}$$

式中　T——单程运行时间，s；

θ_1——乘客上下车时间，s；

θ_2——交换发车信号时间，s。

6. 离地最大距离

（1）单线循环式客运索道离地面的最大允许距离取决于运载工具的形式以及营救方式。对于不同形式的运载工具和营救方式，最大允许垂直距离见表 7—3。

表 7—3　　单线循环式客运索道离地面的最大允许距离　　m

<table>
<tr><th>运载工具</th><th colspan="2">营救方式</th><th>离地面最大允许距离</th></tr>
<tr><td rowspan="2">敞开式吊篮、吊椅</td><td colspan="2">用梯子营救</td><td>8</td></tr>
<tr><td rowspan="2">用营救设备</td><td>人员可从地面到达</td><td>15</td></tr>
<tr><td rowspan="2">封闭式吊厢</td><td>人员可从支架上到达</td><td>25</td></tr>
<tr><td colspan="2">用缓降机营救</td><td>45</td></tr>
</table>

（2）往复式索道客车离地面的最大距离：客车无乘务员时为 60 m；客车有乘务员时为 100 m；不超过线路全长 10%的局部地段的客车离地最大距离可超过前两项的规定；能沿线营救时不受限制。

7. 离地最小距离

索道跨越或穿行其他公用设备时，垂直净空应符合以下规定：

（1）跨越居民区或耕地时，离地面不得小于 5.0 m。

（2）跨越建筑物时，离建筑物顶端不得小于 2.0 m。

（3）跨越果林、经济作物林时，与树木最高点的距离不得小于 1.5 m，同时还要考虑修剪周期内林木生长的高度。

（4）无人通行的地区或是禁止通行的隔离带不得小于 2.0 m（吊椅式索道不小于 1.0 m）。

(5) 线路下面允许行人通过的地区不得小于 3.0 m。

(6) 线路下面是用机械平整的滑雪场地时不得小于 3.5 m。

(7) 跨越铁路干线时应符合 GB 146.2—1983《标准轨距铁路建筑限界》、GB 188—1963《762 毫米轨距铁路机车车辆限界和建筑接近限界分类及基本尺寸》的规定。

(8) 跨越高压供电线路、管线和其他管道时，应符合有关电力线路设计规范的规定。在与电力线路交叉时，索道线路应从电力线路下方通过，如果必须经上方通过时，则务必在索道线路的下方装设安全保护设施。

(9) 跨越公路时应符合 JTJ 021—1989《公路桥涵设计通用规范》的规定，对于一、二级公路应不小于 5.0 m，对于三、四级公路应不小于 4.5 m。

(10) 跨越通航河流时，与最大洪水位（加壅水和浪高）船只桅杆顶之间的距离不得小于 1.0 m。跨越不通航的河流时，距离水面不得小于 3.0 m。

在确定离地最小距离时，除以静态位置为依据外，还应加上动态的附加值，即应在下列数值中选取最大值：承载索静垂度的 5%；运载索静垂度的 10%；牵引索静垂度的 15%。

三、客运索道的组成

不论是哪种类型的架空索道，都由以下五部分组成：

(1) 驱动装置。主要包括电动机、减速器、联轴器、驱动轮、制动器以及支撑机架等。

(2) 迂回装置。迂回轮、支撑机架。

(3) 线路设备。承载索、牵引索、支架、托（压）索轮、运载工具等。

(4) 张紧装置。张紧驱动轮或迂回轮、张紧小车、拉紧重锤等。

(5) 电气设备。供电系统、电气拖动系统、安全检测及自控系统、信号的传输和通信系统、防雷接地系统。

对于往复式索道还有锚固装置，脱挂索道还有站内加减速装置等。

第二节　客运架空索道安全防护装置

一、锚固和张紧装置

1. 承载索锚固

承载索有两种锚固方法：锚固筒锚固和双重绳卡锚固。

（1）锚固筒锚固。锚固筒一般为钢筋混凝土圆筒，固定在机房或剪力墙侧壁上，在钢丝绳自由端用三个绳卡固定在支架上，其中两个绳卡起定位作用，另一个绳卡起安全作用，其布置如图 7—5 所示。

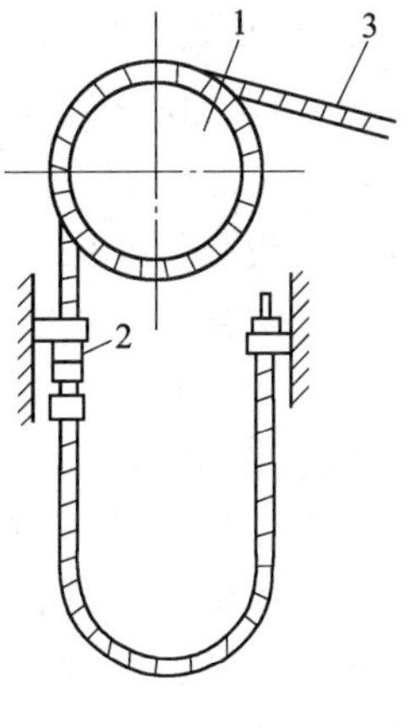

图 7—5　锚固筒锚固
1—锚固筒　2—绳卡　3—承载索

如两侧钢丝绳用一个锚固筒固定时，因其索距较大，可采用椭圆形绳筒，两根钢丝绳分别从两侧缠绕在一个筒上。

锚固筒外表可用硬质木板或塑料板作衬。钢丝绳在缠绕一定时间后，如用较软木板作衬，容易变形使直径减小，产生钢丝绳的突然滑移而发出强烈振动，影响站房结构安全。

（2）双重绳卡锚固。双重绳卡锚固是用绳卡直接将钢丝绳夹住固定在支架或钢筋混凝土柱上，为了安全，再增加一套绳卡作为备用，其布置如图 7—6 所示。

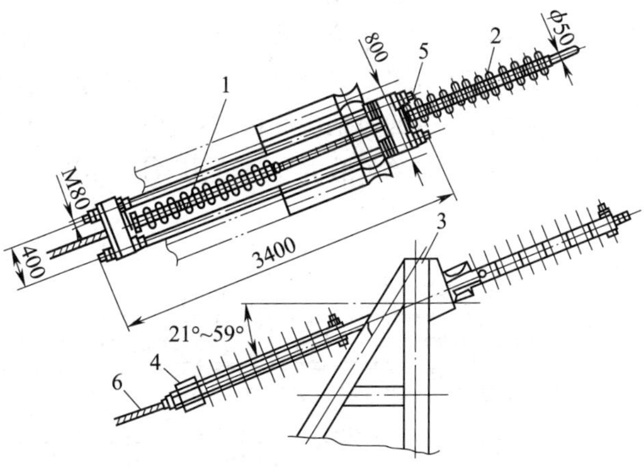

图 7—6　绳卡锚固
1、2—绳卡　3—支架　4—挡梁　5—螺杆　6—承载索

锚固筒锚固结构简单、投资省、占地面积小，故使用的很多，但因筒径大，钢丝绳缠绕较困难。绳筒直径应为钢丝绳直径的 65 倍。

双重绳卡锚固的索距不受机房限制，但机械设备多，纵向占地面积大，高强度螺栓多，拧紧时费时费力，日本多用这种锚固方法。

2. 承载索的拉紧

承载索的拉紧方式有两种：一是承载索用滚子链转向后直接与重锤连接；二是承载索在尾部改为用挠性大的张紧索，用大导向轮转向后与重锤连接。

承载索直接与重锤连接也有两种方式：一是将重锤作成圆柱形，承载索直接缠绕在重锤上；二是用浇铸套筒与重锤相连。

承载索与重锤直接连接的方式如图 7—7 所示。这种连接方式具有环节少、安全性能好等优点，特别是承载索直接缠绕在重锤上，不用套筒浇注，更为安全可靠，是最为合理的方式。其缺点是滚子链结构较复杂，费用高，安装要求严格，更换比较困难。

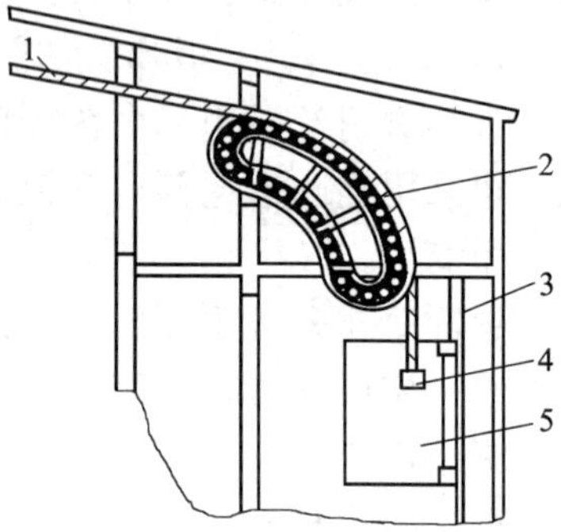

图 7—7　承载索与重锤直接连接

1—承载索　2—滚子链　3—导轨　4—套筒　5—重锤

承载索在尾部改用张紧索，通过大导向轮与重锤连接的方式如图 7—8 所示。为了安全，承载索增加了一套双重连接装置。这种连接方式具有运行阻力小、导绕方式灵活等优点，但增加了张紧索和套筒，环节多，安全性较差，特别是张紧索在导向轮上反复弯曲，移动频繁，受力条件比货运索道采用同样方式还要差些，因此需要特别注意安全运行。有导向轮的连接方式对单承载的小型索道可以采用，双承载或大型索道上应优先采用承载索直连方式。

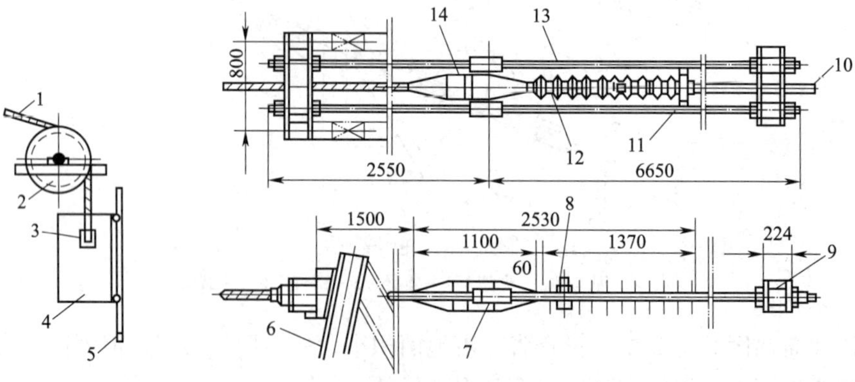

图 7—8　拉紧索通过导向轮与重锤连接

1—拉紧索　2—绳轮　3—套筒　4—重锤　5—导轮　6—钢座　7、14—过渡套筒　8、12—绳卡　9—支座　10—承载索　11—导向杆　13—螺杆

3. 双承载索的拉紧

双承载索索道的拉紧方式有两种：一种是采用大导向轮的拉紧方式，为使重锤能布置得合理紧凑，每根承载索的拉紧系统必须错开布置。这种方式的缺点除前述以外，还由于双承载索间距小而存在占地面积大、土建结构受力条件不好等缺点。另一种拉紧方式是双承载索共用一个重锤拉紧，具体布置如图7—9所示。

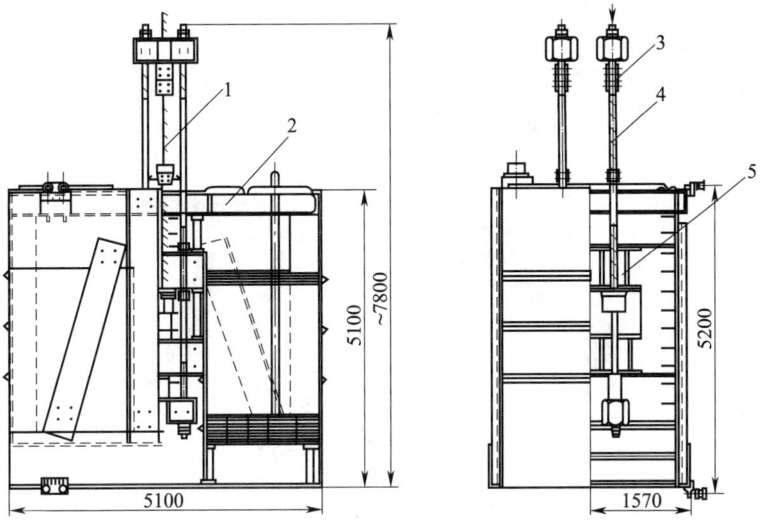

图7—9 共用重锤拉紧

1—承载索 2—厢体 3—绳卡 4—拉杆 5—液压千斤顶

在大型索道中应优先选用共用重锤的拉紧方式。

4. 承载索双端锚固

承载索双端锚固在缆索起重机中早已应用，但在客运索道中使用不多。双端锚固的特点是：

（1）取消了大的拉紧重锤，节省了大量空间，减少了投资。

（2）取消了滚子链或大的导向轮，从而使整个系统大为简化，大大减少了维修工作量。

（3）由于取消了滚子链或取消了大导向轮和张紧钢丝绳，使安全可靠程度进一步提高。

（4）承载索移动量大大减小，使鞍座的磨损和钢丝绳的磨损大为减轻。

(5) 承载索的挠度大为减小，从而使牵引索挠度减小，牵引索重锤移动量减小，使索道运行更为平稳，更适于大跨度的索道。

二、抱索器

抱索器是使运载工具与运载索或牵引索相连接的装置，有重力式抱索器、弹簧式抱索器、螺旋式抱索器、四连杆抱索器、鞍式抱索器等。客运索道常用的是固定式抱索器和脱挂式抱索器。

1. 固定式抱索器

固定式抱索器是利用一对或两对钳口紧固在运载索或牵引索上，在进出站房时不需脱开和挂结的抱索器，如图 7—10 所示。

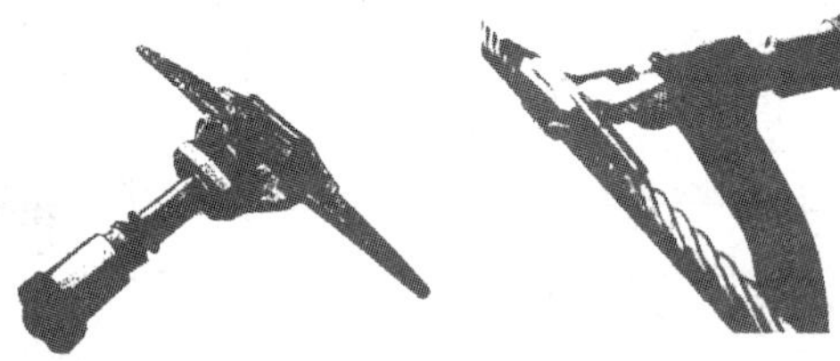

a）　　　　b）

图 7—10　固定式抱索器

a）2 人固定式抱索器　b）6 人固定式抱索器

固定式抱索器有多种不同的结构形式，但是按其产生夹紧力的方式来区分，仅有两种形式：一种是依靠螺旋杆直接将内、外钳口紧固在运载索上（见图7—11a)；另一种是依靠经预压缩的弹簧将内、外钳口相互紧固在运载索上。客运索道常用的固定式抱索器如图 7—11b 所示，由外抱卡 1、内抱卡 2、顶轴 3、弹簧罩 4、碟形弹簧 5 以及导向翼 6 等主要部件组成。弹簧的压紧力通过顶杆传递给内抱卡。此外，还有弹簧的压力直接作用在内抱卡上的固定式抱索器。由于纯螺旋夹紧式固定抱索器的夹紧力不易控制、安全性差，其使用范围受到限制。

2. 脱挂式抱索器

脱挂式抱索器，即可以在进出站时与运载索或牵引索脱开和挂结的抱索器。

脱挂式抱索器是借助弹簧（或重力加弹簧弹力）给钳口一个夹紧力，打开弹簧时钳口自动张开，同时抱索力消失。此类抱索器（见图 7—12）的形式多种多样，主要的不同点在于螺旋弹簧的数量和排列结构。

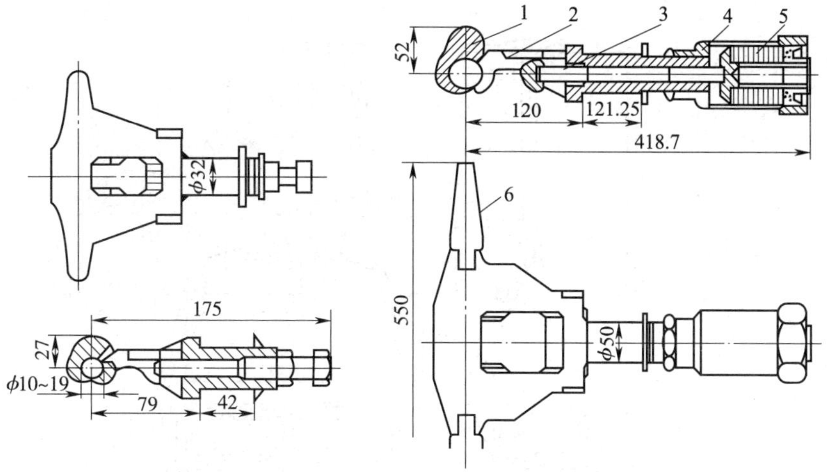

图 7—11 两种形式的固定抱索器

a）螺旋夹紧式固定抱索器 b）碟形弹簧式固定抱索器

1—外抱卡 2—内抱卡 3—顶轴 4—弹簧罩 5—碟形弹簧 6—导向翼

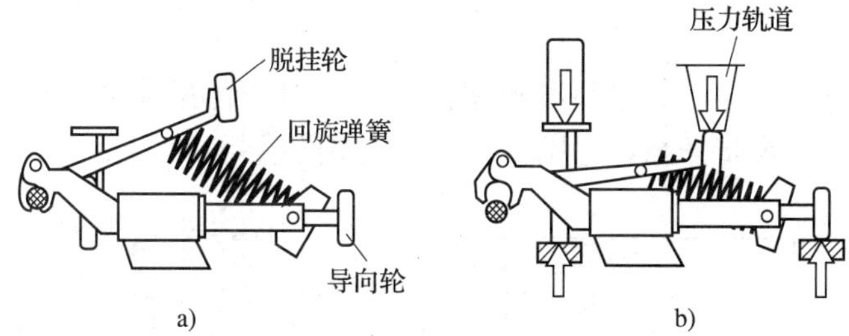

图 7—12 裸露螺旋弹簧抱索器

a）闭合 b）打开

三、运载工具

根据索道形式、线路特点以及周边环境，采用优质实用、造型美观的运载工具如吊厢、吊篮、吊椅，既能保证游客乘坐舒适安全，又能便于乘客在空中观赏名胜奇观，还为景区增色。

1. 吊椅

吊椅（见图 7—13）主要由抱索器 1、上吊架 2、下吊架 3、带靠背的坐椅 4 以及脚蹬架 5 组成。抱索器末端具有套吊架的销轴，保证吊椅能纵向自由摆动，并在运载索倾斜时使吊椅处于垂直状态，而在乘客上下车时吊椅可偏离垂直位置。

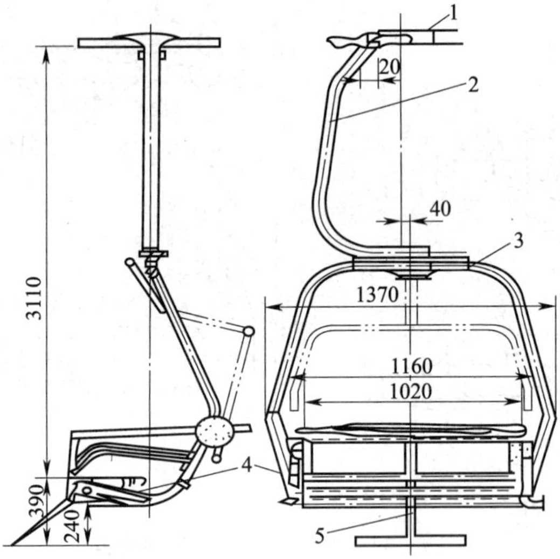

图 7—13　吊椅结构

1—抱索器　2—上吊架　3—下吊架　4—坐椅　5—脚蹬架

2. 吊篮

吊篮（见图 7—14）是一种半封闭的运载工具，比吊椅舒适美观，安全感觉好；与吊厢相比，视野开阔，通风良好，有全新的感受。

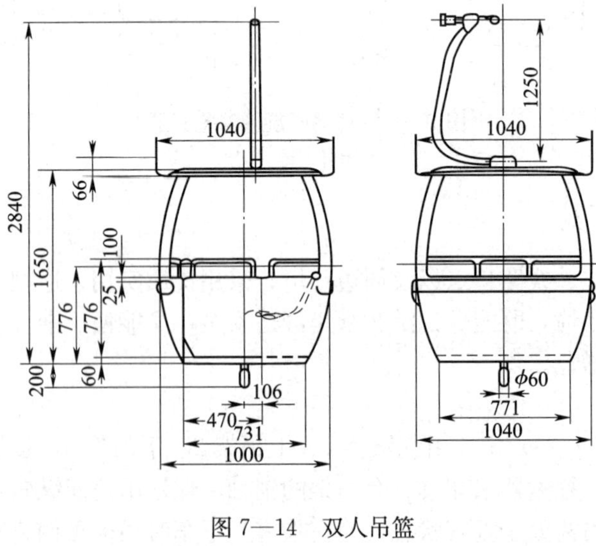

图 7—14　双人吊篮

3. 吊厢

吊厢（见图 7—15）主要用于固定抱索器单线循环式索道，是为适应复杂地形，解决跨江越岭输送游客而出现的一种新型运载工具。由于采用了带有全景玻璃窗的全封闭吊厢，有更强的适应性，吊厢距离地面高度可达到 45 m，乘客可以免受日晒、雨淋、风吹之苦。

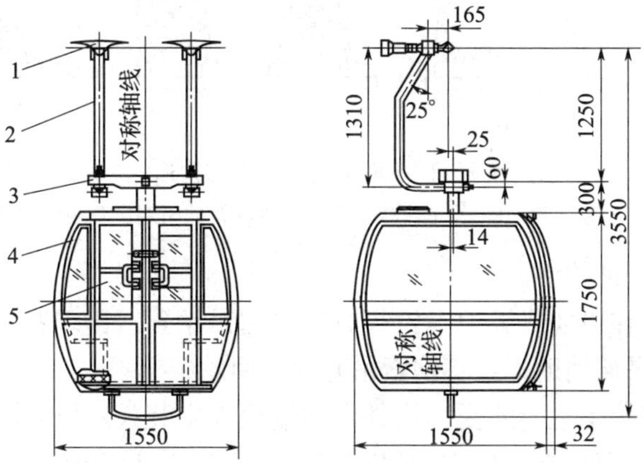

图 7—15　手动开关门 6 人吊箱

1—抱索器　2—吊杆　3—横梁　4—吊厢　5—吊厢门

4. 车库

脱挂索道具有方便的储存条件，为了避免停车后吊厢在线路上日晒雨淋、风沙吹打，一般每天运行后都要将吊厢收回站内。因此，每个索道站都设有车库以备储放吊箱。车库内设有多条轨道的停放场地。收车时借助手动或电动道岔将运行轨道上的吊箱推到储存轨道上。有的索道装有全套自动收车设施，有推车机和电动道岔，用按钮操纵自动收车、自动排列存放。吊厢数量不多的索道也可用人工收车。车库一般都设在下站，以便于检修和运输。

四、线路支架和托（压）索轮组

1. 线路支架

（1）组成的主要构件。支架是索道线路的支撑结构，它用来承担钢丝绳并使钢丝绳以及运载工具保持在正常的运行位置。支架一般由起吊架、横担、走台、塔柱、爬梯、基础等组成。

（2）支架形式。目前支架柱身最常用的结构如图 7—16 所示。

a)　　b)　　c)　　d)

图 7—16　最常用的支架结构形式

a）圆柱管状支架　b）锥形管状支架　c）角钢形式桁架　d）圆管形式桁架

（3）支架的辅助构件。

1）起吊架。在更换或维护索轮组时需要起吊钢索。出现脱索时，也同样需要在适当尺寸的起吊架辅助下，将钢索吊起并放回轮组上。

2）横担。横担是主要的受力构件，两端用来安装托、压索轮组，必须保证索轮组之间的距离（简称索距），在安装支架的过程中，同时还要保证横担顶面的标高满足设计要求，钢丝绳通过索轮组作用在横担上，轮组固定在横担的两端，且能进行调节对中。

3）走台。走台是为工作人员安全进入特定位置进行安装维护工作的平台。走台应防滑、防积冰雪和防锈，并保证走台连续，不能间隙过大以避免工作人员有踏空危险。同时还应保证走台有足够长度，走台端部和侧面必须设有护栏，要保证走台与吊具之间有足够的净空距离。

4）爬梯。支架高度在 10 m 以上时，应在梯子上设置防护圈；超过 25 m 时，应每隔 10 m 设置有栏杆的休息平台。爬梯与工作平台之间的行走区段应有安全可靠的扶手。在用于滑雪场时，爬梯上应设有防止滑雪板插入的安全措施。

5）必要时还应安装其他设备。例如，广播喇叭、风速风向仪、防雷接地、通信电缆的托架等。

2. 索轮组

索轮组是一个接一个排列在支撑结构上的一组索轮，其作用是使运动中的钢丝绳转向以及为钢丝绳提供引导。在正常条件下，运载索是在轮槽中运行的。索轮组的构成如下：

（1）轮组。根据钢索载荷作用在索轮上的方向，将轮组分为托索轮组和压索轮组（见图 7—17）。在索道运行过程中，防止线路脱索是非常重要的。对于跨度较大，钢丝绳完全是脱索状态的情况，可以使用一个支架装上托压索轮的方法防止脱索。也有的索道在两个大跨度中间的支架上，采用中间压两边托的方法防止钢丝绳脱索（见图 7—18）。

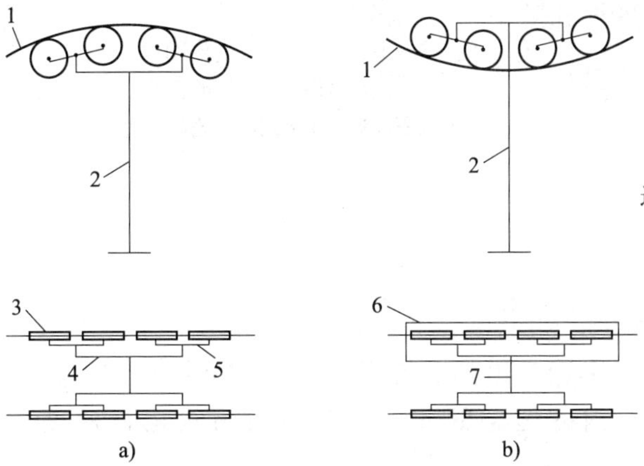

图 7—17　带托索轮组
a）托索轮组　b）压索轮组
1—运载索　2—支架轴　3—索轮　4—主框架
5—平衡框架　6—轮组　7—横担

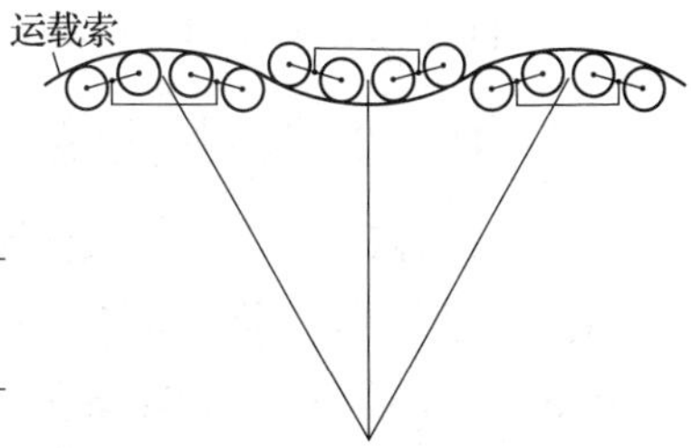

图 7—18　中间压两边托的支架配置

（2）框架。在不断变化的载荷条件下，为了保证各索轮上的垂直载荷均衡，各索轮应按平衡架层次系统进行布置。平衡框架的轴承有可能使框架在与钢索轴线平行的平面内摆动。由于平衡框架是对称布置的，所以无论吊厢处于何位置，平衡架都能进行调整，使得每一索轮上的钢索折角分布均匀，作用在每一索轮上的载荷均相等。

（3）防脱索装置。轮组内侧装有挡绳板，其外侧装有钢索捕捉器以便在运载索脱出绳槽和侧板边沿时拦截运载索。如果运载索落到钢索捕捉器中，叉形断针将被打断，因而切断安全电路，使索道停车（见图 7—19）。

图 7—19　带捕捉器、断针开关和挡板的索轮组
1—钢丝绳　2—平衡框架　3—钢索捕捉器　4—挡板

（4）轮衬。客运索道的索轮上装有橡胶或塑料轮衬（见图 7—20）。有轮衬的索轮与没有轮衬的索轮相比，有以下优点：

1）减小钢丝绳磨损（表面压力低）。

2）吊具过轮子时更加舒适（绳股引起的振动小）。

3）机械零件动应力低。

4）噪声小。

5）一旦磨损，轮衬更换方便、便宜。

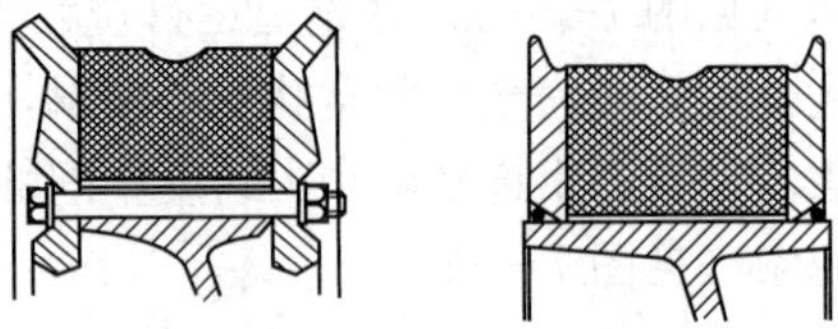

图 7—20　轮衬和侧板

a）采用螺栓连接的轮子

b）无螺栓的轮子采用一个轮毂和两个侧板

五、加减速器和脱挂器

1. 加减速器

加减速器是脱挂抱索器循环式客运索道的关键设备，吊厢从站外高速进站后，通过减速器使其逐渐减为站内的恒定低速，一般站内吊箱运行速度为 0.2～0.4 m/s，吊椅可适当提高。出站时则通过加速器逐渐将吊箱速度增加至钢丝绳的运行速度（4～6 m/s），脱挂抱索器与钢丝绳挂结出站。加减速器是由等直径但转数不同的充气橡胶轮胎组成，在抱索器上有一块摩擦板，吊箱进入加减速器后，轮胎压在摩擦板上，依靠轮胎转数的不同产生摩擦力进行强制性加速或减速。轮胎传动的结构如图 7—21 所示。

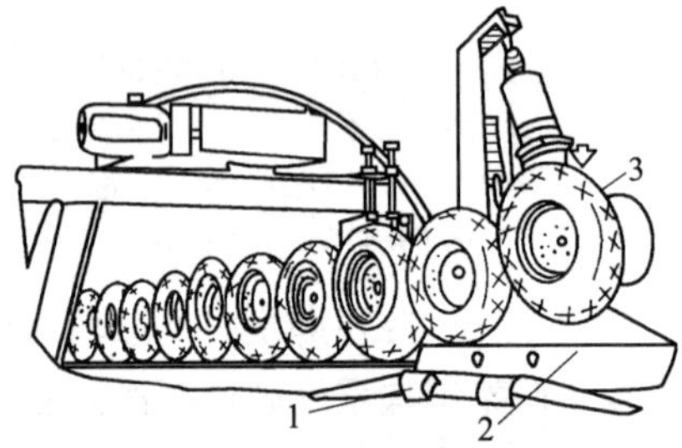

图 7—21　轮胎传动

1—抱索器　2—摩擦端面　3—轮胎

加减速器轮胎的动力源及传动方式有以下几种：

（1）独立传动。独立的传动方式，利用专用的直流电动机带动某一个轮胎，其余轮胎再用皮带轮传动。由于这种方法可靠性差，因而逐渐被淘汰。

（2）长轴传动（见图 7—22a）。利用驱动轮的旋转作为动力源的传动方式。在驱动轮轮轴顶端安装伞齿轮，将转动变为水平转动，用长轴和万向联轴器传动两侧的加减速器，可保证可靠同步，但缺点是传动轴很长，传动不够方便，在驱动轮做张紧游车或迂回轮做张紧游车时，在轮轴与长轴之间还要增加与游车行程相适应的滑套装置，使传动结构更加复杂，占地较多。同时，长传动轴与加减速器操作台有一定的干扰，维修人员行走不便。

(3) 摩擦传动（见图 7—22b）。摩擦传动方式是直接利用钢丝绳传动，在进出站加减速器两侧各增加一套摩擦导向轮，直接用钢丝绳带动导向轮获得动力。因此具有占地少的特点。

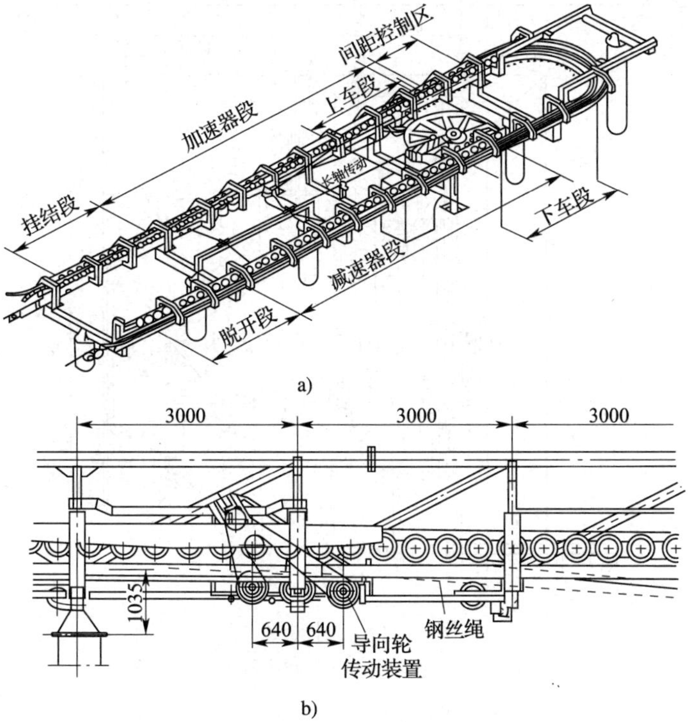

图 7—22　长轴传动及摩擦传动方式

a) 长轴传动　b) 摩擦传动

摩擦传动方式具有的优点较多，已逐渐替代其他传动方式而成为主要的发展方向。

2. 脱挂器

脱挂器（见图 7—23）由一组曲轨组成，视抱索器的结构不同而有所不同。一般利用抱索器上装的脱挂压轮在曲轨上运动时，受曲轨压下或抬起使抱索器的弹簧松开或压紧，达到钳口开闭抱紧钢丝绳的目的。

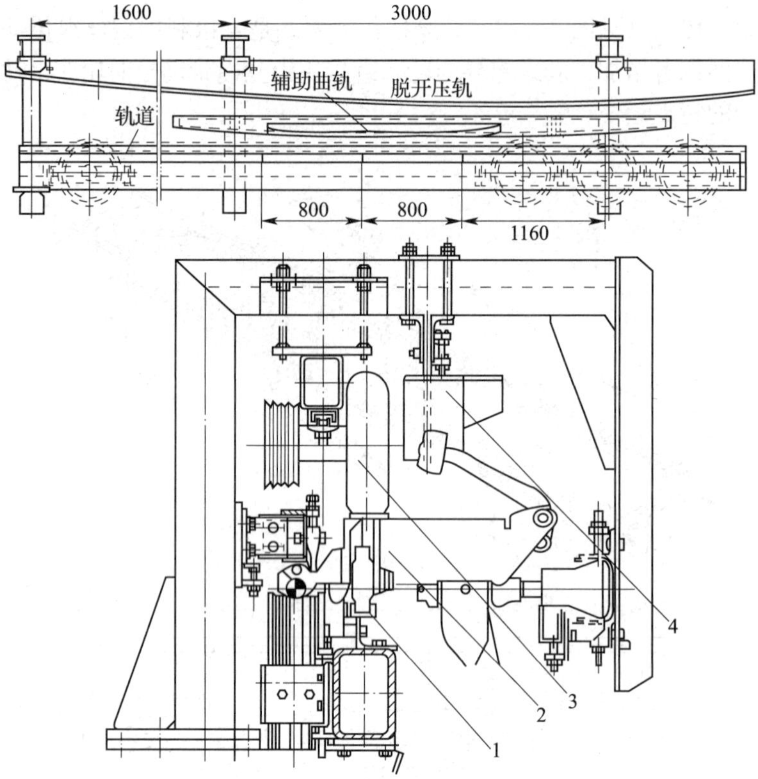

图 7—23 脱挂器结构

1—轨道 2—抱索器 3—加减速器 4—脱挂器

吊箱进入加减速器时，抱索器两端的支撑滚轮同时进入支撑轨道中，完成由钢丝绳支撑吊厢质量转移到轨道支撑吊厢质量的过程。

六、其他安全防护装置

（1）支索器（见图 7—24）是在往复式索道中使用的线路装置，是用于支撑牵引索达到减少挠度和行程的专用设备。

支索器是焊接的框架结构，中间安放托绳辊，整个框架用夹钳固定并悬吊在承载索下方，整个支索器允许客车自由通过，在索道全线上每隔一定距离装设一个支索器。每个支索器一般有 4 个或 6 个夹钳固定在承载索下方。钳口的包角不小于 225°。

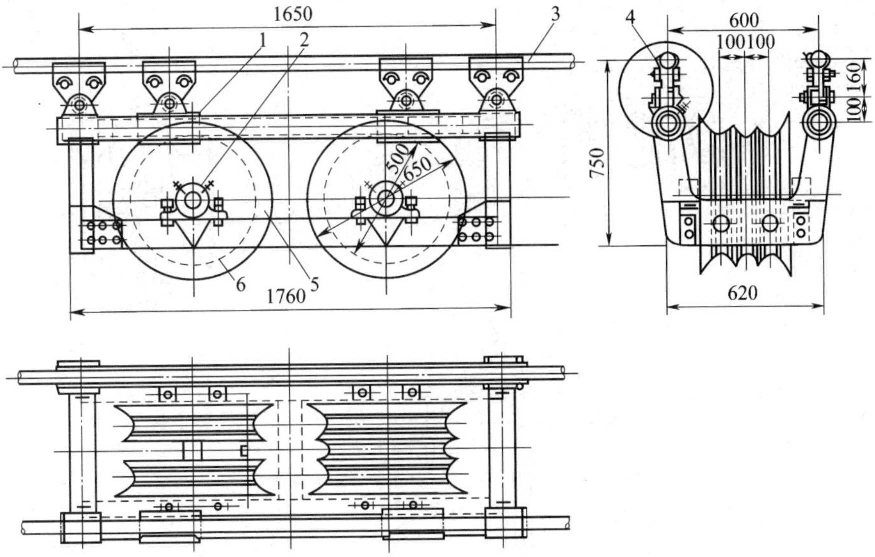

图 7—24　支索器

1—滑动套　2—托辊轴承　3—承载索　4—固定钳口　5—支架　6—托辊

钳口固定如图 7—25 所示。钳口板在进出车轮的端部需作成斜坡形，其端面厚度不大于 1 mm，以便车轮往复运行顺利通过支索器，不会与钳口发生撞击。

托辊直径为 ϕ250～300 mm，在双牵引条件下，需并排设两个托辊，同轴并能各自转动，两辊间不能有过大的间隙以免夹住钢丝绳。

为解决承载索的纵向移动，支索器一侧作成滑动式，以防支索器框架受扭变形。为解决双承载的横向摆动，将支索器框架一侧作成铰接式。

为了适应牵引索的频繁起落，支索器需设导向装置，以保证牵引索落入正常位置，不致产生卡绳事故。

（2）由于承载索和牵引索的数量不同，支架的鞍座构造也不同。图 7—26 所示为单承载双牵引鞍座结构，承载索鞍座应采用固定式，并采用焊接结构或铸钢制造，严禁用铸铁制造鞍座。

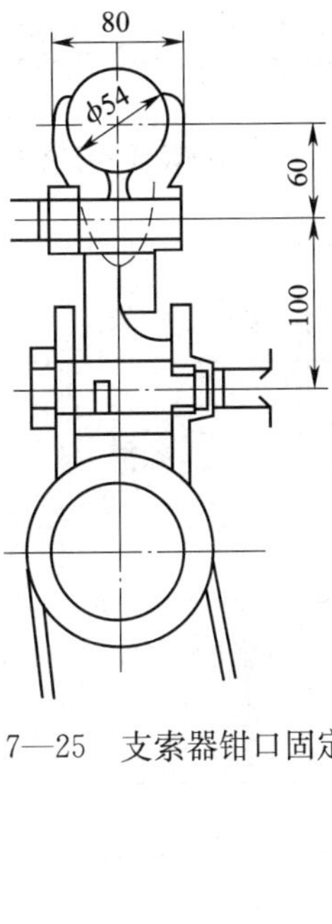

图 7—25　支索器钳口固定图

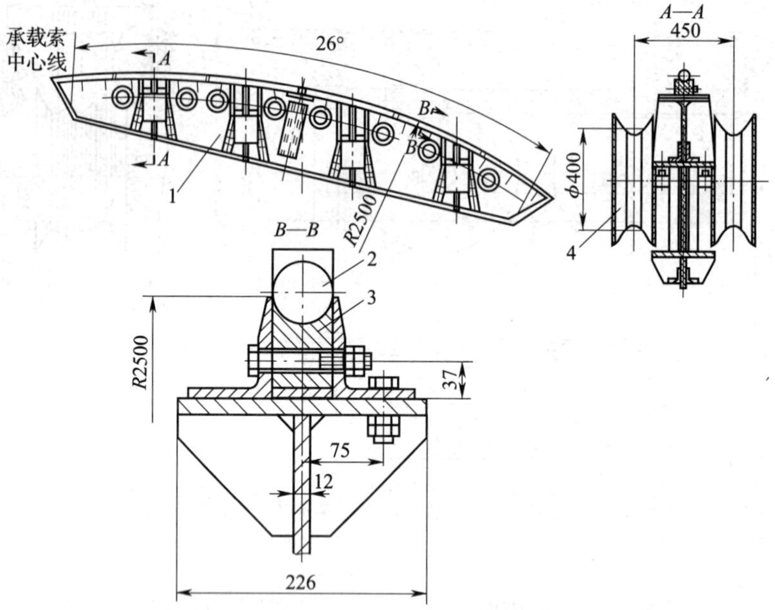

图 7—26　单承载双牵引鞍座结构图

1—鞍座　2—承载索　3—衬垫　4—脱索轮

第三节　客运架空索道常见故障及重要零部件的报废标准

一、循环式索道常见故障与排除

循环式索道常见故障与排除见表 7—4。

表 7—4　　　　**循环式索道常见故障与排除**

零部件名称	常 见 故 障	原 因 分 析	排除方法及措施
驱动轮和迂回轮	大轮绳槽出现焊缝开裂，发出巨大响声	一般采用手工电弧焊，有时质量不稳定，焊后未进行去应力退火和时效处理，甚至存在严重焊接质量问题	(1) 保证焊接质量 (2) 进行去应力退火和时效处理

续表

零部件名称	常见故障	原因分析	排除方法及措施
驱动轮和迂回轮	驱动轮或迂回轮发出异常响声，声音随着大轮的旋转有规律或无规律发出，其声音类似于明显的金属挤压、破碎声，其响声有时较大，常引起用户和游客的不安和恐慌	本身及固定座为钢结构的大轮回转部分成封闭状，使其响声多产生共鸣和回响，因此具体声源（故障源）及成因复杂 （1）制造装配质量差。大轮圈内径或隔套的形状误差过大，使配合处的内外圈形成过大的圆度、圆柱度误差等，造成隔套和大轮圈的配合面为点接触或线接触，有的索道实际上使原要求的过渡配合很快变成大间隙松动配合，这样在大轮圈和隔套的配合面上，形成上下左右松紧不一的现象，在运行过程中受张力和旋转力矩等外力作用，大轮圈在和隔套配合紧处形成挤压反力，在和隔套配合松处形成弹性变形，因大轮圈周围任一点在运行时受外力的作用是周期性的，所以这种挤压反力和弹性变形也呈周期性，它们反复的形成过程往往伴随着金属挤压破碎的声响。有时使轴承外套与透盖产生相对移动，部分高强度螺栓被剪断，甚至轴承损坏，乃至大轮转不动被迫停车 （2）装配方式不合理。采用不均匀气焊火焰烤热装配或野蛮敲击，会产生应力、变形。驱动轮和迂回轮广泛采用调心滚子轴承、圆锥滚子轴承成对装设，如果隔套压紧垫配合不适，将导致受力复杂，轴承架变形、损坏。 （3）未能重视润滑，尤其上面的轴承处于缺油干磨状态 （4）焊接工艺存在问题或未进行时效处理 （5）少数驱动轮的主轴制造质量要求很高，必须有检验和探伤鉴定报告	（1）保证装配质量 （2）采用正常的装配工艺，如用均匀加热膨胀或用胎具加压冷装 （3）保证轴承的良好润滑 （4）焊接后进行时效处理 （5）保证驱动轮的主轴制造质量，必须有检验和探伤鉴定报告
减速机	减速机噪声大	（1）如果运转声音异常，伴有金属敲击声，可能是高速轴齿轮损坏。这种情况很少发生，除非减速机设计选型存在问题，齿轮轴材料或热处理不当或有缺陷，线路载荷冲击太大，或者以上几种原因同时存在	选用可靠的减速机；检查减速机的齿轮、轴承，损坏后及时更换；及时补充、更换润滑油

续表

零部件名称	常见故障	原因分析	排除方法及措施
减速机		(2) 减速机运转时间较长后，由于齿轮磨损，间隙加大，必然会使噪声增大，一般不太严重，这属于正常磨损后的现象。如果噪声很大，可能间隙过大，需要重新调整第一级圆锥齿轮的啮合间隙，但需要注意防止间隙过小造成磨损加剧 (3) 如果异响具有周期性，特别是索道运行速度高，线路载荷产生负功率时，这种异响一般属于正常现象。因为线路载荷变化，造成驱动轮处钢丝绳紧边和松边交替变化，齿轮啮合面两侧频繁接触，从而发出噪声	
	减速机漏油	(1) 输入轴处漏油，油压太高；高速轴密封件损坏 (2) 输出轴处漏油，加油太多，油位超过油标 2/3 刻度。低速轴密封件损坏；轴承腔内注入了液态机油 (3) 箱体接合面漏油，连接螺栓松动，造成接合面产生缝隙；螺栓紧固后仍漏油，则是接合面密封胶老化	(1) 更换密封件 (2) 油位不要超过油标 2/3 刻度；轴承腔内不要注入液态机油 (3) 紧固连接螺栓或更换接合面密封胶
润滑系统	润滑系统工作不正常	(1) 油泵损坏或泵转向不对 (2) 环境温度低，润滑油稠，吸油阻力太大 (3) 油箱油位太低 (4) 油泵泄漏	分别采取相应措施，使其正常
制动器	安全制动时索道不能停止	(1) 制动减速度太小，要求最少能以 0.5 m/s^2 的减速度使索道停车，如果小于此值，则认为制动器不合适，需要进行调整或更换 (2) 制动瓦与闸轮的间隙过大或接触面积小 (3) 铰接和相对转动的销轴润滑不够，有卡住现象 (4) 制动轮表面不清洁，有油或水	(1) 压紧制动弹簧或更换制动器 (2) 调整制动间隙为 0.7～0.8 mm，并保持接触面积达到 80%以上 (3) 所有铰接和相对转动的销轴均应灵活 (4) 保持制动轮表面清洁

续表

零部件名称	常见故障	原因分析	排除方法及措施
制动器	紧急制动时钢丝绳、吊具大幅摇摆	在紧急制动时，其最大减速度不能超过 2 m/s^2	调节制动弹簧或更换制动器
联轴器	有异常声响	(1) 润滑不好造成十字轴一端缺油磨损严重 (2) 安装不良产生过大冲击、振动 (3) 联轴器缓冲和吸振能力差	(1) 保证良好润滑 (2) 修理或更换万向节联轴器
张紧系统	牵引力不足	(1) 索道张紧装置在满负荷启动中，如果牵引力“富裕量”不够大的话，就容易出现启动不了 (2) 卷筒钢丝绳缠绕层过多，相当于卷筒直径增大，绞车力矩不变时，其牵引力必然减小	采用合适的绞车，保证足够的富裕量
	卷筒钢丝绳缠乱、压伤和松股	防止缠乱、压伤和松股装置缺失或损坏	装设或更换防护装置
	液压张紧系统压力过高或过低	(1) 液压系统无压力。原因是漏油、缺油、卸压阀未关闭，电动机运转方向错误，泵损坏 (2) 液压系统达不到工作压力。原因是压力继电器和阀设置低于工作压力、泵漏油、液压缸密封件损坏 (3) 液压系统压力超标。原因是压力继电器设置过高，安全阀出现故障	检查液压系统是否漏油，更换密封件，补充油液

二、往复式索道常见故障与排除

往复式索道常见故障与排除见表 7—5。

表 7—5　　往复式索道常见故障与排除

零部件名称	常见故障	原因分析	排除方法及措施
调绳装置	客车运行中出现过大摇摆，产生打滑，电动机声响异常	双牵引系统中，存在着两根牵引索在运行中的张力调节问题。当两根牵引索张力差很大时，其牵引索松紧度不同，导致客车运行中出现摇摆，一方面极易引起车轮脱轨，另一方面乘客在车内感到不适。同时驱动机构一侧摩擦轮磨损加大，易产生打滑，电动机也因负荷不均而声响异常	调节两根牵引索在运行中的张力

续表

零部件名称	常见故障	原因分析	排除方法及措施
锚固和张紧	钢丝绳突然滑移产生强烈振动	锚固筒外表如用较软木板作衬，当钢丝绳缠绕一定时间后，因木板变形直径减小，导致钢丝绳突然滑移产生较强振动，影响站房结构安全	锚固筒外表可用硬质木板或塑料板作衬
	承载索弹性变形加大，客车运行很不平稳	传动滚子链阻力逐渐增加直至卡死不转，使客车随承载索运动很不规则，经常突发性移动，承载索受力增加，弹性伸长量增大，产生瞬间下降，乘客在客厢内有失重、晃动等感觉，运行很不平稳，危及乘客安全	重视滚子链的全面检查，避免出现卡死不转现象
	承载索断丝、表面磨损、张力不平衡	（1）疲劳断丝。在使用过程中，由于承载索挠度的变化，张紧索在导向轮上长期受挤压和弯曲应力的作用，造成了张紧索的疲劳断丝，是断丝的主要原因 （2）表面磨损。由于钢丝绳的内表面和导向轮之间为金属接触，表面钢丝磨损严重，大部分钢丝已经磨平，是造成内表面断丝的重要原因 （3）张力不平衡。造成外侧张紧索断丝严重的原因是由于在截绳和制作锚头时，内、外绳实际长度不等，造成张力不平衡，或由于没有张力调节机构，使得双张紧索断丝不均匀 （4）质量问题。钢丝绳的质量不好是造成断丝不均匀的另一原因。为了避免重锤和承载索的旋转，内侧绳采用左交互捻，外侧绳右交互捻	（1）新钢丝绳在安装前，应按规范规定认真细致检查、验收 （2）张紧索应每月认真、详细检查，每年应对钢丝绳使用状况进行分析 （3）发现钢丝绳异常时及时更换，消除安全隐患 （4）要保持钢丝绳处于良好的润滑状态 （5）双张紧要设张力自动调节机构或者在安装时设测力装置，以保证两根张紧索受力均匀
电动机	不能正常工作	三相电源连接错误	检查电源连接
	主电动机温升过高	主电动机散热风机反接，供电电压过低，负荷过大	检查散热风机的正常工作状态；保证电压在许可范围内

三、客运索道钢丝绳的损坏与报废

1. 客运索道钢丝绳的损坏

客运索道用钢丝绳在正常工作中的损坏方式主要是磨损、疲劳断丝和腐蚀三种。不同的工作、使用条件，其损坏的方式也不同。以客运索道而言，其承载绳、牵引绳、运载绳大多是以疲劳断丝损坏为主，磨损与腐蚀成为次要因素；辅助绳、避雷绳则往往以锈蚀为主。整根钢丝绳超负荷拉伤断裂，绳头松股和连接套筒处理不当拉断，以及钢丝绳扭结损坏等属于特殊事故。

钢丝绳的各种损坏方式都反映在钢丝的断丝上，断丝数的多少，是判断更换钢丝绳的重要依据。通常断丝的种类有疲劳断丝、磨损断丝、锈蚀断丝、拉断断丝和扭转断丝五种情况。断丝的断口情况如图 7—27 所示。

（1）疲劳断丝。疲劳断丝断口平齐、光亮而且垂直于钢丝的轴线（见图 7—27a）。这种断丝多发生在钢丝绳使用后期。对于相同结构的钢丝绳，从钢丝绳的使用到产生疲劳断丝的时间长短，取决于钢丝绳安全系数的大小、绳轮和绳径的比值 e 的大小以及钢丝绳运行中的弯曲次数、有无反向弯曲、钢丝绳的润滑情况以及钢丝绳的不松散性等因素。若安全系数取值较大，e 值合适，润滑良好，捻制应力消除彻底，则钢丝绳从开始使用到产生疲劳断丝的时间就长。

（2）磨损断丝。断丝的断口两侧是斜茬，断头扁平。磨损断丝主要发生在磨损比较严重的场合（见图 7—27b）。磨损断丝与钢丝绳的使用条件、润滑条件以及钢丝绳的维护有密切关系。对客运索道而言，若其驱动轮、导向轮、托压索轮等转动灵活，轮槽中的衬垫按磨损情况经常更换，钢丝绳润滑良好，可减少磨损断丝的根数。

（3）锈蚀断丝。断丝的断口不整齐，断头呈现针尖状，断口两侧有明显的锈斑（见图 7—27c）。它的产生与钢丝绳材质和使用环境以及维护有关。如果定期涂油，经常检查，发现锈斑及时处理，锈蚀断丝的现象就会减少。

（4）扭转断丝。断口与钢丝绳轴线呈现一定的夹角（见图 7—27d）。这种断丝在正常使用时一般不会出现，只有当钢丝绳松弛出现“缠卷”“打结”现象时才会发生。

（5）拉断断丝。断口平整，在断口处可发现钢丝的缩颈现象（见图 7—27e）。一般情况下，这种断丝较少出现，只有当钢丝所承受的拉应力超过其抗拉强度时才会发生。它的发生与紧急刹车、超载运行时使钢丝绳承受很大的附加动载荷等情况有关。此外，还与钢丝绳捻股时各根钢丝张力的均匀性及捻绳时各股绳张力的均匀性有关。捻制时，张力越均匀，绳承受载荷时各根钢丝受力越均匀，拉断断丝出现的可能性就越小。在运行中应尽量减少紧急刹车，也会减少拉断断丝的概率。

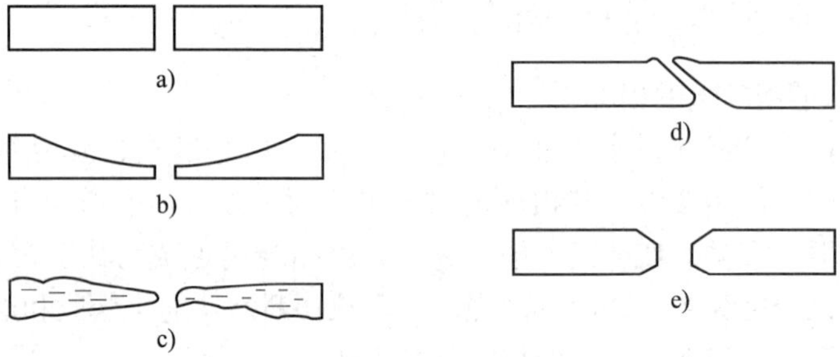

图 7—27　断口示意图

如前所述，客运索道用的钢丝绳多以疲劳断丝为主，因而全绳总断丝数是检验钢丝绳疲劳状况的一个指标。当钢丝绳承受交变弯曲或振动载荷时，随着运转周期的增长而逐渐产生疲劳断丝，在达到一定的周期后，钢丝的断裂根数突然增多，此时已不允许继续使用，钢丝绳已经到疲劳报废的程度。

2. 报废标准

钢丝绳的报废或局部更换由断面的缩小、断丝的局部聚集、绳股断裂、断丝的增加率等项目判定。如果钢丝绳的损坏是由机构元件存在的缺陷所引起的，在更换钢丝绳之前应消除这些缺陷。

（1）断面的缩小。在相关长度 L（钢丝绳直径 d 的倍数）内，钢丝绳承载断面的缩小量与钢丝绳承载断面的比值（以百分比计）不允许超过表 7—6 中的数值。

表 7—6　　钢丝绳允许的断面缩小值

钢丝绳用途	钢丝绳结构	客运索道						货运索道					
		1		2		3		1		2		3	
		(%)	L	(%)	L	(%)	L	(%)	L	(%)	L	(%)	L
承载索	密封钢丝绳与半密封钢线绳	10	$180d$	5	$30d$	—	—	15	$200d$	10	$30d$	—	—
	股捻钢丝绳	20	$180d$	10	$20d$	—	—	20	$200d$	15	$30d$	—	—
运载索	股捻钢丝绳	25	$500d$	10	$40d$	6	$6d$	30	$500d$	15	$40d$	—	—
拉紧索		—	—	8	$40d$	4	$6d$	—	—	12	$40d$	—	—

注：1. 表中 1 栏的数值适用于均匀损伤，2 栏中的数值适用于因正常作业负荷所形成的局部损坏，3 栏中的数值适用于因非正常影响而形成的有限的损坏。

2. 表中的数值适用于同向捻钢丝绳，如果是交互捻钢丝绳，则允许将表中的百分比值提高 50%。

在确定断面的缩小值时应考虑：断丝数，内部及外部磨损，内部及外部腐蚀，以及由于其他原因造成的损坏。

1）断丝数。钢丝绳无任何其他缺陷时所允许的外部断丝数，可根据金属断面所允许的缩小及外部钢丝断面确定。

在相关长度内，如一根钢丝有多处断裂时，只作为一次断裂计算；由于局部的硬化（马氏体构成），钢丝中出现发状细裂纹，也应视为断丝。

2）内部及外部磨损。内部磨损及压坑，这种损坏是由于钢丝绳内各个绳股和钢丝之间的相互摩擦造成的。

外部磨损，是钢丝绳在压力作用下，与托（压）索轮、鞍座、驱动轮、导向轮绳槽接触摩擦造成钢丝绳外层绳股和钢丝表面磨损，使外部钢丝磨成平面状。润滑不足，或不正确的润滑以及灰尘和砂粒等都会加剧磨损。

磨损导致钢丝绳的断面缩小、强度降低。

3）内部及外部腐蚀。内部腐蚀较难发现，但可通过下列现象识别：钢丝绳在绕过滑轮的弯曲部位时直径通常变小；外层绳股间的空隙减小，还经常伴随出现外层绳股之间断丝。

钢丝的外部腐蚀可直接观察有无麻点。腐蚀使钢丝绳承载断面缩小。

4）由于其他原因造成的损坏。钢丝绳由于其他原因造成钢丝和绳股松散、结构变更而使其性能减弱，也应计算其断面缩小值，若超过表 7—6 中数值，对于客运索道用钢丝绳应报废，货运索道用钢丝绳可局部更换或报废。

（2）断丝的局部聚集。如果断丝紧靠一起形成局部聚集，且位于小于 $6d$ 的绳长范围内或集中在一段里，对于客运索道钢丝绳应报废，对于货运索道钢丝绳可局部更换或报废。

1）客运索道密封钢丝绳相邻异形钢丝在 $18d$ 长度内如有两处断裂，其断面缩小虽未超出表中数值，也应报废。

2）客运索道的运动索（牵引索、平衡索、承载牵引索）在一绳股中如在 $6d$ 的长度内有大于 35％断面的断丝，应予以报废。

（3）绳股断裂。若整根绳股断裂，对客运索道用钢丝绳必须报废，对货运索道用钢丝绳必须局部更换或报废。

（4）断丝的增加率。在某些使用场合，疲劳是引起钢丝绳损坏的主要原因，断丝则是在使用一个时期以后才开始出现，但断丝数逐渐增加，其时间间隔越来越短。在此情况下，为了判定断丝的增加率，应仔细检查并记录断丝增加情况，找出其中的规律，并以此确定钢丝绳报废或局部更换的日期。

第四节 客运架空索道安全作业管理

一、一般安全要求

1. 安全管理与安全技术规定

客运索道作为国家重点监控管理的特种设备，在《特种设备质量监督与安全监察规定》中，对客运索道的审批、设计、生产与施工等的安全管理与安全技术提出了明确的规定。

（1）对新建或改建的客运索道实行设计审核制度。审核通过后，方可投入制造和施工。

（2）客运索道的驱动机、抱索器、运载车辆、钢丝绳、减速机等主要部件出厂时，必须附有制造企业关于该部件的出厂合格证、使用维护说明等随机文件。

（3）客运索道安装工程竣工后，索道站（公司）或者索道运营承包单位必须向所在地省级特种设备安全监察机构提出运营申请。经审查合格发给安全检验合格标志后，方可投入正式运营。

（4）客运索道安全检验合格标志有效期为三年。有效期满后需要继续运营的，索道站（公司）或者索道运营承包单位必须在期满前三个月向所在地省级特种设备安全监察机构提出运营复审申请。经监督检验机构全面检验合格，取得新的安全检验合格标志后，方可继续运营。

（5）在客运索道安全检验合格标志有效期内，客运索道每年要进行一次年度检验。年度检验不合格的不得运营。

（6）索道站（公司）站长（经理）或者索道运营承包单位负责人对保证客运索道的安全运营负责。站长（经理）要熟悉所管理的客运索道的安全技术知识，必须经过专业的培训与考核，合格后方可上岗。

（7）索道站（公司）或者索道运营承包单位必须建立救护组织，必须制定救援预案。当索道营运过程中出现意外事件或者发生事故时，能进行紧急处理，防止事态恶化，及时妥善地救援、救护乘客。

（8）索道站（公司）或者索道运营承包单位必须按照《客运架空索道安全规范》（GB 12352—2007）的规定，对索道进行日常检查和维护。索道日常营运、检查、维护、救护演习、发生意外事件和事故等情况，应当记入运行日记，由索道站（公司）值班站长（经理）签字认可并存档备查。

2. 安全审查规定

《客运架空索道安全规范》中的安全审查规定：

(1) 审查基本要求。

1) 审查组的负责人必须由取得中级以上技术职称的特种设备安全监察员担任，审查组成人员必须由特种设备安全监察员担任。

2) 按照必备文件、机构设置与队伍建设、人员素质、各种岗位责任制度、各种设备安全操作规程、有关管理制度、工作记录、文明守则、标志的顺序，逐项依次实施审查。

(2) 审查实施内容。

1) 必备文件审查。建设项目主管部门审批文件，设计单位资质证明及设计说明书，安装施工方案及主要设备施工图，安装、检查、使用维护说明书，设计安全审查意见，隐蔽工程设计、施工记录文件（主要是土建基础、防雷接地等设计计算及施工记录等文件），土建工程验收（备案）文件，机电设备和钢丝绳出厂合格证，索道安装单位资格证书及竣工自检报告和试运行记录，重大技术问题的文件（制造、安装、调试说明和必要的计算书等技术文件）。

2) 安全管理机构审查。审查安全管理机构及具体人员的设置是否合理，人员专业搭配是否满足安全管理工作的需要；每班是否明确了紧急救援组织，设置是否合理；每班是否明确了安全员监督检查客运索道运营的安全状况；审查业务培训、安全教育和考核的记录以及上岗证。

3) 人员素质审查。审查职工的安全意识和必要的安全知识，以及对各项安全操作规程、各岗位的责任制度以及本单位有关管理制度的掌握情况；是否持有上岗证书。

4) 各种岗位的责任制审查。审查各岗位责任制责、权、利是否明确；审查各岗位安全操作规程是否科学合理。

5) 各种设备安全操作规程审查。审查各种设备是否制定了安全操作规程，制定得是否科学合理，是否能满足本单位设备安全管理的实际需要。

6) 有关管理制度审查。审查规定的制度是否建立；审查已建立的制度及必要的实施办法是否满足本单位安全管理工作的需要，是否已得到有效实施。

二、客运索道的特殊安全要求

1. 对司机的要求

索道站司机房应配备两名司机，其中一名为主司机。司机的健康状况及技术素质应符合下列条件：

（1）年满18周岁，身体健康，经培训合格者；视力（包括矫正视力）在0.7以上，非色盲；听力要求达到能辨别清楚在50 cm范围内的音叉声响，热爱本职工作、严格遵守劳动纪律。

（2）熟悉所操纵索道各机构的构造和技术性能，认真填写各项检查记录。

（3）应精通本索道的安全操作规程和安全运行知识，并与电工、钳工配合工作。

（4）熟练掌握索道电气原理图，熟悉安全保护装置的技术性能和电气方面的基本知识，认真观察控制室内的电器设备，密切注意各仪器、仪表显示是否正常，发现异常正确处理，及时上报。

（5）掌握驱动机及其电控设施的维修和保养的基本知识。

（6）司机在受培训时不仅要学习如何操纵机电设备，也要学习、掌握在什么情况下不能开机。不正常的噪声、新的振动、漏油、异味等通常会提供一些设备的异常信息。

（7）严禁违章作业。索道运行中必须有一名司机在岗，严禁司机离岗运行。

（8）坚持“十不准”。

1）不准擅自离岗、串岗。

2）不准违章作业。

3）不准私自调机、换班、顶班。

4）不准酒后上岗和岗间饮酒。

5）不准岗内追闹和做与工作无关的事情。

6）不准私自带客人无票上车。

7）不准私自带人进入操作室、电控室、配电房、仓库。

8）不准与乘客争吵。

9）不准接受游客物品。

10）不准乱拉关系，以权谋私。

2. 对安全员的要求

（1）负责设备与营运安全管理，指导班组的安全工作，对本索道站的营运生产、设备的安全制度负责。

（2）熟悉本索道专业知识和国家有关安全法规标准，负责执行各项安全规章制度，并对索道站职工进行营运和设备运行安全的宣传与教育工作。

（3）根据本站机具设备特点，督促各项安全措施的落实，并深入各班组（每月抽出 1/2 的时间）进行安全检查。针对查出的隐患与违章行为，及时发出整改通知，进行纠正与改进。

（4）对营运安全和设备事故（包括各种隐患、工伤事故）及时报告和抢救，防止事故的蔓延，并做好现场标志和记录（拍摄照片），保护现场，按“三不放过”的原则及时进行调查，写出事故调查的书面报告，及时上报。

（5）坚持“安全第一，预防为主”的方针，在新设备、新技术投产、使用时，协助站长和技术部门对有关人员进行技术、安全、消防、使用、操作及维护保养知识的培训和考核。

（6）配合安全科和劳工科组织特殊工种人员进行业务、技术、安全培训与特殊工种的年审工作，并定期对新工人和调换岗位人员进行上岗前的业务技术、安全培训和考核。

（7）抓好消防工作，定期检查防火设施、设备、器具的情况，消除火警隐患。

（8）组织开展各种安全活动，搞好安全监督，检查和制定实施各项安全工作规章制度与措施。

（9）有权制止违章作业和违章指挥。

（10）坚持“十不准”。

3. 对机械维修工的要求

（1）熟练掌握本索道各类机械设备性能、结构特点，保质保量并按时完成各项任务，按机械设备使用维护说明书以及索道站机务管理制度，进行设备维修保养、调试，达到规定的设备运行完好率。

（2）严格遵守索道站制定的各项规章制度，保证安全运营任务的完成。

（3）严格执行日、周、月、季巡检制度，认真填写原始记录。对机械设备维修、保养质量负责。

（4）严格执行各项安全操作规程，作业时必须穿戴好劳动保护用品，禁止违章、冒险作业，做到安全生产。

（5）妥善保管好个人工具和公用工具，做到不遗失、不得因使用不当造成损坏。

（6）严格执行领、退料制度，注意节约材料和能源。

（7）负责划定区域的清洁卫生，做到文明生产。

（8）完成站、机务部门和组长交办的临时工作任务。

（9）坚持“十不准”。

4. 对电工的要求

（1）经专业培训、考试合格，持证上岗。熟练掌握本索道各类电气设备、线路结构走向及本工种仪表工具的使用方法，严格按规程要求供、配电，搞好设备维修保养。

（2）严格遵守索道站各项规章制度，保质保量并按时完成安全运行任务。

（3）按电气设备使用维护说明书及索道站机电设备管理制度搞好设备维修保养调试工作，达到规定的设备运行完好率。

（4）负责本索道电气设备的检查、维修、调试工作。对电气设备维修保养的质量负责。

（5）严格执行日、周、月、季的巡检制度。认真填写原始记录和交接班日记。

（6）严格执行各项安全技术操作规程，施工时必须穿戴好劳动保护用品，做到安全生产，对违反安全操作规程而造成的事故负责。

（7）妥善保管好个人工具和公用工具，做到不遗失、不因使用不当造成损坏。

（8）严格执行领料制度，注意节约，不得将领用的电器材料转送他人。

（9）负责划定区域的清洁卫生，做到文明生产。坚持“十不准”。

（10）完成站、电气部门和组长交办的临时工作。

5. 对站务员的要求

（1）开班前提前十分钟到岗，做好开班前的准备工作，遵守索道站的各项规章制度。

（2）吊椅、吊篮进站前，将吊椅、吊篮扶正，严禁大幅度摆动。客车距站100 m时，必须到站台检查乘客离车槽的距离，防止客车进站时撞伤乘客。站台正面通道严禁站人。做到安全接送，帮助乘客排忧解难，对本岗位的安全工作和站台乘客的安全负责。

（3）客车进站停稳后，站务员应站在靠下车站，开启车门组织乘客下车，待乘客下完后，再开进口车门，组织乘客上车。翻吊椅围栏做到不砸、不摔，保证乘客安全。

（4）正在上下客时，如发现滑车现象，应立即停止上下乘客，并迅速关好车门。

（5）乘客上车完毕后，关闭车门。乘务员确认车厢门已关闭后，才能发出开车信号。负责与司机室的通信联系，准确发出开停车信号。

（6）信号发出后，严禁离开站台或再放人上车。发现乘客有危及安全的行为必须立即制止，并准备迎接下次客车进站。

（7）维护站台秩序，按运载工具定员放人进站台，严禁超载。

（8）遇故障或突然停电而停运时，必须向乘客做好解释工作，并立即与司机室联系。

（9）正确使用和保管好信号室的通信设备，每天开班前都应检查通信设备和信号系统是否正常，并与司机室联系报告。如遇设备故障，应立即通知维修部门和司机室，并确定其他联络方法。

三、客运索道的安全检验

1. 循环式索道的安全检验

（1）客运索道用钢丝绳的质量检验。钢丝绳性能结构选型错误，制造、安装、编结质量问题和使用维护不当，以及机械事故是客运索道用钢丝绳损坏的主要原因。索道在使用过程若长时间超负荷运转，钢丝绳不可避免地会产生疲劳和磨损，以及腐蚀等缺陷，从而导致强度降低，甚至突然破坏。一般索道在正常运行中主要是钢丝绳疲劳断丝、磨损和腐蚀，特别是疲劳断丝和端部连接需要重点加以检查；个别索道建在酸雨多、海水潮气侵蚀大的地区，腐蚀也是一项不容忽视的问题。

1）查验钢丝绳质量证明资料。查验资料内容包括：产品合格证及钢丝绳性能的说明。如交货名称、实际直径、定购长度、实际长度、实际总质量、单位质量、实际单位质量、钢丝绳结构、捻制方式与捻向、捻距、有无镀层、公称抗拉强度、公称集合破断拉力或最小破断拉力、实测集合破断力或实测破断力、绳芯材料、股绳润滑脂种类、卷数、卷轴尺寸（直径×宽度）、包括卷轴在内的钢丝绳包装总质量、生产厂家地址、生产日期、交货日期。

2）查验校核设计图样资料和安全审查意见（见表 7—7）。

表 7—7　　查验项目及内容

查验项目	内　容
运载索	现场检查钢丝绳的技术参数，与设计审查资料核对，校核钢丝绳的结构性能和安全系数、横向载荷与最小张力比、跨距端部钢丝绳切线倾角变化、钢丝绳在驱动轮上防滑安全系数等技术参数。还应测量钢丝绳与导向轮的关系：导向轮直径不小于钢丝绳最外层钢丝直径的 800 倍；固定抱索器式索道导向轮直径不小于钢丝绳直径的 100 倍。脱挂抱索器式索道：包角＞180°，导向轮直径不小于钢丝绳直径的 100 倍；包角≤180°，导向轮直径不小于钢丝绳直径的 80 倍

续表

查验项目	内　　容
牵引索和平衡索	现场检查钢丝绳的技术参数，与设计审查资料核对，校核钢丝绳的结构性能和安全系数等技术参数。还应测量校核钢丝绳与导向轮的关系：导向轮折角≥90°时，直径不小于钢丝绳最外层钢丝直径的800倍，不小于钢丝绳直径的80倍；导向轮折角＜90°时，直径不小于钢丝绳最外层钢丝直径的700倍，不小于钢丝绳直径的70倍。托索轮直径不小于牵引索直径的12倍
张紧索	现场检查钢丝绳的技术参数，与设计审查资料核对，校核钢丝绳的结构性能（如柔性好、特别耐弯曲等）和安全系数等技术参数。还应测量校核：循环式索道张紧系统导向轮直径不小于钢丝绳直径的40倍，不小于最外层钢丝直径的700倍。绞车缠绕卷筒直径不小于钢丝绳直径的20倍。张紧绳进导向轮时偏角不超过1.5°。往复式索道张紧索导向轮直径不小于张紧索直径的50倍和表层钢丝直径的850倍；导向轮绳槽应有软质耐磨衬垫。螺栓无松动，运转无异常噪声。并检查钢丝绳固定情况。张紧索端部采用金属锥形套筒固定时，钢丝绳在套筒出口处不得受弯曲载荷，不得锈蚀。采用绳夹固定时，应满足《起重机械安全规程》的要求
承载索	现场检查钢丝绳的技术参数，与设计审查资料核对，校核钢丝绳的结构性能和安全系数等技术参数。测量校核：锚固筒直径不得小于承载索直径的65倍和表层钢丝直径的650倍。滚子链曲率半径不得小于承载索直径的90倍和表层钢丝直径的900倍。并查阅套筒制作工作记录，检查钢丝绳固定情况。张紧索与承载索的固定必须由专业人员严格按操作规程操作。采用金属锥形套筒时，钢丝绳在套筒出口处不得受弯曲载荷，套筒内绳拉出距离不得大于3 mm，且应保持恒定，出口处不得有锈蚀。应有二次保护装置及防止自行旋转的安全装置。锚固筒表面应衬以不会引起承载索生锈的硬木或塑料；承载索在锚固筒上缠绕应不少于3圈；缠绕后的剩余张力应用至少三个夹块传到支座上，其中至少有两个夹块工作，一个备用，并留出不小于3 mm的观察缝隙。检查承载索富余部分，用卷尺测量。承载索富余长度不得小于线路鞍座最大长度或滚子链长度的3倍再加上5 m。余绳应放置在与锚固筒相当的圆筒或线盘上，并缠绕整齐

3）检查各项记录。包括安装、改造记录，常规检查记录，特殊情况检查记录。

4）实测检验（见表7—8）。

表7—8　　实测检验项目和内容

检验项目	内　　容
外观质量检验	采用目检方法，宜在白天进行，从钢丝绳两侧同时观察，目检时的速度不得超过0.5 m/s。检查时，可以采用肉眼和手摸来寻找缺陷，只允许用对钢丝绳没有损伤的机械方法清除钢丝绳表面的油脂及污物。主要检查全线钢丝绳表面捻制质量，有无断丝、跳丝和异常现象（如钢丝绳不应扭结、弯折、磨损、压扁、粘有杂物，钢丝不应断裂、交错、折弯、松动、锈蚀和切伤，绳股不应松紧不一、塌陷和凸起等）。重点区段可以停车检查，如钢丝绳的编接部位，张紧索导向轮处、鞍座处、套筒连接处、锚固端及重锤处

续表

检验项目		内容
外观质量检验		更换的钢丝绳应与原设计安装的钢丝绳同类型、同规格。如果采用不同的钢丝绳，用户应提供必要的说明材料，确保更换后钢丝绳的性能不低于原钢丝绳，并与轮径、绳槽、抱索器钳口等相关要素相适应 钢丝绳的损伤（断丝、磨损、锈蚀、松丝、松股等）不应达到《架空索道用钢丝绳检验和报废规范》（GB/T 9075—1988）所规定的报废标准。张紧索钢丝绳应每使用两年窜位一次，使用累计时间不能超过六年
实际测量	钢丝绳直径的实测	用专用游标卡尺（其钳口的宽度可以跨越两个相邻的股）在一段直线形的钢丝绳上进行测量，在相距 1 m 的两截面上，每一截面上要垂直测量（密封型钢丝绳测两次），平均值即为实际直径，新钢丝绳允许偏差一般为±5%
实际测量	钢丝绳捻距的实测	用卷尺以任一股与股之间的沟槽接触点为准，测量捻距，准确性较高。用实测的捻距值与直径相除即可求出捻距对直径的倍数，一般捻距长度不超过钢丝绳直径的 8 倍，不小于 6.2 倍。国外钢丝绳厂家规定股捻钢丝绳捻距为 6.5～7.5 倍钢丝绳直径。应该注意避免加剧轮衬磨损和索道线路上引起较大振动。全长钢丝绳的捻距必须均匀。允许钢丝绳或其股绳在全长上的捻距有不大于实际平均捻距±3%的偏差
实际测量	实测钢丝绳接头长度	用卷尺或钢丝绳探伤仪测量运载索或部分牵引索钢丝绳的编接长度≥1 200 d，接头数≤2 个，接头间距≥3 000 倍钢丝绳直径
实际测量	实测接头直径最大值	用钢丝绳专用游标卡尺对每个接头三个方向测量直径最大值，并检查接头外观（钢丝绳接头形状）：接头外观浑圆饱满，压头平滑，捻距均匀，松紧一致。运行速度≥4 m/s 时，直径增大量≤5%；运行速度为 2～4 m/s 时，直径增大量≤8%；运行速度＜2 m/s 时，直径增大量≤10%
无损探伤检查		采用无损检测法可以在不改变钢丝绳状态和使用性能的前提下，直接对使用中钢丝绳的外部损耗和内部缺陷进行全面检测，从而提高了检测的可靠性。因此，研究、开发、生产和推广使用高性能的钢丝绳无损检测方法和仪器，成为各国均十分关心的问题。经过近百年的努力，已逐步发展成为防止或减少钢丝绳事故的主要手段。 目前，无损探伤尚不能检测通过鞍座支撑的密封钢丝绳，必须分段测试

此外，由于客运索道用钢丝绳结构比较复杂，受力状况和应用环境各不相同，通过无损检测比“手摸眼看”对钢丝绳状况判断的更具体和贴近实际，对钢丝绳的断丝、磨损、腐蚀、扭结等缺陷的检测精度相应有明显提高，可以极大地减少钢丝绳断绳事故。但是，由于不同探伤仪器本身的原理构造、检测环境和人为操作等因

素的影响，使钢丝绳的检测精度受到限制。许多钢丝绳断丝发生在钢丝绳的疲劳过程中，疲劳伴随着机械特性的变化，这些特性包括：延展性、循环变换范围（轴向）、硬度及磁滞性。目前我国尚未能进行大量的系统化的试验得到这些机械特性变化的数据。因此，一些情况下无损检测的准确性和可靠性尚存在一些问题，需要聘请有经验的专家进行综合分析和评估。

规范要求客运索道用钢丝绳必须进行无损探伤检查。第一次检查在钢丝绳安装后的 18 个月内进行，将检查结果作为以后检查的基础。第二次及以后检查周期由安全监督部门决定，检查结果要做记录并归档。

客运索道承载索窜绳后应进行无损探伤；使用期限超过 4 年时应进行无损探伤检查。

（2）客运索道驱动装置和迂回装置的安全质量检验。

1）现场检查。

①现场检查机电设备的防护罩、隔离栏杆等设施的安全性；站内机械设备、电气设备及钢丝绳应有必要的防护、隔离措施，防止危及乘客和工作人员的安全；非公共交通的空间应有隔离，非工作人员不得入内。

②现场检查司机室，要求司机室视野应尽量开阔，能照顾到站台进出站口的运行情况并方便监控全线或部分线路运行情况。

③现场检查站房是否有合适的防火装备，并应在有效期内；控制室应配备电气灭火设备。检查灭火设备放置位置和型号、有效期。

④现场检查站台栏杆或防护网（尤其出站侧）的设置，检查防护网是否老化。防止乘客跌落。

⑤现场检查索道站房是否有足够的检修空间和常用检修工具设备。检查现场和维修间。

⑥现场检查驱动迂回轮是否有防止钢丝绳滑出轮槽的装置；检查大轮、主轴等关键零部件的材质资料、加工和装配工艺以及无损探伤报告资料。焊缝无裂纹，螺栓无松动，闸盘无变形，运转无异常噪声。轮衬应完整，磨损不超限。检查焊缝、螺栓，在不同速度下听运转噪声，必要时可对焊缝探伤。用水准仪检测闸盘变形。

2）现场测试。

①测试噪声。关好门窗，室内人员保持安静，用声级计测量。司机室噪声不大于 80 dB（A）。

②测试坡度。坡度用水平尺或水准仪测量，站台纵向、横向坡度不大于 8%，滑雪索道穿雪橇下车后坡度不大于 20%，专业滑雪索道不大于 40%。

③测试长度。站台长度：单人吊椅不小于 4 v；双人吊篮不小于 7 v；双人吊椅不小于 5 v；滑雪索道不小于 3 v（v 为运行速度）。中间站单侧同时上下车时，站台长度按 1.8～2.0 倍考虑。

④测试高度。吊椅座面离地高度 500～600 mm，重载吊具不碰地（应考虑雪面高度）。长度和高度用卷尺测量；吊具超载 50%在站内运行，检查是否碰地。

检查吊篮或吊厢在横向摆动 20%进站时，能平稳进入导向轨。

⑤测试接地。用接地电阻仪测量每个站房及机械设备、钢丝绳和站内金属构件的接地电阻，检查接地线的连接及防雷接地。站房、机械设备、钢丝绳和站内金属构件接地电阻不大于 5 Ω，连线可靠。

⑥测试绝缘。用绝缘表测电动机绝缘，在不同运转速度下，观察电动机工作状况。电动机绝缘应大于 0.5 MΩ，电动机运转应无异常噪声，电动机发热正常，滑环电刷无过度磨损，鼓风机转向正确，应有过滤罩。

3）负载试验。

①在负载试验时，注意钢丝绳在驱动轮上是否打滑。

②检查工作制动器的构件及闸瓦，打开工作制动器，测量开闸间隙；索道运转中，做落闸模拟试验。驱动机必须设置工作制动器，制动力必须通过弹簧力或重力来产生；闸皮磨损应在正常值以内，开闸间隙均匀；制动器应有闸的打开指示开关，在闸落下时，索道应能自动停车。

③检查紧急制动器的构件及闸瓦，打开紧急制动器，测量开闸间隙；索道运转中，做落闸模拟试验。索道紧急制动器必须直接作用在驱动轮上；索道高差小、无负力时，经国家客运索道监督检验机构批准可不用紧急制动器。制动力必须通过弹簧力或重力来产生；运行速度不小于 3 m/s 时，下闸时间及制动力应能调节；闸瓦磨损应在正常值以内，开闸间隙均匀；应有闸的打开指示开关，在闸落下时，索道应能自动停车。

④多次做紧急停车试验，观察液压站工作情况；查液压原理图和液压油标号，试验手动泵。制动液压站从工作原理上应能在电磁阀断电时，制动器油缸回油，制动器闭合。使用的液压油及液压系统应符合当地气温条件，工作中油温不得超过 60℃。液压站无渗漏现象，手动泵能正常工作。

⑤检查油量，用点温计测温度；观察运转情况，有异常响声时，可打开观察孔检查齿轮啮合情况和齿面状况。减速机润滑油量及供油情况应达到要求，油泵电机温升不超过使用要求，高速轴温度不超过使用要求，运转平稳无异常噪声。

⑥应有两套独立的电源供电，可采用双回路电源或柴油发电机作备用电源，也

可用内燃机作备用动力。备用动力系统应保养良好，随时可以投入使用。启动柴油发电机、内燃机备用动力或切换到备用电源，做重上空下启动试验，并运行半圈。年度检验可在空载时做启动试验。

⑦切换到辅机驱动系统，做运行试验。辅助驱动连接装置应能方便快捷切换辅机，在主机运行时，辅机系统不干涉主机。

（3）客运索道重锤张紧装置的安全质量检验。重锤张紧方式能在索道各种运行状态下保持张力近似恒定，应检查重锤质量及张力与设计值的偏差不大于±1%。重锤行程的上下限位应装有行程开关，在重锤超程时动作报警停车以保证安全。张紧小车行走梁前面应有阻车器，并加缓冲器，阻车器应该结构牢固，位置应能防止张紧行走小车与其他设施发生干涉。

重锤位置可用张紧绞车调节，绞车应能提起重锤，制动器可靠，卷筒缠绕钢丝绳应正确并固定可靠，不能意外松动。绞车有手动和电动两种，手动绞车已逐渐淘汰，电动绞车要选择不带离合器的一种，用时要采取一定的保护措施，以保证安全。重锤或重锤箱在导轨中应能自由升降。

张紧重锤的支撑结构、钢丝绳的附件和端点连接处应便于检查、维修和更换。张紧重锤和锚固点的连接处要防止锈蚀。重锤井不应有积水、杂物。

带有绞车的重锤张紧装置，张紧索的一端固定在重锤上，另一端固定在绞车的卷筒上，依靠绞车可调节张紧索的行程长度，检查绞车和固定端的可靠性以及重锤位置变化能否补偿线路载荷变化和运载索残余伸长，以及环境温度变化引起的钢丝绳长度变化。

导向轮直径不小于钢丝绳直径的 40 倍，绞车缠绕卷筒直径不得小于钢丝绳直径的 20 倍。张紧绳进入导向轮时偏角不超过 1.5°。

张紧索每次使用两年窜位一次，使用累计时间不能超过六年。

（4）客运索道液压张紧装置的安全质量检验。

1）全面检查液压系统的可靠性，索道在各种状态下能否保证运载索的恒定张力（误差＜±5%），油缸运动自如，无渗漏现象，无卡阻，尾部固定及与车架连接可靠。在油缸行程终点前应有行程保护开关。张紧液压站油压达到设计上下限时，索道应能自动报警停车，使用的液压油应符合当地气温条件。工作中，油温不得超过 60℃，液压站无渗漏，手动泵能正常工作。

2）液压张紧系统的主要用途在于确保钢丝绳工作张力在合适的范围之内。液压系统的故障主要表现是压力过高或过低。液压系统无压力，原因是漏油、缺油，卸压阀未关闭，电动机运转方向错误，泵损坏。液压系统达不到工作压力，原因是压力继电器和阀设置低于工作压力、泵漏油、液压缸密封件损坏。液压系统压力超标不降，原因是压力继电器设置过高，阀出现故障。冷却器漏油，原因是受到腐蚀或冲击。

3）熟练掌握液压系统工作原理和相关知识及维修经验，读懂液压回路图，弄清各个液压元件的作用。此外，应重视观察油位，检验液压油的质量，检查过滤器污物是否超标，液压系统有无水、气、腐蚀，还应注意擦净设备外表，这样既可帮助判断液压系统有无泄漏，又可减少杂质混入液压系统的机会。

（5）抱索器的安全质量检验。

1）查验。查验产品合格证和安装使用维护说明书，检查探伤报告，目检部分抱索器。抱索器内外钳口端部应倒圆角，不允许有棱角，新抱索器应有无损探伤报告，使用中每年应抽查 25%进行探伤，如发现问题应全部探伤。四年之内全部抱索器应探伤一遍。抱索器移位时，应进行目检。检查移位记录。抱索器移位：连续循环固定抱索器应按规定使用时间 $t=0.56\ L/v$ 移位，每次移位距离不小于 300 mm，且应向同一方向；抱索器在新钢丝绳上运行 50 h，应进行第一次移位；拖牵式索道抱索器移位间隔时间应缩短，移位距离应减小；脉动式与往复式索道抱索器过驱动轮、迂回轮 2 000 次应移位。检查图纸，计算校核，抱索器结构与钢丝绳配合并应保证运载索在钳口进出口处的折角不大于 9°。检查钳口的内壁上形成的绳纹槽的形状和深度，判定是否需要修理或更换。

2）测试。检查抱索器通过托压索轮的情况。钳口应能保证在车辆摆动 35%时顺利通过托压索轮，可用倾角仪、卷尺测量核算。检查抱索器扭矩扳手的调定值，观测抱索器夹持钢丝绳附连处有无夹擦伤痕迹。在最不利的条件（最大倾角、润滑过的钢丝绳、钢丝绳直径缩小时）下，单钳口抱索器的防滑力不得小于客车重力分力的 3 倍，也不得小于客车的总重力。计算校核，在现场可用拉力计来做防滑力试验（抽查 2～3 个抱索器），注意不得损坏钢丝绳。观测抱索器导向翼的外形和通过托压索轮时的状况。观测脱挂式抱索器加减速摩擦板各转轮的工作性能，工作表面和连接部位的质量状况。

（6）运载工具的安全质量检验。

1）材质。吊具和制造吊具所用材料应有合格证书，采用管材或封闭型材的壁厚应不小于 2.5 mm，开口型材壁厚应不小于 5 mm。内外壁做防腐处理，不得锈蚀，不得有裂纹等缺陷。承载零件材料应具有良好的抗脆性破坏的性能，即具有足够的冲击韧性。吊具主要零件的内部和外部均应镀锌。

2）结构。结构不得积水，无显著锈痕。细致检查受力构件的磨损、变形，尤其注意隐蔽在吊椅、吊篮或吊厢板下面骨架的腐蚀和裂纹。

①吊椅。座位面及靠背应向后倾斜 20%～35%，靠边处应设有扶手，应有围栏和脚踏板，不应有突出构件挂住乘客衣物和周围的设备。检查保护架力矩弹簧，抬起后不允许自动落下，以防伤人。

②吊厢。吊厢门应安装闭锁系统，不能由厢内打开；不能由于撞击或受大风的影响而自动开启；车窗应用不易破碎的透明材料制造，吊厢内应保证足量的通风。

③吊篮。吊篮门不能由于撞击或受大风的影响而自动开启，栏杆或外罩高度从底面算起不小于 1.1 m，外罩高度从座位算起不小于 0.35 m，不应有突出构件挂住乘客衣物和周围的设备。

3）有效面积。座位宽度至少每人 0.5 m。车厢有效面积：吊厢载客数小于 6 人时，每人 0.3 m^2；吊厢载客数大于 6 人时，有效面积不少于（0.16×人数+0.6）m^2。

4）连接可靠性。吊杆与坐椅或吊厢、吊篮连接处有减振措施，连接可靠。检查全部连接处螺栓有无松动或位移。

5）通过性。吊具横向摆动 20%、纵向摆动 35%时，吊椅的任何部分均不得与支架等设施相碰，还要保证乘客的手不会触及这些设施，并留有规定的间距；当吊椅设有防雨或遮阳棚时，保证吊椅在运行经过站内迂回轮、驱动轮和导向张紧轮时能自由通过。

6）吊厢门和吊篮门在站内应开关可靠。当已过开关门轨道后，吊厢门未关闭或打开时，索道应能自动停车。

7）安全标志。在醒目位置设有牢固的乘客须知。

8）车库。

①车辆在车库轨道上运行应平稳，不应自动溜车，过道岔应平滑。

②道岔动作灵活，换轨定位准确可靠。

③道岔在发车或收车位置时，闭锁安全监控装置应保证运行安全。

④站内可设置停放车辆的备用轨道，载有乘客的车辆不得通过道岔进入备用轨道。

（7）加减速器和脱挂器及排发车系统的安全质量检验。

1）加减速器。

①加减速轮磨损正常，转动平稳，无异常噪声，安装位置正确，抱索器不打滑。轮胎气压在规定范围内，检查抱索器运行情况。必要时查阅使用维护说明书，用气压表测轮胎气压。

②检查带，带张紧适度，不打滑。在抱索器运行时，检查是否打滑。

③检验加减速器和推车机运转情况，加减速器和推车机运转应平稳，无异常噪声。检查客车在站内运行情况。客车在站内运行应平稳，无异常摆动。

④检查取速轮带和轮衬。带松紧适度，轮衬磨损正常，取速轮无打滑。长轴传动系统无异常噪声。

⑤检查电磁离合器闭合、释放情况。电磁离合器闭合、释放可靠。

⑥检查最大运行速度时，吊厢在站内运行的摆动情况。吊厢进出站运行平稳，摆动正常。

2）排发车和防撞系统。

①检查发车脉冲数或间隔时间，检查每次发车间隔的一致性。索道吊具应按一定的发车间隙时间发出吊具，保证吊具按设计间距均匀发车。

②索道应有实际—参考速度对比和实际—实际速度对比，在速度差超出规定时，应能自动停车。可审查电气原理图，做模拟试验。

③检查曲轨和脱挂轮的磨损情况，无异常。抱索器挂结在钢丝绳上时，钳口抱索形状应符合要求，抱索器的挂结应平稳可靠，不应有异常噪声或过大摆动。不能出现未抱好的情况。触发抱索器钳口状态监测开关，做模拟试验。

④检查脱挂轮位置，抱索器挂结在钢丝绳上时，脱挂轮的位置应符合要求。触发抱索器挂结状态监测开关，做模拟试验。

⑤检验防撞系统及区段控制。在站内及进站和出站侧通过监控开关设置一定数量的区段，使吊厢在站内及进站和出站侧保持一定的间距，防止吊厢碰撞。可查阅图纸和说明书，触发监控开关，做模拟试验。

⑥检验发车器、脉冲计数和检测装置的可靠性。吊厢门在站内应开关可靠，当已过开关门轨道后，吊厢门未关闭或打开时，索道应自动停车。可触发开关门监测开关，做模拟试验。

（8）线路支架和托压索轮组的安全检验。

1）查验（见表 7—9）。

表 7—9　　查验项目及内容

查验项目	内　容
材质证明及设计图纸	检查支架表面及焊缝，必要时用金属测厚仪测量。支架应采用钢材或钢筋混凝土材料。不允许采用木支架，不允许绷绳拉紧。开口型钢材壁厚≥5 mm。钢管及闭口型钢材的壁厚应≥2.5 mm。支架材料及焊缝不应有裂纹等缺陷

续表

查验项目	内容
防锈层	支架材料内外壁上应有防锈层。不应有严重锈蚀，有积水现象的结构应有排水孔。
支架	导向架应使吊具无冲击通过支架，应有起吊架。压索支架应有地锚、防脱索二次保护装置。检修平台应平整、牢固且方便维修操作
支架连接	螺栓应紧固，防松措施得当，主要受力连接螺栓不低于 8.8 级，法兰和各段钢结构之间的连接面应接触紧密，相连接的两个平面应有 70%的面积紧贴
图纸，现场检查支架防护	支架应设爬梯，高度 10 m 以上设护圈（滑雪索道除外）。超过 25 m 时，每隔 10 m 设休息平台，检修平台应有扶手或护栏。滑雪索道支架应有安全防护装置。运送滑雪者的索道应有防滑雪板插入装置
设计图纸和施工记录，检查基础情况	基础顶面应高出地表面，基础底面应在冰冻深度以下，无滑坡及地质危害；排水护坡措施齐全，不应有水冲刷现象，不应有开裂现象；基础顶面应进行二次灌浆，二次灌浆层应密实平整
地脚螺栓	地脚螺栓应接触紧密，连接牢固，防松防锈措施可靠，外露螺纹不得少于 2～3牙
支架上托压索轮安装	螺栓应紧固，托压索轮组对称于钢丝绳中心线，托索轮应垂直，受力均匀，平衡臂能自由摆动

2）测试（见表 7—10）。

表 7—10　测试项目和内容

测试项目	内容
负载试验	在负载试验时，一个吊具加双倍载荷通过压索支架，检验靠贴，双倍载荷通过压索支架时，钢丝绳不得离开压索轮
线路测量	用经纬仪、水准仪对线路进行复测。支架安装后应符合 GB 50270—1998 中 12.2.1 条规定
支架上压索轮	观察抱索器通过情况，观测托压索轮结构，外侧安装捕捉器、内侧安装挡绳板，并不得妨碍抱索器通过
每个支架	测量相邻支架索距偏差，应使钢丝绳在水平面上偏斜角不大于跨距的 0.5%，同一支架索轮组两端偏差不大于轮组长度的 2/1 000
支架接地电阻	用接地电阻仪测量每个支架防雷接地电阻不大于 30 Ω

2. 往复式索道质量检验

(1) 承载索安全检验。

1) 查验。

①查验站内设施安全性：站内机械设备、电气设备及钢丝绳应有必要的防护、隔离措施，防止危及乘客和工作人员的安全；非公共交通的空间应有隔离，非工作人员不得入内。现场检查机电设备的防护罩、隔离栏杆等安全设施。

②现场检查：要求司机室视野应尽量开阔，能照顾到站台进出站口的运行情况并方便监控全线或部分线路运行情况。

③检查灭火设备位置和型号、有效期。控制室应配备电气灭火设备。

④站台现场检查（尤其出站侧）应有栏杆或防护网，防止乘客跌落。

⑤索道站房应有足够的检修空间和常用检修工具设备。检查现场和维修间。

⑥在客车空载和满载情况下，用卷尺测量：车槽长度应不小于车厢长度的 1.5 倍，当缓冲装置被压实后，应允许客车纵向摆动 15%；客车地板在站内与站台高度差不应大于 100 mm；车槽边缘与客车的间隙不得大于 50 mm。站台应水平，站台内和客车出入口处应设导向装置。

⑦现场检查栏杆或防护设置。客车离站后，站台上下车处的护栏应封闭；车槽两侧的乘车站台不能作为候车站台，防止乘客跌落。

⑧检查焊缝、螺栓，在不同速度下听运转响声，必要时可对焊缝探伤。用水准仪检测闸盘变形。水平驱动轮导向轮应有防止钢丝绳滑出或飞出轮槽的装置，焊缝无裂纹，螺栓无松动，闸盘无变形，运转无异常噪声，轮衬磨损不超限。

2) 测试。

①关好门窗，室内人员保持安静，用声级计测量。司机室噪声不大于 80 dB(A)。

②用绝缘表测电动机绝缘，电动机绝缘应大于 0.5 MΩ。在不同运转速度下，观察电动机工作状况，电动机运转应无异常噪声，电动机发热正常，滑环电刷无过度磨损，风机转向正确，应有过滤罩。

③用接地电阻仪测量每个站房及机械设备、钢丝绳和站内金属构件的接地电阻，检查接地线的连接。防雷接地：站房、机械设备、钢丝绳和站内金属构件（金属栏杆）接地电阻不大于 5 Ω，连线可靠。

④在负载试验时，注意钢丝绳在驱动轮上是否打滑。

⑤检查工作制动器的构件及闸瓦，打开工作制动器，测量开闸间隙，索道运转中，触发闸打开指示开关，做落闸模拟试验。驱动机必须设置工作制动器，制动力必须通过弹簧力或重力来产生；闸皮磨损应在正常值以内，开闸间隙均匀；制动器

应有闸打开指示开关，在闸落下时，索道应能自动停车。

⑥检查紧急制动器的构件及闸瓦，打开紧急制动器，测量开闸间隙；索道运转中，触发闸打开指示开关，做落闸模拟试验。索道紧急制动器必须直接作用在驱动轮上；索道高差小，无负力时，经国家客运索道监督检验机构批准可不用紧急制动器。制动力必须通过弹簧力或重力来产生；运行速度不小于 3 m/s 时，下闸时间及制动力应能调节；闸瓦磨损应在正常值以内，开闸间隙均匀；应有闸的打开指示开关，在闸落下时，索道应能自动停车。

⑦多次做紧急停车试验，观察液压站工作情况；检查液压原理图和液压油标号，试验手动泵。制动液压站从工作原理上应能在电磁阀断电时，制动器油缸回油，制动器闭合。使用的液压油及液压系统应符合当地气温条件，工作中油温不得超过 60℃。液压站无渗漏现象，手动泵能正常工作。

⑧检查油量；用点温计测温度；观察运转情况，有异常响声时，可打开观察孔检查齿轮啮合情况和齿面状况。减速机润滑油量及供油情况应达到要求，油泵电动机温升不超过使用要求，高速轴温度不超过使用要求，运转平稳无异常噪声。

⑨应有两套独立的电源供电，可采用双回路电源或柴油发电机作备用电源，也可用内燃机作备用动力。备用动力系统应保养良好，随时可以投入使用。启动柴油发电机、内燃机备用动力或切换到备用电源，做重上空下启动试验，并运行半圈。年检可在空载时做启动试验。

⑩切换到辅机驱动系统，做运行试验。辅助驱动连接装置应能方便快捷切换辅机，在主机运行时，辅机系统不干涉主机。

（2）锚固和张紧的安全检验。

1）承载索锚固。

①查阅设计图样资料和钢丝绳合格证，计算校核。锚固筒直径不得小于承载索直径的 65 倍和表层丝高的 650 倍。

②现场检查。锚固筒表面应衬以不会引起承载索生锈的硬木或塑料；承载索在锚固筒上缠绕不应少于 3 圈；缠绕后的剩余张力至少应用三个夹块传递到支座上，其中至少两个夹块工作，一个备用，并留出不小于 3 mm 的观察缝隙。

③检查承载索富余部分，用卷尺测量。承载索富余长度不得小于线路鞍座最大长度或滚子链长度的 3 倍再加上 5 m。余绳应放置在与锚固筒相当的圆筒上或线盘上，并缠绕整齐。

2）承载索张紧。

①查阅套筒制作工作记录，检查钢丝绳固定情况。张紧索与承载索固定必须由

专业人员严格按操作规程操作。采用金属锥形套筒时，钢丝绳在套筒出口处不得受弯曲载荷，套筒内绳拉出距离不得大于 3 mm，且应保持恒定，出口处不得有锈痕。应有二次保护装置及防止自行旋转的安全装置。

②目测钢丝绳，用专用游标卡尺测直径。检查维护记录。张紧索钢丝绳的损伤（断丝、磨损、锈蚀、松丝、松股等）不应达到 GB 9075—1988 所规定的报废标准，使用不超过 6 年。

③查安装记录或竣工自检报告，必要时可进行实际称量。重锤质量及张力与设计值的偏差不得大于±1%。

④在索道运行中，检查重锤升降情况。检查重锤井情况。重锤或重锤箱上的导向块与导轨之间的间隙，上下、左右应均匀，重锤或重锤箱在导轨中应能自由升降。重锤井不应有积水、杂物。

⑤检查导向轮。张紧索导向轮直径不得小于张紧索直径的 50 倍和表层钢丝直径的 850 倍；导向轮绳槽应有软质耐磨衬垫。螺栓无松动，运转无异常噪声。

⑥检查行程标尺及限位开关位置。张紧小车应有行程指示标尺；张紧重锤在行程端点前应使限位开关动作。

⑦查阅施工图、计算校核。滚子链曲率半径不得小于承载索直径的 90 倍和表层钢丝直径的 900 倍。

⑧运行中检查。滚子链应磨损正常，运行平稳，滚子应转动自如。

⑨现场检查。承载索或张紧索与重锤连接采用套筒或采用缠绕连接时，应符合相关的要求。

3）双端锚固。

①用塞尺检测备用夹块观察缝隙，试验承载索的调整。承载索双端锚固的索道，应采用可测可调的双重锚固装置；夹块式双重锚固装置应有两组夹块，一组夹块工作，另一组夹块备用，两组夹块之间应留出不小于 3 mm 的观察缝隙。

②查阅设计计算书，计算校核。夹块的数量应满足 3 倍防滑系数的要求，夹块的绳槽应有巴氏合金衬垫。

③采用双端锚固的索道必须有可测力装置，监测承载索张力。在承载索张力超出规定数值时，应能报警或停车。在运行中检查测力传感器和显示报警装置，做模拟报警试验。

④启动液压站电动机，给千斤顶打压和泄压，观察液压站和千斤顶工作情况。液压站应能达到设计压力，无渗漏现象，手动泵能正常工作。千斤顶运动自如，无渗漏，无卡阻现象。

(3) 客车和行走机构安全检验。

1) 查验。产品安装使用维护说明书、施工图、易损件图和有关文件。查验出厂合格证、材质证明，重要零部件的型式试验和质检探伤证明。

①查阅校核说明书，用卷尺测量吊具尺寸，试验门锁机构，试验照明和灯光。车厢门应安装闭锁系统，不能由厢内打开，不能由于撞击或受大风的影响而自动开启；车窗应用不易破碎的透明材料制造，车厢内应保证足够的通风；配备救援车的索道，车厢端部应设门或活动窗；垂直救护时，车厢顶部和地板上应设人孔，救护工具应存放完好；乘客站立乘车时，车厢内净空高度不得小于 2.0 m，并应设足够的拉杆和扶手；夜间运行，车厢内应用照明，车厢外应有首尾灯。

②查客车图样、客车容量、车厢有效面积。

③查吊架设计图样，检查吊架，必要时可对焊缝进行探伤。吊架上部应设带护栏的检修平台和工作梯；在吊架上不得有横向焊缝；封闭型吊架内外壁做防锈处理，不得锈蚀，不得有裂纹等缺陷，不得积水。

④检查客车制动器的位置。客车定员 6 人以上的单牵引索道必须装设客车制动器（采用循环牵引索，用夹索器与客车连接，并按时移位和进行无损探伤的往复式索道，经论证和批准的除外）。采用单个客车制动器的，应设在运行小车位置高的一端。

⑤查阅设计图样、操作说明和操作记录，检查连接情况。牵引索、平衡索与运行小车连接应符合国家标准中的规定，套筒浇铸或制作应严格按操作程序操作，并有记录。

⑥目查套筒和钢丝绳情况。采用金属锥形套筒时，钢丝绳在套筒出口处不得受弯曲载荷，套筒内绳拉出距离不得大于 3 mm，且应保持恒定，出口处不得有锈蚀。缠绕式套筒在第一次拉出后应保持恒定。

2) 测试。

①检查连接部位，乘坐客车等速运行，检查车厢位置。吊架与车厢连接处应有减振措施，连接可靠；吊架头部铰点转动灵活，车厢在匀速运行时应保持垂直状态。

②晃动车厢，检查减摆器的作用。车厢定员大于 15 人和运行速度大于 3 m/s 的索道客车吊架与运行小车之间应设减摆器。客车摆动 35%，摆动 3 次应能停下。

③查阅客车制动器的图样，在最不利工况下，在客车内部进行手动试验，测量制动距离，检查制动器的情况。客车制动器的制动力应可调整，在距离长、速度高及倾角大的索道上应采用分级制动或自动调节制动力。制动力不得小于满载客车最

大牵引力的 1.5 倍，制动行程应控制在 0.7 v^2（只取其数值，v 为客车运行速度）以内，并在制动片磨损和摩擦因数最小时，在最不利条件下，制动力不得小于满载客车的最大下滑力。

④检查客车制动器的安装情况及通过鞍座情况。客车制动器安装可靠；钳口的高度应能适应各种情况下承载索和鞍座的位置要求；制动片应耐磨、散热、不损伤承载索；制动片磨损不超过 4 mm。

⑤目检运行小车，在客车运行中检查运行小车运行情况。运行小车两端应设防止出轨的导靴；车轮上装设软质耐磨衬垫，磨损正常；车轮运转平稳，无异常响声；运行小车两端应装设缓冲挡块，多冰雪地区应设刮雪器或破冰装置。

⑥客车停在站内，触发断索检测装置，拉动车厢内控制杆（控制钮），检查客车制动器动作情况。客车制动器在牵引索或平衡索断裂、与客车连接断开以及客车制动器控制系统损坏时，必须自动制动；客车制动器也能由乘务员在车内直接控制。

⑦在做紧急制动试验和客车制动器试验时，目测车轮是否脱开承载索。空车车轮在客车紧急制动、牵引索张力增大 40%，以及客车制动器在支架上或支架附近制动时都不得脱开承载索。

（4）支索器安全检验。

1）查验。

①查阅设计图样，检查支索器内钳口板与框架成整体，框架无变形，外钳口板是分开的，用螺栓将夹钳夹紧于承载索下方，其夹持面积不小于承载索断面的 70%，即包角不小于 225°。

②检查托索轮轮衬应为耐磨耐压的软质材料，磨损深度不得超过钢丝绳直径的一半。

③检查支索器钳口板尖端圆弧部分与客车车轮轮缘和轮面之间的间隙各处均不得小于 2.5 mm。

④检查两钳口板应彼此平行和对齐，不应前后错位和扭曲，螺栓紧固良好、防松可靠，钳口板尖端圆弧部分与承载索在全长度上吻合，不得一端接触、另一端出现有可见缝隙。整个支索器应垂直。

⑤检查钳口板在进出车轮的端部应为斜坡形，其端面厚度不大于 1 mm。

⑥检查运行记录和支索器移位记录，索道在正常运行情况下，根据运行繁忙程度，移位间隔时间应不长于半年至一年。

2）测试。

①测量托索轮直径，计算校核。托索轮直径不小于牵引索直径的 12 倍。

②检测客车通过支索器时，托索轮应转动灵活，无异常声响及振动。

③支索器框架和固定在承载索上的夹钳能使客车运行自如，并留有安全间隙。

④索道正常运行和启制动试车时，观测支索器两侧导向板在客车通过牵引索升降时，可以使钢丝绳准确落入正常位置，排除被卡住而发生意外的可能。

（5）支架鞍座的安全检验。

1）查验。

①在支架上检查托压索轮安装。螺栓应紧固，托压索轮组对称于钢丝绳中心线，托索轮在鞍座上均匀分布。

②查材质证明及设计图样，支架应采用钢材或钢筋混凝土材料，不允许采用木支架，不允许绷绳拉紧；开口型钢材壁厚不小于 5 mm，钢管材及闭口型钢材壁厚不小于 2.5 mm，支架材料及焊缝不应有裂纹等缺陷。检查支架表面及焊缝，必要时用金属测厚仪测量。

③目测检查支架材料内外壁上应有防锈层，不应有锈蚀；有积水现象的结构应有排水孔。

④检查支架连接。螺栓应紧固，防松措施得当，主要受力连接螺栓不低于 8.8 级，法兰连接应紧密。

⑤查图样，现场检查支架防护。应设爬梯；高度 10 m 以上设护圈（滑雪索道除外），超过 25 m 时，每隔 10 m 设休息平台；检修平台应有扶手或护栏。

⑥查线路测量记录，支架安装后应符合 GB 50270—1998 中 12.2.1 条规定。必要时可以用经纬仪、水准仪对线路进行复测。

⑦查设计图样和施工记录，基础应高出地表面，底面应在冰冻深度以下，无滑坡及地质危害；排水护坡措施齐全，不应有水冲刷现象，不应有开裂现象；基础应进行二次灌浆，灌浆层应密实平整。

⑧现场检查地脚螺栓应紧固，防松防锈措施得当。

⑨支架上检查承载索有滑移的鞍座应有软质耐磨衬垫，并有润滑措施。

⑩查阅设计图纸和材质证明，目测鞍座。鞍座应采用焊接结构或铸钢制造，严禁用铸铁制造。

2）测试。

①测量托索轮直径，计算校核。托索轮直径不得小于牵引索直径的 12 倍。

②现场检查在牵引索滑出托索轮复位时，不会卡住。单承载索道鞍座托索轮组

应设有牵引索自动复位装置。

③在支架上检查托索轮，观察客车通过情况。托索轮采用高侧板，绳槽设软质耐磨衬垫，不得妨碍客车及牵引索套筒通过，客车通过后，牵引索应能自动落在托索轮槽内。

④在支架上检查托压索轮转动灵活，无异响，轮衬完好，牵引索不能磨侧板。

⑤在支架上检查导向架，应能使横向摆动 20％和纵向摆动 35％的客车平稳进入导向段，导向装置的两端应连成圆滑曲线封闭环形状，且与支架纵向中心线相对称；应有起吊架，检修平台应方便维修操作。

⑥运行中，在支架上观察承载索滑动情况。承载索在鞍座上滑动自如，不能有振动冲击。

⑦重载车驶近鞍座端部，用卷尺测量。在最不利工况下，承载索在鞍座端部应抬起 20 mm（2°～3°以上），不得有死弯折。

⑧查阅图样，在支架上检查客车通过性。有客车制动器通过的鞍座顶部形状应能使客车行走轮磨损最大 10 mm，并在有纵向和横向摆动时顺利通过鞍座。

⑨用接地电阻仪测量每个支架的接地电阻。支架防雷接地电阻不大于 30 Ω。

四、客运架空索道的安全监测与监察

1. 客运架空索道安全监测

（1）客运架空索道脱索保护及电路分析。

1）脱索与脱索保护。客运架空索道在运行中由于多种原因可能发生脱索事故，如总体设计参数配合不好、索距发生变化、索道在运行中受到大风等。在发生脱索事故时，必须采取强有力的措施，避免事故的扩大，保障游客的安全。实践中主要采取机械和电气两种措施。机械措施是在托（压）索轮组的内侧装挡绳板，在托（压）索轮组的外侧装设捕捉器。当支架为托索支架时，在支架托索轮组上装有捕捉器，一旦运载索脱离托索轮，马上有捕捉器将其捕获，使运载索落到捕捉器上，以免继续下滑；当支架为压索时，除了在压索轮上装有捕捉器外，在支架上还装设有二次保护装置，运载索脱索后，若压索轮上的捕捉器未能将其捕获，二次保护会起作用将运载索捕住，以防止钢丝绳从压索支架脱索飞出，造成更大的事故。电气措施是设置检测与控制单元，索道设有专门的脱索保护检修装置并参与控制，一旦脱索事故发生，能使索道及时停止运行并发出信号，让维修人员处理，以免引发更大的事故。

2）运载索脱索检测传感元件与安装方式。运载索脱索检测方法主要是将传感元件安装于索轮位置附近，由传感元件组成检测系统，一旦有脱索发生，检测系统发挥作用，使索道停止运行并显示脱索位置。传感元件主要由易破断材料构成，不同的索道采用的传感元件与安装方式有所不同。

①脱索检测常用传感元件。脱索检测常用传感元件主要有以下几种。U形针——由一定直径的圆钢弯成U形，并在一定的部位切一个缺口，当受到脱索的运载索冲击时马上断开，发出信号，U形针一般要求镀锌。铸铁棒——用加工成形的铸铁棒在一定的部位切一个缺口，在受到脱索的运载索冲击时马上断开，发出脱索信号。特殊材料——法国POMA公司采用由易破断材料制作的专用压块。一旦脱索，压块在运载索强大压力下马上破断，发生脱索信号。印刷线路板——美国CTEC公司用敷铜版作成细长条印刷线路板，在线路上有U形连线。受到脱索后的运载索冲击时印刷线路板马上折断，发出脱索信号。

②对传感材料的要求。脱索检测用传感元件无论采用何种方式与材料，对其要求是相同的，即一旦脱索发生，传感元件要立即发出脱索信号。因此，对传感元件材料的要求较高，且在安装之前要进行抽样试验。在检测过程中，有时遇到U形针弯为90°角但未断开的情况，这是不符合要求的。但U形针也不能太脆，否则，支架的振动可使U形针断裂，出现假脱索现象。对传感材料的另一要求是不可恢复性。检测用传感元件一旦被脱索后的运载索破坏，必须更换新的元件。

③传感元件的安装方法。脱索检测传感元件的安装方法主要有两种：一种是与捕捉器安装在一起，即将传感元件安装在捕捉器上，当运载索脱索时，钢丝绳落到捕捉器的同时将U形针击断，发出脱索信号。另外一种是安装于托（压）索轮组旁边，这时托（压）索轮组有一个为钢轮，另一个为铝轮，将传感元件安装于托（压）索轮组钢轮的旁边，当钢丝绳脱索时，托（压）索轮组由于两轮的材料不同、质量不同，托（压）索轮组就向钢轮侧产生偏转，将传感元件破坏，发出脱索信号。

④其他脱索检测方式。除以上脱索检测方法外，还有其他一些脱索检测方式，如采用行程开关。行程开关由于构造简单，在电气控制中被广泛应用，有些索道也将其用来进行脱索检测。与其他几种方式比较起来，这种方法的特点是非破坏性，发生脱索故障时，行程开关发出信号，但本身不受损伤。行程开关安装较复杂，需要一套机械执行机构。实践中，大多采用滚轮与杠杆相连，正常运行时，滚轮由承载索支撑，通过杠杆压下行程开关发出正常信号；一旦有脱索发生，滚轮脱离承载索，行程开关被释放而发出脱索信号（见图7—28）。

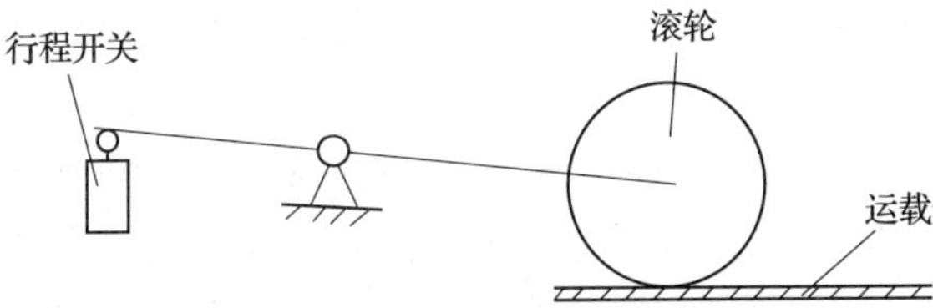

图 7—28　行程开关被释放发出脱索信号

3）脱索保护电路。由电源、脱索检测传感元件及其他元件构成脱索保护电路。对脱索保护电路的主要要求如下：

①灵敏。当脱索发生时，要及时发出脱索信号。

②可靠。只有当脱索发生时，才发出脱索信号。

③准确。一旦发生脱索，准确地显示出脱索位置。

④安全电压。保护线路经过支架，必须采用安全电压。

⑤防雷。因支架都在室外，且处于高处，易遭受雷击，因此必须要防雷。

⑥记忆性。有时线路出现接触不良等现象，使之出现瞬间断路又马上恢复，如U形针由于接触不好瞬间使线路断开又接上，这时索道已停止运行且显示脱索信号，但U形针瞬间又接上，使指示电路分辨不出脱索的支架号，造成维修困难。为解决这一问题，许多索道增加了各种各样的脱索信号记忆装置，效果不错。

4）常用脱索保护电路分析。脱索保护电路有多种形式，各种形式的原理不同，电路也不相同。这里对几种常用的电路进行简单分析。

①电流型脱索保护电路分析。电流型脱索保护电路是脱索保护电路中重要的一种，由于其线路简单，在一些索道中被采用。图 7—29 所示为脱索保护电路的基本原理，图中 1#、2#、…、n# 分别表示各支架的脱索保护 U 形针装置，R_1、R_2、…、R_m分别为各支架的检测用电阻。线路中采用直流电源，这里分为两个回路，第一回路为控制回路，由 U 形针与控制继电器组成，控制继电器的触点与整个索

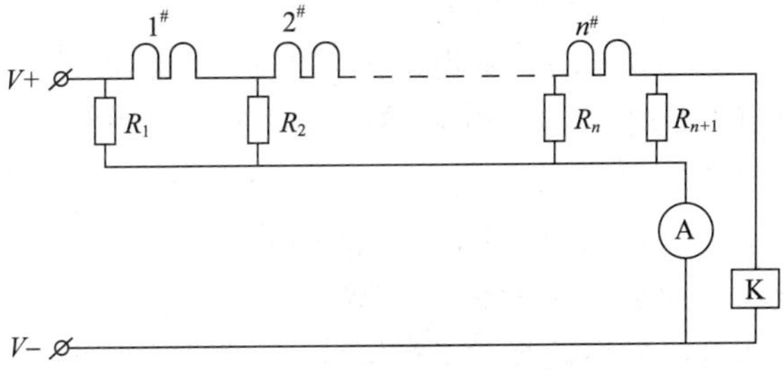

图 7—29　电流型脱索保护电路

道控制系统相连，直接参与控制。另一回路为检测回路，由各支架检测电阻与电流表组成。

在正常状态下，各支架 U 形针完好，直流电压作用于继电器 K 的线圈上使 K 闭合，向控制系统发出正常信号。由于这时各 U 形针可看作短路，各电阻为并联状态，若取 $R_1=R_2=\cdots=R_{n+1}=R$，则并联电阻值为 $R/(n+1)$，电流表的电流为 $(n+1)/R$。当第 1 号支架出现脱索故障时，1 号 U 形针断开，因此继电器 K 释放，向控制系统发出脱索信号以便及时停车。这时电流表显示的值为 V/R，表示第 1 号支架脱索。当第 2 号支架出现脱索故障时，同样继电器 K 释放，向控制系统发出脱索信号及时停车。但电流表显示的值为 $2V/R$，表示第 2 号支架脱索。以此类推，当第 n 号支架出现脱索故障时，电流表显示的数值为 nV/R，表示第 n 号支架脱索。

适当选择电阻的阻值 R，使某支架出现脱索故障时，电流表显示的数值为一整数，就可以方便地区分出脱索的支架号。

线路分析：

优点：原理简单，基于基本的电路原理——欧姆定律。线路简单，整个回路只需两条线即可。适用于长距离、大跨度，这时支架较少，但线路距离较长，采用这种方法可以节约电线电缆。

缺点：不能显示多支架脱索。当多个支架脱索时，仅显示较低号支架。防雷效果不好，电流表串到线路中，易受感应雷电的损害。当支架较多时，应分组显示。没有记忆功能。

②电压型脱索保护电路分析。电压型脱索保护电路是脱索保护电路中应用最多的一种，由于其线路简单、可靠，在索道中被广泛采用。线路原理如图 7—30 所示，线路由直流电源供电。以第 1 号支架为例，直流电压经支架脱索检测传感器 U 形针，作用到一个继电器 K_1 上。在正常状态下，在直流电压的作用下，继电器 K_1 闭合，当运载索脱索发生后，检测传感器 U 形针破断，继电器 K_1 断电。该继电器的常开触点带动一个指示灯 KJ_1，继电器通电时指示灯 KJ_1 点亮，表示线路正常。继电器断电时指示灯 KJ_1 熄灭，说明第 1 号支架有脱索发生。以上线路每个支架有相似的一路，每一路的继电器分别是 K_1、K_2、…、K_m，每一路的指示灯分别是 KJ_1、KJ_2、…、KJ_n。各路的继电器常开触点串联在一起，共同作用于一个脱索检测继电器 KT 的线圈，形成一个回路。正常运行状态下，只要各支架脱索检测 U 形针完好，则 KT 闭合，发出运载索正常信号。一旦某一个支架有脱索发生时，该支架脱索检测 U 形针断开，相应的继电器断电，相应的指示灯熄灭，显示此支架

发生脱索事故，与此同时，继电器KT也断电，继电器KT的触点与整个系统的主控系统联锁在一起，继电器KT断电后，主控系统发出指令，索道迅速停车。

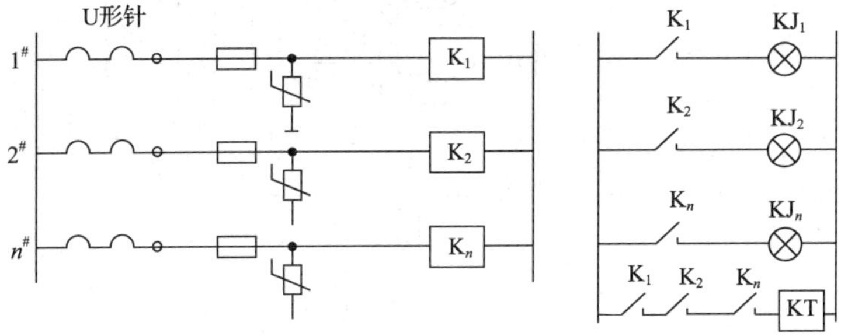

图7—30　电压型脱索保护电路

线路分析：

优点：线路原理简单，每一支架只需一路。线路指示准确。每一支架都有自己单独的显示回路，可以显示出该支架脱索检测装置的状态。当某一支架有脱索发生时，可准确地显示出脱索的支架的编号。当有多个支架发生脱索时，可以分别显示脱索的每一个支架的编号，不会发生混乱，也不会出现漏显示的情况。防雷效果较好。本线路由于主要由继电器组成，没有或仅有较少的电子部件，在采取了一定的防雷措施后，可以得到较好的防雷效果。

缺点：线路所用线缆较多，由于每一支架都需要一路独立的信号，在支架较多时，需要较多芯的电缆，造价较高。线路的故障率较高，由于线路电缆线芯多，接点多，因此故障点也多。

③典型线路分析。实际应用中，还有一些索道使用一种脱索保护电路（见图7—31）。这也是一种电压型脱索保护线路，由直流电源供电，正常状态下，直流电压经U形针、发光二极管、光电耦合器，使继电器动作。一旦发生脱索事故，例如第1号支架脱索，在此线路中U形针断裂，回路就会断电，发光二极管熄灭，显示1号支架脱索，1号线路中的光电耦合器中三极管截止，使继电器K断开，发出脱索信号。

线路分析：

优点：线路简单；元件少，易维护。

缺点：电子器件易损坏；电子元件易雷击；电子元件有时易出现故障。

(2) 客运索道驱动机上的安全保护装置。驱动机是索道的主要部件，索道的主要驱动设备都在驱动机上，如电动机、减速机、制动器及润滑系统、液压系统等。

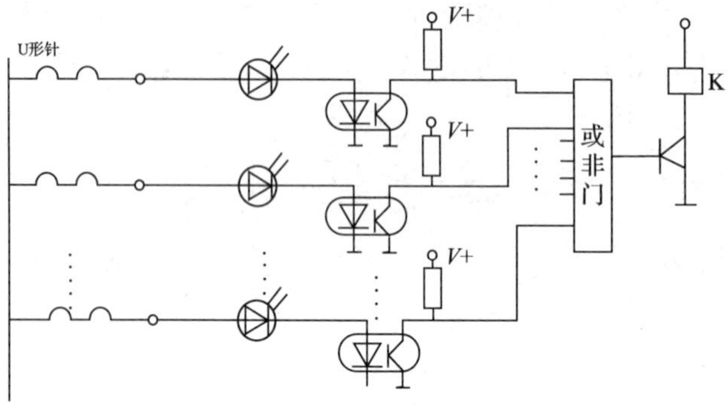

图 7—31　脱索保护电路

驱动机上的安全监测与保护装置主要有索道制动器的状态检测与运行监控、减速机润滑系统保护、驱动机安全检修开关等。

1）索道制动器的状态检测与运行监控。为了检测制动器的动作情况，在每个制动器装置上都设有检测开关。其作用有两方面，第一个作用是检测制动器的开合状态，是制动器给控制系统的一个反馈信号。当控制系统发出指令让制动器打开时，只是让制动器的有关控制元件动作，但是制动器是否已打开是不确定的。只有检测开关发回信号后，才能确切知道制动器已打开，才可以对下一步的运行程序进行决策。另外一个作用，就是在索道运行过程中监控制动器的状态，如果制动器发生故障后闭合抱上，检测开关就会及时发出信号，索道停止运行，从而防止了电动机在制动器闭合状态下运行，避免了可能发生的事故。

2）减速机的润滑系统保护。索道减速机由润滑系统提供润滑油，润滑系统主要由润滑泵与管路组成。为保持减速机处于良好的润滑状态，要求在索道运行中，润滑泵连续运转，润滑油连续循环。但在实际中，由于电气故障或油路故障，可能出现供油不畅或停止供油的情况，如不能及时发现并处理，就有可能对减速机造成危害，更有甚者，可能会损坏减速机。为此，有些索道装设了减速机润滑系统检测与保护装置，对减速机润滑系统的工作状态进行实时监测，一旦发生停止润滑的故障，马上发出信号，让维修人员及时处理。

减速机润滑系统监控装置主要由传感器和控制系统两部分组成。常用的传感器有两种形式，一种是液压压力传感器，它的特点是精度高、工作稳定、可靠。另一种是液压电接点压力表。传感器发出的信号到控制系统，控制系统可以是继电线路，也可以是可编程控制器。减速机润滑系统的控制应与整个索道系统的控制有机连接。

3）驱动机安全检修开关。驱动机上机电设备较多，运行中需要维修人员不断巡检，为此，在驱动机上设有安全检修开关，它与主控系统直接相连，维修人员在巡检中一旦发现问题，可通过这个开关发出指令，使索道及时停车。安全检修开关还有另外一个作用，就是在维修人员进行设备维修时，可以通过安全检修开关断开索道的主控回路，使索道处于停机状态，以免索道操作人员在检修结束前误开车，发生维修人员伤亡事故。

（3）客运索道张紧系统安全保护装置。客运索道张紧系统主要分为两种，即重锤张紧与液压张紧。

1）重锤张紧系统。张紧设备主要由张紧小车和重锤两部分组成。对于垂锤张紧系统，主要的安全保护措施为位置检测与保护。

在索道运行过程中，随着承载索负载的变化，张紧行走小车前后移动，因此要对张紧行走小车的前后位置进行监测。检测方法是采用行程开关或接近开关装在张紧行走小车的前后限位位置处，当张紧行走小车到达限位时，检测开关发出信号给控制系统，使索道停车。当张紧行走小车到达前限位时，说明承载钢丝绳所承受的负载太大，如不采取措施，将影响钢丝绳的安全。当张紧行走小车到达后限位时，说明承载钢丝绳的伸长已到极限，需要重新编绳。

在重锤张紧系统中，对张紧行走小车的前后位置进行监测的同时，也需要对重锤的位置进行监控。检测方法与张紧小车相同，即采用行程开关或接近开关装在重锤行走小车的上、下限位置处，当重锤行走小车到达限位时，检测开关发出报警信号给控制系统，使索道停车，由维修人员进行处理。当重锤小车上升到达上限时，必须使之下降，否则会引起机械干涉。当重锤小车下降到达下限时，必须将重锤小车上升，否则会使重锤拖地，失去对承载索张紧的作用。

2）液压张紧系统。液压张紧系统主要由张紧小车、张紧油缸、液压站组成，张紧油缸可采用单缸，也可采用双缸。在液压张紧系统中，液压驱动系统中应有必需的检测与保护装置。除此之外，对油缸还要有位置检测与保护。采用的方式为在油缸上装设限位开关，当油缸活塞杆伸缩接近极限位置时，发出报警并停止运行。由维修人员进行调整。

（4）客运索道站内的安全保护装置。

1）客运索道站内安全保护的必要性。索道包括驱动站与迂回站，少数索道还有中间站。所有各站都是乘客上、下吊具的地方，也是游客集散的地方，对安全性要求极高。必须有可靠的安全保护措施，有方便、可靠的安全保护装置。

驱动站为索道提供驱动力，从控制方面来讲是主控站，主要电控设备都安装在驱动站。还有专门的司机室，由司机对索道进行控制，按要求启动或停止索道的运行；索道运行过程中，司机要进行严密的监视，一旦出现事故苗头，马上停车处理。然而，司机的视野是有限的，必须有其他的安全保护装置。

因此，在索道各站内都必须设有站台安全控制箱，提供所需的安全保护功能，由站台人员操作。在运行中，一旦发现情况，随时停车。

2）客运索道站内安全保护的功能。

①提供各站台“允许运行”信号。在各站台控制箱上设有专门的“允许运行”按钮，在索道启动前，司机向各站台发出“申请开车”信号，各站台工作人员接到信号后，按动按钮，发出“允许运行”信号。对“允许运行”信号有一个要求：所有各站的信号为“与”的关系，只有当各站全部发出“允许运行”信号，即司机收到所有各站的“允许运行”信号后，索道才能允许进入运行程序。

②“紧急停车”指令信号。在各站台控制箱上设有专门的“紧急停车”按钮，当站台上发生紧急情况，站务人员认为应“紧急停车”时，迅速按动“紧急停车”按钮，发出指令，索道即按“紧急停车”制动曲线进行制动。各站台的“紧急停车”按钮之间是“或”的关系，只要有一处发出指令信号，就应进入“紧急停车”程序；站台控制箱上的“紧急停车”按钮应为红色蘑菇头自锁式，醒目、易操作，且一旦遇紧急情况停车，必须在事故解除后才能人工复位。

③“正常停车”指令信号。在各站台控制箱上设有“正常停车”按钮，当需要“正常停车”时，站务人员应按动“正常停车”按钮，发出指令。索道即按“正常停车”制动曲线进行制动，缓慢停车。

④“工作停车”指令信号。有些索道有“工作停车”功能，所谓“工作停车”，就是介于“紧急停车”与“正常停车”之间的一种停车方式，它的制动曲线斜率比“紧急停车”要小，比“正常停车”要大，一般用于运行中需要停车、但又不需要紧急停车的情况，以避免紧急停车引起的机械振动和吊具剧烈的摆动。当需要“工作停车”时，站务人员应按动“工作停车”按钮，发出指令。索道即按“工作停车”制动曲线进行制动，直到停车。

⑤速度变换功能。一些索道有调速功能，因此，在站台控制箱上设有速度调节指令装置。多数情况下采用的形式为在控制箱上装有“低速”“高速”两个按钮，当需要索道减速运行时，站务人员按动“低速”按钮，索道进入到低速状态运行，当需要提速时，站务人员按动“高速”按钮，索道升速到正常速度运行。有的索道在站台控制箱上装有速度调节开关，将速度划为不同级别，由站务人员按情况进行选择。

⑥电源指示功能。站台控制箱上装有电源指示灯，用于指示各站台控制电压的

有无，有的控制箱上还装有电压表，指示控制电压值。由于站台控制箱主要由站务人员使用，在安装位置上必须方便站务人员操作。一般情况下，应在站台两侧至少各装一台，且应装在方便操作处（有的索道在站房的出、入站台之间安装一台，使出站与入站站务员均可操作）。由于站台上人员较多，注意防止无关人员触动按钮。站房防雨条件不好的索道要注意站台控制箱的防雨、防潮。

（5）客运索道通信设备与信号系统。

1）通信设备。《客运架空索道安全规范》（GB 12352—2007）要求，索道应有以下通信设备：

①专用电话。索道各站之间应有独立的专用电话，以便各站之间进行联系，尤其是遇到紧急情况时及时联系。有的索道采用小交换机，必须限于各站之间的通信。必须保证遇到紧急情况时各站通信畅通。

②外线电话。规范要求在索道站房或是在站房附近应有外线电话，使索道人员可随时与外界联系，保持通信畅通。随着科学技术的发展，手机应用逐渐普遍，有的索道配有专用手机，但必须使之保持在良好状态。

③对讲机。索道工作人员要在线路支架上进行维修，要进行设备的维修，要进行救护演习等，都需要对讲机。因此，索道站要配备足够数量的无线对讲机。

④广播系统。索道应配备广播系统，在索道运行中向游客播送“乘客须知”“索道简介”，也可播放音乐使乘客感到轻松愉快。尤其是在发生临时停车故障时，通过广播系统向乘客说明情况，安抚乘客情绪，以免乘客发生过激行动。

广播系统一般由三部分组成，一部分为播音设备，包括音响与功率放大器等，装在司机室内；一部分为放音设备，索道站可根据情况选用喇叭或音箱；还有一部分就是电缆，一般情况下，电缆应单独用一根，以免对其他信号产生干扰。

亦可采用无线广播系统，它主要由发射部分与接收放音部分组成，要求发射机有足够的功率，发出的信号能覆盖索道全线。接收放音部分要求音质清晰。

2）信号系统。索道应用完善的信号系统以满足安全规范的要求。如各站台之间的信号联系等，已在站台保护设施中阐述。

（6）客运索道接地与防雷系统。索道大都建在高山上、峡谷中、江河湖海边，这些地方都是雷电多发区。无论是直击雷、感应雷、还是球雷，都可能给设备造成破坏，对人员带来伤害。因此，防雷工作是索道安全工作的重要组成部分，防雷接地系统也是索道十分重要的安全装置。

1）站房的防雷措施。几乎所有的索道都设有站房，主要是驱动站与迂回站，有的还有中间站。这些站房都是易遭雷击的建筑物，是重点防雷的部位。为此，常采取以下措施。

①独立避雷针。有些索道上站设在孤立的山头上，本身就是一个易遭受雷击的突出物，这时装设独立避雷针效果较好，避雷针高于站房，将站房置于其保护范围之内。

②装设避雷线、避雷带、避雷网。索道站房必须装有避雷线、避雷带、避雷网等，具体设计与施工应按照建筑部门有关规范，满足有关标准的要求。由其组成的接闪器应将站房置于保护范围之内，将站房被雷电击中的概率减小到0.1%以下。

③良好的接地装置。索道站房的接地装置应使站房的接地电阻小于5 Ω。具体施工中可采取多种措施，除了站房基础可靠接地外，还应设接地线、接地带、接地网等。在站房基础接地情况较差处，例如在多石区，或整个基础全是石头时，可采用降阻剂。

2）索道支架的防雷措施。索道大多数都设有支架，且有多个支架，用以支撑运载索，保证索道的运行。然而，每一支架又是一个独立的导电体，在雷电到来时，也是易受雷击的地方。因此，也是重点防雷的对象。支架防雷的主要措施是接地。支架基础可以看成一个接地体，但由于支架往往安装于地质条件较差、多石多土处，一般情况下仍需要另做接地装置，如接地带、接地网等。对支架要求接地电阻小于30 Ω。

3）索道线路的防雷措施。索道线路上的承载索即钢丝绳是电的良导体，也是易受雷击的物体，也必须作为防雷的重点。钢丝绳的防雷措施主要有：

①架设避雷线。有的索道在运载索的上方架设避雷线，将支架的架头作为支撑点。避雷线可以将钢丝绳置于保护范围之内，减小钢丝绳遭受雷击的概率。

②在进、出站口及重点支架上装设导电轮。有的索道在进、出站口及重点支架上装设导电轮，这种导电轮直接压在钢丝绳上，随钢丝绳的转动而转动。导电轮具有良好的接地装置，钢丝绳上的雷电可以通过导电轮直接入地。

③驱动轮、迂回轮的防雷措施。钢丝绳必须经过驱动轮、迂回轮，在驱动轮、迂回轮上装有铜导电块，驱动轮、迂回轮又经基础可靠接地。钢丝绳上的雷电可经过这些导电块经由驱动轮、迂回轮的基础可靠入地。要求驱动轮、迂回轮基础的接地电阻均小于5 Ω。

4）站房内的防雷措施。为防止进入站房的雷电发生反击，损坏设备、伤害人员。必须做好站房内的防雷工作。主要措施是做好各种设备的接地工作。要求各机械设备、所有站内金属构件均应直接接地，且要求接地电阻均应小于5 Ω。各接地连线应十分可靠，并要求均压。

5）电控设备的接地措施。索道的电控设备是索道防雷的重中之重，必须采取强有力的措施，一般采用的方法有如下几种：

①所有的电控系统均应按照有关防雷的规范进行防雷设计与安装。

②各控制柜、控制箱、控制台均应可靠接地。

③各电动机的外壳均应可靠接地。

6）从管理上加强防雷措施。从管理角度，索道站工作人员对雷电的危害应有充分认识，对防雷工作高度重视。

①制定防雷工作制度。

②对各种防雷装置包括接闪器、引下线、接地装置等要定期检查，对接地电阻要定期测量。

③在索道运行中遇到雷雨天气应停止运营。

（7）脱挂式索道安全检测装置。脱挂式索道由于其吊具进站后从钢丝绳上脱开，而出站前吊具又要通过抱索器与运载索挂接，因而对索道技术要求较高，对自动化程度要求较高。故装有多种监测装置。

脱开挂接式索道基本原理：脱开挂接式索道主要是指抱索器是可脱开挂接的，其运载索也是循环运转。吊具在站内的运行分为几段，有脱开段、加减速段、推车段等。脱开挂接式索道的工作过程是：当车厢进站后，先经过抱索器脱开机构，使抱索器与运载索脱离，再经过减速段将吊具的速度由高速变为低速，然后，进入推车段，慢速在站内运行。当吊具出站时，先由推车段进入加速段加速，当速度与运载索速度一致时，抱索器挂接机构使吊具抱索器与钢丝绳抱紧，然后出站到线路上运行。

由以上分析可知，脱开挂接式抱索器索道的工作过程是比较复杂的，有许多环节，每个环节都很重要，如有一个环节出问题，就会造成很大的安全事故。因此需要全过程、各环节进行监测与控制。在监控过程中有许多专用监测装置，有一套完善的软件。以下介绍主要的几种监测装置。

1）抱索力监测装置。抱索器与钢丝绳挂接时，有专门的抱索力监测装置对抱索器的抱索力进行检测，并把检测结果输入到专门的计算装置。当抱索力小于所要求的数值时，发出指令使索道停止运行，防止未抱紧的抱索器出站造成事故。

2）抱索器挂接监测装置。抱索器出站前，要对抱索器的挂接状态进行检测，具体方法是用几种样规对抱索器的抱紧形状进行检测，一旦发生抱索器挂接不好的故障，则抱索器的外形发生变化，通过样规时发出信号，索道停止运行，严禁不符合挂接要求的抱索器出站。

3）抱索器脱开监测装置。抱索器在吊具进站后应与钢丝绳脱开，如脱不开就会造成不可设想的后果。因此，设有专门的抱索器脱开监测装置。主要方法也是检测抱索器的形状，一旦发生抱索器未脱开的情况，立即发出指令，索道紧急停车。

4）防撞监测装置。在索道运行过程中，吊具按一定的间隔顺序入站，如果站内出现故障，使得前面入站的吊具脱开后没有按要求向前运行，而是停住不动，继续进站的吊具就有可能与之相撞。为防止此类事故发生，索道设有防撞监测装置。它的原理是：将索道吊具进站后的行走距离分为几个区间，在每个区间内预先设定吊具在该区间内运行的时间，当吊具进入这一区间时就开始计算，若设定时间已到但还没有检测到吊具移出该区间的信号，则认为吊具在此区间内出现故障，为防止下一个吊具进站与其发生碰撞，立即发出指令使索道停止运行。

5）吊厢开、关门监测装置。吊厢进站后减速运行到一定位置，吊厢门需要打开，以便乘客下车，若出现开门故障，吊厢门打不开就会把乘客关在吊厢里面。因此，索道设有专门的开门检测机构，一旦不能按时把吊厢门打开，就发出指令，使索道停止运行。

吊厢坐上乘客，在出站前应把吊厢门关闭，若吊厢门未能关闭，吊厢运行在线路上，乘客的安全就没有保障。因此，索道也设有专门的关门检测机构，一旦不能按时把吊厢门关闭或关闭不好，就发出指令，使索道停止运行。

2. 客运架空索道的安全监察

特种设备安全监督管理部门依据《特种设备安全监察条例》规定，对特种设备生产、使用单位和检验检测机构实施安全监察。对学校、幼儿园以及车站、客运码头、商场、体育场馆、展览馆、公园等公众聚集场所的特种设备，特种设备安全监督管理部门将实施重点安全监察。

特种设备安全监督管理部门根据举报或者取得的涉嫌违法证据，对涉嫌违反本条例规定的行为进行查处时，可以行使下列职权：

（1）向特种设备生产、使用单位和检验检测机构的法定代表人、主要负责人和其他有关人员调查、了解与涉嫌从事违反本条例的生产、使用、检验检测有关的情况。

（2）查阅、复制特种设备生产、使用单位和检验检测机构的有关合同、发票、账簿以及其他有关资料。

（3）对有证据表明不符合安全技术规范要求的或者有其他严重事故隐患的特种

设备或者其主要部件，予以查封或者扣押。

（4）依照《特种设备安全监察条例》规定，实施许可、核准、登记的特种设备安全监督管理部门，应当严格依照本条例规定条件和安全技术规范要求对有关事项进行审查；不符合本条例规定条件和安全技术规范要求的，不得许可、核准、登记。

（5）未依法取得许可、核准、登记的单位擅自从事特种设备的生产、使用或者检验检测活动的，特种设备安全监督管理部门应当予以取缔或者依法予以处理。

（6）已经取得许可、核准、登记的特种设备的生产、使用单位和检验检测机构，特种设备安全监督管理部门发现其不再符合本条例规定条件和安全技术规范要求的，应当依法撤销原许可、核准、登记。

（7）特种设备安全监督管理部门对特种设备生产、使用单位和检验检测机构实施安全监察，应当对每次安全监察的内容、发现的问题及处理情况，进行记录，并由参加安全监察的特种设备安全监察人员和被检查单位的有关负责人签字后归档。被检查单位的有关负责人拒绝签字的，特种设备安全监察人员应当将情况记录在案。

（8）特种设备安全监督管理部门对特种设备生产、使用单位和检验检测机构进行安全监察时，发现有违反本条例和安全技术规范的行为或者在用的特种设备存在事故隐患的，应当以书面形式发出特种设备安全监察指令，责令有关单位及时采取措施，予以改正或者消除事故隐患。紧急情况下需要采取紧急处置措施的应当随后补发书面通知。

（9）特种设备安全监督管理部门对特种设备生产、使用单位和检验检测机构进行安全监察，发现重大违法行为或者严重事故隐患时，应当在采取必要措施的同时，及时向上级特种设备安全监督管理部门报告。接到报告的特种设备安全监督管理部门应当采取必要措施，及时予以处理。

（10）对违法行为或者严重事故隐患的处理需要当地人民政府和有关部门的支持、配合时，特种设备安全监督管理部门应报告当地人民政府，并通知其他有关部门。当地人民政府和其他有关部门应当采取必要措施，及时予以处理。

国家特种设备安全监督管理部门和省、自治区、直辖市特种设备安全监督管理部门将定期向社会公布特种设备安全状况。

第五节　客运架空索道安全操作技术与要求

一、客运索道运行中的危险性及危险要素

客运索道的运行与安全，紧密相连，互不可分。运行是追求的目标，安全是为实现运行所必需的保障，在不能保障安全的条件下，生产或经营将失去意义，也不能为人们所接受。自从出现人类生产活动以来，就同时出现了安全保障问题，并将长期存在。随着人类的生产活动进入现代化生产方式，使用的能量和物质大量集中，生产规模日趋庞大，生产组织越来越复杂，其工序、环节、单元之间的关联性和网络化日趋紧密。人们在进行生产、科研等社会活动中发生事故，可能迫使生产、科研活动暂时停止，往往会造成人员伤亡、财产损失。人们通常把事故和灾害连在一起，称为灾害事故，随着生产的发展，事故造成的人员伤亡和财产损失越来越严重，安全问题已经引起社会各界的重视。

客运架空索道是空中载人运输工具，其运行中的危险性和危险要素既有与其他运输工具相同之处，也有明显不同的特点：

1. 露天高处作业惊险多

客运架空索道大多建在名山大川等野外露天场所，人们乘坐的吊椅、吊篮、客厢往往悬挂在距地面几米、十几米甚至数十米的驱动台架、支架上，作业人员在高空检修平台或检修小车上从事露天作业，夏天热、冬天冷，风吹日晒，危险多，工作条件差。

2. 钢丝绳的安全性影响大

由于钢丝绳具有强度高、自重轻、弹性好、工作平稳可靠、承受动载和过载能力强，以及在高速工作条件下运行和卷绕无噪声等许多优点，因此促进了现代架空索道的出现。每一条架空索道都离不开钢丝绳，钢丝绳是客运索道最重要的关键部件。虽然在设计时按照一定的安全系数来选择钢丝绳的结构和规格，但是，在使用过程中，钢丝绳不可避免地会产生疲劳和磨损、变形、锈蚀、断裂等缺陷，从而导致强度降低，甚至突然破坏。

钢丝绳在使用中发生破坏事故，其后果往往是非常严重的，轻者导致设备损坏，重者导致人员伤亡。

3. 变化大、规则性差

由于自然条件（地质、水文、气候、地形等）多变和千差万别，每一条客运索

道的线路、设备选型、布置都有自己的特点。即使同一类型索道，因地形条件变化或运行速度、客运量不同，其不安全因素也不同。而且不同地区、不同索道，选用材料品种规格不同，材性各异，现场情况复杂，影响因素很多。例如：材料质量、温度应力变形、膨胀力、冻张力、地震的作用，基础不均匀沉降、施工安装质量、技术处理方法，甚至涉及设计计算、工艺、结构选型等均不能掉以轻心。有的细微问题会随着环境湿度和温度的变化、载荷的大小和持续时间而发展变化，甚至发展成索道重大事故。

4. 环节多、关联性紧密

客运索道安全是由立体交叉、众多环节组成的系统工程。安全措施应该贯穿于索道设计、制造、安装、运行、维护和管理的全过程。

如前所述，索道是一种机电一体化的现代化设备。其结构特点，第一是比较复杂，包含机械、电气、液压等多种技术。大型索道几乎包含了所有现代机电工程、自动控制方面的最新技术。即使是最简单的小型吊椅式索道，也有电力拖动、机械传动、液压（张紧、制动）系统、自动控制、安全保护回路、线路设施等多个复杂系统。索道结构的第二个特点是规模庞大，由成百上千个零部件组成，整套设备分布达数百米至数千米，很多大部件的检查维护要用到起重工具，操作维护都需要多人协作才能完成。其中任何一个环节，从钢丝绳、电动机、减速器、制动器或支架出现问题，到一颗定位紧固螺钉的松动、断裂或某个电气元件出现故障、失灵，以及运行中的吊厢、吊篮、吊椅与周边障碍物之间的净空距离、防撞设施出现问题，乃至在寒冷地区钢丝绳芯油脂被挤出，结成硬块而未能及时清除，都有可能致使索道系统停运，甚至引发人员伤亡、设备损坏。

客运索道要求设置严格的检查手段和周密的测定装置，确保索道系统中每一个重要环节的安全可靠，杜绝小故障引发事故。

5. 职工误操作多，乘客和周边人员错误行为多

客运索道要求所有作业允许的或作业时可能的信号，只有满足了安全所需的全部条件，才允许传递，一旦某一保证安全的条件没有满足，则必须取消该信号的传递。要求必须正确购置及安装使用电气操作设备，保证其安全无误地发挥功能，还应防止无意的误操作，并采取预防措施使未经允许的人不能接触在安全技术中起重要作用的机械电气操作设备。并且规定乘客在车厢内不能开启车门，应利用止挡装置防止未经许可的人爬支架梯。虽然诸如上述防止误动作引发事故的安全措施很多，对保证索道安全运行发挥了很重要的作用，但仍未能完全防止误动作引发事故。十多年来，我国先后发生多人死亡事故和多起设备损坏、索道停运，事故的主

要起因多属职工误操作、违章作业和乘客误动作、错误行为，应引起高度重视。在研究分析物质、环境因素对安全的影响时，还必须抓住人的不安全行为这一关键因素，从人的生理和心理特点来分析人的行为，结合社会因素和环境因素对人行为的影响进行研究，进一步做好人的工作，避免产生人的不安全行为。

6. 营救难度大、社会影响大

客运架空索道在运行中一旦发生停车事故不能再继续运行时，必须把乘客从线路上及时救下来或者救回站内。由于营救难度大、救护时间较长，而客运索道多建在名山大川、名胜景区或交通要道，往返客流量大，围观人员多，造成的社会影响很大。

从上述特点可以看出，当前客运架空索道的不安全因素、事故隐患多存在于高空作业，钢丝绳损伤，设计、制造、安装及使用违反客运索道规则，违章误动作和安全营救等方面，如果能够采取有效措施，消除这几方面的隐患，客运索道伤害事故将会大幅度下降，这是客运架空索道安全技术要解决的主要问题。

二、客运索道的安全操作技术与规程

没有规章制度，就没有准绳，无章可循就容易出问题。每一条客运索道都必须根据实际情况和需要来制定详细的安全操作规程。

1. 索道作业程序

（1）机电维修人员上班后应将所有工具准备齐全，各就各位，必需的工具应随身携带。

（2）送电前，各岗位应做外观检查，发现有危险或隐患时应及时排除，确认无误后，通知当日送电人员和司机。

（3）当日送电人员在各岗位都准备完毕后，按送电步骤送电，并注意观察仪表指示，确定仪表指示都正常后，通知司机送电完毕，司机按两声喇叭通知各岗位送电完毕。此时，各服务员都必须位于自己的岗位上。

（4）机械、电气维修人员应按各自的日检表项目进行检查，司机应坚守控制室，当机械维修人员在检查中需要司机配合时，可通知司机。绝不允许上站无工作人员时运送客人，也不允许在未检查各按钮之前运送客人。

（5）检查完毕后填写检查记录，检查人员签字后送交司机室，由站长、技术副站长签发开车许可证，送达司机室后方可准备开车。

（6）开车前，控制室电话通知各岗位检查全线一切正常后，按喇叭三声通知各岗位准备开车。此时各有关人员都必须各就各位，正式载客前应试运一圈，一切正常后方可售票。

（7）停车时，按开车程序通知全线，全线一切正常、无人乘坐后方可停车，停车许可证由站长签发。

（8）司机应认真填写运营日记，日记中的故障记录部分应由处理人填写。

（9）午饭后，机械、电气维修人员各自巡回检查一遍，尤其是机械维修人员，注意油压和发热，有无异常声响。

（10）停止正常运营后，司机按顺序停机，及时通知送电人员按顺序关闭电源，整理好工具和现场。

（11）停止运营后，维修人员对设备全面检查，保修。

（12）用备用电动机开动索道时，必须有司机在驱动机房值守，并随身带有通信设备。此时上、下站都必须有工作人员。

2. 司机安全操作规程

（1）司机必须熟练掌握电气原理图，按设计程序要求开车、停车。认真填写设备使用记录和运行日记，坚持交接班制度。

（2）开车前 30 s 必须先拉警铃，以便给各岗位工作人员投入工作做好准备。索道必须在开机时以其低速挡运转至少 5 min 再运送上站工作人员。在 5 min 运转时应同时检查所有下站的安全开关。当上站人员到达后，停机，立即检查上站通信设备能否和下站联系。在重新开机之前，必须检查上站设备，各个开关和塔架（工作人员乘吊椅上去时，必须观察每个塔架的钢索—托压轮槽是否在正确位置，两边都必须看，如有问题，用对讲机立即联系）。全部正常后，才准许在重新开机时运送乘客。

（3）凡是与索道开停车有关的工作，必须保持通信联络畅通，得到回音后方可开车，否则严禁开车。

（4）当线路上有人作业时，要拉掉电闸，并挂上禁止合闸的明显标志。

（5）索道运营前要保证三通——电话通、广播通和对讲机通，二正常——主机和辅机正常，如有故障应及时上报。

（6）严格执行索道运营开车签字手续，未经站长或副站长签字，不得开车。

（7）如果在上一次关机前后遇到过大风、雷雨，必须从上站到下站全线检查，包括钢丝绳是否在轮槽内，有无树倒下碰索道等，检查正常才能开车。

（8）不允许在安全开关不工作或者被短接之后运送乘客。

（9）操作过程中，要集中注意力、认真负责，掌握运行规律，随时与维修和站台人员保持联系，发现危及运行安全的隐患，应做出正确判断，采取果断措施，保证索道设备及人民生命财产安全。

（10）做好乘索道游客的安全运营广播宣传工作。

3. 机械维修工安全操作规程

（1）设备运行前要检查各转动部位、润滑系统及所有制动闸。设备运转中，严禁工作人员用手直接触摸和拆卸零件，不准将手或脚放在转动或运动部位。

（2）设备进行修理之前，认真检查使用工具及安全保护器材的完好性。不合格的吊具、索具和各种紧具不准使用。

（3）从事作业前，必须与司机取得联系，双方同意后方可开始作业。

（4）吊具起吊钢丝绳后，严禁修理人员身体的任何部位暴露在钢丝绳与臂架、绳轨之间。

（5）使用台钻时，要将工件夹紧，钻孔时严禁戴手套，工作完毕、主轴停转后方可卸钻头。

（6）使用砂轮机时，先检查防护罩是否齐全，砂轮片是否有破损，正常运转后方可磨削。磨工件时，身子和头部都要偏离砂轮片。要戴透明平光防护眼镜。

（7）维修钳工要严格履行本工种安全技术操作规程。

（8）3 m 以上高空作业时，按高空作业规程执行。

（9）搬运大件、移动重要部件，必须有专人指挥，并具有安全措施，严禁违章作业。

4. 电工安全操作规程

（1）电工必须经过专业培训后考试合格，取得证书后持证上岗。电工必须具备必要的电工知识，熟悉供电系统和配电室各种设备的性能和操作方法，并具备在异常情况下采取措施的能力。

（2）工作前按要求佩戴劳动防护用品，并检查防护用品及工具、仪器等是否完好。

（3）设备通电时，应及时通报并与机修人员、司机取得联系。维修线路时，要在所修线路的配电盘上挂上严禁合闸标志，并派专人守护，以防发生触电事故。

（4）电器设备和电源线路安装必须符合规定，电工人员要经常检查、维修保养线路和电器设备，发现损坏和不安全因素应及时维修和采取措施。

（5）登高 3 m 以上作业时，必须遵守高空作业安全操作规程。

（6）六级以上的大风、大雨、雷电等情况下，严禁登架作业及倒闸操作。

（7）线路作业，工作负责人做好停电、验电、接地措施，断开所有电源开关和刀闸，方可作业。工作结束后，负责人必须检查线路状况及线路上有无遗留的工具、材料等，通知并查明全部工作人员由支架上撤回，然后指挥拆除现场接地线，才能通知配电室值班员恢复送电。

5. 高空作业安全操作规程

(1) 索道运行中，严禁工作人员或乘客从支架上扒乘吊椅、吊篮、客厢，或者从吊椅、吊篮、客厢爬到支架上。不允许单独一人在支架上或运载工具上作业而没有人能看得见、听得见，以防万一出事时无人帮助。

(2) 高空作业严禁穿拖鞋、硬底鞋和塑料底鞋，所有作业人员必须穿软底鞋，高空作业人员应服从地面指挥人员的指挥。

(3) 在检修客运索道（行走小车、重锤、支索器、防振轮、调绳轮、锚固系统），更换牵引绳、承载绳、避雷绳、浇铸合金接头等时，应安装牢固的防护栏杆（高度为 1.2 m）、安全网或挂安全带，相应位置挂上警示牌；搭设跳板应牢固，随时清除跳板上的积水、油污。

(4) 在上支架或驱动机架之前，预先察看梯子、工作平台是否牢固可靠，操作人员应带有对讲机和安全带，架底工作人员应戴安全帽。

(5) 在驱动机和张紧装置走台上作业处，应安放坚固的覆盖板和围栏，以防滑倒、踏空坠落。在沿洞、孔、山墙等处进行屋面工作时，工作人员必须面向外操作，以免失足踏空坠落。

(6) 登高作业系好安全带，做到安全带应高挂低用，不能低挂高用；安全带的拴挂必须选择在牢固、无尖锐棱角、无毛刺的构件上，以免安全带在使用时被割断，使人员坠落。

(7) 架设人字梯应系好挂环，平滑的地面应设置防滑设施。

(8) 登高作业使用的工具应放在工具箱或工具袋内，常用的工具应系在身上；电工爬电杆，维修工上车厢、行走小车、重锤、重锤导架、井道等时，所需材料或工具必须用牢固结实的绳索传递，禁止用手来回抛掷，以免掉落伤人。

(9) 高空作业结束后，所用的工具应清点并全部收回，防止遗留在作业现场，掉落伤人。

(10) 从事高空作业人员，应定期体检；凡患有高血压、心脏病、贫血、深度近视、癫痫病者以及其他不适于高空作业者，不得从事高空作业。

(11) 遇有霜、雪、雨，严禁在支架上进行一切检查与修理工作。

(12) 高空作业时，严禁说笑打闹，严禁酒后高空作业。

6. 对乘客的安全要求

所有索道站均应在乘客必经之处提出对乘客的要求，其内容如下：

（1）吊椅、吊篮、客厢上严禁吸烟、嬉闹和向外抛撒废弃物品。

（2）禁止携带易燃、易爆和有腐蚀性、有刺激性气味的物品上车。

（3）患有高血压、心脏病以及不适于登高的老龄乘客，建议不要乘坐吊椅式客运索道。

（4）未经站长签字特别批准，乘客不得擅自进入驱动机站和控制室。不允许任何乘客操纵索道。不允许任何乘客爬上设备或站在站内的吊椅（吊篮、客厢）通道上。

（5）无论索道停或开，都不许乘客从吊椅（吊篮、客厢）上跳离或爬上。索道运行时，如中途停车或发生其他故障，勿惊慌，要听从工作人员指挥。

（6）严禁摇摆吊椅（吊篮、客厢），振动吊椅，站在吊椅上或吊在吊椅下。

（7）自觉遵守公共秩序，服从工作人员指挥，依次进站上车，不准硬挤和抢上，严禁从出口上进口下。

（8）禁止在站台上照相和逗留。

（9）严禁乘客乘坐吊椅（吊篮、客厢）通过驱动轮和迂回轮。

第六节　客运架空索道常见事故类型及防范

一、常见事故类型

客运索道的安全运行是索道的生命线。虽说客运架空索道是所知交通运输工具中最安全的，但是没有任何一种设备可以永远百分之百地安全运行，事故不可避免。因此，研究安全技术，防止客运架空索道发生事故，将损失降低到最低限度和保证乘客安全具有重要意义。

客运索道是一种将钢索架设在支撑结构上作为运行轨道，用于运送人员的运输系统。从目前的资料分析，在客运索道中单线循环吊厢式占总量的 3/4 以上，是客运索道发展的主流。据统计，我国 1979 至 1994 年间，客运索道先后发生多起设备损坏事故，造成多人死亡。特别是 1999 年 10 月贵州马岭河客运索道特大事故，死亡 14 人，伤 22 人，是目前国内客运索道最严重的一起事故。另外，浙江温州晓坑索道牵引索断裂，造成 5 死 1 伤；吉林通化玉皇山索道张紧索跑脱，造成 1 人死亡；重庆嘉陵江索道牵引索残酸腐蚀锈断，险些造成重大伤亡；昆明温泉索道也曾发生脱索，引发吊椅坠地伤人事故。从以上设备的安全性失效形式及索道的运行特点分析，发生事故的原因可分为以下七个方面，事故是由其中的一种或几种因素引起的。

1. 设计匹配不合理

在设计索道时，应充分考虑极限气温、风载荷瞬时作用、客厢本身摇晃状况、负荷不均匀情况及站房和塔架之间的相互关系。选用不合理的结构、低质量的设备及不适合的材料都会导致事故的发生。另外，索道的设计应满足不同的用户对功能的要求。

在设计中，运行系统设计不合理，会导致整个系统的安全程度低下。运行系统一旦出现意外。客运索道整体安全性无法保证。例如，马岭河客运索道卷扬形式的驱动系统（强制驱动），决定了该索道的安全性全由制动器决定，而该驱动系统仅有工作制动无紧急制动。当超载运行引起唯一的制动失灵，客厢下滑且逐渐加速后，传动系统反向超速运转打坏减速器，使得牵引索过载而发生断裂。客厢失控坠车，造成了人员的特大伤亡。

2. 制造装配有误差

设计说明书中不可能提供详细的制造、安装的方法和步骤。焊接质量差、润滑油选择不当以及各部分的装配发生错误都会引发安全问题。

3. 质量控制不过硬

在索道设备出厂前及定期检修时，必须对安全上至关重要的零部件如钢丝绳、抱索器等进行无损探伤检查。

4. 安装装配出差错

索道在安装装配上一定要正确无误，若系统在安装和装配上出现差错，就会危及本来设计得很好很安全的设备。

5. 维护检修不正常

索道系统若维护和检修不正常，可能会导致事故。因而对索道系统中重要的零部件必须进行预检，即通过非破坏性的方法去检测裂缝、侵蚀和其他缺陷，以便工作人员预先采用适当的设备去维护、修理。在索道设备的设计中，必须考虑到原件在制造过程中的性能检测。维护人员应具备区别加工裂纹和疲劳裂纹的能力。假如某些地方如焊接接头处的裂纹不可避免，那么设计时应考虑裂纹的影响。

不论是承载索、牵引索、张紧索还是运载索，由于锈蚀、磨损或疲劳损伤导致强度降低，在正常载荷下出现断裂，轻者设备严重损坏，重者造成人员伤亡。

6. 操作规程不规范

制定正确的制造、安装、操作规程和规范，对索道系统的维护检修及正常运行至关重要。操作规程应简明易懂，清楚、完整地提供给操作维护人员。

7. 操作人员对规程了解不全面

在对几起重大安全事故进行分析后发现，发生事故的原因是操作人员不甚了解程序。因此必须要求全体操作维修人员掌握安全操作规程。

二、典型事故案例

1972 年 4 月 17 日，挪威佰根索道因牵引索断裂，造成 4 人死亡。

1972 年 12 月，瑞士贝登迈勒索道因牵引索断裂，造成 12 人死亡。

1976 年 3 月 9 日，在意大利北部卡瓦莱塞附近的塞尔米斯运动场，一辆满载乘客的吊厢式索道，由于钢丝绳断裂，车厢从 60 m 高空坠落，造成 42 人死亡。

1976 年 3 月 26 日，意大利科罗拉多韦尔，两辆吊厢式索道的车厢因脱索而飞车，猛然下滑 300 多米，导致 4 人死亡。

1983 年 1 月 30 日，新加坡圣陶沙安装在一轮船上的石油钻塔，撞断连接圣陶沙和大陆的一条架空索道的钢丝绳，索道车厢从 61 m 的高空坠向大海，造成 7 人死亡。

1983 年 2 月 13 日，在位于意大利奥斯塔河谷的尚波吕克，3 辆封闭式索道吊箱在行驶中受到强风暴的影响，从 50 m 高空坠落，造成 11 人死亡。

1986 年 12 月 27 日，法国一条脉动式索道的某一支架上部管结构上的一只法兰因疲劳而断裂，致使 35 人受伤。

1988 年 9 月 18 日，奥地利隆尔茨堡的纳多菲斯特索道因发生脱索，致使 3 人重伤，6 人轻伤。

1989 年 1 月 31 日，法国瓦万里的一条往复式客运索道，因客车吊架与可回转的缓振机构之间的连接件断裂，使客车从高空坠下，造成 8 人死亡。

1990 年 6 月 1 日，格鲁吉亚第比利斯登山索道，因牵引索崩断，车厢失去控制猛然下滑，撞在一个索道支架上，造成 20 人死亡，35 人受伤。

1990 年，斯洛伐克一条双线循环式索道的一个吊厢从牵引索上脱开，沿承载索向下站方向加速滑行而失去控制，与前面的另一个吊厢相撞，并从 48 m 的高空坠至地面，死亡 3 人，伤 2 人。

1992 年 1 月 29 日，由于一个牵引滑轮的断裂，多个 4 人座的吊椅从奥地利克思藤州的纳斯菲尔德山区高空坠至地面，造成 4 人死亡。

1992 年，奥地利阿尔卑斯山滑雪场，一条单线循环吊椅式索道因钢丝绳发生脱索事故，乘客从吊椅上甩出，造成 4 人死亡，9 人受伤。

1994 年 1 月 2 日，波兰阿尔贝格一条吊厢式索道满载上行时出现故障而紧急停车，因制动器失灵，驱动机发生反转而又不能制动，以致发生“溜车”，致使17人受伤。

1994年吉林通化玉皇山索道因张紧绳跑脱，造成1人死亡。

1996年12月14日，瑞士洛桑的一条高山滑雪索道的牵引绳断裂，三个吊厢坠地，一名滑雪教练遇难。

1998年2月3日，在意大利卡瓦莱塞附近，一架美国军用飞机违规进行超低空飞行训练时，将一条正在运行中的索道钢丝绳剐断，使车厢从80 m高的空中坠落，致使20人死亡。

1999年6月11日，两列铁轨式索道缆车在德国南部楚格峰山区相撞，造成64人受伤。

1999年7月1日，法国的圣艾蒂安·昂代沃后，一条专门运送工作人员到阿尔卑斯山天文台上班的索道因钢丝绳被拉断，车厢从高空摔下，造成20名天文学家不幸遇难。

1999年7月31日，两列对开的用钢丝绳牵引的地面缆车，在德国南部阿尔卑斯山山前地带的加米施·帕藤基兴附近迎面相撞，致使13人受伤。

1999年10月3日，在中国贵州兴义马岭河峡谷风景区，一条违规违法建设的观光索道，因车厢严重超载而发生“飞车”，并以极快的速度下滑至下站，与下站水泥站台猛烈相撞，死亡14人，重伤20余人。这是我国索道史上迄今为止最为严重的事故。

2000年11月11日，在奥地利萨尔堡市西南的卡普伦附近，位于维也纳以南大约80公里处，一列由钢丝绳牵引的地面缆车，在通过一处隧道时突然着火，致使170人死亡，仅8人自救脱险。这是奥地利有史以来伤亡最为惨重的一次事故。

三、常见事故与防范措施（见表7—11）

表7—11　　常见事故与预防措施

常见事故	防范措施
吊具将人从站台上撞下	(1) 在距地面高度超过0.5 m的站台口的出站侧加装安全网 (2) 要注意选材，如用建筑用安全网，不能用立式布置的网
往复索道牵引索断索	(1) 按照规范完善安全措施 (2) 规定严格的规章制度、操作规程、检验制度，并严格执行 (3) 完善检查制度，加强对牵引索的检查，发现问题及时处理

续表

常见事故	防 范 措 施
张紧索松脱	（1）弄清张紧系统的基本原理和结构，对可能造成离合的环节进行改造 （2）能够窜位的张紧索要适时窜位 （3）不能窜位的要加强对锚头、固定端、反复弯折部分的检查，发现问题及时处理
吊具挂走台造成脱索	（1）在条件最不利的情况下检查吊厢顶面对检修平台的距离，一般应大于 300 mm （2）乘客须知中要有不要晃动吊具的条款 （3）注意风速、风向对索道的影响
脱索	（1）纯设计问题如轮压过小，可适当加高轮子侧板或加托压索轮组并注意风向、风速，限制运行 （2）托压索轮组的出入端轮子应用钢侧板 （3）安装维护中注意轮子的垂直度 （4）支架晃动过大时应减速或停止运行 （5）四轮以上的托压索轮组双端应安装脱索保护装置 （6）压索支架应加装脱索的二次保护
固定抱索器索道吊人停车	（1）加强站务员的管理，严格规章制度 （2）在控制台上加装显示，指示线路中吊厢内有无人员 （3）加强线路管理，严防有人途中爬上吊具
闸制动失灵造成“飞车”	（1）对于负力大的索道在驱动轮上必须装有紧急制动器 （2）经常检查制动器功能，做制动试验 （3）加强站务员、司机的安全教育，遇到紧急情况会处理
通信电缆挂吊具	（1）将线路中的通信电缆绷紧，使之高于抱索器，特别在大跨间，若电缆的承载钢丝绳抗拉强度不够，要增加 （2）有些可从低于吊厢底部的位置敷设，或埋入地下，或另外架设 （3）当减少吊具运行时注意运载索不要高于通信电缆和线路中的其他辅助钢丝绳
索距不够，吊具与支架相撞	（1）加强设计安全审查 （2）索距小的索道，支架加装导向装置，并限速过支架，限风速运行 （3）滑雪索道要将支架上可能挂滑雪板的地方屏蔽好

续表

常见事故	防 范 措 施
人员从支架（吊厢）上跌下	（1）加强安全教育，严格操作规程，加强技术培训 （2）创造劳保条件，上支架及吊厢顶部的人员一定要系安全带 （3）使用检修吊篮一定要把栏杆关好锁牢 （4）班前不能饮酒
停车按钮少	（1）多设停车按钮，特别在驱动迂回处 （2）停车按钮应能自锁 （3）规定谁按的停车按钮谁解除 （4）停车按钮独立于 PLC 电路
钥匙卡在吊椅板条间	（1）站务员岗位责任中规定，发生此类事故时要先停车后处理事故 （2）有条件的可将板条换成坐板
PLC 受干扰	（1）自动控制的索道一定要有手动控制，即脱开 PLC 也能操作 （2）司机在吊厢进站时要精力高度集中 （3）最好从设计上考虑到此问题
鼠害	（1）将穿电缆的洞、管、沟都盖严堵死 （2）地沟中放鼠药 （3）经常检查
未按时移位钢丝绳断丝	（1）抱索器按时移位 （2）承载索上的支索器也应按时移位
驱动机防滑安全系数不足	（1）加强设计审查，避免错误设计 （2）更换摩擦因数大的轮衬 （3）清洗轮衬块上的钢丝绳油 （4）减低运量
减速机、联轴器等设备损坏	（1）加强设计审查 （2）安装前检查被安装的设备是否正常，润滑是否完好 （3）提高安装精度 （4）加强日常检查和维护保养，注意润滑 （5）重要部位定期探伤
索道自动停车后未查明原因开车	（1）保持安全检测装置完好 （2）安全检测装置的显示应有记忆功能 （3）制定完善的规章制度，从经理（站长）到员工都要认真执行 （4）对人员进行培训

续表

常见事故	防 范 措 施
柴油发电机组等备用设施损坏	(1) 经常维护辅助及备用设备，随时准备启动 (2) 辅助设备上的零部件不得挪作他用 (3) 启动电瓶要经常维护、充电
承载索、牵引索缠绕	(1) 保证承载索的最小张紧力 (2) 运行中突然制动后要确定没有缠绕后再开车 (3) 安装牵引索接地检测装置
抱索器在牵引索上滑动	(1) 抱索器储能部分弹簧保证完好 (2) 拧紧力矩足够 (3) 抱索器抱紧处钢丝绳情况良好 (4) 托压索轮组平衡臂转动灵活 (5) 脱挂索道站内抱索器的检测装置一定要完好，当抱索器未抱好停车时一定要查明原因再开车
维修时盲目拆装	(1) 要保存好设备档案 (2) 维修前要弄清结构，明确拆装顺序，做好各项准备工作

本 章 小 结

本章主要讲授客运架空索道的类型、性能参数和分类，并详细介绍了客运架空索道的基本结构、安全防护装置、常见装置故障及零部件报废标准、作业管理及安全操作技术，并列举了常见的典型事故及其防范措施。通过对这些内容的学习，使学生们能够对实际使用客运架空索道的场所制定出相应的安全作业管理要求及安全操作技术要求。

复习思考题

1. 客运索道的主要技术参数有哪些？各表示什么含义？
2. 如何计算客运架空索道输送能力？
3. 客运索道由哪几部分组成？各部分的作用是什么？

4. 客运架空索道的安全防护装置有哪些？它们的作用分别是什么？
5. 客运架空索道承载索有哪两种锚固方法？各有什么优缺点？
6. 客运索道用钢丝绳在正常工作中的损坏方式及报废标准分别是什么？
7. 如何对承载索锚固和张紧进行安全检验？

主要参考文献

[1] 袁化临. 起重与机械安全. 北京：首都经济贸易大学出版社，2000

[2] 孙桂林. 特种设备质量监督与安全监察手册. 北京：化学工业出版社，2004

[3] 章世松. 电梯系统安全运行与设备故障诊断检修及标准规范实用手册. 北京：北大方正电子出版社，2002

[4] 徐格宁，滕裕昌. 厂内机动车辆技术检验. 北京：学苑出版社，2001

[5] 国家安全生产监督管理总局职业安全技术中心. 起重机司机. 北京：中国三峡出版社，2005

[6] 劳动部职业安全卫生监察局. 起重安全. 北京：中国劳动出版社，1990

[7] 国家经贸委安全生产局. 起重机司机. 北京：气象出版社，2002

[8] 建设部人事教育司. 安装起重工. 北京：中国建筑工业出版社，2002

[9] 汤世成等. 安装起重工. 北京：中国环境科学出版社，2005

[10] 客运架空索道安全规范（GB 12352—1990）. 北京：中国标准出版社，1991

[11] 客运架空索道设计规范（GB/T 13676～13678—1992）. 北京：中国标准出版社，1993

[12] 架空索道用钢丝绳检验和报废规范（GB 9075—1988）. 北京：机械工业出版社，1989

[13] 机械防护安全距离（GB 12265—1990）. 北京：中国标准出版社，1990

[14] 架空索道工程技术规范（GBJ 127—1989）. 北京：中国建筑工业出版社，1989

[15] 国家统计局. 中国统计年鉴. 北京：中国统计出版社，1995

[16] 徐江，吴穹. 安全管理学. 北京：航空工业出版社，1993

［17］杨叔子，康宜华．钢丝绳断丝定量检测原理与技术．北京：国防工业出版社，1995

［18］吴鸿启．客运架空索道安全技术．北京：人民交通出版社，1996

［19］王金波．系统安全工程．沈阳：东北工学院出版社，1992

［20］宋大成．事故信息管理．北京：中国科学技术出版社，1989

［21］马继祥，刘方亭，刘广甫．电梯司机．北京：气象出版社，2002

［22］吴宗宝，张静．企业内机动车驾驶员．北京：气象出版社，2002

［23］范祖尧．现代机械设备设计手册．北京：机械工业出版社，1996

［24］吉林工业大学汽车系．汽车构造（第三版）．北京：人民交通出版社，1999

［25］明平顺，杨万福．汽车质量与安全检测．北京：人民交通出版社，1997

［26］王俊生等．内燃机及其热工基础．北京：机械工业出版社，1992

［27］陈慕忱．装卸搬运车辆．北京：人民交通出版社，1999

［28］孙桂林．机械安全手册．北京：中国劳动出版社，1993

［29］张育益．国产内燃叉车结构与使用维修．北京：金盾出版社，1997

［30］顾金亭．汽车修理工（基础知识）．北京：中国劳动社会保障出版社，2002

［31］全国机械安全标准化技术委员会，中国标准出版社编．机械安全标准汇编（第二版）．北京：中国标准出版社，2007

［32］马贤智．机械安全基本概念与设计通则应用指南．北京：中国计量出版社，1996

［33］何德誉．曲柄压力机．北京：机械工业出版社，1982

［34］中国大百科全书（机械工程）光盘 1.2 版．北京：中国大百科全书出版社，2007

［35］Risk Assessment & Reduction：A Look at the Impact of ANSI B11.TR3，2001

［36］EU Machinery Directive 98/37/EC，1995